Ingrid Lessing

Göttin statt Gott-Vater?

Ingrid Lessing

Göttin statt Gott-Vater?

Die neuen Gottesbilder des 12.-14. Jahrhunderts und die religiöse Frauenbewegung im Mittelalter

Ingrid Lessing Verlag

Dortmund 1993

Die Deutsche Bibliothek - CIP-Einheitsaufnahme

Lessing, Ingrid: Göttin statt Gott-Vater? : Die neuen Gottesbilder des 12.-14. Jahrhunderts und die religiöse Frauenbewegung im Mittelalter/ Ingrid Lessing. - Dortmund: Lessing, 1993
ISBN 3-929931-00-1

ISBN: 3-929931-00-1

Druck: Druckhaus Cramer, Münster

Illustration der Titelseite: "Spiegel der Seele", © Susanne Schabram, Unna

Gedruckt auf Recyclingpapier

Inhalt

Seite

1 Die Vorgeschichte dieses Buches 9

1.1 Biographische Hintergründe zur Wahl des Themas 11
1.2 Gottesbilder als Projektion individueller wie gesellschaftlicher Verhältnisse 20
1.3 Die Abschaffung patriarchaler männlicher Gottesbilder . . 26
1.4 Göttin statt Gott-Vater? 31
1.5 Abschließende Gedanken zur Erstformulierung meines Themas 43
1.6 Schritte meines weiteren Erkenntnis- und Forschungsweges und die Inhalte der einzelnen Kapitel 44
1.7 Fazit 51

2 Die "religiöse und soziale Aufbruchsbewegung" im 12.-14. Jahrhundert 55

2.1 Religiöse und soziale Gründe für die Aufbruchsbewegung 57
2.2 Kirche zwischen Reform und Häresie 64
2.3 Die "religiöse Frauenbewegung" im Mittelalter 69

3 Die Beginenbewegung 73

3.1 Das Leben der Beginen 77
3.2 Anklagen und erste Häresievorwürfe gegen die Beginen . 79
3.3 Beginentum zwischen Orthodoxie und Häresie 85
3.4 Das Beginenleben nach dem Vienner Konzil von 1311 . . 89
3.5 Beginenbewegung als Pendant zur Virilitätskrise 93
3.6 Beginenbewegung als Emanzipationsbewegung? 97

4 Die Mystik der Mechthild von Magdeburg als Ausdruck eines neuen Selbst- und Gottesbildes 107

4.1 Die Mystik als religiöses Phänomen 107
4.2 Die Biografie der Mechthild von Magdeburg 109

Seite

4.3 Irritationen - Widersprüche 110
4.4 Das Gottesbild der Mechthild von Magdeburg 111
4.5 Mechthild von Magdeburgs Selbstverständnis 116
4.6 Zwischen Orthodoxie und Häresie 127

5 Weibliche Gottesvorstellungen im 12.-14. Jh. als Ausdruck eines neuen Selbst- und Gottesverständnisses 133

5.1 Weibliche Gottesvorstellungen im Mittelalter als Ausdruck der affektiven Spiritualität und der Feminisierung der religiösen Sprache 133
5.2 Weibliche Gottesbilder der Zisterzienser des 12. Jhs. . . . 139
5.3 Selbstbild und Gottesbild der Mystikerinnen Mechthild von Hackeborn und Gertrud der Großen (Helfta Nonnen) 150
5.4 Mechthild von Magdeburg im Vergleich mit den Helfta Nonnen 154
5.5 Eigene Schlußfolgerungen und Fragen 156

6 Die Problematisierung des "Ketzer/innen"begriffs und die Schwierigkeit der Erforschung der "Ketzer/innen"gruppen 163

6.1 "Ketzer/innen"geschichte als das andere Christentum . . . 164
6.2 "Ketzer/innen"geschichte als Inquisitionsgeschichte 166

7 Die "Schwestern und Brüder des freien Geistes" 171

7.1 Ursprung der "Schwestern und Brüder des freien Geistes" 173
7.2 Geistige Väter der Lehre der "Schwestern und Brüder des freien Geistes" 176
7.3 Die "Schwestern und Brüder des freien Geistes" und die "religiöse und soziale Aufbruchsbewegung" 182
7.4 Die "Brüder" des freien Geistes und ihre Anhänger/innen 185
7.5 Bedeutung der Frauen in der freigeistigen Bewegung . . . 186
7.6 Die Lehre der "Schwestern und Brüder des freien Geistes" 189
7.7 Mystischer Anarchismus 195

Seite

7.8 Ausbreitung und Verfolgung der "Schwestern und Brüder des freien Geistes" 206
7.9 Freigeistige Mystik als Ausdruck eines neuen Selbst- und Gottesbildes 214
7.10 Die geistes-, sozial- und religionsgeschichtliche Bedeutung der "Ketzerei" des freien Geistes aus der Sicht von GRUNDMANN, NIGG, ERBSTÖSSER und COHN 219
7.11 Die "Ketzer/innen"bewegung der "Schwestern und Brüder des freien Geistes" aus feministischer Sicht 224
7.12 Abschließende Gedanken 228

8 Über das Leben, die Lehre und das Werk der Marguerite Porète 237

8.1 Die Biografie der Marguerite Porète 237
8.2 Der "Spiegel der einfachen Seelen" und seine Verbreitung 239
8.3 Der "Miroir" - ein Spiegel der Minnemystik 240
8.4 Indifferenz - ein typisches Kennzeichen der "ketzerischen" Aussagen von Marguerite Porète 251
8.5 Das Gottesbild der Marguerite Porète 260
8.6 Das Selbstbild der Marguerite Porète 276

9 Die vilemitische Gruppe 293

9.1 Die vilemitische "Ketzerei" - eine feministische Häresie? 294
9.2 Die Geschichte Vileminas 295
9.3 Die vilemitische Gruppe nach Vileminas Tod 299
9.4 Die vilemitische Lehre 305
9.5 Einordnung der vilemitischen Lehre in die geistigen Strömungen der Zeit 315
9.6 Das unterschiedliche Gottesverständnis von Frauen und Männern in der vilemitischen Gruppe 325
9.7 Resümee 331

Seite

10 Geistbewegungen als Befreiungsbewegungen 337

10.1 Die Geistchristologien und ihre befreiende Wirkung 338
10.2 Kirche als geisterfüllte Gemeinschaft 343
10.3 Der Weg zu einem befreienden Gottesbild 345

Literaturverzeichnis 349

1 Die Vorgeschichte dieses Buches

Obwohl mir das Thema dieses Buches von Anfang an klar war - das Buch sollte von der Abschaffung der patriarchalen männlichen Gottesbilder handeln - veränderte sich beim Studieren der Literatur zu diesem Thema der Schwerpunkt meines Interesses. Dies macht deutlich, wie sehr wissenschaftliches Arbeiten ein Prozeß ist, der sowohl die Fragestellungen wie das Bewußtsein der/des Forschenden verändern kann. Umformulierung wie Schwerpunktverlagerung meines Themas sind Ausdruck dieses Prozesses.

Für die Erstformulierung und Festlegung meines Themas sind sowohl biographische wie erkenntnistheoretische Gründe zu nennen.

Weil die Frauenbewegung für mich nicht mehr allein die Quelle war, aus der ich die Kraft für die Bildungs- und Sozialarbeit mit alleinstehenden oder/und geschlagenen Frauen schöpfen konnte, suchte ich mehr oder weniger bewußt nach einer neuen Kraftquelle. Matriarchatsforschung wie Feministische Theologie ließen mich zu dem Schluß kommen, daß nur ein "weibliches Gottesbild" Frauen von patriarchalen Deformierungen befreien und sie wieder an verschüttete Kraftquellen heranführen kann.

Während matriarchale Gesellschaften meine Utopie von einer Gesellschaft, in der Frauen wie Männer in ihrer Differenz wie in ihrer Gleichheit anerkannt werden, am glaubwürdigsten realisierten, sah ich im Christentum mit seinen patriarchalen, männlichen Gottesvorstellungen die Ideologie, die die Unterdrückung der Frauen 2000 Jahre lang legitimiert und stabilisiert hat.

Die Projektionsthese, so wie sie TOPITSCH (1979) in seinem Buch "Erkenntnis und Illusion" ausgeführt und die er für mich überzeugend nachgewiesen hat, gab mir die Mittel an die Hand, auch die patriarchalen Gottesbilder des Christentums lediglich als Projektionen gesellschaftlicher patriarchaler Machtverhältnisse darzustellen.

Es schien mir aber nicht sehr konstruktiv, nur die negativen Auswirkungen dieser patriarchalen Gottesbilder zu erforschen, zumal ich in den matriarchalen Gesellschaften ein positives Beispiel sah für die Abhängigkeit von Gottesbild und gesellschaftlicher Stellung der Frauen. Insofern wollte ich an der Göttinnenbewegung oder Richtungen in der Feministischen Theologie, die das patriarchale Gottesbild entweder durch die Göttin ersetzen oder das männliche Gottesbild durch weibliche Aspekte erweitern wollen, überprüfen, ob sie eine befreiende Perspektive für Frauen eröffnen.

Weil ich beim Lesen der feministisch-theologischen Literatur immer wieder auf religiöse Gruppen in der Kirchengeschichte stieß, die bereits früher ein weibliches oder androgynes Gottesbild entwickelt haben, sollten diese daraufhin untersucht werden, ob sie meine These von der **wechselseitigen Abhängigkeit von Selbst- und Gottesbild** bestätigen.

So kam ich zur Erstformulierung meines Themas:

> **"Die Abhängigkeit der gesellschaftlichen Stellung der Frauen von den jeweiligen Gottesbildern in matriarchaler Zeit, in der Gnosis, bei den Mystikerinnen und Mystikern, in der Göttinnenbewegung und der Feministischen Theologie."**

Ich stellte die folgenden Thesen auf:

1. Patriarchalische Gottesbilder legitimieren die patriarchalischen gesellschaftlichen Herrschaftsverhältnisse. Das bedeutet für Frauen, daß ihre Diskriminierungen und Unterdrückungen durch Gott legitimiert werden und göttlichen Ordnungsvorstellungen zu entsprechen scheinen. Im Gegensatz dazu stehen die matriarchalen Kulturen, die das Göttliche nicht als etwas Transzendentes, als eine jenseits der Welt wirkende Macht begreifen, sondern als eine universale Kraft, die dem Kosmos immanent ist, an der jedes Lebewesen und jedes Ding Anteil hat.
Deshalb war es nicht notwendig, die alles durchwaltende Kraft des Lebensgesetzes in Gestalt einer Muttergottheit in den Himmel zu projizieren, da alles ungeschieden, ungetrennt, an allem Anteil hat. (Muttergottheiten und Fruchtbarkeitsgöttinnen waren bereits erste Formen der Symbolisierung und der Objektivierung - Beginn der matriarchalen Mythenbildung - Auflösung des magisch-mythischen Weltbildes - Anfänge der dualistischen Weltsicht.)
2. Männer und Frauen wurden in matriarchalen Kulturen nicht als Geschlechtswesen unterdrückt, weil beide ihre weiblichen und männlichen Anteile realisieren konnten und nicht wie in patriarchalen

Gesellschaften ihren gegengeschlechtlichen Anteil verdrängen mußten, indem sie ihn auf den Partner/in projizierten.
Infolge der Bedeutung der Frauen für die Reproduktion und Produktion dieser Gesellschaften kann man von einem Machtüberhang der Frauen gegenüber den Männern sprechen. Im Unterschied zum Patriarchat wurde diese Macht aber nicht gegen die Männer, sondern für die Frauen, Kinder und Männer und generell für das Leben eingesetzt.

3. Solange Gottesbilder einseitig das Männliche transzendieren und das Weibliche als Teil des Göttlichen ausschließen, bleibt die Unterdrückung der Frauen bestehen.
4. Dieser letzten These zufolge würden Menschen, vielleicht sogar religiöse Bewegungen, die das Göttliche sowohl männlich als auch weiblich begreifen oder die von einem ganzheitlichen Gottesbild ausgehen jenseits aller geschlechtsspezifischen Zuordnungen, die Unterdrückung der Frauen ablehnen und sich um ein herrschaftsfreies Verhältnis zu Frauen bemühen.

Im folgenden will ich in einem ersten Schritt meine Motive, Theorien und Ergebnisse meiner Selbstreflexion näher beschreiben, die mich zur Erstformulierung meines Themas veranlaßt haben. In einem zweiten Schritt will ich den Erkenntnis- und Forschungsweg beschreiben, der mich dazu bewog, den Schwerpunkt meiner Forschungen zu begrenzen und zu verlagern.

1.1 Biographische Hintergründe zur Wahl des Themas

Bis zu meiner Heirat war die Kirche, bzw. die christliche Religion ein Ort für mich, der mir Halt gab und mir Heimat war. Ich fühlte mich in ihr geborgen, weil sie mir Anleitung zum Verhalten, meinem Leben einen Sinn gab. Außerdem lernte ich dort Menschen kennen - und da will ich die männlichen Theologen nicht ausnehmen -, die ich schätzen lernte, die mich wichtig und ernst nahmen, auch in meinen Zweifeln und Fragen an die christliche Theologie.

Meine späteren Erfahrungen als Hausfrau, Mutter und Ehefrau machten mir an meinem persönlichen Leben die Mechanismen der Unterdrückung deutlich, der Frauen in einer patriarchalischen kapitalistischen Gesellschaft ausgesetzt sind. In mir entwickelte sich das Gefühl, aus einer Welt, in der für mich wichtige öffentliche Aufgaben anstanden, hinausgeworfen und auf meine biologische und soziale Funktion als Mutter und Intimpartnerin zurückgeworfen zu sein, weil ich scheinbar kein Recht hatte zur Selbst- und Weltverwirklichung.

Meine neue Sensibilität für die Bedingungen von Frauen in der Gesellschaft ließen mich einerseits nach Frauen suchen, die ähnliche Erfahrungen gemacht hatten und andererseits nach Literatur, die mich über Entstehungsbedingungen und Ausformungen patriarchaler Herrschaft aufklärte.

Der feministischen Literatur verdanke ich die Erkenntnis, daß die Kirche als Institution, bzw. die von ihr tradierte Lehre des Christentums, einen wesentlichen Beitrag zur 2000jährigen Unterdrückung der Frauen geleistet hat. Diese neue Sichtweise hatte meine Abkehr von der Kirche zur Folge, führte aber nicht zum Austritt aus dieser Kirche, obwohl viele Frauen in den 70er Jahren diese Konsequenz zogen.

Nachdem ich mich von der christlichen Religion abgewandt hatte, trat die Frauenbewegung an die Stelle der christlichen Religion. Sie verhalf mir zu einem positiven Selbstverständnis. Sie gab mir Energie und Kraft, so daß es mir in der Frauenbildungsarbeit gelang, Frauen Mut zu machen und sich auf den Prozeß der Befreiung einzulassen.

Im Nachhinein macht mich nachdenklich, wie leicht es mir gelang, die ansozialisierten, christlichen Werte durch feministische zu ersetzen.

Dies erscheint mir einerseits mit dem Aufnehmen eines christlichen Fernstudiums zusammenzuhängen, in dem ich mich zum ersten Mal mit der Befreiungstheologie und der Pädagogik von Paolo Freire konfrontiert sah. Beide, Feministische Theorie wie Befreiungstheologie, fordern als ersten Schritt eine Analyse der gesellschaftlichen Verhältnisse, worauf eine bewußte Parteinahme für die Unterdrückten folgen muß, ohne ihnen den Weg ihrer Befreiung vorschreiben zu wollen. Der Ansatz von Paolo Freire schien mir unter stärkerer Hervorhebung der frauenspezifischen Aspekte als geeigneter Ansatz für die Frauenbildungsarbeit (LESSING 1982).

Den zweiten Grund für die problemlose Umwandlung der christlichen Werte in feministische sehe ich in der Säkularisierung christlicher Werte. Selbst Menschen, die sich nicht als Christen/Christinnen begreifen, sind in irgendeiner Form mit den christlichen Werten konfrontiert worden; denn Religion und Gesellschaft stellen zwar zwei verschiedene Sphären dar, bedingen sich jedoch einander und liefern sich gegenseitig nur allzuoft Begründungszusammenhänge.

Irgendwann verlor die Frauenbewegung - in der Ausprägung, wie ich sie kennengelernt hatte - für mich die spirituelle Lebenskraft, die mich in meinem Handeln und Denken in der Frauenbildungsarbeit bestimmte, obwohl ich mein Ziel, an dem Kampf der Befreiung der Frauen mitzuwirken, nicht aufgab. Dies war der Zeitpunkt, als ich meine Fühler vorsichtig in Richtung Feministische Theologie und Göttinnenbewegung ausstreckte und zum ersten Mal wieder an einem Kirchentag teilnahm.

Vielleicht hat die Abnahme der Faszination der Frauenbewegung etwas mit dem Erkennen der Strukturen zu tun, die diese Bewegung eine gewisse Zeit mitbestimmten. Das Gefühl, als Frau Opfer dieser patriarchalischen Gesellschaft zu sein, imaginierte das Gefühl von Gleichheit und verdeckte, daß die schwesterliche Solidarität im wesentlichen auf der Abgrenzung vom Feind, dem Mann als Träger der patriarchalen Gesellschaft, beruhte.

Eine endgültige Desillusionierung fand im Rahmen der Arbeit in einem Frauenprojekt statt, die mich erkennen ließ, wie wenig tragfähig eine Solidarität ist, die auf Gleichheit aufbaut und die Unterschiedlichkeit von Frauen in Kompetenz, Bewußtsein und sozialer Situation verschleiert. Das Erkennen der Unterschiedlichkeit von Frauen und der Kampf mit den Kolleginnen um mein feministisches Selbstverständnis ließen mich aus der Praxis der Umsetzung feministischer Ziele aussteigen und in mir den Wunsch entstehen, meine Erfahrungen theoretisch aufzuarbeiten, um aus dem Zugzwang des Reagierens statt Agierens herauszukommen. Dadurch erhoffte ich mir neue Kraft und Energie.

Zu dieser Zeit begann ich in einer Frauengeschichtsgruppe, die autonomen Lebens- und Arbeitsformen der Beginen zu erforschen.

Erst bei der Beschäftigung mit der Religiosität der Beginen wurde mir klar, daß Patriarchatskritik in Bezug auf Lehre und Institution der christlichen Kirche mich nicht an die Blockierungen und Behinderungen meiner persönlichen Entwicklung kommen läßt, die die religiöse Erziehung, bzw. das Leben in einer Gesellschaft, in der die religiösen Werte säkularisiert worden sind, bewirkt haben.

Diese These will ich anhand von Erkenntnissen der Selbstreflexion belegen, die ich in der Auseinandersetzung mit der Religiosität der Beginen gewonnen habe.

Selbstreflexion anhand von wissenschaftlichen Theorien

1. Männliche Symbolik

Solange ich mich zur traditionellen Kirche zugehörig gefühlt hatte, war mir nicht aufgefallen, daß die rein männliche Symbolik für Gott Frauen keine Möglichkeit der Identifikation bietet; denn wie ist Frauen die Identifizierung mit einem Gott möglich, der das vollkommen Männliche transzendiert? Identifizierung setzt mindestens eine Teilidentifizierung voraus. Selbst als ich mich bereits als Feministin begriff und den Absolutheitsanspruch männlicher Macht in Frage stellte, war meine Wahrnehmung noch so eingeschränkt, daß ich nicht mit Bewußtsein wahrnahm, daß alle drei Symbole für das Göttliche männlich waren. Erst die Feministische Theologie hat mir dafür die Augen geöffnet.
Identifikation mit dem Göttlichen scheint mir deshalb so wichtig zu sein, weil sie mich einerseits in meinem So-sein bestätigt und mich andererseits dazu motiviert, mich zu überschreiten. Was blieb mir, wenn Identifizierung mit diesem Gott schon infolge der geschlechtlichen Indifferenz nicht möglich war? War dann nicht die Folge das Erkennen meiner eigenen Machtlosigkeit, Ohnmacht und Sündhaftigkeit, weil ich in keiner Weise sein konnte, aber auch nicht sein sollte wie Gott? Blieb mir nur das Erkennen meines Angewiesenseins auf diesen allmächtigen Vater-Gott - die einseitige Abhängigkeit -, ohne den ich nichts tun kann?
Ich fragte mich, welche Auswirkungen dieser allmächtige, gerechte, transzendente Gott auf meine Psyche gehabt hat. Ein strafender, aber auch ein liebender Gott, der mich beobachtete, kontrollierte, aber auch beschützte, der mir half, weil ich zu schwach war, ein Gott, der bei großen Verfehlungen keine Barmherzigkeit kennt, weil er gerecht ist, der aber auch verzeiht wie im Gleichnis vom verlorenen Sohn. Die Widersprüchlichkeit dieses Gottes war mir nicht aufgefallen, oder wenn doch, mit dem Argument beiseitegeschoben worden, daß wir Gott nie ganz begreifen können.
Steigerte die Widersprüchlichkeit dieses strafenden und liebenden, männlichen Gottes nicht gerade die Transzendierung der Attribute, die Männer am erstrebenswertesten erscheinen, nämlich allgegenwärtig, allwissend und allmächtig zu sein?

Aus der folgenden Gottesbeschreibung, die sich in dem Buch von Marianne DIRKS "Glauben Frauen anders?" findet, wird deutlich, wie sehr ein Kind mit solch einem Gottesbild in seiner Persönlichkeitsentfaltung und Glaubensentwicklung gehindert werden kann.

> "Dieser weißhaarige und weißbärtige Übermann, allwissend und allmächtig, ein Magier, der die Welt an Fäden zog, wußte alles, sah dem gläubig ängstlichen Kind nach in die versteckteste Ecke des sündigen Herzens ... Gottvater war eine Mischung von Vater und Großvater, dessen Bild, in Öl gemalt und lebensgroß, eine Wand des Eßzimmers zierte ... So war Gottvater ein weiser Staatsmann wie der Vater, ein oberster Kriegsherr wie der Großvater, Herr der Mächte und Heerscharen, riesig ausgestattet mit allen Attributen der Macht, verkörperte diese Projektion kindlicher Phantasie auch den obersten Richter, der am jüngsten Tag Gericht halten würde über seine widerspenstigen Geschöpfe. Daß dieser Gott ein Gott der Liebe sei, hörte ich wohl, aber 'Liebe' war allenfalls Gnade und Amnestie - und insofern mehr Ausdruck richtender Allmacht." (DIRKS 1983, S. 72 f.)

Die einseitige Abhängigkeit von diesem vollkommenen, männlichen Gott, der wie ein Vater zu den Menschen ist, bestätigt aber gleichzeitig die patriarchalischen Herrschaftsverhältnisse und damit auch die väterliche Autorität in Staat und Gesellschaft; denn wenn eine Vaterbeziehung in dem eben beschriebenen Sinne auf die Gott-Mensch-Beziehung übertragen wird, dann bewirkt sie sowohl die Verstärkung des Status quo als auch einen bestimmten psychologischen Status für Frauen und Männer.
Vielleicht waren diese Bedingungen für mein gestörtes Verhältnis zu Autoritäten mitverantwortlich. Erst durch die Frauenbewegung war es mir gelungen, Autoritäten nicht mehr allein aufgrund ihrer gesellschaftlichen Stellung als die allwissenden, kompetenten Persönlichkeiten zu begreifen. Mein emotionales Erregtsein bei Gesprächen mit Autoritätspersonen war für mich Beweis, wie tief in mir noch immer die Vorstellung verankert war, daß es eine Vermessenheit bedeutete, ihre Kompetenz in Frage zu stellen.

Dieser patriarchale, männliche Gott legitimiert aber nicht nur die geltenden Macht- und Herrschaftsverhältnisse, sondern bestimmt nach der Schöpfungsordnung auch die Geschlechterverhältnisse als Macht- und Herrschaftsverhältnisse.

Religionspsychologische Untersuchungen zum Gottesbild haben mir deutlich gemacht, daß das persönliche Gottesbild in Beziehung steht zum Vaterbild. Die Orientierung der Gottesvorstellung am Erleben der väterlichen Autorität ist darauf zurückzuführen, daß Gott als ausschließlich männlich verstanden und verkündigt wird. Für Religionspsychologen wie MÜLLER-POZZI (1981) oder VERGOTE (1970) ist es dagegen kein Problem, sondern ein notwendiger Schritt in der kindlichen Entwicklung - ohne zwischen der männlichen und der weiblichen psycho-sexuellen Entwicklung zu unterscheiden oder sie wenigstens wahrzunehmen -, daß das ursprüngliche mütterliche Gottesbild infolge der Erfahrung der allmächtigen Mutter durch das männliche Gottesbild ersetzt werden muß. Sie sehen keinen Zusammenhang zwischen dem männlichen Gottesbild und der Fixierung des Menschseins auf Männlichkeit und der damit verbundenen Inferiorität der Frau, die nur durch Vermittlung des Männlichen zu Gott kommen kann.
Im Gegensatz dazu haben ERNI (1971) und ADAM (1976) in ihren Untersuchungen zum real erlebten Elternbild herausgefunden, daß das Gottesbild auch von der Familienstruktur beeinflußt wird, d.h. von der Stellung der Familienmitglieder innerhalb der Familie. ERNI konnte nachweisen, daß das Vaterbild besonders große Bedeutung hat für die Gottesvorstellungen bei Töchtern. Bei 68 % der weiblichen Jugendlichen konnte eine Übereinstimmung zwischen Vater- und Gottesbild aufgezeigt werden. ADAM machte bei ihrer Untersuchung folgende Entdeckung: Bei zwei Gruppen von Schüler/innen war keine Abhängigkeit des Gottesbildes vom Vaterbild festzustellen. Eine Erklärung dafür war, daß die eine Gruppe kein Vaterbild auf Gott projizieren konnte, weil sie als Scheidungswaisen oder Heimkinder keines hatte. Für die zweite Gruppe war das der Fall, weil sie einer autoritativ-anthropomorphen Gottesvorstellung kritisch gegenüberstand, diese ablehnte oder eine andere Gottesvorstellung entwickelt hatte. Daraus folgerte ich:
Wenn sich das Gottesbild an der väterlichen Autorität orientiert, so kann man sich vorstellen, was das Abschiednehmen von alten Rollen für das Gottesbild bedeuten könnte. Wenn wirklich ein zunehmender Autoritätsverlust des Vaters stattfindet - wie behauptet wird -, dann müßte auch die Festlegung auf die Vatergestalt abnehmen und ein androgynes, vielleicht auch ganzheitliches Gottesbild könnte entstehen. Der Abbau autoritärer Strukturen und die Zurückhaltung bei der Aus-

übung der väterlichen Autorität würde selbständiges Denken begünstigen, Projektionen würden so verhindert oder korrigiert.
Eine weitere religionspsychologische Aussage halte ich für fragwürdig und verschleiernd: daß nämlich in der Pubertät - ein Begriff, der die männliche Sichtweise der kindlichen Entwicklung deutlich macht - die anthropomorphen, männlichen Gottesbilder durch symbolische ersetzt werden. Diese Beschreibung legt den Schluß nahe, in der Pubertät bestünde die Möglichkeit, ein vom Vater unabhängiges Gottesbild zu entwickeln, ohne daß die Machtverhältnisse in Familie und Gesellschaft in das Gottesbild einfließen. Sowohl die Untersuchungen von ERNI wie von ADAM machen deutlich, daß Gott auch in späteren Jahren in Analogie zum Vater gedacht und nicht durch ein abstraktes Bild abgelöst und infolge der entwickelten Symbolisierungsfähigkeit in Frage gestellt wird.
Aus meinen eigenen Erfahrungen kann ich diesen Sachverhalt nur bestätigen. Wie können anthropomorphe Gottesbilder durch symbolische Bilder abgelöst werden, die nicht nur den Vater oder männliche Werte symbolisieren, wenn von Gott nur in männlichen Bildern geredet wird? Allein das Erkennen der Bilder als männliche hat mich vierzig Jahre gekostet.
Die Theorie der Ablösung der anthropomorphen männlichen Gottesbilder im Jugendalter ist eine Verschleierung der wirklichen Tatbestände. Infolge meines eigenen positiven Vaterbildes, das in dem Vertrauen und der Bewunderung für meinen Vater wurzelte, wurde mir die "Gewalttätigkeit" dieses Vater-Gottes der traditionellen Kirche - ein Gott, der die Unterdrückung der Frauen als gerechte Ordnung ansieht - nicht bewußt. Ich identifizierte, bzw. projizierte mein positives Vaterbild auf diesen Gott, ohne die Ähnlichkeit mit meinem Vater zu erkennen.

2. Das Göttliche als absolute moralische Norm

Eine weitere psychische Behinderung sah ich in dem Erfassen des Göttlichen als absolute moralische Norm, da mich diese Bestimmung daran hinderte, die Verantwortung für meine Entscheidungen selbst zu übernehmen. Inwiefern mein Verständnis der Gebote als absolute Norm meine ethische Entwicklung gehemmt hat, will ich an einem Beispiel erklären.

Seitdem ich mich der Frauenbewegung angeschlossen hatte, war für mich das Selbstbestimmungsrecht der Frauen über ihren Körper ein erstrebenswertes Ziel. So bedeutete es für mich eine Selbstverständlichkeit, Frauen das Recht auf Abtreibung zuzugestehen, wenn dafür individuelle, soziale, psychische oder physische Gründe vorlagen. Ich machte aber die Erfahrung, wenn ich mich selbst in die Lage einer Frau versetzte, die ungewollt schwanger geworden war oder aus persönlichen Gründen abtreiben wollte, ich mir die Wahl dieser Entscheidung nicht erlauben wollte. Den anderen Frauen billigte ich das Recht zu, infolge der mir eingängigen Gründe selbst zu entscheiden, mir selbst verwehrte ich die Möglichkeit mit der Begründung, nicht verantwortlich genug gehandelt zu haben, oder wenn doch, in einer besseren Lage zu sein, die es mir erlaubte, auch ein ungewolltes Kind großzuziehen, selbst wenn dadurch mein individueller Lebensplan in Frage gestellt würde.
Beim Lesen und Durcharbeiten des Buches "Die andere Stimme" von Carol GILLIGAN (1984) wurde mir klar, daß die Sonderbehandlung meiner eigenen Person mit dem für mich noch immer gültigen **absoluten** Gebot "Du sollst nicht töten" und einer Moral zusammenhing, deren oberstes Prinzip die Fürsorge für die anderen ist, ohne die eigenen Bedürfnisse wahrnehmen oder berücksichtigen zu dürfen. Obwohl ich mit der Ablehnung der christlichen Kirche glaubte, mich von den **absoluten** christlichen Normen befreit zu haben, besaß zumindest dieses Gebot für mich noch immer seine absolute Gültigkeit, was bedeutete, daß eine Reflexion oder Entscheidung darüber gar nicht erst anstand, bzw. anstehen konnte.
Carol GILLIGAN ist der Frage nachgegangen, was Frauen daran hindert, im Fall einer Abtreibung eine selbstbestimmte Entscheidung zu fällen, die ihnen selbst wie den Menschen, die mit davon betroffen sind, gerecht wird. Sie ist durch ihre Forschungen zu dem Schluß gekommen, daß nur die Integration von Selbstkonzept und Fürsorge für andere eine selbstbestimmte, ethisch reife Entscheidung möglich macht. Dieser notwendige Prozeß von Selbstbehauptung über Selbstaufgabe und Fürsorge für andere zur Integration von Selbstkonzept und Anteilnahme haben mich erkennen lassen, wie sehr absolute moralische Normen Wachstum hindern. Ohne Wahlmöglichkeit ist keine selbstverantwortete, selbstbestimmte Entscheidung möglich.

3. <u>Dualistisches Weltbild</u>

Eine weitere Erkenntnis meiner Selbstreflexion betraf die Tatsache, daß eine rein kognitive Ablehnung der Institution Kirche und der traditionellen Lehre die psychischen Deformierungen nicht auflösen und psychische Strukturen nicht verändern, bzw. Befreiung bringen kann.
Obwohl ich das dualistische Weltbild der christlichen Religion ablehnte, stellte ich fest, daß die Trennung von Gut und Böse, die Abspaltung des Bösen, mein Denken weiterhin bestimmte. Bei einer Auseinandersetzung über einen Alltagskonflikt zwischen zwei Freundinnen wurde mir bewußt, wieviel Angst es mir machte, daß eine von beiden ja Schuld auf sich geladen haben mußte, sich falsch verhalten hatte. Bei der anschließenden Diskussion mit ihnen über meine Angst wurde mir klar, daß es ihnen gar nicht darum ging, die Schuldige herauszufinden, sondern um Verstehen und Veränderung.
In Situationen wie dieser, wo es um kritische Auseinandersetzung, Standpunkte, Verhalten und konstruktive Lösungen gehen sollte, stellte ich immer wieder fest, wie mächtig die alten Ordnungsprinzipien des Entweder-Oder noch immer für mich waren.

4. <u>Gott als Kraftquelle außerhalb von mir</u>

Auch die Vorstellung Gottes als Kraftquelle außerhalb von mir begriff ich als eine Behinderung, die es mir nicht möglich machte, an meine eigenen Kraftquellen zu kommen.
Gott hatte ich bisher als eine Macht begriffen, die sich außerhalb von mir befand, der nichts verborgen blieb und die in das Leben der Menschen eingriff. Dieser Gott war zwar kein gleichgültiger Gott, sondern einer, der mir half, wenn ich mich schwach fühlte, ein Gott, der mir einen bestimmten Freiraum zum Handeln gab, der mir aber immer wieder ins Bewußtsein brachte, daß ich immer wieder versagen würde.
Die Gebote waren mir nicht nur Richtschnur gewesen, sondern hatten mir immer wieder auch die Bestätigung gegeben, daß ich ohne Gott nichts vermochte. Deshalb hatte ich mich als einen Menschen begriffen, der trotz aller Bemühungen immer wieder versagte, sündig wurde und deshalb erlösungsbedürftig war. Erlösung verstand ich nicht als Befreiung, sondern als Abhängigkeit und Unfähigkeit.

Ich erkannte, daß die Definition menschlichen In-der-Welt-Seins als sündig, schwach und ohnmächtig seine Entsprechung hat in einem transzendenten, allmächtigen Gott.
Erst durch die Frauenbewegung lernte ich, ein positives Selbstwertgefühl zu entwickeln, indem ich wieder Kontakt zu meinen eigenen Kraftquellen bekam.

1.2 Gottesbilder als Projektion individueller wie gesellschaftlicher Verhältnisse

Zwei Thesen zum Gottesbild, die ich am Beginn meiner Forschungsarbeit aufstellte, leiteten meine Suche nach theoretischen Erklärungen.

Erste These: Gottesbilder als Spiegelung menschlicher Erfahrungen

Gottesbilder spiegeln Erfahrungen, die Frauen, bzw. Männer in der Begegnung mit dem eigenen und dem anderen Geschlecht (Mutter/Vater - Freund/Freundin) gemacht haben. Sie sind also abhängig von innerpsychischen Prozessen, von der Auseinandersetzung der weiblichen und männlichen Anteile in jedem Menschen. Die unterschiedlichen Phantasien und Bilder von Männern und Frauen über sich selbst, das jeweilige andere Geschlecht, über die Beziehung zwischen Männern und Frauen, bestimmen die jeweiligen Beziehungen wie das Gottesbild (vgl. KAST 1985).

Zweite These: Gottesbilder als Projektion gesellschaftlicher Machtverhältnisse

Nach der soziomorphen Weltauffassung entwickeln die Menschen (Machthaber der jeweiligen Gesellschaft) ihre Vorstellung vom Göttlichen in Anlehnung an die gesellschaftlichen Verhältnisse. Das bedeutet, daß die gesellschaftlichen Machtverhältnisse in den Himmel projiziert und von dort wieder auf die gesellschaftlichen Verhältnisse zurückprojiziert werden. Durch Spiegelung und Zurückprojizierung wird erreicht, daß die gesellschaftlichen wie himmlischen Verhältnisse legitimiert werden (TOPITSCH 1979).

Im folgenden sollen die beiden Thesen näher begründet werden:

1. Gottesbilder als Spiegelungen menschlicher Erfahrungen

Diese These wurde für mich plausibel durch die Ergebnisse einer Untersuchung von Carol GILLIGAN (1984), die sie mit Studenten und Studentinnen durchgeführt hat. Sie stellte fest, daß Studenten mehr Gewalttätigkeit in Situationen persönlicher Bindung projizierten als in unpersönlichen Leistungssituationen. Bei Studentinnen war das genau umgekehrt.

Sie führt dieses unterschiedliche Verhalten auf die unterschiedliche psychosoziale Entwicklung von Mädchen und Jungen zurück, die ein unterschiedliches Selbstkonzept und eine unterschiedliche Moral zur Folge hat.

Da der Junge es in sehr frühem Alter lernen muß - aus psychischer wie gesellschaftlicher Sicht -, seinen Wunsch nach Verschmelzung mit der Mutter aufzugeben, um sich selbst als autonomes Subjekt begreifen und seine männliche Geschlechtsidentität entwickeln zu können, wird jeder erneute Wunsch nach Verschmelzung als Gefahr verstanden, der verdrängt werden muß.

Bei den Mädchen ist dies eher umgekehrt. Für die Entwicklung ihrer Autonomie scheint die Loslösung von der Mutter infolge der geschlechtlichen Identität nicht so notwendig zu sein. Dazu kommt, daß die Autonomie von Mädchen und Frauen gesellschaftlich nicht gefördert wird. Dadurch gelingt die Loslösung nur schwer, und die Verschmelzung mit dem Gegenüber wird als nicht so bedrohlich empfunden.

Die projizierte Gewalttätigkeit der Studenten in Situationen persönlicher Bindung ist nach diesen Ausführungen als Abwehr der mit diesen Bildern wieder aktualisierten Verschmelzungswünsche zu verstehen. Die projizierte Gewalttätigkeit der Studentinnen in unpersönlichen Leistungssituationen ist dagegen Ausdruck der Abwehr der Gefühle von Verlassenheit und Aufsichgestelltseins.

Wegen der Beziehungsangst der Männer erscheint es mir verständlich, daß Männer sich eher mit einem Gott identifizieren wollen, der ihnen nicht zu nahe kommt, während Frauen eher eine emotionale Beziehung zum Göttlichen anstreben.

In bezug auf eine Veränderung des Gottesbildes scheint es mir wichtig zu sein, die unterschiedliche psycho-soziale Entwicklung von Jungen

und Mädchen nicht als anatomische Vorgabe zu begreifen, sondern auf die Bedingungen der patriarchalen Gesellschaft zurückzuführen.
Susie ORBACH und Luise EICHENBAUM haben sich mit der vielzitierten Abhängigkeit und der geringen Autonomie der Frauen und der "angeblichen Unabhängigkeit und großen Autonomie der Männer" beschäftigt. Sie führen die Abhängigkeit der Frauen auf die ambivalente Einstellung der Mütter zu ihren Töchtern zurück, die aus einem vielfachen Druck auf die Mutter-Tochter-Beziehung resultiert.

"1. müssen Mütter ihre Töchter darauf vorbereiten, Liebe zu geben. Das Selbstwertgefühl einer Frau leidet, wenn sie nicht richtig 'geben' kann. Bewußt und unbewußt ermutigen Mütter dazu, fürsorglich zu sein, eine emotionale Antenne zu entwickeln, auf andere einzugehen. Die Töchter sollen nicht egoistisch, sondern großzügig und einfühlsam sein. Die helfende Hand, der wärmende Schoß, das unsichtbare Sicherheitsnetz - das ist Sache der Frauen.
2. Höchstwahrscheinlich erhält die Mutter in der Ehe nicht die gewünschte Zuwendung. Die Tochter registriert bei den Eltern ein emotionales Ungleichgewicht. Vielleicht beschwert sich die Mutter beim Ehemann, vielleicht gibt sie klein bei, vielleicht teilt sie der Tochter ihre Gefühle direkt mit. Wie auch immer - die meisten Töchter spüren, daß die Mutter unzufrieden ist. Sie nehmen an, daß die Mutter, Geschlechtsgenossin und Vorbild, vom Vater etwas wünscht, was sie nie bekommt. Die Mutter ist irgendwie unbefriedigt.
3. Weil die Mutter gewisse Bedürfnisse hat, sucht sie vielleicht bei der Tochter die fehlende Nähe und Wärme. Sie bringt der Tochter Liebesfähigkeit bei und bietet sich möglicherweise unbewußt selbst als Liebesobjekt an. Die emotionale Unzufriedenheit der Mutter kann durchaus die Beziehung zum Kinde belasten.
4. Die Mutter ist selber Tochter. Ihre frühkindliche Entwicklung trägt ähnliche Spuren, und auch sie wurde zur Weiblichkeit und zur Mäßigung angehalten. In der Beziehung zur Tochter schwingen diese frühen Kämpfe mit. Die Mutter empfindet noch einmal den Verlust mütterlicher Fürsorge und hofft, daß die Tochter das irgendwie wieder wettmacht."
(EICHENBAUM/ORBACH 1987, S. 47 ff.)

Frauen müssen sich demnach in dieser Welt damit abfinden, Liebe zu geben und nie genug Liebe zu bekommen. Autonomie bedeutet für Frauen in dieser Gesellschaft, auf Liebe zu verzichten, wenn es nicht gelingt, eine Beziehung der Gegenseitigkeit herzustellen.

Elisabeth MOLTMANN-WENDEL nennt diese Beziehung der Gegenseitigkeit "energetische Beziehung", die sich durch Dynamik, gegenseitige Anerkennung und Konfrontation auszeichnet.

> "In dieser Beziehungsfähigkeit entwickelt sich unsere Autonomie, die nicht mehr der aufklärerischen Autonomie und ihres rationalen einsamen, sich selbst behauptenden Ichs entspricht. Sie ist eine Autonomie, die sich aus emotionalen Grunderfahrungen speist und sich trotzdem nicht in einer Gemeinschaft auflöst, die Individualität ermöglicht und dynamisch in die Gemeinschaft hineinwirkt." (MOLTMANN-WENDEL 1985, S. 152)

Im Gegensatz zu den Frauen können sich Männer stets auf die Fürsorge und Unterstützung ihrer Mutter verlassen, obwohl sie die von ihrer Mutter erfahrene Zuwendung verleugnen müssen, um zu ihrer Autonomie zu gelangen, die auf dem Konzept des auf sich allein gestellten Selbst basiert.

> "Ein Knabe kann sicher sein, daß die Mutter ständig für ihn Liebesarbeit leistet: Sie sorgt sich um seine Kleidung und sein Essen, sie räumt für ihn auf, sie ermutigt ihn, sie schenkt ihm Wärme. Darüberhinaus kann er später das gleiche von einer anderen Frau/seiner Ehefrau erwarten. Sie wird die Mutter ersetzen. Wie wir in Kapitel 1 dargelegt haben, gilt diese Erfahrung nicht für Mädchen. Allmählich kristallisiert sich eine Ahnung heraus, wie es in Wirklichkeit um Männer und Abhängigkeit bestellt ist. Obwohl die Abhängigkeitsbedürfnisse der Männer im großen und ganzen verborgen sind, werden sie tatsächlich sehr viel beständiger befriedigt. Wir sind Zeugen einer gewaltigen Verschleierung, an der die Gesellschaft und individuelle Psyche gleichermaßen teilhaben. Die innere Verschleierung ist die Verleugnung der Mutter, nämlich jener frühkindlichen lebensnotwendigen Abhängigkeit von einer Frau. Diese innere Verschleierung wird noch durch psychologische Schutzmechanismen verstärkt und so hält sich das männliche Selbstverständnis aufrecht." (EICHENBAUM/ORBACH 1987, S. 56)

Weil Frauen und Männer beide den Wunsch nach Autonomie und Verbundenheit verspüren, aber im wesentlichen nur jeweils die weibliche oder die männliche Seite realisieren, sich aber im Alter einander annähern, hält Carol GILLIGAN (1984) eine für beide Geschlechter andauernde Bedeutung der Verbundenheit zwischen dem Selbst und der Fürsorge für die anderen, die Anerkennung eines universellen Bedürfnisses nach Mitgefühl und Zuwendung wie nach Autonomie für eine erstrebenswerte Perspektive. Das hieraus resultierende Verständnis von Autonomie als einer dynamischen Beziehung zwischen dem Selbst und den anderen wird nicht nur den gegenseitigen Abhängigkeiten von Frauen und Männern gerecht, sondern ermöglicht auch gleichberechtigte Beziehungen und Autonomie für Frauen und Männer in der Beziehung.

Dieser "energetischen" Beziehung zwischen Männern und Frauen würde ein Gottesbild entsprechen, das weder nur männlich noch nur weiblich ist, das weder nur Distanz noch nur Nähe ausdrückt, sondern das weiblich und männlich, fern und nah zugleich ist.

2. Gottesbilder als Projektion gesellschaftlicher Machtverhältnisse

Ich gehe bei dieser These davon aus, daß Gottesbilder nicht nur Bilder oder Symbole für das Göttliche darstellen, sondern in ihnen eine bestimmte Weltauffassung zum Ausdruck kommt.

Die Grundstrukturen unserer Weltauffassung sind nach TOPITSCH (1979) bestimmt durch die Funktion der Informationsvermittlung oder Welterklärung, der Verhaltenssteuerung und Handlungsnormierung sowie der gefühlsmäßigen Auseinandersetzung mit der Welt, i.S. von Welterklärung oder Weltüberwindung. Ihnen liegen biomorphe, soziomorphe, technomorphe und ekstatisch-karthatische Modellvorstellungen zugrunde. Diese Grundgegebenheiten sind im Mythos, in der Religion und in der Philosophie, aber auch in den neuzeitlichen Ideologien, z.B. dem Marxismus, im wesentlichen gleich geblieben (vgl. ebenda).

Wie sehen nun diese Grundstrukturen z.B. für das Gottesbild des Vaters aus? Die Welt ist in dieser Vorstellung nach dem soziomorphen Modell der Familie aufgebaut. Die Beziehung des Menschen zu diesem Gott wird dem Analogieprinzip entsprechend als Vater-Kind-Beziehung verstanden. Während das Verhalten des Menschen zu diesem Vater-Gott durch Gehorsam bestimmt ist, wird der Mensch sich zwar emotional unter dem Schutz dieses Vaters geborgen fühlen, aber auch abhängig und schuldig infolge seiner Verfehlungen.

Gottesbilder sind demnach Ausdruck eines bestimmten Welt-und Selbstverständnisses des Menschen in Beziehung zum Göttlichen. Sie geben dem Menschen Handlungsanweisungen an die Hand und befriedigen das Gefühl des Aufgehobenseins.

Ausgangspunkt für die These von der Abhängigkeit der Gottesbilder von den jeweiligen gesellschaftlichen Machtverhältnissen ist sowohl die Eigenart des Menschen, sich das Fremde nach dem Bekannten zu erklären, wie die Erkenntnis, daß Weltauffassungen das für den Menschen emotional Wichtige enthalten. Der Mensch erklärt sich den entsprechenden Makrokosmos nach dem Mikrokosmos, ein Denken, das bis zur Neuzeit seine Gültigkeit bewahrt hat. Für die soziomorphe Modellvorstellung bedeutet das, daß der Mensch seine Vorstellung vom Göttlichen und Numinosen in Anlehnung an die jeweiligen gesellschaftlichen Verhältnisse entwickelt. Er projiziert die gesellschaftlichen Verhältnisse an den Himmel und projiziert sie von dort wieder auf die Erde zurück. Durch diese Spiegelung und Zurückprojektion wird erreicht, daß sowohl die gesellschaftlichen wie himmlichen Verhältnisse legitimiert werden.

> "Dem Vater oder Großvater als Ahnen und Herrn der Sippe entsprechen schon bei den einfachsten Jägern und Sammlern Göttergestalten als Urväter und Herren des Menschengeschlechts, ja aller Dinge. Diese Tatsache ist aus den gesellschaftlichen Verhältnissen leicht erklärlich: Gott als König, als Kriegs-, als Priester-, als Schmiedegott und dergleichen kann nicht auftreten, wo Könige, Priester, Schmiede unbekannt sind. Eine olympische Aufteilung in göttliche Ressortgewalten setzt ein irdisches Gegenbild der Arbeitsteilung voraus, das es noch nicht gab." (ebenda, S. 59)

So finden die Machthaber in einer patriarchalen Gesellschaft ihre Widerspiegelung in einem patriarchalen Gott, der die gesellschaftlichen Verhältnisse und ihre Machtansprüche legitimiert. Das bedeutet für Frauen, die in solch einer patriarchalen Gesellschaft leben, daß Unterdrückung und Diskriminierung der Frauen Grundlage dieses Systems ist.

> "Mit welchen männlichen Bildern auch immer das Göttliche erfaßt wurde, sie machten es zum Ursprung der väterlichen Gewalt in der Familie, der politischen Macht des Herrschers und der priesterlichen Autorität der Religion." (MOLTMANN 1983, S. 400)

Weil die religiöse Welt immer auch Spiegelbild der gesellschaftlichen Ordnung darstellt, ist das Gottesbild der patriarchalen Gesellschaftsordnung entsprechend von den herrschenden männlichen Wertvorstellungen geprägt. Aus diesem Grund konnte das Weibliche im Kontext einer patriarchalen Gesellschaft nie das göttliche Wesen in seiner Fülle zum Ausdruck bringen, wie es die Vorstellung Gottes als männliches Wesen vermochte.
So erstaunt es auch nicht, daß trotz der vielfältigen Bilder für Gott in Bibel, Theologie und Lehre fast ausschließlich männliche Bilder benutzt wurden; denn Vater, Ehemann, Richter und König sind alles Begriffe aus der Erfahrungswelt der Männer. Von der politischen Wirkung her werden dann Väter oder Ehemänner zu Gott.

> "Das biblische und allgemein beliebte Bild von Gott als allmächtigem Patriarchen im Himmel, der nach seinem unerklärlichen und scheinbar willkürlichen Ratschluß belohnt und straft, hat die Vorstellung von Millionen jahrtausendelang beherrscht. Die Symbolfigur des Vaters im Himmel, eine Erzeugung menschlicher Phantasie, die vom Patriarchat mit dem Stempel der Glaubwürdigkeit versehen wurde, hat dieser männlich-dominierten Gesellschaft ihrerseits einen Dienst erwiesen, indem sie ihre Mechanismen zur Unterdrückung der Frauen als recht und billig erscheinen ließ."
> (DALY 1980, S. 27)

Eine weiterführende Frage wird von Dorothee SÖLLE gestellt:

> "Und warum sollen wir als Frauen ein Wesen verehren und lieben, das das moralische Niveau der derzeitigen, von Männern bestimmten Kultur nicht transzendiert, sondern nur stabilisiert? Wie könnte ich wollen, habe ich mich gefragt, daß Macht zur zentralen Kategorie meines Lebens wird? Wie könnte ich einen Gott verehren, der nicht mehr ist als ein Mann?"
> (SÖLLE 1983, S. 205)

1.3 Die Abschaffung patriarchaler männlicher Gottesbilder

Erkenntnisse der Selbstreflexion und die Projektionstheorie ließen mich zu dem Schluß kommen, daß die Aufhebung der Unterdrückung der Frauen abhängig ist von der Abschaffung der patriarchalen männlichen Gottesbilder.

Bereits die Wirkungen religiöser Symbole, aber im besonderen der männlichen Symbole, machen die Relevanz dieser These deutlich.

Die Auswirkungen religiöser Symbole und männlicher Gottesbilder

> "Symbole haben sowohl psychologische als auch politische Wirkungen, weil sie die inneren Bedingungen schaffen (tiefsitzende Haltungen und Gefühle), die Menschen dazu bringen, sich in sozialen und politischen Gefügen, die mit dem Symbolsystem korrelieren, wohlzufühlen oder sie zu akzeptieren."
> (CHRIST 1985, S. 7)

Weil Symbole einer Religion eine so starke Macht haben, müssen sie hinterfragt, und es muß aufgedeckt werden, wem sie dienen und wem sie schaden.

> "Selbst Menschen, die nicht mehr an Gott glauben oder sich nicht mehr an die Institutionen der patriarchalischen Religion gebunden fühlen, sind nichtsdestotrotz nicht unbedingt frei von der Macht der Symbolik von Gott dem Vater. Die Wirkung eines Symbols ist nicht von rationaler Zustimmung abhängig, weil ein Symbol auch auf den Ebenen der Psyche wirkt, die nicht erfaßbar sind. Religionen erfüllen tiefe psychologische Bedürfnisse, indem sie Symbole und Rituale bereitstellen, die Menschen in die Lage versetzen, mit schwierigen Situationen im menschlichen Leben (z.B. Tod, das Böse, Leiden) fertig zu werden und die wichtigen Übergänge im Leben zu vollziehen (z.B. Geburt, Heirat, Tod). Selbst Menschen, die sich selbst als total areligiös verstehen, finden sich oft in einer Kirche wieder, wenn eine Freundin oder Verwandte heiratet, oder wenn ein Elternteil oder Verwandter stirbt. Die Symbole, die zu diesen wichtigen Ritualen gehören, sprechen die tiefen unbewußten Ebenen des Denkens und Fühlens an, sogar bei Personen, die diese Symbolik auf der bewußten Ebene zurückweisen - besonders dann, wenn eine Person unter Streß steht. Der Grund für die andauernde Wirkung der religiösen Symbole liegt darin, daß der Mensch Leerstellen in seiner Seele vermeidet. Symbolsysteme können nicht einfach abgelegt werden, sie müssen ersetzt werden. Ich glaube, daß da, wo keine Ersetzung stattfindet, das Denken und Fühlen in Zeiten der Krise, Verwirrung oder Niederlage zu den vertrauten Strukturen zurückkehrt."
> (ebenda, S. 7 ff.)

Patai, ein jüdischer Religionswissenschaftler, beschreibt die machtvolle Wirkung männlicher Gottesbilder folgendermaßen:

"Keine Lehre über die übernatürliche, unfassbare oder transzendente Natur der Göttlichkeit konnte in der Folge das frühe Gedankenbild von der Männlichkeit Gottes (die von männlichen Bezeichnungen wie Vater und König herrührte) auslöschen." (MOLLENKOTT 1984, S. 43)

Obwohl Patai in keiner Weise die rein männliche Ausgestaltung des Gottesbildes und seine Wirkung auf die Frauen problematisiert, stellt er als vergleichender Religionswissenschaftler fest, daß

"Menschen, so sehr sie ein Vaterbild brauchen, ein ebenso großes oder wohlmöglich größeres Verlangen nach einem anderen Symbol (haben), nämlich nach einer göttlichen Frau, die in vielen verschiedenen Formen überall in der Welt erscheint, aber im Grunde gleich ist." (ebenda, S. 43)

Auf diesen Gedanken komme ich an späterer Stelle wieder zurück.
Wie sehen nun aber die Wirkungen männlicher Gottesbilder aus?

"Religionen, die auf der Verehrung eines männlichen Gottes beruhen, erzeugen 'Stimmungen' und 'Motivationen', die Frauen in einen Zustand der psychologischen Abhängigkeit von Männern und männlicher Autorität halten; gleichzeitig legitimieren sie die politische und soziale Autorität der Väter und Söhne in den Institutionen der Gesellschaft. Religiöse Symbolsysteme, die auf ausschließlich männlichen Bildern der Gottheit basieren, erwecken den Eindruck, daß weibliche Macht nicht völlig legitim oder wohltuend ist. Diese Botschaft muß nie ausdrücklich betont werden (wie das z.B. in der Geschichte vom Sündenfall Adams und Evas geschieht), um ihre Wirkung zu entfalten. Eine Frau, die die Mythen des weiblichen Bösen in der biblischen Religion überhaupt nicht kennt, akzeptiert trotzdem die Anormalität weiblicher Macht, wenn sie ausschließlich zu einem männlichen Gott betet. Sie kann sich als Gott ähnlich (geschaffen nach dem Bilde Gottes) nur sehen, wenn sie ihre eigene geschlechtliche Identität verleugnet und annimmt, daß Gott kein Geschlecht habe. Aber sie kann niemals die Erfahrung machen, die jedem Mann und jedem Jungen ihres Kulturkreises möglich ist, nämlich, daß sie ihre eigene volle sexuelle Identität im Bild und in der Ähnlichkeit Gottes bestätigt findet." (CHRIST 1985, S. 8)

Mary DALY betont im besonderen die wechselseitige Abhängigkeit und Legitimation von männlichem Gott und männlicher Herrschaft.

"Wenn Gott in ‚seinem' Himmel ein Vater ist, der über ‚sein' Volk herrscht, dann liegt es in der ‚Natur' der Dinge, entspricht es dem göttlichen Plan und

der kosmischen Ordnung, wenn die Gesellschaft männlich beherrscht ist. In diesem Zusammenhang findet eine Mystifizierung der Rollen statt: Der Ehemann, der seine Ehefrau beherrscht, ist ‚sein' Stellvertreter. Die Vorstellungen und Werte der jeweiligen Gesellschaften wurden zu Dogmen und ‚Glaubensartikeln' erhoben und diese wiederum rechtfertigen die Gesellschaftsstrukturen, aus denen sie hervorgegangen sind und ihre Glaubwürdigkeit beziehen."
(DALY 1980, S. 27)

Auch Simone de Beauvoir macht auf die Funktion der patriarchalischen Religion als Legitimation von männlicher Macht aufmerksam.

"Der Mann hat den großen Vorteil einen Gott zu haben, der das Gesetz, das der Mann erläßt, bestätigt; und da der Mann eine souveräne Macht über die Frauen ausübt, ist es besonders günstig, daß diese Macht ihm von dem höchsten Sein verliehen wurde. Unter anderem ist der Mann für Juden, Moslems und Christen Herr durch göttliches Recht; die Furcht vor Gott wird daher jeden Impuls der Revolte in der unterdrückten Frau verdrängen."
(CHRIST 1985, S. 8)

Wie schwer es dagegen fällt, die Wirkungen männlicher Symbole zu durchschauen, macht folgendes Zitat deutlich:

"Lange Zeit dachte ich, daß uns die katholische Kirche, daß uns die Männerreligionen nichts anhaben könnten ... Was ich übersehen habe ist das, was Paracelsus die imaginierte, die magische Wirkung bezeichnet hat. I-mag-inieren heißt ein-bilden. Ohne daß wir es bewußt mitbekommen, bildet sie, die katholische oder die protestantische Lehre, sich und ihre Frauen unterdrückerischen, ihre universum-entstellenden Bilder in uns ein." (JANNBERG 1984, S. 44 ff.)

Männer haben Gott oft mit Attributen versehen, die sie selbst als die höchsten betrachteten. Sie haben ihre Männlichkeit in ihrem Gottesbild sublimiert und Gott ihre Männlichkeit und die Mann-Frau-Beziehung bestätigen, normieren, legitimieren und sakralisieren lassen.

Die Überbetonung von Gottes Männlichkeit bedeutet eine Überbetonung des Abstrakten und Transzendenten, des Immerwährenden und Feststehenden (MOLLENKOTT 1984, S. 36).

Männer brauchen diesen abstrakten Gott, solange sie Subjektwerdung und Identitätsbildung nur im Zusammenhang mit Abspaltung und Trennung erfahren und verstehen können.

Da für Frauen Identität mehr mit Beziehung und Anteilnahme erfahren wird, wie bereits ausgeführt wurde, sind sie in der Lage zur Vertrautheit mit Gott als Ehemann oder Geliebten.

Da es aber für die Selbstfindung der Frauen ebenso wichtig ist, in ihrem Sein als Frauen bestätigt zu werden, stellt sich die Frage:

> "Wie kann sich eine Frau selbst finden, wenn ihre eigenen psychischen Grundlagen und deren Verzweigtheiten nicht in einem Symbol objektiviert werden?" (ebenda, S. 104)

Frauen wurde von von Klerikern und Mönchen die psychische Kraft der Identifikation mit Gott abgesprochen, solange sie nicht bereit waren, ihre eigene Weiblichkeit zu verleugnen. Die daraus folgende Vermännlichung kann in verschiedenen historischen Epochen nachgewiesen werden.

Die ausschließlich männliche Rede von Gott negiert die Differenz, wodurch das Verständnis von Männlichkeit und Weiblichkeit verzerrt wird. Die gängige Antwort der Theologen auf die Kritik der Beschreibung Gottes in rein männlicher Symbolik lautet, daß männliche Anthropomorphismen wie "Herr", "himmlischer Herrscher", "Herr der Welt" und "Vater im Himmel" kein Hinweis darauf sind, daß die Männlichkeit Gottes im wörtlichen Sinn gemeint ist.

Wie ist es aber dann zu erklären, daß Äußerungen wie folgende möglich sind?

> "Wenn die Frau versäumt, ihrem Ehemann zu gehorchen, führt dies dazu, daß das menschliche Bewußtsein von der gebührenden Unterordnung der Geschöpfe unter den Schöpfer abgelöst wird." (ebenda 1984, S. 87)

Die fast nur männlichen Bilder von Gott haben zwangsläufig zur Vergottung des Mannes geführt. Für die Frauen haben die wenigen weiblichen Symbole zur Entfremdung ihres eigenen tiefen Wesens beigetragen.

Julian of Norwich, eine Mystikerin des 14. Jhs., beschreibt an einer Stelle ihres Buches "Offenbarungen der göttlichen Liebe" den Kraftaufwand, der notwendig war für die Vergewisserung, daß die Sprache des christlichen Glaubens sie trotz ihres ausgrenzenden Klangs wirklich mit einbezieht.

"Aber an den hohen gnädigen Trost, der darauf folgte, erkannte ich, daß diese Offenbarung allen Menschen galt, das heißt für jeden ... Ich hoffe, daß ich ein Glied ... dieser Menschheit bin." (ebenda, S. 119)

Die psychologischen Wirkungen männlicher Symbole ließen mich zu dem Schluß kommen, daß die Befreiung der Frauen entscheidend von der Abschaffung männlicher Bilder für Gott abhängt.

1.4 Göttin statt Gott-Vater?

Danach stand die Frage an, was auf die Abschaffung der patriarchalen Gottesbilder folgen sollte.

Christina THÜRMER-ROHR ist der Meinung, daß die Leere für eine gewisse Zeit auszuhalten sei. Sie fragt:

"Was geschieht nun mit Frauen, wenn sie den Mann als Wertträger und als Wertsetzer nicht mehr akzeptieren wollen, wenn sie 1. das, was der patriarchale Mann selber gesellschaftlich als Wert verkörperte, nicht zum Wert zu machen versuchen? Wenn sie 2. ihren eigenen Wert nicht vom Mann, aus seiner männlichen Sicht definiert zu sehen bereit sind? Und wenn sie 3. das, was der Mann in der Welt wertschätzt, nicht wertschätzen, jedenfalls nicht ungeprüft? Frauen geraten in die Leere. Das bedeutet allerdings nicht, daß sie zuvor im 'Vollen' waren. Denn der Mann als Wertsetzer setzt Ich-Leerräume der Frau voraus, die sie ihm bereithält zur Füllung ... Die Entwertung und Entmystifizierung des Mannes bedeutet also nicht: der Frau steht jetzt ihr eigener leergefegter Raum zur Verfügung, der neu möbliert werden kann, ein freundliches Neuland. Vielmehr ist dieses erstmal öde und unbestellt, vorbildlos, vorstellungslos, bildlos, mythenlos. Dies wirklich wahrzunehmen und auszuhalten ist nach meiner Auffassung die entscheidende Forderung an Feministinnen in der gegenwärtigen Situation." (THÜRMER-ROHR 1987, S. 84 ff.)

Auch Mary DALY (1980) fordert für eine Übergangszeit eine bilderlose Rede von Gott. Aufgrund der Erkenntnis, daß die Befreiung der Sprache in unserer eigenen Befreiung wurzelt, muß sich DALY folgend der wesentliche Wandel in den Frauen selbst vollziehen, in ihrem Sein und in ihrem Selbstbild. Voraussetzung für diesen Wandel ist das Werden der Frauen, d.h. dem Schock des Erlebens des Nicht-Sein mit dem Mut zum Sein entgegenzutreten.

Wir stehen zwar vor der Leere, wenn wir den Mut haben, die patriarchale Symbolik nicht zu reformieren. Aber dadurch haben wir die Möglichkeit, aus dem Nicht-Sein herauszutreten.

> "Damit sind wir wieder auf uns selbst verwiesen und auf das Vertrauen in unsere parthegonetische Kraft, aus uns heraus ein neues spirituelles Zeitalter zu gebären." (VOIGT 1980, S. 42)

Meine eigenen Erfahrungen haben mich gelehrt, daß Gottesbilder nicht einfach für ungültig erklärt werden können und dann keine Macht mehr über uns haben.

Auch Carol CHRIST hat darauf hingewiesen, daß Menschen in Grenzsituationen auf die alten Bilder zurückgreifen.

> "Der Grund für die andauernde Wirkung der religiösen Symbole liegt darin, daß der Mensch Leerstellen in seiner Seele vermeidet. Symbolsysteme können nicht einfach abgelegt werden, sie müssen ersetzt werden. Ich glaube, daß da, wo keine Ersetzung stattfindet, das Denken und Fühlen in Zeiten der Krise, Verwirrung oder Niederlage zu den vertrauten Strukturen zurückkehrt." (CHRIST 1985, S. 8)

Weil hinter den Gottesbildern psychische Bedürfnisse verborgen sind, die phylogenetisch wie ontogenetisch verankert sind, genügt es nicht, die Bilder nur umzustürzen, sondern es müssen neue Bilder, eine neue Weltauffassung und eine neue Ethik gefunden werden, um die Leere auszufüllen, um sie nicht unbewußt mit alten oder auch neuen Bildern zu besetzen.

Aufgrund der positiven Wechselwirkung von weiblichen Gottesbildern und der gesellschaftlichen Stellung der Frauen in matriarchalen Kulturen, wie für mich aus der Matriarchatsforschung hervorgeht, schienen mir weibliche Gottesvorstellungen als Ausweg aus dem Dilemma.

Weibliche Gottesbilder in der Göttinnenbewegung und in der Feministischen Theologie

Göttinnenbewegung wie Feministische Theologie sind in bezug auf das weibliche Gottesbild zu unterschiedlichen Ergebnissen gekommen.

Göttinnenbewegung

In der Göttinnenbewegung haben die Frauen das Symbol des männlichen Gottes durch das Symbol der Göttin ersetzt. Dieses eröffnet ihnen Möglichkeiten der Identifizierung und der Bestätigung ihres Frauseins, die ihnen bisher mit dem männlichen Gott-Vater vorenthalten worden sind.

Es wird damit der Erfahrung Raum gegeben, daß die

> "... Identifizierung mit der Göttin Frauen neue, positivere Lebensmöglichkeiten eröffnet als der alte Glauben an Gottvater. Das dualistische Konzept von einem guten Gott und schlechten, zumindest fehlerhaften Menschen wird aufgegeben. Die Grenzen zwischen Göttlichem und Menschlichem, auf deren Wahrung die christliche Tradition immer großen Wert gelegt hat, werden durchlässig. Die Frauen identifizieren sich so unmittelbar mit der Göttin, daß sie selbst die Göttin 'werden' und ihre Macht und ihre Kraft in sich aufnehmen." (MONHEIM-GEFFERT 1983, S. 11)

Das Symbol der Göttin schöpft aus zwei Quellen: Aus den Traditionen der Göttin-Verehrung und den Erfahrungen heutiger Frauen:

> "Für die Göttin-Symbolik sind alte Mittelmeer-, vorchristlich europäische, indianische, mittelamerikanische, hinduistische, afrikanische und andere Traditionen reichhaltige Quellen. Aber diese Traditionen werden von der heutiger Frauen gefiltert. Bestimmte Traditionen von Göttinnen, wie z.B. die einer Unterordnung unter Götter, werden ignoriert. Alte Traditionen werden selektiv und eklektisch aufgenommen. Aber sie werden nicht als bindend angesehen. Das Symbol der Göttin ist spontan in den Träumen, Phantasien und Gedanken vieler Frauen in den ganzen USA während der letzten paar Jahre entstanden." (CHRIST 1985, S. 9)

Vier Aspekte des Göttin-Symbols sind für heutige Frauen von existentieller Bedeutung:

1. Die Legitimität weiblicher Macht.
2. Die Bejahung des weiblichen Körpers und des Lebenszyklus.
3. Die positive Bewertung des weiblichen Willens.
4. Die Neubewertung der Beziehungen und des Erbes von Frauen.

Der Göttinnenbewegung geht es aber nicht nur um Bewußtseinsprozesse, sondern um

> "... eine feministische Lebenspraxis, die die Frauen in der Überwindung der Schranken ihres Ichs unterstützt und ihnen in Ritualen ermöglicht, am gemeinsamen Erfahrensschatz aller Frauen zu partizipieren."
> (HUNTRUP 1984, S. 127)

Infolge der positiven Wirkungen weiblicher Gottessymbole schien mir die Identifizierung mit der Göttin geeignet zu sein,

> "... die Wunden des Patriarchats zu heilen und neue Kräfte wachsen zu lassen."
> (MONHEIM-GEFFERT 1983, S. 11)

Trotz dieser positiven Einschätzung und meinen Bemühungen, den männlichen Gott durch die Göttin zu ersetzen, mußte ich die Erfahrung machen, wie schwer es ist, ein altes Gottesbild durch ein neues zu ersetzen. Ich führe dies darauf zurück, daß Bewußtseinsprozesse ohne eigene neue Erfahrungen mit dem Göttlichen noch keine Veränderung bewirken können.

Feministische Theologie

In der Feministischen Theologie sind unterschiedliche Vorstellungen und Einschätzungen in bezug auf die fehlende weibliche Dimension oder des weiblichen Aspekts im Wesen Gottes entwickelt worden.

Einige feministische Theologinnen sehen ebenfalls im Göttin-Symbol die einzige Möglichkeit der Befreiung für Frauen, da es für Frauen eine psychische Unterstützung und Bevollmächtigung bedeutet, sich mit einem Bild eines Gottes der eigenen Geschlechtlichkeit identifizieren zu können.

Im Gegensatz zu der Maria der orthodoxen katholischen Lehre, die nie eine Identifikationsfigur für Frauen sein konnte, da keine Frau Jungfrau und Mutter sein kann[1], erscheint ihnen z.B. die Weisheit als weiblicher Aspekt der Gottheit für Frauen geeignet zu sein.

> "Die Weisheit verkündet den Grundsatz der Gegenseitigkeit: Ich liebe alle die mich lieben ... Ich gehe auf den Weg der Gerechtigkeit, mitten auf den Pfaden des Rechtes, um denen die mich lieben, Gaben zu verleihen und ihre Scheunen zu füllen." (MOLLENKOTT 1984, S. 105)

Ich will mich im weiteren aber mehr auf die Forschungsergebnisse und Einschätzungen der feministischen Theologinnen beziehen, die es sich zur Aufgabe gemacht haben, die Hebräische Bibel und das Neue Testament auf weibliche Gottesbilder zu untersuchen und das Christentum aus seinen eigenen Quellen heraus verändern wollen. Im Rückgriff auf lange verschüttete, oft für häretisch erklärte Traditionen aus der Hebräischen Bibel, der Gnosis und der Mystik, fördern sie in ihren Forschungsarbeiten oft Erstaunliches zutage. Sie sind dabei fündig geworden, obwohl die männlichen Gottesbilder bei weitem überwiegen.

Daß in der Bibel die männliche Sprache in Beziehung auf Gott überwiegt, wird damit erklärt, daß sie einer zutiefst patriarchalen Kultur entspringt.

> "Aber es ist fast schon ein Wunder, daß sie überhaupt irgendwelche weiblichen Bilder von Gott benutzt haben." (MOLLENKOTT 1984, S. 111)

Die weiblichen Bilder von Gott wurden dagegen auf göttliche Inspiration zurückgeführt.

---

[1] Einige feministische Theologinnen, wie z.B. Catharina Halkes (1985) oder Christa Mulack (1985) haben dagegen die befreienden Aspekte des Marienbildes aufgedeckt. Frauen aus der feministisch-theologischen Bewegung sehen in der Maria des Magnifikats Vorbild und Bestätigung für ihren Befreiungskampf in Kirche und Gesellschaft.

"Gottes Geist umging und überwand mit Hilfe von Bildern die bewußten Ansichten der biblichen Autoren. Unverfälschte Bilder (Metaphern, Symbole) kommen aus dem Unbewußten und sind deshalb durch die Sozialisation weniger verdorben als die bewußten Vorstellungen, die uns unsere Kultur vermittelt hat. Aus diesem Grund werden Menschen, die Gott nie direkt als 'sie' bezeichnen würden, weil sie in einer männlich geprägten Gesellschaft fürchten, Gott zu beleidigen, zur Benutzung von Bildern Gottes inspiriert, ihn als Mutter, weiblichen Vogel, Hausfrau, Bäckerin usw. schildern. Insofern die biblischen Bilder eines weiblichen Gottes den bewußten Vorstellungen von patriarchalisch sozialisierten Männern zuwiderlaufen, stellen sie ein sehr starkes Argument für die Inspiriertheit der hebräischen und christlichen Schriften dar. Normalerweise beschreiben die Mächtigen Gott nicht mit den Begriffen derer, die von ihm unterdrückt werden. In der Bibel ist das jedoch geschehen. Der Umstand, daß es so selten geschah, sollte uns eigentlich kaum überraschen. Daß diese Begriffe überhaupt vorkommen, das sollte uns überraschen, erfreuen und herausfordern." (ebenda, S. 112 ff.)

Einige Frauen beurteilen die wenigen weiblichen Gottesbilder nicht so positiv wie Virginia R. MOLLENKOTT.

"Angesichts der relativ wenigen biblischen Bilder von Gott als Frau vertreten viele ..., daß an der geringen Zahl der armselige Zustand der jüdisch/christlichen Kultur sichtbar wird. Die jüdisch/christliche Religion mit ihrem heiligen Buch, sei ohne Bedeutung für Frauen und müsse aufgegeben werden, weil die Frauen darin ihre eigene Geschichte nicht vorfinden." (ebenda, S. 112)

Andere sehen darin eher einen Beweis für die Kraft des verdrängten Göttin-Symbols.

"... daß die wenigen biblischen Bilder eines weiblichen Gottes nur die Wiederkehr der unterdrückten Verehrung der Göttin in den alten Religionen darstellen, die von der jüdisch/christlichen Religion abgelöst worden sind. Obwohl die Göttin offiziell verstoßen worden ist, hätten, so die Theorie, Juden und Christen ihrem Einfluß im eigenen Denken nicht vollständig auslöschen können. ... Diese Theorie läßt die biblischen Bilder von Gott als Frau eher als häretischen Überrest erscheinen denn als eine wichtige Einsicht in das Wesen von Göttlichkeit und Menschlichkeit." (ebenda, S. 112)

Die Matriarchatsforscherin Heide GÖTTNER-ABENDROTH (1980) sieht in den weiblichen Gottesvorstellungen der Hebräischen Bibel einen Beleg dafür, daß Judentum und Christentum Deformationen matriarchaler Religionen darstellen und sich nur deshalb behaupten konnten, weil ihr Gott Eigenschaften und Symbole der Göttin okkupierte.

Während die Göttinnenbewegung das patriarchale Gottessymbol durch das der Göttin ersetzt, geht die feministisch-theologische Bewegung unterschiedliche Wege.

Frauen, die mit dem Glauben vor allem positive Erfahrungen gemacht haben und deshalb im Rahmen der christlichen Tradition bleiben wollen, werden sich sicher eher auf die "Kompromißformel" von Gott als "Vater und Mutter" einlassen oder versuchen, das Problem durch eine nichtpersonale Rede von Gott zu umgehen, wie es z.B. Dorothee SÖLLE vorschlägt (MONHEIM-GEFFERT 1983, S. 14).

> "Wenn ich sage, Gott ist Licht oder das Meer oder Brunnquell aller Güter, oder lebendiger Wind, so sind das symbolische Sprachversuche, Wörter, die den autoritären Charakter vermissen lassen und es vielleicht deswegen einfacher machen. Ich glaube, daß wir von der Mystik sehr viel lernen können bei dieser Suche nach einer neuen Sprache, die unser Gottesverhältnis klarer, weniger repressiv und weniger mißverständlich formuliert." (SÖLLE 1983, S. 207)

Von Frauen aber, die unter dem patriarchalen Gott und seinen Stellvertretern gelitten haben, wird der Kompromiß eher als Ausweichen oder Verschleierung der Realitäten betrachtet werden.

> "Ebensowenig wie Alibifrauen in ansonsten unveränderten Strukturen, halte ich eine Alibiweiblichkeit im ansonsten unveränderten Gottesbild für eine wünschenswerte Lösung. Es geht um eine tiefgreifende Veränderung unseres Glaubens und unserer Praxis." (MONHEIM-GEFFERT 1983, S. 14)

Bei der Suche nach einem neuen Gottesbild ist zu bedenken, daß

> "Gottesbilder nur Teilwahrheiten wiedergeben, daß sie für bestimmte Menschen mit bestimmten Erfahrungen jeweils eine Gültigkeit besitzen, jedoch kein Bild ausreicht, die göttliche Wirklichkeit zu erfassen. Da Gott unsere Bilder und Vorstellungen transzendiert, ist eine Vielfalt von Bildern und Symbolen, die sich gegenseitig ergänzen können, nötig und gerechtfertigt."
> (HUNTRUP 1984, S. 101)

Mir persönlich gefallen besonders die am weitesten formulierten Definitionen für das Göttliche:

> Gott als die Quelle aller noch nicht verwirklichten Potentiale im Menschen und in der Welt. (vgl. HUNTRUP 1984, S. 115)
>
> Gott als das höchste Symbol der besten menschlichen Eigenschaften und der tiefsten Ideen des menschlichen Geistes.
> (vgl. MOLLENKOTT 1984, S. 104)
>
> Gott als das Du mit dem größten denkbaren Grad wirklicher Bezogenheit auf andere - nämlich auf alle anderen. (vgl. ebenda, S. 114 ff.)

Offene Fragen und Antworten

Trotz der von den feministischen Theologinnen wieder entdeckten weiblichen Vorstellungen von Gott war es für mich eine noch offene Frage, ob die Integration weiblicher Anteile in das männliche Gottesbild Frauen wirklich ihrer Befreiung näherbringt, und ob dieser androgyne Gott den Frauen im Blick auf ihre Situation in der Kirche weiterhilft. Werden mit dem Aufdecken der weiblichen Komponenten im männlichen Gott der Bibel die männlichen und weiblichen Anteile des menschlichen Wesens bestätigt, bzw. werden dadurch neben den Leistungen der Männer die Arbeiten der Frauen, die sie durch die Jahrhunderte getan haben, wirklich gewürdigt? Bedeutet Gottes Weiblichkeit hervorzuheben, unsere eigene Menschlichkeit, unsere Körperlichkeit zu bejahen (MOLLENKOTT 1984, S. 35)? Dies gilt z.B. für Julian of Norwich, die sagte:

> "Indem 'Jesus die Mutter' Fleisch wurde, brachte er unsere Menschlichkeit in die Gottheit ein." (ebenda, S. 36)

Man kann sicher davon ausgehen, daß Gottes Diesseitigkeit, seine geschaute Herrlichkeit und seine Erreichbarkeit mit weiblichen Bildern ausgedrückt werden, und weibliche Begriffe eher Gottes menschenähnliche, persönliche, gefühlsbetonte Eigenschaften beschreiben (ebenda).

Eine weitere, noch nicht endgültig geklärte Frage war, ob die Verwendung einer beide Geschlechter einbeziehenden Sprache von Gott notwendigerweise zu Gerechtigkeit für Frauen in Gesellschaft und Kirche führt. Am Beispiel der Zisterzienser wird deutlich, daß dies nicht unbedingt der Fall sein muß.

Obwohl die Zisterziensermönche im 12. Jh. freizügig weibliche Gottesbilder benutzten, waren sie nicht dazu in der Lage, diese Wertschätzung des Weiblichen auf die Frauen zu übertragen. Sie lehnten es ab, die Zisterziensernonnen bei ihren Bemühungen um Integration in den Zisterzienserorden zu unterstützen.

Bernhard von Clairvaux beschrieb Jesus in mütterlichen Bildern und lehnte seine eigene Mutter ab (ebenda, S. 18).
John Donnes, ein anglikanischer Prediger des 17. Jhs., benutzte eine weibliche Gottessprache und predigte dennoch die Unterlegenheit der Frau (ebenda, S. 113).

Virginia MOLLENKOTT führt dieses Phänomen auf die Spaltung des Gefühls zurück. Die verheerende Spaltung des Gefühls besteht darin, daß literarische Bilder als die eine Sache und das Leben als eine andere Sache angesehen werden.

> "Wenn Gott sowohl mit einer Frau als auch mit einem Mann verglichen werden kann, dann sollte grundsätzlich kein menschliches Wesen aufgrund seines Geschlechtes dem anderen untergeordnet werden." (ebenda, S. 113)

Hängt die Spaltung zwischen weiblichen Bildern von Gott und dem Verhalten von Männern gegenüber Frauen nicht auch mit der Projektion geschlechtsspezifischer Eigenschaften zusammen? Auffällig ist nämlich, daß männliche Autoren fast immer weibliche Gottesbilder mit stereotypen weiblichen Fähigkeiten wie des Nährens und Helfens assoziiert haben (vgl. Kapitel 5).

Mir scheint, daß die Anerkennung der weiblichen Komponenten in der Gottheit für Frauen keinen positiven Gewinn bringt, wenn "Gott als Mutter" dem "Gott als Vater" völlig unterlegen ist. Außerdem wird durch die Integration der weiblichen Anteile ins Gottesbild indirekt wieder Rollenzuweisung betrieben, wenn z.B. Beziehungsfähigkeit als weibliche Kompetenz und Abstraktionsfähigkeit als männliche bezeichnet wird. Ein solches Festhalten an einem Begriff des Weiblichen oder der Weiblichkeit bleibt in der Ideologie der patriarchalen Gesellschaft befangen.

"Elga Sorge weist darauf hin, daß, solange wir bei dem Begriff 'Gott' bleiben, immer die androzentrische Sichtweise dominiert. Für sie ist der Begriff 'Gott' eindeutig männlich, so daß Aussagen über die 'Weiblichkeit Gottes' paradox werden. 'Um dem männlichen Gott das fehlende Weibliche beizufügen, wird stets das Weibliche ins Gottesbild integriert, aber niemals umgekehrt, dem Gott ein eigenes Göttinnenbild vorgehalten, durch das der Gott sich kritisieren und verwandeln lassen könnte. Es scheint schwierig zu sein, nach so vielen tausend Jahren Patriarchat selbständige Weiblichkeit auf der Ebene des Göttlichen zu beschreiben und zuzulassen'." (GRÜNDGES 1986, S. 18)

Rosemary R. RUETHER plädiert deshalb für die Überwindung des Dualismus von weiblich und männlich und beschreibt ihre Zielvorstellung für den Menschen mit den theologischen Begriffen "imago dei" und "erlöstes Menschsein".

"So gesehen verweisen uns die Wiederherstellung der Ganzheitlichkeit der psychischen Kräfte und der egalitäre Zugang zu Rollen in der Gesellschaft auf jene verlorene Ganzheit des Potentials im Menschen, das wir als erlöstes Mensch-sein bezeichnen möchten." (R. RUETHER 1985, S. 142)

Ein ganzheitliches Menschenbild ist nicht denkbar ohne ein ganzheitliches Gottesbild. Beide sind nicht durch vorschnelle Harmonisierung zu erreichen.

"Vielmehr setzt ein ganzheitliches Gottes- und Menschenbild bei Männern und Frauen die Bereitschaft voraus, auf starre Rollenzuweisungen zu verzichten, gesellschaftliche Strukturen zu verändern und Macht umzuverteilen. In diesem Sinn ist eine Suche nach einem ganzheitlichen Gottesbild nur da glaubwürdig, wo sie nicht nur akademische Beschäftigung ist, sondern auch praktische Konsequenzen nach sich zieht." (GRÜNDGES 1986, S. 71)

Welche Befreiung ein ganzheitliches Gottesbild für Frauen wie Männer bedeuten könnte, macht das folgende Zitat von Rosemary R. RUETHER deutlich:

> "Gott - unsere Göttin - übersteigt alles Männliche und alles Weibliche. Er (sie) umfaßt, begründet und transzendiert die volle Menschlichkeit sowohl der Männer als der Frauen. Daher richtet er (sie) auch die stereotypen Rollen, die eine patriarchalische Gesellschaftsordnung sowohl den Männern als den Frauen zuwies. Er (sie) erlöst aus der Unfreiheit und aus dem Unrecht, die diese Rollen bedeuteten. Er (sie) gibt Männern und Frauen ihre volle Menschlichkeit wieder, die nicht nur das Versprechen einer neuen Menschheit ist, sondern auch einer neuen Welt mit neuen gesellschaftlichen Beziehungen und mit neuen Formen zwischenmenschlicher Beziehungen. Dieser Gott (diese Göttin), der (die) sowohl männlich als auch weiblich ist, der (die) weder männlich noch weiblich ist, weist auf eine neue Menschheit hin. Indem wir uns ihn (sie) neu vorzustellen versuchen, entdecken wir ungeahnte Möglichkeiten, die wir als menschliche Individuen und als gesellschaftliche Wesen besitzen."
> (R. RUETHER 1981, S. 222)

Ein ganzheitliches Gottesbild muß also einhergehen mit einem ganzheitlichen Menschenbild und den damit verbundenen strukturellen Veränderungen.

Die Überwindung des Geschlechterdualismus kann nach meiner Meinung nur erreicht werden, wenn für eine gewisse Zeit die stärkere Betonung der bisher vernachlässigten und unterdrückten weiblichen Perspektive ihre Berechtigung hat. Dabei ist der These Rechnung zu tragen, daß durch die Addition der weiblichen Anteile in das männliche Gottesbild die geforderten Veränderungen nicht bewirkt werden können, und zwar aus folgenden Gründen:

1. weil die geschlechtsspezifischen Zuordnungen der Eigenschaften auf Männer und Frauen erhalten bleiben, wenn die patriarchalen Vorstellungen von Weiblichkeit und Männlichkeit auf das Göttliche projiziert werden,
2. weil die Gefahr besteht, daß die Priorität der männlichen Anteile erhalten bleibt.
3. weil die Identifizierung der Frauen mit dem Göttlichen noch immer nicht möglich ist, selbst wenn dieser männliche Gott weibliche Anteile hat.

Die Überwindung des Dilemmas erscheint mir möglich zu sein, wenn das Göttliche in Bildern beschrieben wird, die jenseits der Geschlechtszuordnungen liegen, was aber nicht bedeuten soll, daß die Geschlechtlichkeit negiert werden soll (androgyn - transsexuell). So verwendet Katrin Ann Piccard das ganze Spektrum biblischer Bilder von Gott:

> "... menschliche, nicht-menschliche, materielle und nicht materielle. Wenn wir nur materielle Analogien benutzen, (Gott als Fels, Wasser usw.), vernachlässigen wir das transzendente Wesen Gottes. Wir brauchen auch die nicht materiellen Bilder von Gott als Liebe, als Wort, Geist, Verb oder als Licht. Wenn wir nur menschliche Gottesbilder verwenden (männliche oder weibliche), kann der Anthropomorphismus übertrieben werden und zu einem chauvinistischen Mißbrauch der natürlichen Umwelt führen. Wenn wir Rollenbilder (z.B. Gott als Vater, Ehemann, Mutter) benutzen, um geschlechtliche Rollenmuster zu vergöttlichen und/oder zu rechtfertigen, dann 'tritt die Sünde des Sexismus ein'." (MOLLENKOTT 1984, S. 117)

Es ist folglich eine Umerziehung notwendig hinsichtlich der Gleichwertigkeit von Eigenschaften, die traditionellerweise mit weiblich und männlich bezeichnet werden.

> "In der weiblichen Mystik, besonders bei Gertrud von Helfta, finden wir weibliche Gottesbilder, die sowohl Aspekte der Autorität und Disziplin wie auch der Zärtlichkeit beinhalten. Caroline Walker-Bynum zieht eine interessante Verbindung zwischen mönchischem Leben, starken weiblichen Selbstverständnis und einer Mann und Frau einschliessenden Sprache von Gott: Frauen, die in (mittelalterlichen) Klöstern aufgewachsen sind, wurden wahrscheinlich weniger von dem zeitgenössischen Vorurteil beeinflußt, daß Frauen moralisch und geistig unterlegen seien. Diese Frauen erlebten, daß sie in vollem Umfang männliche und weibliche, leitende und tröstende Rollen ausfüllten und so der ganzen Breite des Handelns Gottes gleich kamen."
> (ebenda, S. 56)

Für die Frauen ist es wichtig, innerhalb der Gottheit Identifikationsmöglichkeiten zu finden, die nicht nur dem geschlechtsspezifisch Zugewiesenen entsprechen. Wenn Gottes eigenes Wesen die männlichen und weiblichen Rollen vereint, dann sind die Menschen frei zur Entwicklung ihrer Gaben, ohne sich um Geschlechtsrollenzuschreibungen der Gesellschaft kümmern zu müssen. In einem Gott, der zugleich Weibliches und Männliches transzendiert, der Gegensätze überwindet und in sich vereint, kann der Kampf der Geschlechter am Ende befriedet werden. Der Bibel zufolge ist Gott männlich und weiblich und zugleich weder männlich noch weiblich.

In einem nicht mehr androzentrisch soziokulturellen Kontext besteht die Möglichkeit, daß Gottesvorstellungen sich ändern können.

1.5 Abschließende Gedanken zur Erstformulierung meines Themas

Bei der Erstformulierung meines Themas ging es mir um folgende inhaltliche Schwerpunkte: Neben dem Interesse aufzuzeigen, daß der Umsturz der patriarchalen Gottesbilder und der patriarchalen Werte, die dahinterstehen, eine Befreiung für Frauen bedeuten könnte, war es mein besonderes Anliegen, bewußt zu machen, daß wir uns etwas vormachen, wenn wir meinen, ohne Kraftquelle, ohne Bezug zu einer transzendenten oder immanenten Macht, die uns in unserem Sein bestätigt, sinnvoll und überlebensgerecht leben zu können.

Hinter den verschiedenen Ansätzen von Weltdeutung in der Ausprägung von Mythos, Religion, Philosophie oder auch Wissenschaft steht eine Kraft, die uns dazu befähigt, Sinn in diese Welt zu bringen. Wenn die Quelle dieser Kraft verschüttet ist, scheint das Leben sinnlos, nichtig, vergeblich.

Mit Beispielen weiblicher Gottesbilder aus den matriarchalen Kulturen, aus der Kirchengeschichte, der Göttinnenbewegung und der Feministischen Theologie wollte ich Frauen Mut machen, ihre Bedürfnisse nach einem weiblichen Gottesbild ernst zu nehmen.

Hinter dem Wunsch nach einem weiblichen befreienden Gottesbild stand aber auch die Erkenntnis, daß wir eine neue Deutung der Welt brauchen, die auf ethischen Prinzipien beruht und die das Überleben der Menschen sowie des ganzen Kosmos gewährleistet.

> "Und so geht es heute auch nicht um die Frage nach neuen Bildern von einem neuen Idealwesen, nicht um die Intention aller Moral, den empirischen Menschen einem Ideal anzuähneln. Es geht um die Hinderung der Selbstliquidierung der Menschen. Oder zumindest, bescheidener um die Konsequenzen, die wir aus der Tatsache der möglich gewordenen Selbstliquidierung ziehen wollen, die, wenn nicht verursacht, so doch beschleunigt worden ist durch die

Annahme des weißen Mannes, er könne mit der Abschaffung eines ihm übergeordneten Gottessymbols die in diese hineinprojizierte Leihgabe, nämlich einen Teil seines männlichen Wesens, zurückfordern und so ungeahnte Möglichkeiten der Unterwerfung und Beherrschung von Natur, verarmten Ländern und Frauen erhalten. Es hat sich aber wohl erwiesen, daß diese erhofften Eigenschaften dem Mann nicht zur Verfügung stehen."
(THÜRMER-ROHR 1987, S. 83)

1.6 Schritte meines weiteren Erkenntnis- und Forschungsweges und die Inhalte der einzelnen Kapitel

Mein weiterer Erkenntnis- und Forschungsweg macht einerseits deutlich, wie vorher aufgestellte Hypothesen und Vorstellungen den Forschungsweg leiten, aber auch behindern können. Andererseits läßt sich anhand der Forschungsergebnisse und der Widersprüche aufzeigen, welche Gründe zur Schwerpunktverlagerung meines Themas geführt haben und warum ich mich für die ausgewählten religiösen Gruppen entschieden habe.

Ausgangspunkt meiner Forschungen war, in der Kirchengeschichte nach Bewegungen, Gruppen, Frauen und Männern Ausschau zu halten, die Gott auch in weiblichen Gottesbildern erfahren und beschrieben haben. Ich ging von der Hypothese aus, wenn Gott Frauen und Männern nicht mehr so einseitig männlich und patriarchal vermittelt wird, sich auch ihre Vorstellungen, ihre Beziehungen, ihr Selbstbild, ihre Lebensformen verändern müßten.

Nach einem ersten Durchgang durch die Kirchengeschichte kam ich zu der Einschätzung, daß sich diese These sehr schnell bestätigen ließ, angefangen bei der urchristlichen Jesusbewegung, der gnostischen Bewegung oder den Mystikerinnen und Mystikern.

Auffällig bei den genannten Bewegungen oder Personengruppen war, daß in ihnen die Frauen zahlreich, oft auch überwiegend vertreten waren und sie von der orthodoxen Kirche als Ketzer/innenbewegungen diffamiert und auch verfolgt wurden.

Darüber hinaus lehnten sie nicht selten die Ämterhierarchie und Stellvertreterfunktion der offiziellen Kirche ab und verstanden sich als unsichtbare Kirche, deren Mitglieder durch den Heiligen Geist miteinander verbunden waren (vgl. Kapitel 10).

Bei der intensiven Beschäftigung mit der gnostischen Bewegung tauchten für mich bereits erste Widersprüche auf, die meine These von der befreienden Wirkung weiblicher oder androgyner Gottesbilder wieder in Frage stellten.

Frauen mußten in diesen Gruppen ihre Geschlechterdifferenz verleugnen, da sie nur als Männer zur vollkommenen Erkenntnis gelangen konnten. Selbst nachdem ich erkannt hatte, daß die gnostische Bewegung sich aus unterschiedlichen Gruppen zusammensetzt, deren Gemeinsamkeit u.a. in einem androgynen Gottesbild und gleichberechtigten Beziehungen zwischen Frauen und Männern besteht, lösten sich die Widersprüche noch nicht auf.

Weibliche Gottesvorstellungen, die den patriarchalen Bildern von Weiblichkeit verhaftet bleiben, können langfristig keine Veränderung und Befreiung für Frauen bringen.

In der gnostischen Gruppe der Valentiner/innen sah ich dagegen eine Gruppe, die meinem Vorhaben gerecht zu werden schien. Dies hielt ich für möglich, weil an dieser Gruppierung der Zusammenhang von Gottesbild, Stellung der Frau und Lebensform in positiver Weise aufzuzeigen war; denn sie entsprachen mit ihrer Gotteslehre und ihren Lebensformen den Vorstellungen, die ich mir in bezug auf die Auswirkungen eines befreienden Gottesbildes gemacht hatte.

Außerdem ermöglichte die ausführliche Berichterstattung der Kirchenväter, wenn auch nur als polemische[1], detailliert über die Lehre und das Leben dieser Gruppierung zu informieren.

Die Valentiner/innen sind als eine gnostische Gruppe bekannt, die sich nicht als Gegenkirche verstand, sondern eher als Kirche in der Kirche. Außerdem lehnten sie die Leib- und Sexualfeindlichkeit anderer gnostischer Gruppen ab und lebten infolgedessen in ehelichen Gemeinschaften mit Frauen, Männern und Kindern. Auch von Weltverneinung oder Weltflucht war wenig die Rede, obwohl auch ihr oberstes Lebensziel die Vereinigung mit dem Göttlichen war. Als Widerspruch begriff ich, daß auch sie vom weiblichen und männlichen Urgrund sprachen und in ihren Traktaten trotzdem die Beschreibung des Göttlichen als Vater überwiegt.

---

1 Die Valentiner/innen werden - wie alle gnostischen Gruppen - von der orthodoxen Kirche als Ketzer/innen angesehen (vgl. Ketzer/innengeschichte als Inquisitionsgeschichte, Kap. 6.2).

Bei der Herausarbeitung der Aspekte, die meinen Vorstellungen von gnostischen, gleichberechtigten Gemeinschaften widersprachen, wurde mir deutlich, wie sehr ich einem Idealbild hinterherlief und mich weniger darum bemühte, herauszufinden, woran es lag, daß Frauen - zum Beispiel bei den Montanisten - führende Stellungen innehatten, obwohl sie von einem männlichen Gottesbild ausgingen und strengste Askese übten.

Eine Erklärung findet sich vielleicht darin, daß der Montanismus als urchristliche Erneuerungsbewegung zu den Geistchristologien gehört (vgl. Kapitel 10).

Stutzig machte mich auch, daß die Frauen in den gnostischen Gruppierungen zwar gleichberechtigter waren als in der orthodoxen Kirche, daß aber im Gegensatz zu den Männern nur wenige Frauen mit Namen bekannt sind. Dies läßt sich nicht allein mit der patriarchalen Geschichtsschreibung erklären.

Außerdem scheint keine "Schule" nach einer Frau benannt worden zu sein, obwohl Frauen in lehrenden und leitenden Funktionen tätig waren, was aus der Benennung einiger gnostischer Evangelien nach Maria, nach Maria Magdalena oder auch nach Martha geschlossen werden kann.

Danach beschäftigte ich mich mit den Mystikerinnen und Mystikern des Mittelalters (vgl. Kapitel 3, 4, 5, 7 und 8), da ich hier Parallelen zur gnostischen Bewegung vermutete, z.B. in der individuellen Suche und dem Streben nach der Vereinigung mit dem Göttlichen und dem Erleben der Vereinigung als "Heilige Hochzeit" oder auch in der Entwicklung weiblicher Gottesvorstellungen.

Da es im Mittelalter außer den Mystikerinnen vor allem Männer waren (die Zisterzienserautoren des 12. Jahrhunderts), die Gott in weiblichen Bildern beschrieben, suchte ich nach Erklärungen für diesen Sachverhalt.

Caroline Bynum nennt in ihrem Buch "Jesus as mother" drei Charakteristika, die ihre weibliche Rede von Gott von der anderer geistlicher Autoren/Autorinnen, besonders aber von der Mechthild von Hackeborns und von der Gertruds der Großen unterscheidet. Warum gebrauchten die Zisterzienserautoren des 12. Jahrhunderts mehr weibliche Metaphern als die Helfta Nonnen (Mechthild von Hackeborn und Gertrud die Große) und diese mehr weibliche Metaphern als Mechthild von Magdeburg, die eine Begine war (vgl. Kapitel 5)?

Bei der Beschäftigung mit den Entstehungsbedingungen der Mystik stieß ich auf folgende interessante Zusammenhänge. Historiker wie

GRUNDMANN (1961) und RUH (1985) sind sich einig, daß das Entstehen der Mystik auf das Zusammentreffen der "religiösen Frauenbewegung" mit der Bettelordenbewegung zurückzuführen ist. Damit waren die Beginen und Nonnen in den Beginenkonventen und Klöstern vorrangig daran beteiligt, daß die besondere Form der Liebes- und Brautmystik entstand. Durch das Aufschreiben ihrer mystischen Erlebnisse und Spekulationen haben sie das Schrifttum in der Volkssprache wesentlich gefördert.

So ist es auch nicht verwunderlich, daß einige in der Literatur bekannte Mystikerinnen Beginen waren (Mechthild von Magdeburg, Hadewijch, Julianne von Cornillon und Marguerite Porète). Besondere Bedeutung bekam die enge Beziehung zwischen Mystik und Beginenbewegung für mich insofern, weil die Beginen sowohl ein Beispiel für die Emanzipation von Frauen im Mittelalter sind wie Vorbild für das Schaffen autonomer geistlicher Lebensformen.

Schon in der Frauengeschichtsgruppe hatten wir nach Ziel- oder Leitvorstellungen gesucht, die die Beginenbewegung in ihren unterschiedlichen Ausformungen miteinander verband. Wir waren dabei ebenfalls auf die Mystik gestoßen.

Schon damals hatte mich das ganz andere Gottesbild, das sich durch seine grenzenlose Liebe und Güte, durch seine Nähe und Ferne auszeichnete, fasziniert, zumal manchmal von Gott auch in weiblichen Bildern, Symbolen und Metaphern geredet wurde.

Bei der erneuten Beschäftigung mit der Mystik der Beginen irritierte es mich, daß auch sie vorrangig in männlichen Bildern von Gott geredet haben. Eine Erklärung für diesen Sachverhalt sah ich in ihrer Sozialisation in patriarchaler Gesellschaft, bzw. der Verinnerlichung des Patriarchats. Nach anfänglichem Unverständnis und Mißverstehen der Mystik der Beginen begriff ich, daß ihre Religiosität nicht nur Deckmantel für ihre sozialen Bedürfnisse nach Emanzipation war, sondern daß gerade ihre Religiosität und ihre Mystik ihren Ausbruch aus Unterdrückung und Diskriminierung ermöglichte (vgl. Kapitel 3.6). Diese neue Einsicht brachte mein altes Weltbild ins Wanken, wonach der Glaube an einen männlichen Gott Frauen in ihrer Ohnmacht und Nichtexistenz festhält. Konnte ein männlicher Gott sowohl unterdrücken als auch befreien?

Je mehr ich von der Mystik der Beginen verstehen lernte, desto deutlicher verspürte ich den Wunsch nach einer ähnlich intensiven religiösen Beziehung. Ich stellte mir die Frage, ob dort vielleicht die Kraftquelle verborgen lag, der ich bereits unbewußt auf der Spur war.

Bei der Beschäftigung mit den Werken zweier Mystikerinnen, der Mechthild von Magdeburg und der Marguerite Porète (vgl. Kapitel 4 und 8), stieß ich immer wieder auf Widersprüche, die ich mir zunächst nicht erklären konnte, z.B. die Rede von der grenzenlosen Demut und Nichtigkeit, der Geringschätzung des eigenen Lebens und der eigenen Person im Verhältnis zu Gottes Unfaßbarkeit, Größe und grenzenloser Liebe.

War ich doch davon ausgegangen, daß dieses Erfassen Gottes als grenzenlose Liebe, das Beschreiben Gottes in weiblichen Bildern, Frauen hilft, die geschlechtsspezifischen Normen zu überschreiten, sie befreit zu einem neuen Selbstverständnis und alternativer Lebensgestaltung.

Ich habe schließlich begriffen, daß dieses Loslassen von allen geistigen und materiellen Gütern, das Leerwerden für Gott, die Voraussetzung für die "unio mystica" darstellt und eine geistige Freiheit und Unabhängigkeit eröffnet, die ganz im Gegensatz steht zu der Selbstlosigkeit, Demut und Selbstopferung, die Frauen in der orthodoxen Kirche gepredigt wird. Weibliche wie männliche Bilder Gottes ermöglichen, "Gott zu werden". Alle Bilder bleiben aber zurück hinter dem, was göttliches Sein ausmacht.

Insofern gehe ich heute davon aus, daß es letztendlich mehr darauf ankommt, Gott in solchen Bildern, Symbolen, Eigenschaften und Beziehungen zu beschreiben, die die patriarchalen Strukturen kritisieren und Befreiung ermöglichen.

Für eine bestimmte Zeit wird es aber infolge der 2000jährigen ausschließlich männlichen Symbolik und Rede von Gott notwendig sein, Gott vorrangig in weiblichen Metaphern zu beschreiben.

Bei der Erforschung der Beginen (vgl. Kapitel 3) war ich außerdem auf den Widerspruch gestoßen, daß die Beginen von den Historiker/innen im allgemeinen nicht als ketzerisch begriffen werden, obwohl sie von den Zeitgenossen von Anfang an als Häretikerinnen diffamiert wurden. Erst von der zweiten Hälfte des 13. Jhs. an seien einige Beginengemeinschaften nach Meinung der Historiker/innen von ketzerischem Gedankengut erfaßt worden. Besonders verdächtig machten sich die bettelnden und "umherschweifenden" Beginen, die das apostolische Postulat bis in die letzte Konsequenz ernst nahmen wie vor ihnen die Wanderprediger, Ketzer/innen und später die Bettelmönche.

Diese Aufspaltung der Bewegung und Abwertung der ketzerischen Beginen wird sowohl von den Historikern wie von den feministischen Historikerinnen (mit Ausnahme von Ute WEINMANN) übernommen, wenn sie zwar von der gemeinsamen Wurzel beider Gruppierungen ausgehen, aber die theologischen Vorstellungen der umherschweifenden und ketzerischen Beginen nicht für Wert halten, beschrieben zu werden.

Dieses Nichtbeachten und Unsichtbarmachen dieser Richtung der Bewegung verhindert das Erfassen und Begreifen der Motive der gesamten Bewegung, da nur durch die radikale Umsetzung ihrer Ideale und religiösen Vorstellungen ihr revolutionäres Potential in aller Klarheit sichtbar wird.

Die Aufspaltung der Beginen in orthodoxe und ketzerische Beginen hat mir im besonderen die Augen dafür geöffnet, daß die institutionelle Kirche die Praktiken der Abspaltung und Ausgrenzung seit ihrem Beginn immer wieder praktiziert hat, um ihre Macht zu erhalten; denn das oft kirchenkritische, klerikerfeindliche Verhalten der Ketzer/innen, ihr eigenständiges Streben nach Gott ohne irdische Vermittlung und ihre befreienden theologischen Lehren bedrohten die Grundfesten der Kirche. Die Ausgrenzung der befreienden Potentiale des Christentums hat die Macht der Kirche erhalten und die Ohnmacht der Frauen verstärkt.

Diese Erkenntnisse bewirkten eine Wende in meiner Suche nach einem befreienden Gottesbild.

Bei meinen weiteren Studien beschäftigte ich mich im besonderen mit der Lehre und den Gottesbildern einiger religiöser Gruppen, die von der orthodoxen Kirche als Ketzer/innen diffamiert und verfolgt wurden. Dabei machte ich die Entdeckung, daß Frauen, obwohl sie als Ketzerinnen verfolgt und verbrannt wurden, selbst als Ketzerinnen meist nicht anerkannt wurden. Ihre als ketzerisch verleumdeten, religiösen Vorstellungen wurden als Gedankengut bestimmter männlicher Ketzer verstanden, die sie zu diesen Gedanken verführt hätten.

Es scheint den **männlichen** Vorstellungen von Frauen zu widersprechen, sie als Menschen mit eigenem Willen und Schöpferinnenkraft zu begreifen, als Menschen, die sich bewußt für eine ketzerische Gruppe entschieden und wesentlich mit an der Entwicklung befreiender theologischer Vorstellungen beteiligt waren.

Einen Beleg für die Eigenständigkeit und Kreativität der Frauen, die als Ketzerinnen verurteilt wurden, sehe ich in dem Buch über die Liebesmystik der Begine Marguerite Porète, das trotz Marguerite Porètes Verurteilung als Ketzerin und der Verbrennung auf dem Scheiterhaufen für fast 300 Jahre eine hervorragende Bedeutung gehabt hat. Und das, obwohl die meisten Traktate und Schriften der Ketzer - und ich behaupte, besonders der Ketzerinnen - vernichtet worden sind (vgl. Kapitel 8).

Auch ein Traktat, das ursprünglich Meister Eckhart zugeschrieben wurde und vielleicht nur deshalb erhalten blieb, wurde von einer Begine, die Schwester Katrei genannt wurde, verfaßt. Selbst wenn es diese Begine nicht gegeben hat, wie von einigen Autoren behauptet wird, so macht die Zuschreibung dieses Traktats doch deutlich, welche Eigenständigkeit man den Beginen zutraute.

Diese beiden Zeugnisse der Eigenständigkeit und Schöpferinnenkraft von Frauen, die ich der freigeistigen Bewegung zuordnen würde, scheinen mir kein Einzelfall zu sein, zumal wenn ich an das Unsichtbarmachen des Lebens und Handelns der Frauen in der Geschichte denke.

Da die häretischen Beginen der freigeistigen Bewegung zugeordnet werden, habe ich mich danach mit der freigeistigen Mystik der "Schwestern und Brüder des freien Geistes" auseinandergesetzt (vgl. Kapitel 7). Auch bei der Berichterstattung über diese Gruppe zeigt sich wieder das androzentrische Denken der Autoren, die über diese Gruppe geforscht haben. Meistens wird nur von einer "Sekte" der "Brüder des freien Geistes" gesprochen. Die Schwestern werden unterschlagen, oder, wenn sie erwähnt werden, als Mitläuferinnen oder Verführte begriffen.

Obwohl mir die freigeistige Mystik mit ihrem Weg zur Vollkommenheit und ihren pantheistischen Vorstellungen nicht geringe Verständnisschwierigkeiten bereitete, erkannte ich doch die befreienden Vorstellungen ihrer Theologie.

Ich machte die Entdeckung, daß die Vorstellungen der freigeistigen Ketzerei von Sündlosigkeit, Vollkommenheit, Freiheit und Glückseligkeit auch in der Feministischen Theologie entwickelt oder problematisiert worden sind und eine Umkehrung der Werte und Bewußtseinsstrukturen der traditionellen Theologie darstellen (Selbstlosigkeit, Demut, Opferbereitschaft, Vollkommenheit und Sündigsein).

Weil die Lehre des freien Geistes nur aus den Inquisitionsprotokollen zu rekonstruieren ist, sah ich in dem Buch der Marguerite Porète eine gute Möglichkeit, die freigeistige Mystik in ihren "vermessen" und "blasphemisch" klingenden Vorstellungen neu zu begreifen (vgl. Kapitel 8). Hilfestellung zum Verstehen gab mir auch der Hinweis von GRUNDMANN, daß die freigeistige Mystik auf dieselben geistesgeschichtlichen Wurzeln zurückzuführen ist wie die orthodoxe Mystik. Deshalb kann die freigeistige Mystik nur im Zusammenhang mit der kirchlich anerkannten Mystik erfaßt werden, zumal auch diese sehr häufig der Häresie verdächtigt wurde.

Da Frauen in der freigeistigen Bewegung für fähig gehalten wurden, den Zustand der Vollkommenheit zu erreichen, aber nur von Gruppen berichtet wird, die von Brüdern geleitet wurden, war ich danach auf der Suche nach einer freigeistigen Gemeinschaft, die ihr Entstehen und ihre Theologie auf eine Frau zurückführt. Mit der vilemitischen Gruppe (vgl. Kapitel 9) fand ich nicht nur eine solche Gemeinschaft, sondern die dort herrschenden gleichberechtigten Beziehungen zwischen Männern und Frauen belegen meine These von der befreienden Wirkung weiblicher Gottesbilder. Dies war möglich, weil Vilemina, die Leiterin dieser Gruppe, als weibliche Inkarnation Gottes verstanden wurde.

Damit stand der Gegenstandsbereich meiner Forschung fest. Da alle Gruppen, über die ich forschen wollte, im 12.-14. Jh. entstanden sind und zur "religiösen und sozialen Aufbruchsbewegung" des 12.-14. Jhs. gehören (vgl. Kapitel 2), ich aber im besonderen den Aufbruch der Frauen erforschen will, lautet mein Thema nun folgendermaßen:

> **"Göttin statt Gott-Vater? Die Bedeutung der neuen Gottesbilder des 12.-14. Jahrhunderts und die religiöse Frauenbewegung im Mittelalter"**

1.7 Fazit

Wenn ich jetzt noch einmal reflektiere, wie ich zur Schwerpunktverlagerung meines Themas gekommen bin, gelange ich zu folgendem Ergebnis:

Bei der Erstformulierung meines Themas ging es mir vor allem um die Abschaffung patriarchaler männlicher Gottesbilder und um die Suche nach befreienden weiblichen Gottesbildern in der Kirchengeschichte und der feministisch-theologischen Bewegung.

Bei der zweiten Themenformulierung liegt der Schwerpunkt mehr - abgesehen von der Eingrenzung auf den Zeitraum des 12.-14. Jhs. - auf den unterschiedlichen Möglichkeiten befreiender weiblicher und männlicher Gottesbilder, die Gruppen oder auch einzelne Vertreter/innen dieser Gruppen entwickelten, die als Ketzer/innen verfolgt und aus der christlichen Gemeinschaft wegen ihrer freiheitlichen Lehre ausgeschlossen wurden, sich selbst aber als die wahren Christen/Christinnen bezeichneten.

Mit den Beispielen aus der Geschichte will ich uns heutigen Frauen Mut machen, eigene Vorstellungen vom Göttlichen zu entwickeln. Dies ist aber erst möglich, nachdem wir erkannt haben, wie sehr die patriarchalen Gottesbilder zu unserer Unterdrückung beigetragen und uns daran gehindert haben, uns als Ebenbild Gottes zu begreifen.

Es reicht nicht aus, die alten Bilder auf der Erkenntnisebene zu verwerfen und durch befreiende Gottesbilder zu ersetzen, sondern Gottesvorstellungen müssen aus der Tradition und den eigenen Erfahrungen der Frauen und Männer mit dem Göttlichen entwickelt werden, was von ihrer Selbstbewußtheit und ihrem Selbstverständnis abhängt. Da die Herrschenden Männer waren, definierten Männer, was Gott für sie bedeutete. Deshalb ist es notwendig, daß Frauen den Mut aufbringen, ihre Weltdeutung und ihr Gottesbild neben das der Herrschenden - der Männer - zu stellen.

Dabei ist nicht zu vergessen, daß alle Vorstellungen, Beschreibungen, Metaphern für Gott, das Göttliche nicht letztendlich erfassen können. Wenn Gott alles in allem ist, so erscheint es mir einleuchtend zu sein, daß es ganz unterschiedliche Bilder geben kann, die widerspiegeln, wie die jeweiligen Menschen Gott erleben, als Mutter oder Vater, Freund oder Freundin, Geliebte oder Geliebter, als Quelle oder Strom.

Ich finde das Bild einer Freundin sehr passend, die es als eine wesentliche Aufgabe meiner Arbeit betrachtet, von unterschiedlichen Richtungen Strahlen auszusenden, die das erleuchten, was nie endgültig für alle Zeiten für jeden Menschen gleich zu begreifen oder zu erfahren ist.

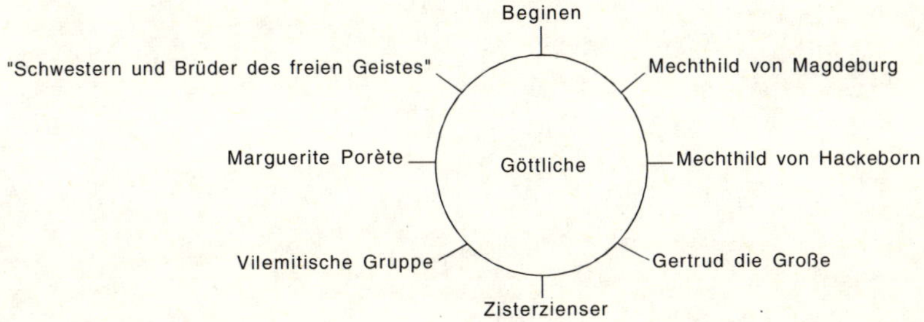

Diese Strahlen werden vom Göttlichen wieder zurückgeworfen auf die oben genannten Gruppen/Repräsentantinnen und lassen uns erkennen, wie sich die jeweiligen Vorstellungen und Erfahrungen mit dem Göttlichen auf die Frauen und Männer, auf ihr Selbstverständnis ausgewirkt haben.

2 Die "religiöse und soziale Aufbruchsbewegung" im 12.-14. Jahrhundert

Alle orthodoxen und "ketzerischen"[1] Gruppen wie auch einzelne Vertreter/innen dieser Gruppierungen, die ich in dieser Arbeit vorstelle und an denen ich den positiven Zusammenhang zwischen Gottes- und Selbstbild aufzeigen will, sind Teil der "religiösen und sozialen Aufbruchsbewegung" im 12.-14. Jh. Aus diesem Grunde scheint es mir wichtig zu sein, nach den ökonomischen, sozialen und religiösen Ursachen zu suchen, die diesen Aufbruch bedingt haben.

Obwohl sich Frauen und Männer aus allen Ständen dieser Bewegung anschlossen, waren es adelige Frauen und Männer, die diese Bewegung initiiert haben. Deshalb ist danach zu fragen, ob es spezifische Gründe für ihr besonderes Engagement gab.

Da in der Literatur unterschiedliche Bezeichnungen für die "religiöse und soziale Aufbruchsbewegung" zu finden sind, scheint es mir notwendig zu sein zu begründen, warum ich diesen Begriff gewählt habe und nicht die Bezeichnung Armutsbewegung.

Obwohl das verbindende Ideal aller Gruppen dieser Bewegung die Armut war, die unterschiedliche Ausgestaltung gefunden hat, erscheint mir der Begriff "religiöse und soziale Aufbruchsbewegung" mehr dem zu entsprechen, worauf ich mein besonderes Augenmerk legen will, nämlich auf den religiös und sozial begründeten Aufbruch der Frauen aus Unterdrückung und Inferiorität infolge eines neuen Gottesbildes.

Gleichzeitig soll durch diese Bezeichnung deutlich werden, auf welche Ursachen ich diese Bewegung zurückführe. Ähnlich sind auch die Historiker/innen vorgegangen, die sich bisher mit dieser Bewegung beschäftigt haben. Sie haben jeweils den Namen gewählt, der ihre spezifische Intention am besten zum Ausdruck bringt. Herbert GRUNDMANN (1961) spricht z.B. von den religiösen Bewegungen im Mittelalter, die

---

[1] Die Beurteilung dieser Gruppen als ketzerisch entspricht dem Selbstverständnis der orthodoxen Kirche. Da der Ketzer/innenbegriff Wertungen transportiert, die der Offenheit für die oft befreienden Inhalte der Lehre und der Lebensformen der Ketzer und Ketzerinnen entgegenstehen, will ich meine Kritik an diesem Begriff durch Anführungszeichen zum Ausdruck bringen (nähere Ausführungen zur Problematisierung des "Ketzer/innen"begriffs in Kapitel VI).

materialistischen Forscher wie Martin ERBSTÖSSER (1960) und Ernst WERNER (1960) sprechen von der Armutsbewegung, Bernd THUM (1989) von der sozial-religiösen oder kulturrevolutionären Bewegung und Karl BOSL (1980) von der Aufbruchsbewegung.

Die "religiöse und soziale Aufbruchsbewegung" des 12.-14. Jhs. ist eine revolutionäre Antwort auf die sozio-ökonomischen Veränderungen im Hochmittelalter.

Ähnlich wie Leonardo BOFF mache ich die Durchsetzung einer befreienden Botschaft von den wirtschaftlichen, politischen und kulturellen Strukturen abhängig. Obwohl Jesus die Frauen als Personen und Töchter Gottes anerkannte, obwohl er ein befreiendes Prinzip einführte und mit entsprechendem Verhalten persönlich bezeugte, kam es nach BOFF nicht unmittelbar in der Geschichte zu Auswirkungen.

> "Die wirtschaftlichen, politischen und kulturellen Strukturen waren noch nicht so weit gediehen, daß in ihnen die von Jesus eröffnete anthropologische (ideologische) Revolution hätte greifen können. Bekanntlich gibt es nie einen direkten Übergang von einem Prinzip zu seiner geschichtlichen Verwirklichung. Alle Veränderungen sind gesellschaftlich verflochten und hängen davon ab, daß sich auch die infrastrukturellen Gegebenheiten ändern." (BOFF 1985, S. 78)

Das 11.-13. Jh. war im Gegensatz zur Zeit des Urchristentums eine Zeit des ökonomischen und sozialen Umbruchs, der so radikal war, daß die mittelalterliche Weltordnung ins Wanken geriet.

> "Das 11.-13. Jahrhundert ist ein Zeitraum großer wirtschaftlicher Umbrüche, die durch den Übergang der Natural- zur Geldwirtschaft und die Entwicklung des Handels und damit die wachsende Bedeutung der Städte an den großen Handelsstraßen gekennzeichnet ist. Dies bedeutet für die Bauern, den Adel und die Stadtbevölkerung eine Verschiebung des bisher bestehenden sozialen Gefüges. Kristallisationspunkte der Entwicklung waren die großen Städte, die Zentren der Wirtschaft." (KRÄUTER-CLODECK o.J., S. 74)

Gleichzeitig wurden immer mehr Menschen an den Rand der Gesellschaft gedrängt.

> "Obwohl die ländlichen Gegenden im 11. Jahrhundert noch von großer Armut verschont blieben, fanden sich in den Städten und Stadträndern immer größere

Gruppen von Armen zusammen. Die Armut nahm aufgrund des Bevölkerungswachstums und der noch instabilen Geldwirtschaft immer mehr zu und führte zu größeren Hungersnöten. Die Kirche, Armenpflegerin und Krankenhaus zugleich, konnte der enormen Armut nicht mehr Herr werden. Auf der anderen Seite erfuhr die mittelalterliche Wirtschaft durch die Einführung des Geldes, den aufblühenden Handel in den neuen Städten und die sich gleichzeitig vergrößernden finanziellen Reichtümer einen grundlegenden Wandel. In der Landwirtschaft führten rationellere Arbeitsmethoden, wie die Einführung neuer Arbeitsinstrumente, zu nicht minder großen Veränderungen. Gebrauch von Eisen bei der Herstellung von Werkzeugen, die Einführung der Dreifelderwirtschaft, die enormen Waldrodungen, der Großtextilhandel, der Ausbau der Fernstraßen, die neuen Messen mit internationaler Bedeutung und die damit verbundene Arbeitsteilung setzten sich erst langsam durch, so daß die Hungersnöte erst um 1300 langsam abebbten." (HABERMAS 1984, S. 117)

So wie die ökonomischen Veränderungen im 19. Jh. die industrielle Revolution auslösten, führten diese im Hochmittelalter zur agrarischen Revolution. Die veränderten Bedingungen in Stadt und Land bedeuteten für einen Teil der bisher unfreien Bevölkerungsschichten eine verbesserte Position, während der andere Teil immer mehr an den Rand der Gesellschaft gedrängt wurde. Der Abstand zwischen arm und reich war noch nie so deutlich geworden wie in den sich entfaltenden Städten.

2.1 Religiöse und soziale Gründe für die Aufbruchsbewegung

Allen religiösen Bewegungen um das 12. Jahrhundert (den orthodoxen wie den "ketzerischen") war gemeinsam, daß sie sich zu einem anderen Ideal der christlichen Verwirklichung der Religion bekannten. War es bisher nach mittelalterlichen Vorstellungen der Kirche nur möglich, ein religiöses Leben als Mönch oder Nonne im Kloster zu führen, so verlangten die Menschen nun nach einer Verwirklichung des religiösen Lebens außerhalb der Klostermauern. Sie beriefen sich dabei auf das Evangelium und die Apostelschriften. Als oberstes Ideal betrachteten sie, so zu leben wie die Jünger/innen und Apostel/innen im Frühchristentum: in die Welt zu gehen und das Evangelium zu predigen, keine bleibende Stätte zu haben, nicht am Besitz zu hängen und nur Christus nachzufolgen (GRUNDMANN 1964, S. 79).

Sie hatten Abschied genommen von dem herrschaftlichen und königlichen Christus und fühlten sich stattdessen vom leidenden, von weltlicher Herrschaft verurteilten, gekreuzigten Christus zur Nachfolge berufen.

Der geistige Hintergrund für den Aufbruch der Laien/Laiinnen war eine Krise in der Theologie, die in der Unfähigkeit der Theologen begründet lag, bei höchster Entfaltung der Scholastik das Evangelium prägnant, schlicht und glaubhaft zu vermitteln. Die Laien/Laiinnen forderten deshalb ihre Beteiligung am kirchlichen Leben, vor allem, was die Evangeliumsverkündigung betraf. Sie protestierten gegen die reiche Machtkirche, wobei Pfründenhäufung und Mietpriestertum nur zwei Beispiele der Korruption der Kirche darstellen.

Obwohl die "religiöse und soziale Aufbruchsbewegung" im wesentlichen eine Laien/Laiinnenbewegung war, hatten Geistliche oft führende Rollen inne.

Als besonderes Kennzeichen der "religiösen und sozialen Aufbruchsbewegung" der Laien/Laiinnen gilt, daß sie von Anfang an einen antihierarchischen, oppositionellen Charakter hatte. Der Widerwille gegen die bestehende reale Ordnung der Gesellschaft,

> "... die Auflösung der archaisch-altfeudalen Ordnung, besonders die Befreiung vieler Unterschichten aus den engen Bindungen der herrschaftlichen familiae ..." (THUM 1980, S. 191),

war zum gesellschaftlichen Sprengsatz geworden. Die mittelalterlichen oppositionellen Bewegungen waren aber zugleich religiöse Bewegungen, da die Kirche gerade zu dieser Zeit große politische Macht ausübte.

Karl BOSL (1980) weist wie Herbert GRUNDMANN (1961) darauf hin, daß die Opposition der Laien/Laiinnen gerade in den ökonomisch weitestentwickelten Ländern aktiv wurde. Doch zieht er andere Folgerungen daraus.

> "Er versteht ihn nicht als religiösen Widerstand, sondern als ein politisch-kulturelles Handeln sich 'emanzipierender' Gruppen: Aufgrund der großen technologisch-ökonomischen Veränderungen kam es im 11. und 12. Jh. zu einer Freisetzung von menschlichen Arbeitskraft, die besonders in den Rodungsgebieten

und in den damals gegründeten Städten zu neuen Lebensformen führte. Diese Lebensformen waren geprägt von höherer Selbständigkeit, höherem Risiko, höherer Erfolgschance. Ein neues Ethos entstand, das auf mehr Selbstverantwortung drängte. Nicht nur von sich selbst erwartete der neue Menschentyp diese freie, souveräne Sittlichkeit, sondern vor allem auch von den Amtsträgern in der Kirche und im Bereich der weltlichen Herrschaft. Er setzte diesen Instanzen seine 'Armut', seinen Status als 'Armer' (pauper) entgegen; wie wir nun wissen, den Sozialstatus dessen, der nicht an den traditionellen Formen der Herrschaft beteiligt war; der als 'arbeitender' Mensch auf einen wirksamen Schutz durch die etablierten Mächte Adel und Kirche angewiesen war und unzufrieden sein mußte mit der politisch-ethischen Leistung der 'Reichen', wie in der Sprache des hohen Mittelalters die Mächtigen hießen."
(THUM 1980, S. 219)

Diese Bewegung wirkte in einigen Aspekten "modern":

"... in ihrem antihierarchischen Affekt, ihrem Mißtrauen gegen die traditionellen Gewalten und Institutionen, ihrem Streben nach individueller Vervollkommnung, ihrer Skepsis dem unrecht erworbenen Reichtum gegenüber, ihrer Tendenz, Besitz an Leistung zu binden." (ebenda, S. 223)

Karl BOSL sieht die religiöse Laien- und Armutsbewegung neben anderen emanzipatorischen Entwicklungen als hochmittelalterliche Ausformung eines Grundmusters, das die geschichtliche Entwicklung Europas entscheidend geprägt hat: als Aufbruch von Mensch und Gesellschaft.

Dieser habe im 11. und 12. Jahrhundert stattgefunden und dann wieder im 19. Jahrhundert, beide Male getragen von den Faktoren Armut, Arbeit und Emanzipation.

GRUNDMANN (1961) hat im besonderen den religiösen, evangelischen Charakter dieser Bewegung hervorgehoben, obwohl er die politischen und sozialen Ursachen nicht unberücksichtigt läßt. Er sieht sie als Reaktion einer Schicht, die vom wirtschaftlichen Aufschwung der Epoche profitierte. Er spricht von einer Flucht vor Reichtum und gesellschaftlicher Stellung in ein Leben in Armut, in eine von der Gesellschaft verachtete Lebensweise; denn Verzicht auf die Nutznießung unrecht erworbenen Gutes war zum obersten Ideal geworden. Er warnt jedoch davor, die wirtschaftlichen Motive zu überschätzen und die Ideale der Armutsbewegung als Spiegelbild irdischer Nöte zu verstehen, wie ERBSTÖSSER es tat (vgl. Kapitel 7).

Dieser Beurteilung von GRUNDMANN entspricht, daß er den Ursprung dieser Bewegungen nicht auf die hungernden Armen zurückführt, sondern auf Vertreter/innen der Oberschicht, die eigentlich von den ökonomischen Veränderungen hätten profitieren können.

Nach KRÄUTER-CLODECK (o.J.) war es nicht allein das Überzeugtsein von der christlichen Lehre, die zur Ablehnung des "unrechten Gutes" geführt hat. Vielmehr stellt sich die Frage, warum der Protest gegen die gesellschaftlichen Veränderungen gerade religiöse Formen angenommen hat.

Eine Antwort findet sich bei Claudia OPITZ, die die verschiedenen Funktionen der Religion daraufhin überprüft hat, welche Bedeutung sie für die "religiöse und soziale Aufbruchsbewegung" gehabt haben könnten.

1. Psychologisch dient Religion der Identitätsfindung und Orientierung von Individuen angesichts einer bedrohlichen oder zumindest unverständlichen Umwelt.
2. Sozial dient Religion als Absicherung von Herrschaft und von Normen. Sie hält die Dominanz von Gruppenzielen gegenüber Individualwünschen und die Gruppendisziplin über individuelle Impulse aufrecht.
3. Funktion von Religion kann aber auch sein, Wertmuster bereit zu stellen, mit denen die institutionellen Normen kritisch überprüft werden können. Das gilt besonders

> "... in solchen Religionen, die die Transzendenz Gottes gegenüber der irdischen Ordnung bekräftigen und damit seine Überlegenheit und Unabhängigkeit von etablierten Autoritäten der Gesellschaft demonstrieren."
> (OPITZ 1980, S. 31)

Gerade in Phasen raschen Wandels - wie im 12./13. Jh. -, in einer Zeit, in der Identität, Umgangsform und Althergebrachtes in Bewegung geraten, kann die Religion verstärkt einer erneuten Identitätsfindung dienen. Diese Form der Religiosität ist weniger einer "konservativen" als vielmehr einer kritischen Funktion zuzurechnen,

"... betrachtet man das Ausmaß an Widerwillen, das sie bei Kirche und Klerus erregt - oder auch ihre innovativen Früchte, besonders der Mystik, die immer wieder den Verdacht der Ketzerei auf sich zieht. Gerade die Religiosität mag eine Grundvoraussetzung für die Konstitution der Bewegung gewesen sein, ist doch hierdurch die Möglichkeit einer Gruppenbildung, einer Abgrenzung nach außen durch Bereitstellung von Wertmustern (z.B. die gemeinsame Ablehnung von Besitz und Ehe) und zur Bildung eines Zusammengehörigkeitsgefühls durch Identitätsfindung anhand neuer Glaubenssätze (z.B. die persönliche Vereinigung mit Gott) und gemeinsame Erfahrung damit, gewährleistet." (ebenda, S. 31 ff.)

Da sich besonders viele Frauen der religiös-sozialen Bewegung angeschlossen haben, kann die neue Religiosität gerade für Frauen eine Hilfe zur Identitätsfindung gewesen sein. Frauen waren in großer Zahl in allen Gruppen dieser Bewegung vertreten, von der Anhänger/innenschaft der Wanderprediger bis zu den häretischen Gruppen. Dies ist umso erstaunlicher, da die soziale Situation der Frauen infolge ihrer geringen Verfügungsgewalt über ihren Körper, infolge ihres eingeschränkten gesellschaftlichen wie religiösen Bewegungsraums, für einen Aufbruch aus den traditionellen Strukturen wesentlich ungünstiger war als für die Männer.

Ein weiterer Grund liegt in den Zielen und Idealen dieser Bewegung. Vergleicht man die Reformbemühungen der Kirche mit den Zielen der "sozialen und religiösen Aufbruchsbewegung", so werden einige Gegensätzlichkeiten deutlich, die aufzeigen, warum ihre Ideale so attraktiv für Frauen waren.

Während es der "religiösen und sozialen Aufbruchsbewegung" um die Verwirklichung der apostolischen Ideale ging, konzentrierte die Kirche ihre ganze Kraft auf die Stabilisierung und Ausweitung ihrer Macht. Obwohl die Kirche seit dem 10. Jahrhundert Reformen durchgeführt hatte, die das Mönchtum (cluniazensische Reform und die Reform von Hirsau) oder den weltlichen Klerus (Kampf gegen Simonie [Erwerb geistlicher Ämter um Geld] und Nikolaitismus [nicht im Zölibat lebender Priester]) betrafen, hatte sie es bisher versäumt, dem Wunsch der Laien/Laiinnen nach religiösem Leben ernstzunehmen. Die "religiöse und soziale Aufbruchsbewegung" war dagegen im wesentlichen eine Laien/Laiinnenbewegung, die es gemäß der apostolischen Postulate auch den Frauen ermöglichte, ein religiöses Leben innerhalb der Welt zu führen.

Für eine weitere Gruppe kann die neue Religiosität eine Hilfe zur Identitäsfindung gewesen sein. Außer den Frauen aus dem Adel sind es im besonderen adelige Männer gewesen, die diese Bewegung initiiert haben, obwohl gerade sie von den ökonomischen Veränderungen hätten profitieren können.

Da ich im nächsten Kapitel noch genauer auf die Motive der adeligen Frauen für ihren Aufbruch eingehen will, sollen an dieser Stelle nur die Motive der adeligen Männer beschrieben werden.

THUM führt den Ausbruch der adeligen Männer aus einem höfischen und aristokratischen Leben in ein Leben in Armut auf gesellschaftliche und geschlechtsspezifische Gründe zurück.

> "In eine Krise geraten waren die Grundlagen archaisch-frühmittelalterlicher, aristokratischer Männlichkeit: Krieg, Herrschaft, ein unkompliziertes Wirtschaften ohne Märkte und Geld. Dafür wirkten nun andere, schwächende Faktoren auf das Lebensgefühl der Männer in den Eliten: kirchliche Friedenspropaganda: antihierarchische Agitation, die sich gegen die traditionelle altadelige Herrschaftskirche richtete; weltliche Landfriedens- und Territorialisierungspolitik; Geldwirtschaft und die mit ihr verbundene Rationalisierung des Lebens; Grundrenten, die Müßiggang erlaubten, eine gesteigerte soziale Mobilität, die im Aufstieg breiter gesellschaftlicher Schichten sichtbar wurde."
> (THUM 1980, S. 347)

> "Unter dem Druck des neuen Königtums, seiner Staatsreform und Territorialherrschaft trat die Nivellierung ein, der Abschluß der alten aristokratischen Periode ..." (ebenda, S. 348).

Infolge der gleichmacherischen Tendenzen der neuen Markt- und Geldwirtschaft brauchte der Adel neue Orientierungen, die die "religiöse und soziale Aufbruchsbewegung" mit ihrem Armutsideal zur Verfügung stellte. Wie sehr gerade das Armutsideal der gesellschaftlichen Krise der adeligen Männer entgegenkam wird deutlich, wenn man sich klarmacht, daß arm sein nicht allein materielle Bedürftigkeit bedeutete, sondern

> "Ein 'Armer' war auch jemand, der nicht an der mittelalterlich frühstaatlichen, d.h. partikularen, Organisation von Gewalt und Herrschaft teilhatte, der also wie der Hörige auf den Schutz von herrschaftlichen Gewalten angewiesen war."
> (ebenda, S. 194)

Wenn sich also ein Adeliger für ein Leben als freiwilliger Armer entschied, bedeutete das,

> "... daß er die etablierte Organisation der Gesellschaft und die Kultur zumindest ihrer tatsächlich praktizierten Werte und Handlungsweisen nicht mehr für verbindlich hielt, daß er nach einem anderen Verhaltens- und sogar Werte-Schema suchte". (ebenda, S. 194)

Ein Leben als Armer bedeutete eine Umkehrung der Lebensweise, an der sich die Oberschicht bisher orientiert hatte und die in den religiösen Bewegungen fragwürdig geworden war.

> "Neben die soziale Krise trat die geschlechtliche. Sie prägte sich den Männern tief ein: als Flucht der Frauen in Askese oder asketische Libertinage (was wohl ein Paradox, aber kein Widerspruch in sich ist); oder als weibliches Fordern, weibliche Präpotenz in sexualibus." (ebenda, S. 347)

THUM macht also neben den gesellschaftlichen Veränderungen die Krise im Geschlechterverhältnis dafür verantwortlich, daß die antihierarchische, religiöse Opposition- und Verweigerungsbewegung besonderen Zulauf aus dem alten Adel erhielt, und da besonders von den adeligen Frauen.
Die Geschlechterkrise hatte demnach zwei Ausdrucksformen:

1. die Verweigerung traditioneller Werte und Güter der Welt wie Reichtum, Macht und hohe Stellung auf Seiten der Männer,
2. die sexuelle Verweigerung der Ehe auf Seiten der Frauen.

Obwohl die "religiöse und soziale Aufbruchsbewegung" von Männern und Frauen aus der Oberschicht initiiert wurde, waren in ihr Männer und Frauen aus allen Schichten vertreten.

Im Zeitalter der ökonomischen Revolution mit ihrem beschleunigten gesellschaftlichen und kulturellen Wandel war diese Bewegung besonders attraktiv für Laien/Laiinnen aus den expandierenden Stadtgemeinden, die dieser ihre Befreiung und ihren Aufstieg verdankten.

Auch die Unterschichten schlossen sich dieser apostolischen Bewegung an, da ihnen das Befreiungspotential dieser Bewegung nicht verborgen geblieben war. Gleichzeitig bot sie ein Ventil für enttäuschte Lebenserwartungen: Das Armutsideal ermöglichte, aus der Not eine Tugend zu machen.

Schon unter der Führung des Hirsauer Mönchtums beteiligten sich Bauern an der sozial-religiösen Oppositionsbewegung. Norbert von Xanten hatte ebenfalls bäuerliche Gruppen im Gefolge.

Während in den Anfängen adlige Bürger/innen und Intellektuelle die religiösen Ziele der "religiösen und sozialen Aufbruchsbewegung" bestimmten, änderte sich dies im 13. Jahrhundert, als sich als Apostel verstehende Männer des Proletariats die ideologischen Anführer einiger Gruppen wurden.

2.2 Kirche zwischen Reform und Häresie

Das Hochmittelalter war für die Kirche ein Zeitraum der Macht und des Verfalls, aber auch der Erneuerung, die zum Ausdruck kam in den Reformen der Orden, im Aufbruch der Laien und Laiinnen, in den Ordensgründungen und besonders in der "religiösen Frauenbewegung". Die zahleichen Reformbemühungen von Papsttum, Mönchtum, besonders aber der Laien/Laiinnen vom 10.-13. Jh. machen deutlich, wie instabil die Mauern der Kirche geworden waren, trotz ihrer universellen Bedeutung.

Anfang des 10. Jhs. hatte sich eine mönchische Reformbewegung gebildet, die nach ihrem ersten und wichtigsten Stützpunkt in Burgund, dem Kloster Cluny, cluniazensische Reform genannt wurde. Sie blieb viele Jahrzehnte auf das Mönchtum und dessen Neuordnung beschränkt. Ihr oberstes Ziel war die Rückkehr zur strengen Befolgung der Regel des Benedikt. Durch Ausbau des gottesdienstlichen Lebens sollte die mönchische Frömmigkeit vertieft werden. Außerdem wurden neue Verfassungsformen gesucht. Cluny und zahlreiche Klöster lösten sich schließlich aus der Jurisdiktion der Bischöfe und schlossen sich als Klosterverband in einer eigenständigen Kongregation mit einheitlicher Spitze zusammen. Erst in einer sekundären Entwicklung gingen die Reformideen über das Mönchtum hinaus (MOELLER 1983, S. 157).

Mit Papst Clemens II. und dessen Nachfolgern kamen 1046 - 1047 Männer auf den Stuhl Petri, die einen neuen Geist der Frömmigkeit und Kirchlichkeit mit einem leidenschaftlichen Willen zur Reform verbanden.

Die Reformimpulse, die die neue Richtung der päpstlichen Politik leiteten, entstammten ebenfalls dem benediktinischen Mönchtum.

Der wichtigste mit dem Reformmönchtum verbundene Verfechter der neuen Tendenzen war der zweite Nachfolger Clemens II. (1048 - 1054), Papst Leo IX. (Verurteilung von Simonie und Priesterehe). Er hatte einen Kreis von der Reform ergriffener Männer um sich versammelt, z.B. den Cluniazensermönch Hildebrand, den späteren Gregor VII. (ebenda, S. 158).

Ende des 11. Jhs. (1070) ging vom Schwarzwaldkloster Hirsau eine vorwiegend in Süddeutschland verbreitete Reformbewegung aus, die sich zwar an Cluny anschloß, aber ein neues Element einführte: Zum ersten Mal seit der irischen Mission im 6. Jh. begannen Mönche mit der Wanderpredigt. Dadurch trugen sie zum Vordringen des mönchischen Denkens außerhalb der Klostermauern bei.

Sie gründeten halbgeistliche Genossenschaften und lebten in Gütergemeinschaft, wodurch die apostolischen Ziele ebenfalls in der Welt wiedererweckt wurden (ebenda, S. 167).

Mit Gregor VII. (1073 - 1085) ging die Reformbewegung vom Mönchischen ins Priesterlich-sakramentale über. Aus dem Ideal der Weltverachtung wurde dasjenige der Emporführung der Welt zum Heil durch die Kirche (ebenda, S. 161).

Ende des 11. bzw. Anfang des 12. Jhs. wurden die Reform- und Wanderprediger Robert von Abrisselles und Norbert von Xanten vom Papst dazu aufgefordert, die vielen Frauen und Männer, die mit ihnen durch die Lande gezogen waren, in Klöstern zusammenzufassen. 1121 stiftete Norbert von Xanten den Prämonstratenserorden, der 1126 bestätigt wurde.

Robert von Abrisselles ließ sich 1101 mit seinen Anhängern/Anhängerinnen in Fontervraud nieder.

1098 gründete Robert von Molesme die Gemeinschaft der Zisterzienser. Ihr erstes Kloster war Citeaux. 1112 trat Bernhard von Clairvaux dieser Kongregation bei. Gegen die Hoheit und liturgische Pracht Cluny's und die seither eingedrungene Verweltlichung forderte er die buchstäbliche Erfüllung der Benediktinerregel (größte Einfachheit, Ärmlichkeit des Lebens, die Demut als oberste Tugend). Die Mönche sollten sich wieder durch ihrer Hände Arbeit ernähren. Auch das Institut der Laienbrüder - der Konversen -, die hauptsächlich Handarbeit zu leisten hatten, wurde ausgebaut. Trotz der Neuerungen blieb diese große Kongregation aber im ganzen noch im Bereich des benediktinischen Mönchtums (ebenda, S. 167).

Doch führte die religiöse Erregung auch zu anderen, von der traditionellen Form weiter entfernten Kommunitäten. Es traten Klostergruppen mit unterschiedlichen Regeln und getrennten Organisationen nebeneinander auf. Jede bildete eine eigene, der großen Kirche gewissermaßen parallel laufende Hierarchie.

Die zweite Regel, die außer der benediktinischen Regel Verbreitung fand, war die Augustiner-Regel. Ihr Ideal war es, Priester zu mönchischem Leben zusammenzufassen. Die Regel schrieb Besitzgemeinschaft und Gehorsam vor. So bildeten sich Kongregationen wie die regulierten Kanoniker und die Augustiner-Chorherren (Prämonstratenserorden). Durch Vertiefung in geistliche Aufgaben und Askese sollte die Verweltlichung des Klerus aufgefangen werden (ebenda).

In der 2. Hälfte des 11. Jhs. entstand in der Stadt Mailand eine Aufstandsbewegung, die sich in den Dienst der Kirchenreform stellte. Sie kann als Reaktion frommer Stadtbürger/innen auf die Adelsvorherrschaft in der Kirche angesehen werden. An diese Unruhe konnte der Stiftsprior Arnold von Brescia 1130 anknüpfen, als er seine Landsleute durch seine Predigt zum Widerstand gegen die Verweltlichung der Kirche, der Unordnung ihrer Sitten, gegen Reichtum und Herrschsucht aufrief und stattdessen Verzicht auf weltliche Macht und allen Besitz sowie Rückkehr zur vollkommenen Armut der Apostel/innen forderte.

Die Bewegung der Arnoldisten führte auf ihre eigene Weise die Intentionen der Reformen des 10. Jhs. weiter, die durch Gregor VII. umgebogen worden waren. In den folgenden Jahrzehnten entstanden weitere Aufstandsbewegungen, die sich noch grundsätzlicher gegen die Hierarchie wandten. Auch da verbanden sich soziale und geistliche Momente (ebenda, S. 193 ff.).

1140 entstand die "Sekte" der Katharer/innen (Albigenser/innen). Diese zogen aus dem Gegensatz zwischen der reinen Seele des Menschen und der bösen Welt Konsequenzen für den Gottesbegriff, für die Auffassung von der Schöpfung, für die Christologie und Eschatologie. Sie forderten eine neue Kirche der Reinen, die in völliger Sündlosigkeit leben sollten, was durch Fasten und Enthaltung von allem Geschlechtsverkehr erreicht werden sollte (ebenda, S. 194).

Seit 1176 kam es zur Gründung von Waldensergemeinden. Diese "Sekte" geht auf den Kaufmann Waldes zurück, der nach den Anweisungen Christi an den reichen Jüngling seinen Besitz verschenkte und zur Armut aufrief. Aus der Armutspredigt und dem unbedingten Biblizismus entwickelte sich eine tiefgreifende Kirchenkritik. Heiligenverehrung, Fegefeuer und Gebete für die Toten schienen nach ihrer Meinung die Forderung Gottes nach Vollkommenheit im irdischen Leben aufzuweichen. Schließlich äußerte sich der Widerspruch dieser Frommen gegen die Kompromißhaftigkeit der traditionellen Kirche in der Feststellung, die katholischen Sakramente seien überhaupt ungültig, weil sie von unheiligen Priestern gespendet würden (ebenda, S. 195).

Die kirchliche Sitution hatte sich im 13. Jh. gegenüber dem Zeitalter Bernhards von Clairvaux tiefgreifend gewandelt. Nun konnte die Abwendung von der Kirche Heilsgewißheit bringen. Die Kirche reagierte seit 1208 mit einem Kreuzzug gegen die "Ketzer/innen" in Südfrankreich [Albigenser-Kreuzzug] (ebenda).

1216 wurde der Dominikanerorden von Domenikus, einem Priester, gegründet mit dem Ziel, die "Sekten" für die Kirche wiederzugewinnen. Erst als der Dominikanerorden zum Bettelorden wurde und die Wanderpredigt als seine einzige Aufgabe festsetzte (1220/21), begann sein Siegeszug.

Die Dominikaner widmeten sich zwei Zielen, der Frauenfrage und der Beschäftigung mit der theologischen Wissenschaft. Aus ihrem apologetischen Interesse erwuchs das Bedürfnis, die Gegner mit Hilfe der Theologie zu überwinden. Sie hatten im Gegensatz zu den früheren Mönchsorden eine zentralistische Verfassung und keine Bindung an ein festes Kloster. Infolge ihrer Beweglichkeit ließen sie sich auch für Sonderaufgaben im Dienst der zentralen Regierung der Kirche und des machtvollen Papsttum im 13. Jh. gebrauchen.

Ihr Auftrag und ihre Befähigung zur Auseinandersetzung mit den "Ketzern/Ketzerinnen", ihre theologischen Interessen, machten sie zu den wichtigsten Mitarbeitern der Inquisition, mit dessen Hilfe das Papsttum nach den Albigenserkriegen die Ausrottung der "Sekten" versuchte. Grundlage für die Inquisition war die mittelalterliche Vorstellung, es gäbe nur eine einzige kirchliche Wahrheit und alle Abweichungen von ihr, jeder Widerspruch gegen sie, könne kein gleiches Recht haben, sondern nur Unrecht sein, ja stamme vom Teufel selbst (ebenda, S. 196 ff.).

Der zweite große Bettelorden - der Franziskanerorden - war in seiner Entstehung (1210) nicht so unmittelbar durch das Auftreten der "Sekten" bestimmt wie der Predigerorden der Dominikaner. Die kirchenpolitischen Ziele wurden nicht vom Stifter, sondern von außen an den Orden herangetragen. Der Franziskanerorden war keine planmäßige Gründung, sondern aus der Gruppe von religiösen Männern um Franziskus von Assisi hervorgegangen.

Franziskus vertrat die religiöse Idee, daß es die Aufgabe der Jünger Christi sei, in selbstloser Liebe den Menschen und allen Kreaturen zu dienen und ihnen Hilfe zu geben. So zogen Franziskus und die "Minderen Brüder" durchs Land, lebten und predigten ihre fromme Weisheit und ernährten sich von Almosen.

Mit der franziskanischen Reform ging zum dritten Mal eine Reformbewegung der mittelalterlichen Kirche vom Mönchtum aus (ebenda, S. 197 ff.).

1212 gründete Clara Sciffi den Idealen des Franziskus entsprechend den Clarissenorden, dessen oberstes Ideal ebenfalls die absolute Armut war.

Nach dem Tod von Franziskus nahmen die Kirchenpolitiker die franziskanische Bewegung endgültig in die Hand, wogegen Franziskus so hartnäckig angekämpft hatte. Es dauerte aber trotzdem noch viele Jahrhunderte, bis die gemäßigte Richtung über die alten Ideale die Oberhand gewann. Trotz dieser Entwicklung war der Franziskanerorden noch eher als der Dominikanerorden imstande, die Ausbreitung solcher "Sekten", deren oberstes Postulat ebenfalls die absolute Armut war, einzudämmen und in die Kirche zu integrieren (ebenda, S. 198).

Anfang des 13. Jhs. kam es zur Gründung der ersten Beginenkonvente. Beginen wurden 1223 in einer Kölner Schreinsakte im Zusammenhang mit einer Vermögensübertragung zum ersten Mal namentlich genannt.

(Genauere Details über diese Bewegung finden sich im folgenden Kapitel 3).

Seit 1250 traten die "Schwestern und Brüder des freien Geistes" auf die kirchenpolitische Bühne. (Mit dieser Gruppe beschäftige ich mich in Kapitel 7.)

2.3 Die "religiöse Frauenbewegung" im Mittelalter

Da Frauen in großer Zahl in allen orthodoxen und "ketzerischen" Gruppierungen der "religiösen und sozialen Aufbruchsbewegung" vertreten waren, haben einige Autoren, wie z.B. GRUNDMANN, von einer "religiösen Frauenbewegung" gesprochen. Wie berechtigt diese Bezeichnung ist, wird schon daran deutlich, daß die Frauen in der Ordensbewegung manchmal mehr Konvente gründeten - z.B. die Dominikanerinnen - als die Männer ihres Ordens, und das, obwohl die neu gegründeten Reformorden Männerorden waren.

Ob Frauen in den häretischen Bewegungen proportional zu den Männern stärker vertreten waren, ist eine These, die von einigen Autoren/Autorinnen angezweifelt wird, z.B. von Elenor MCLAUGHIN. Und doch klingt es einleuchtend, wenn Bernhard MOELLER behauptet:

> "Der Protest der Sekten galt auch der Kirche als Männergesellschaft. Deshalb übten sie Anziehungskraft auf die Frauen aus." (MOELLER 1983, S. 196)

Die Erklärung von Bernd MOELLER scheint mir insofern sinnvoll zu sein, da gerade im 12. Jh. die Vermännlichung der Kirche durch die Klerikalisierung zugenommen hatte. (Auf die Motive des Aufbruchs der Frauen komme ich im Rahmen der Darstellung der von mir ausgewählten Gruppierungen zurück.)

Auf der anderen Seite zeigt die Aussage von Bernd MOELLER, wie Frauen durch die Art der Beschreibung - durch männliche Weltsicht - die Autonomie abgesprochen wird. Die "Sekten" werden als abstrakte männliche Konstruktion vorausgesetzt, die infolge ihrer Attraktivität Frauen anziehen, wodurch ausgeschlossen wird, daß Frauen als Initiatorinnen oder bewußte Anhängerinnen der "Sekten" ins Blickfeld kommen.

Die Beginenbewegung war im Gegensatz zur Ordens- und "Ketzer/innen"-bewegung eine reine Frauenbewegung, abgesehen von den wenigen Begarden. Das Besondere dieser Bewegung war, daß sie sich in ihrem geistlichen Leben nicht an männlichen Normen und Strukturen angepaßt oder angelehnt, sondern eigene religiöse Lebensformen entwickelt hat, die auf Autonomie und Selbstbestimmung aufbauten.

GRUNDMANN hat dem Aufbruch der Frauen den Namen "Religiöse Frauenbewegung" gegeben, um hervorzuheben, daß hier die Frauen am stärksten von den religiösen Idealen ergriffen wurden. Ute WEINMANN kritisiert diesen Begriff, wenn sie sagt:

> "Dieser Begriff ist untauglich. Er läßt nicht die Möglichkeit offen, die Motive für den Protest und die radikalen Freiheitsbestrebungen von diesen Frauen aus den verschiedenen Unterdrückungsverhältnissen der mittelalterlichen Gesellschaft abzuleiten. Wohl aber verweist er auf Frauen als schwache Seelen, die qua Geschlechtszugehörigkeit zu frömmelnder Sinnlichkeit neigen und die in ihrer Ahistorizität festgeschrieben werden." (WEINMANN 1988, S. 7)

Dieser Begriff hat sicher mit dazu beigetragen, daß auch die Beginen nur als "religiöse Frauen" begriffen wurden, die in Einklang mit der mittelalterlichen Kirche und Gesellschaft standen. Es ist aber ebenso problematisch, ihre religiösen Bedürfnisse nur als soziale zu begreifen,

> "... die sich in den herrschenden Verhältnissen des Mittelalters nicht realisieren lassen und insofern auch eine Veränderung spezifischer, struktureller Bedingungen innerhalb und außerhalb der Kirche intendieren." (ebenda, S. 6)

Bei einer Weltauffassung, die die diesseitige und jenseitige Welt von denselben göttlichen Prinzipien bestimmt sieht und erfahren wird, kann der soziale Protest nur einen religiösen Ausdruck finden, bzw. muß der religöse Protest auch auf soziale Ursachen zurückgeführt werden. Das eine ist von dem anderen nicht zu trennen.

Ich begreife aber die Absicht, die Ute WEINMANN veranlaßt hat, die religiösen Bedürfnisse der Frauen als soziale zu verstehen. Ihr besonderes Anliegen ist es, ihre oppositionellen Intentionen hervorzuheben. Doch wird sie den Frauen nicht gerecht, da Frauen gerade in dieser Zeit für ihre

Religiosität eine eigene religiöse Sprache fanden, die ihre spezifischen theologischen Vorstellungen, besonders aber ihre persönlichen Erfahrungen mit Gott zum Ausdruck brachte.

Die Frauen haben ihre von Jesus gepredigte und gelebte Gottebenbildlichkeit ernst genommen und durch ihre Verweigerung, ihren Aufbruch in neue religiöse Lebensformen ihre religiöse Emanzipation zum Ausdruck gebracht. Außerdem verhindert diese sicher befreiende Sichtweise von Ute WEINMANN - Frauen sind aus ihren Unterdrückungsverhältnissen ausgebrochen - die Erkenntnis, wie sehr gerade die religiösen Motive ein Veränderungspotential beinhalten, was nicht zu unterschätzen ist. Die Beginenbewegung ist ein Beleg für die letztgenannte These (vgl. Kapitel 3).

3 Die Beginenbewegung

Zur "religiösen und sozialen Aufbruchsbewegung" gehörten orthodoxe wie "ketzerische" Gruppen. Am Beispiel der Beginen läßt sich zeigen, wie eine Gruppe, die ursprünglich als orthodox eingeschätzt wurde, in eine orthodoxe und "ketzerische" Richtung aufgespalten wird, wenn theologische Vorstellungen und Lebensformen entwickelt werden, die die orthodoxe Lehre und die alleingültige Interpretation der Kirche in Frage stellen.

Durch die Spaltung der Beginenbewegung wird der Eindruck vermittelt, als ob die eine Gruppe nichts mit der anderen zu tun hätte. Die "ketzerischen" Beginen werden einer anderen philosophischen und theologischen Gedankenwelt zugeordnet als die orthodoxen Beginen. Dies führt zu der falschen Einschätzung der Mediävisten, bei den Beginen habe es sich vorrangig um fromme, der orthodoxen Lehre angepaßte Frauen gehandelt.

Insofern lege ich bei der Darstellung der Beginenbewegung besonderes Gewicht auf die Anklagen und Häresievorwürfe, die den Beginen bereits von Anfang an gemacht wurden.

Im zweiten Teil des Kapitels will ich der Frage nachgehen, ob es sich bei der Beginenbewegung um eine Emanzipationsbewegung gehandelt hat. Dies scheint mir von Bedeutung zu sein für meine These von der positiven Wirkung eines befreienden Gottesbildes auf das Selbstbild und Selbstverständnis von Frauen (und Männern).

Auf die spezifischen Abhängigkeiten zwischen Gottes- und Selbstbild werde ich dagegen erst in den folgenden Kapiteln eingehen.

Die Beginenbewegung war Teil der "religiösen Frauenbewegung" und breitete sich von Flandern längs der Handelswege über ganz Westeuropa aus.

> "Nachweisbar sind Beginen in Nordfrankreich, in den Städten längs des Rheins sowie in der norddeutschen Tiefebene, von den Niederlanden bis Livland, Mitteldeutschland, Schlesien, Polen und Böhmen, aber auch im deutschen Süden und Südosten. Eindrucksvoll sind die Zahlen, die die Entwicklung des Beginenwesens belegen. Der Anteil der Beginen an der Gesamtbevölkerung einer Stadt betrug in der Blütezeit in Köln 3,9 %, in Basel 3,1 %, in Straßburg 2,5 % und in Mainz 1,8 %." (KRÄUTER-CLODECK, o.J., S. 55)

Obwohl viele Forscher bemüht waren, einen "Stifter" dieser Bewegung ausfindig zu machen - z.B. Lambert le Beguè - ist ein solcher nicht nachweisbar. Auch für die Bezeichnung Begine sind unterschiedliche Erklärungen gefunden worden. Mir erscheint die Rückführung des Namens Begine auf den "Ketzer/innen"namen Albigenser am glaubwürdigsten zu sein, so wie GRUNDMANN (1961) und GREVEN (1912) ihn ableiten, da die Beginen von Anfang an in Flandern und später auch in Westeuropa, besonders nach dem Konzil von Vienne, wegen "ketzerischer" Umtriebe verdächtigt und verfolgt wurden.

Als Beginen wurden (und werden)[1] religiöse Frauen bezeichnet, die vom letzten Viertel des 12. Jhs. an ihre bisherigen Lebensverhältnisse verließen - unabhängig davon, ob sie verheiratet oder ledig waren -, um allein oder mit anderen Frauen ein geistliches, apostolisches Leben zu führen, ohne sich einem Orden anzuschließen oder ein Gelübde abzulegen. Daß sich die Beginen als religiöse Frauen begriffen, wurde äußerlich sichtbar durch ihre besondere Tracht, die der der Nonnen sehr ähnlich war. Gerade ihr semi-religiöse Zustand - weder Nonne noch Laiin - brachte sie immer wieder in den Verdacht der Häresie, da es im Mittelalter nur innerhalb eines Klosters oder Ordens möglich war, in den Stand des "religiosus" aufgenommen zu werden.

Als besonderer Förderer der Beginenbewegung gilt Jacob von Vitry. Dieser war durch das geistliche Leben der Maria von Ognies und der Frauen, die ähnlich lebten wie diese, so beeindruckt, daß er sich bei Papst Honorius III. um die Anerkennung dieser religiösen Lebensform bemühte, was ihm 1216 durch mündliche Zusage auch gelang.

---

[1] Auch heute gibt es noch einige Beginen, und zwar in den Beginenhöfen in Kortnik, Löwen und Gent. In Gent ist es möglich, den Namen Begine zu erwerben, wenn frau bereit ist, ein bestimmtes christliches Leben zu führen. Seit einem Jahr existiert auch eine Gruppe katholischer Frauen in Essen, die ähnlich wie die "orthodoxen" Beginen zusammen leben und karitativ tätig sein will. (Nach ihrem Verständnis waren Beginen in Kommunitäten lebende, katholische, fromme Frauen, die vor allem karitativ tätig waren.) Einige feministische Frauen knüpfen dagegen an den emanzipativen Bestrebungen der Beginen an und sind dabei, dem Beginenleben entsprechende geistliche Lebensformen zu entwickeln, die ihren emanzipativen theologischen Vorstellungen entsprechen.

Am Anfang dieser Bewegung waren es besonders adelige Frauen[1] oder Frauen aus dem Patriziat, die die Beginenkonvente gründeten oder dort eintraten. In der Literatur wird immer wieder darauf hingewiesen, daß die Bewegung spontan auftrat und nicht von einer Institution zentral geleitet wurde. So ist es zu erklären, daß die Ausgestaltung des religiösen Lebens sehr unterschiedlich aussah.

Es gibt mehrere Hypothesen über die Entstehung dieser Bewegung. Diese stellen vorrangig die sozio-ökonomischen oder die religiösen Motive in den Vordergrund.

1. Die Versorgungsthese (Frauenüberschuß) [BÜCHER (1982) - FINKE (1913) - GREVEN (1912)].
2. Die Religiositätsthese [NÜBEL (1970) - ZUHORN (1935) - GRUNDMANN (1961)].
3. Die Emanzipationsthese [ERBSTÖSSER-WERNER (1960) - KOCH (1962) - ERBSTÖSSER (1970)].

Da nach Edith ENNEN (1985) und Ute WEINMANN (1988) ein Frauenüberschuß in dieser Zeit nicht nachgewiesen werden kann, und in der Anfangsphase besonders Frauen aus dem Adel und Patriziat Gründerinnen und Initiatorinnen der Beginenkonvente waren, ist die erste der beiden Thesen sehr schnell zu widerlegen.

Inwiefern es sich um eine revolutionäre Bewegung (Emanzipationsbewegung) handelte, will ich an späterer Stelle noch ausführen (siehe Kapitel 3.6).

Die Religiositätsthese geht von der Hypothese aus, daß die Beginenbewegung als Zweig der "religiösen Frauenbewegung" Teil der "religiösen und sozialen Aufbruchsbewegung" war. Fragwürdig erscheint mir in diesem Zusammenhang nur die Begründung, die für die besondere Lebensform des Beginentums angeführt wird. Das Beginentum wird als Notlösung für religiöse Frauen angesehen, deren ursprüngliches Ziel es gewesen sei, sich

[1] Ute WEINMANN versucht nachzuweisen, daß Frauen aller Stände von Beginn an in die Beginenkonvente eintraten (vgl. WEINMANN 1988).

einem der neu entstandenen Reformorden anzuschließen. Nachdem nacheinander der Prämonstratenser-, der Zisterzienser-, der Franziskaner- wie der Dominikanerorden nicht mehr bereit waren, die von den Frauen gegründeten Klöster in ihren Orden aufzunehmen, seien sie zu dieser Lösung gezwungen worden.

Es ist sicher nicht auszuschließen, daß ein Teil der Frauen, die die Beginenkonvente gründeten oder in sie eintraten, ursprünglich den Anschluß an einen Orden anstrebte. Später, als ihr Kampf um Inkorporation mit Hilfe der Kurie und einzelner geistlicher Förderer Erfolg hatte, haben einige Beginenkonvente dies auch in die Tat umgesetzt.

Auch die Chroniken einiger Frauenklöster bestätigen diesen Sachverhalt. Aus ihnen geht hervor, daß einige Klöster aus Beginengemeinschaften hervorgegangen sind, z.B. das Kloster Engelthal.

Doch stellt sich die Frage, wenn das Beginentum wirklich nur eine Notlösung war, wie es dann zu erklären ist, daß das Leben in den Beginenkonventen so viel demokratischer und freier organisiert war als das Leben im Kloster? Wenn es das eigentliche Ziel der Beginen war, nach einer feststehenden Regel mit strenger Klausur in einem Reformkloster zu leben, warum haben sie dann ihr Leben in den Konventen nicht nach ähnlichen Regeln gestaltet?

Da es für die Anfangszeit der Beginenbewegung keine Quellen gibt, die Aufschluß geben könnten über die Motive, die Religiosität und die Lebensformen der Beginen, zumal sie selbst keine schriftlichen Aussagen dazu gemacht haben, sind wir auf Rekonstruktionen angewiesen, die sich auf spätere Quellen stützen. Selbst in den religiösen Schriften der Mystikerinnen finden sich nur wenige Andeutungen über ihr geistliches Leben.

Bei der Beurteilung der späteren Quellen muß berücksichtigt werden, daß die Berichte von geistlichen Autoren erstellt wurden. Spätere männliche Historiker und Kirchengeschichtler, die sich mit den Beginen befaßt haben, haben nicht nur nicht reflektiert, wer diese Quellen verfaßt hat, sondern sie haben die religiöse Lebensformen der Beginen wie ihre Vorgänger aus einem spezifisch männlichen Weltverständnis erforscht und interpretiert.

Dies wird z.B. deutlich, wenn der religiöse Aufbruch der Frauen mit dem besonderen Hingezogensein der Frauen zur Religion aufgrund ihres weiblichen Wesens (Emotionalität und Irrationalität) erklärt wird. Diese

Begründung wird besonders für die "ketzerischen Beginen" oder die starke Beteiligung der Frauen in den "Ketzer/innen"bewegungen angeführt, ohne daß die Forscher sich fragen, ob es vielleicht spezifische Gründe dafür gab, warum die religiösen Vorstellungen der "Ketzer/innen"gruppen" und ihr praktisches religiöses Leben soviel anziehender auf die Frauen gewirkt haben als die traditionellen Formen (vgl. Kapitel 7.11).

Zusammenfassend kann man sagen, daß die unterschiedlichen Formen des Beginenlebens es erschweren, sich ein klares Bild über diese Bewegung zu machen.

Ich will im folgenden einige relativ abgesicherte Fakten über die drei Phasen der Beginenbewegung zusammentragen.

3.1 Das Leben der Beginen

Die Beginen führten ihr religiöses Leben in der Anfangszeit (Anfang des 13. Jhs. bis zum Vienner Konzil von 1311) als einzelne in ihrem eigenen Haus, aber auch innerhalb einer Familiengemeinschaft. Der Normalfall aber war eher der, daß sie sich in kleinerer oder größerer Zahl in Beginenkonventen oder Beginenhöfen zusammenschlossen.

Es wird nicht nur von seßhaften, sondern auch von "umherschweifenden" Beginen berichtet, die wie die Apostel/innen oder die Wanderprediger durch die Lande zogen und schon deshalb als "ketzerisch" angesehen wurden.

Die seßhaften Beginen der Anfangszeit wohnten in Häusern, die sie selbst gestiftet hatten. Dies war ihnen möglich, weil sie dem Adel, bzw. dem Patriziat angehörten.

Sie trugen eine graue, braune oder blaue Tracht, die sie als religiöse Frauen auswies. Die Beginen gaben sich keine festen Regeln und legten kein Gelübde ab. Obwohl sie als religiöse Frauen in Keuschheit lebten, hatten sie keine Klausur. Sie konnten jederzeit wieder aus dem Konvent austreten. Ihr oberstes Gebot war, ein Leben in materieller und geistiger Armut zu führen.

Ihr Leben in der Gemeinschaft war relativ freizügig organisiert, was bedeutete, daß jede Frau für sich selbst verantwortlich war. Nur für die Vertretung nach außen wählten sie eine Meisterin, die sie in geistlichen und weltlichen Dingen vertrat. Diese Meisterin (Mutter-Martha) übte diese

Funktion nur für eine befristete Zeit aus. Sie konnte jederzeit abgewählt und durch eine vertrauenswürdigere Schwester ersetzt werden.

Die Beginen legten sowohl Wert auf die "vita activa" als auch auf die "vita contemplativa". So sind z.B. die mystischen Schriften der berühmten Beginen wie der von Hadewijch, Mechthild von Magdeburg und Marguerite Porète als dichterischer Ausdruck ihrer religiösen und theologischen Erfahrungen und Erkenntnisse zu verstehen, die sie gewonnen haben durch ihre Bemühungen um eine direkte, intensive Beziehung zu Gott, ohne Vermittlung durch einen Priester. Gerade ihr mystisches Verlangen nach der "unio mystica" ist charakteristisch für die besondere Frömmigkeit der Beginen. So wird von einigen Autoren sogar von einer spezifischen Beginenmystik gesprochen.

Doch gerade ihr Streben nach Gott ohne Vermittlung durch einen Priester machte sie beim Stadtklerus verdächtig. Auch daß sie vorrangig Bettelmönche als Beichtväter wählten und später, in der Zeit der Verfolgungen, auch den Schutz der Bettelorden aufsuchten, wurde vom Stadtklerus heftig kritisiert.

Einer der Gründe für die Bevorzugung der Bettelmönche ist sicher in der Ähnlichkeit ihrer Lebensformen zu suchen, die sich durch Keuschheit und Streben nach Vollkommenheit auszeichneten.

Aus Klagen über die Beginen geht hervor, daß sie die Bibel in die Volkssprache übersetzten und sich Gedanken über theologische Fragen machten, die die Dreieinigkeit und das Wesen Gottes betrafen. Besonders wurde ihnen vorgeworfen, daß sie ihre Erkenntnisse an das Volk weitervermittelten. Dies ist einer der Gründe, warum sie beim Volk so beliebt waren. Wie verdächtig sie das aber bei der kirchlichen Hierarchie machte, wird deutlich durch das Gutachten des Simon von Tournay (siehe Kapitel 3.2).

Die seßhaften Beginen setzten im Gegensatz zu den "fluktuierenden" Beginen die andere Seite der "vita apostolica", die "vita activa", in der caritas um. Weil keine Klausur sie hinderte, war es den Beginen in viel größerem Maße möglich als den Nonnen, karikativ tätig zu sein und die "vita activa" zu leben, da sie nicht wie diese durch strenge Klausurbestimmungen eingeschränkt waren. Außer im karitativen Bereich (Totenwäsche, Krankenpflege) waren die Beginen auch mit erzieherischen Aufgaben (z.B. als Lehrerin) befaßt.

3.2 Anklagen und erste Häresievorwürfe gegen die Beginen

Obwohl die Beginen schon in der Anfangszeit wegen ihres semi-religiösen Zustandes, ihrer Mystik und ihres engen Kontakts zu den Bettelmönchen kritisiert wurden, nahmen die Klagen über die Beginen in der Mitte des 13. Jhs. immer mehr zu, so daß sie nicht mehr als Kritik einzelner Geistlicher verstanden werden konnten[1].

Der Theologe Wilhelm von S. Amour, ein hartnäckiger Verfechter des monastischen Ordenslebens und der hierarchischen, kirchlichen Ordnung, war einer der hartnäckigsten Kritiker der Beginen. Weil sie keinem kirchlich anerkannten Orden angeschlossen waren, warf er ihnen folgendes vor:

- Sie hätten nicht das Recht, wie Angehörige des Mönchstandes zu leben.
- Sie dürften keine besondere Tracht tragen und sich nicht das Haar scheren. Wenn Weltleute dies aber täten, so sei das ein Verstoß gegen die Ordnung der Kirche und also Sünde und ziehe deshalb Exkommunikation nach sich.

Darüber hinaus kritisierte er an den Beginen:

- Obwohl sie jung und arbeitsfähig seien, arbeiteten sie nicht und wollten stattdessen von Almosen leben.
- Sie seien zu jung, als daß man ihrem Keuschheitsgelübde ohne strenge Ordenszucht vertrauen könnte.

---

[1] Folgende Synoden und Konzile befaßten sich mit den Beginen:

Mainz	1233
Fritzlar	1244
Das Konzil von Lyon	1274
Eichstädt	1280
Trier	1277
Köln	1307
Mainz	1310
das Vienner Konzil	1311

- Sie ständen im lebhaften Verkehr mit den Dominikanern, die dabei in die Rechte des Pfarrklerus eingriffen.
- Sie gingen allzuhäufig bei ihnen zur Beichte, hörten ihre Predigten, führten mit ihnen Gespräche, tauschten Briefe mit ihnen und würden mit Almosen versorgt. (GRUNDMANN 1961, S. 324)

Wilhelm von S. Amour war laut GRUNDMANN das ganze Wesen dieser religiösen Frauen verhaßt, angefangen bei dem Namen Begine, den sie selbst für diese Form des religiösen Lebens gebrauchten, der neuartigen Redeweise, der sie sich bedienten, bis zu ihrer Überheblichkeit, die in ihrem Stolz auf ihre freiwillige Armut und in ihrer Intoleranz gegen Besitz und Reichtum anderer zum Ausdruck kam (ebenda, S. 324 ff.).

Auch von anderer Seite wurden wegen derselben Mißstände Bedenken gegen das Beginenleben geäußert. Um dagegen Abhilfe zu schaffen, haben Provinzialsynoden folgendes verordnet:

- Beginen sollen nicht von Almosen leben oder gar bettelnd herumziehen.
- Junge, wirklich wenig gefestigte Frauen sollen dem Beginenstand nicht angehören.
- Die Beginen sollen sich der Aufsicht und der Seelsorge des ordentlichen Pfarrklerus nicht entziehen und keine zu enge Beziehung zu den Bettelorden anknüpfen.

Auf der Mainzer Synode wurde vom Bischof 1233 folgendes verfügt:

- Frauen, die ein Keuschheitsgelübde abgelegt hätten und eine besondere Tracht trügen, ohne sich auf eine bestimmte Regel verpflichtet zu haben, sollten nicht in den Dörfern herumziehen, sondern in ihren Häusern von ihrem Eigentum, oder wenn sie nichts besäßen, von Handarbeit und Dienstleistungen leben.
- Sie sollten außerdem dem zuständigen Pfarrklerus unterstehen und sich seiner Leitung fügen (ebenda, S. 326).

Die Synode von Fritzlar verfügte 1244, daß künftig nur unbescholtene Frauen über 40 Jahre als Beginen leben sollten. Junge Beginen verletzten angeblich das Keuschheitsgelübde. Klerikern und Mönchen wurde der Zutritt zu den Beginenhäusern streng untersagt. Nur in der Kirche sollte es ihnen erlaubt sein, mit den Beginen zu sprechen.

Selbst im Werk der Mechthild von Magdeburg haben diese inneren Schwierigkeiten des Beginenlebens ihre Spuren hinterlassen. Mechthild von Magdeburg hat nach GRUNDMANN den geistigen Gehalt dieser Frömmigkeit am großartigsten gestaltet. Aber sie war auch für ihre Gefahren nicht blind und hat mit Sorge gesehen, daß die beginische Frömmigkeit in Gewohnheit ohne inneres Erleben oder in eigenwillige Besonderheiten religiöser Erlebnisse auszuarten drohte, die sich nicht mehr in die christlichen Ordnungen einzufügen schienen. So beklagte sie, daß das Beginenleben durch keine feste Zucht vor Verirrungen und Verschiedenheiten bewahrt würde (ebenda, S. 328).

Dem Vorwurf einiger Geistlicher über die Sittenlosigkeit der Beginen standen aber die Klagen der Beginen über Kleriker und Laien gegenüber, die sich ihre ungeschütze Lage zunutze machten. Diese Klagen fanden Gehör.

> "... seit 1235 (hat) Gregor IX. mehrfach deutsche Bischöfe und Kanoniker damit beauftragt, die Beginen gegen die Belästigung und Verfügung durch Kleriker, Mönche und Laien zu schützen und die Missetäter zu strafen." (ebenda, S. 327)

Zum Konzil von Lyon, 1274, wurden drei Gutachten zu den Beginen erstellt.

1. vom Dominikanerorden in der Person Humbert von Romans
2. vom Franziskanerorden in der Person Simon von Tournay
3. vom Bischof von Olmütz.

Humbert von Romans wandte sich gegen die "mulieres religiosae pauperes" - er erwähnt nicht, daß es sich um Beginen handelte -, die in den Dörfern und Städten herumziehen, um ihren Lebensunterhalt durch Betteln zu sichern. Um diese bedenkliche und anstößige Erscheinung zu beseitigen, solle die Kirche nur solche Frauengemeinschaften anerkennen, die bei strenger Klausur, ohne auf Almosen angewiesen zu sein, ihre Bedürfnisse aus eigenen Mitteln bestreiten können. Voraussetzung für die "vita religiosa" von Frauen müsse die wirtschaftliche Absicherung sein, da nur sie eine strenge Klausur ermögliche. Das Bettelmönchtum müsse ihnen aber verboten werden.

Simon von Tournay klagte vor allem über Mißstände in Nordfrankreich und Belgien. Er warnte besonders vor den Gefahren des Beginentums. Schon die Einordnung der Beginen unter die geistlichen oder weltlichen Stände bereite ihm Schwierigkeiten, da sie weder wie Laiinnen lebten noch einem regulierten Orden angehörten.

Bei ihm findet sich auch zum ersten Mal die Warnung vor der häretischen Gefährdung des Beginentums: Unter den Beginen mache sich die Sucht nach "subtilitatis und novitatis" breit, nach grübelnder Beschäftigung mit religiösen und theologischen Fragen. Diese Neigung verleite die Beginen dazu, in ihren Konventikeln, in verborgenen Winkeln und selbst öffentlich auf den Straßen über religiöse Schriften in der Volkssprache, französische Bibelerklärungen oder die Heilige Schrift zu disputieren.

Gefährlich war seiner Meinung nach die eigenmächtige Beschäftigung "ungebildeter Frauen" mit dem theologischen Schrifttum - im besonderen mit den französischen Bibelerklärungen - deshalb, weil diese nach seiner Untersuchung voller Irrtümer, "Ketzereien" und zweifelhafter wie falscher Schriftdeutungen steckten. Beginen, die solche Schriften lesen, müßten unausweichlich irrige und "ketzerische" Meinungen annehmen. Er forderte deshalb, daß diese gefährlichen Bücher vernichtet werden sollten. Maßnahmen gegen die religiösen und theologischen Grübeleien der Beginen zog er jedoch nicht in Betracht.

Der Bischof von Olmitz bezeichnete die Frauen, die er für häretisch verdächtig hielt, nicht als Beginen (wie Humbert von Romans). Er beschrieb aber nach GRUNDMANN Erscheinungen, deren Zugehörigkeit zum Beginentum unverkennbar waren.

Er klagte über Männer, vor allem aber über junge Frauen und Witwen, die ohne einem päpstlich approbierten Orden anzugehören, sich als "religiosi" aufführten, kleideten und bezeichneten. Sie schlössen sich keinem gültigen Orden an, um niemandem gehorchen zu müssen und um in solcher Freiheit Gott besser dienen zu können. Sie glaubten vom Gehorsam gegen den Pfarrklerus enthoben zu sein, bei dem sie weder beichten, noch die Sakramente empfangen wollten, da sie der irrigen Meinung waren, daß diese in ihrer Hand unrein wären. Sie liefen außerdem müßig und geschwätzig in den Städten herum und gefährdeten dadurch oft genug ihren Ruf und ihre Tugend.

Er erinnerte an das Pauluswort, daß verwitwete Frauen nicht unter 60 Jahren in der Gemeinde zum diakonischen Amt berufen werden dürften und riet deshalb, die Frauen vor die Wahl zu stellen, entweder zu heiraten oder einem approbierten Orden beizutreten (ebenda, S. 335 ff.).

Das Konzil zu Lyon führte zu dem Ergebnis, daß das vom Laterankonzil 1215 erlassene Verbot neuer Ordensformen wiederholt und durch einen Zusatz ergänzt wurde. Alle seither entstandenen Orden - vor allem die nach dem Konzil von 1215 entstandenen Bettelorden -, die keine päpstliche Bestätigung erlangt hatten, sollten verboten und aufgelöst werden. Dieses Verbot sollte auch das Beginentum treffen, das ja keinem approbierten Orden angehörte.

Der wirklichen Lage des Beginentums wurde dieser Beschluß aber nicht gerecht, da die Beginen gar nicht den Anspruch erhoben, ein regulierter Orden zu sein, der einer päpstlichen Approbation bedurfte. Die einzelnen Beginenhäuser konnten sich außerdem oft auf Schutzbriefe von Päpsten, Legaten oder Bischöfen berufen (ebenda, S. 340 ff.).

In den 80er Jahren befaßte sich die Diözesansynode von Eichstädt mit den Beginen. In den Statuten wurde deutlich ausgesprochen, was man 1274 in Lyon nicht beachtet hatte. Weil das Beginentum infolge des Fehlens einer einheitliche Leitung und Organisation so verschiedene Ausgestaltungen gefunden habe, sei eine allgemeine Verordnung für alle Beginen gar nicht aufzustellen. Es komme eher darauf an, die ehrbar und unbescholten lebenden Beginen gegen die Verdächtigungen zu schützen, indem gegen die "verdorbenen und lasterhaften" Beginen vorgegangen werden solle (ebenda, S. 342).

Der Erfurter Dichter Nikolaus von Bibra, der die Lebensführung der "guten" Beginen als besonders verdienstliche Frömmigkeitsform geschildert hat, tadelte umso schärfer die schlimmen Triebe der "schlechten" Beginen. Von den guten Beginen sagte er: Sie arbeiten Tag und Nacht. Die meiste Zeit sind sie mit Spinnen beschäftigt. Sie führen ein frommes Leben, gehen häufig zur Kirche und hören die Messe. Sie fasten und wachen und geben Almosen. Die "schlechten" Beginen dagegen sind die "umherschweifenden" Beginen.

Von nun an wurde unterschieden zwischen den Beginen, die arbeitsam in ihren Häusern lebten und geistliche Freundschaft mit den Bettelmönchen pflegten und den Beginen, die sich "herumtrieben und in so schlechtem Rufe standen, daß sie sogar als Kindesmörderinnen verdächtigt wurden".

Nicht nur damalige geistliche Kritiker, sondern auch heutige Historiker, wie z.B. Herbert GRUNDMANN, spalten das Beginentum in zwei Gruppen auf. Der größere Teil habe in Beginenhäusern in Anlehnung an die Bettelorden gelebt und sich sein Auskommen durch Handarbeit gesichert. Ein kleinerer Teil habe keine Klausur befolgt, sei zuchtlos umhergezogen und habe lieber von Almosen als von eigener Arbeit gelebt.

GRUNDMANN kommt zu dem Schluß: Der gemeinsame Name für die beiden verschiedenen Erscheinungsformen und der Mangel an organisatorischer Unterscheidung habe die Maßnahmen gegen das ungeregelte vagabundierende Beginentum unwirksam gemacht und das geregelte Beginentum unverschuldet mit in die Katastrophe gezogen (ebenda, S. 344).

Auf der Synode von Trier 1277 wurde der Klerus dazu aufgefordert, den Begarden und Konversen das Predigen zu verbieten, weil sie Irrlehren verbreiteten.

Spätere Synoden trafen - wie bereits die Mainzer Synode von 1233 - Maßregeln gegen herumziehende Beginen und Scholaren. Immer wieder wurde beklagt, daß sie auch die Gottesdienste störten. Die Mainzer Synode warf ihnen z.B. vor, daß sie in Gegenden, die keinen eigenen Pfarrer hätten, Gottesdienste abhielten.

Die Eichstädter Provinzialsynode warnte in den 80er Jahren gleichfalls vor unbefugten Laienpredigern, die sich in heimlichen Versammlungen die Predigt anmaßten und damit das Volk in die Irre führten (ebenda, S. 389 ff.).

Zusammenfassend kann man sagen:

Die "fluktuierenden Elemente" der religiösen Bewegung wurden beargwöhnt, weil sie keinem Orden angehörten, keine Sekte waren, keinen gemeinsamen Namen hatten, bettelnd durch die Lande zogen und die Ordnung in der Kirche beim Gottesdienst, in den Gemeinden oder auch in den Orden störten.

3.3 Beginentum zwischen Orthodoxie und Häresie

> "In diesem unsteten, irregulären Religiosentum haben wir die Träger und Vermittler der ketzerischen Strömungen zu suchen, die zu der großen Krise des Beginentums am Anfang des 14. Jhs. führten." (ebenda, S. 394)

Mitte des 13. Jhs. zeigten sich in den religiösen Frauengemeinschaften Süddeutschlands die ersten häretischen Einflüsse. Martin Crusius, ein Tübinger Historiker des 16. Jhs., berichtete, daß in den Annalen des Jahres 1261 in einigen schwäbischen Nonnenklöstern Leute aufgetreten seien (Fraticellen, Begarden und Beginen), die gegen die klösterliche Regulierung der Gemeinschaften agitiert hätten mit der Begründung, man könne Gott besser in der Freiheit des Geistes dienen, ohne eine feste Regel zu befolgen (ebenda, S. 395).

So kritisierte auch David von Augsburg - bei aller Anerkennung der verinnerlichten Frömmigkeit der religiösen Bewegung - die Beginen deshalb, weil sie ihren Geist als Gottes Geist ausgaben.

Ähnlich verhielt sich Lamprecht von Regensburg, der in seinem allegorischen Gedicht der "Tochter Syon" von der religiösen Kunst der Frauen in Brabant und Bayern berichtete, die in Verzückung und Begnadigung den inneren Sinn zur Schau der göttlichen Weisheit erhielten. Er warnte aber zugleich vor dem Überschwang und der Maßlosigkeit dieser Frauenfrömmigkeit, vor ihrer Sucht nach Ekstasen (ebenda, S. 401).

Vor 1280 muß eine "Ketzerei" im schwäbischen Ries stattgefunden haben, über die Albert der Große (1200 - 1280) ein Gutachten verfaßte. Einige der Verhörten waren Frauen. Gerade die Aussagen der Frauen verraten GRUNDMANN zufolge am deutlichsten, in welchem geistigen religiösen Zusammenhang die "Ketzerei" in Ries stand.

Es handelte sich nicht um eine dogmatische "Ketzer/innen"lehre, sondern um eine maßlose Übersteigerung religiöser Erlebnisse, deren seelische Voraussetzungen sich überall in der "religiösen Frauenbewegung" der Zeit wiederfanden. Die Idee von der "Brautschaft der Seele" und des frommen Menschen, sowie die Empfindung der Gottesminne, oft gesteigert bis zum erotisch erlebten Einssein von Seele und Gott[1], durchdrang und beherrschte die Frauenfrömmigkeit des 13. Jhs. So kommen in Aussprüchen einer "Ketzerin" in Ries, wie "sie habe Christus fleischlich erkannt" oder "sie habe Jesus gesäugt", Gedanken der geistigen Hochzeit mit Christus zum Ausdruck wie der Nachfolge Marias als weibliches Pendant zur Nachfolge Christi.

Das Typische am Glauben der "Ketzer/innen" von Ries war jedoch ihr Glaube an die Vergottung des Menschen. Der Mensch kann Gott werden, und die Seele kann in der Vereinigung mit Gott göttlich werden.

Obwohl das Erlebnis und der Gedanke der Vergottung aller Mystik gemeinsam ist, hing die Rechtgläubigkeit von der Frage ab, ob diese Vergottung als Gnadenerlebnis - als übernatürliches Einwirken der Gottheit - gedeutet wurde oder als eigene Kraft und Leistung des Menschen dank seiner Wesensgleichheit mit Gott. Auf die Frage, ob die Mystiker/innen durch göttliche oder eigene Kraft göttlich werden, hat es keine einheitliche Antwort gegeben, die aber darüber entschied, ob sie der orthodoxen Mystik oder der "Ketzerei" (freigeistige Mystik) zugerechnet wurden (ebenda, S. 406 ff.).

So mußte sich auch Mechthild von Magdeburg wegen des Vorwurfs des Verstoßes gegen die katholische Gnadenlehre verteidigen. Der Unterschied zwischen Mechthild von Magdeburg und der "Ketzerei" in Ries liegt nach GRUNDMANN nicht im Erlebnis, sondern in der gedanklichen Schlußfolgerung solcher Erlebnisse im Hinblick auf die Kirchenlehre. Während Mechthild von Magdeburg sich in die Ordnungen der Kirche fügte, sich der geistigen Leitung ihrer dominikanischen Freunde anvertraute und später ins Kloster Helfta eintrat, mißtrauten die "Ketzer/innen" in Ries der geistigen Leitung theologisch gebildeter, spiritueller "Führer". Sie mißachteten das klösterliche Leben, weil die Ordnungen der Kirche für sie jeden Sinn verloren hatten (ebenda, S. 418).

Die Wendung der Frauenmystik zur "Ketzerei" führt GRUNDMANN auf Einflüsse zurück, die von ganz anderer Seite auf die religiösen Frauen-

---

[1] Bei Mechthild von Magdeburg fanden ihre lateinischen Bearbeiter es notwendig, ihre unmittelbaren erotischen Erlebnisse mit Gott ins nur Spirituelle abzuschwächen.

kreise Süddeutschlands eingewirkt haben; denn neben Aussagen der Vergottung und der mit Gott geeinten Seele finden sich Sätze, die rein pantheistisch klingen und von der Identität Gottes mit aller Kreatur, von der Substanzgleichheit der Seele mit Gott sprechen und die mit den mystischen Erlebnissen der Einigung mit Gott nichts zu tun haben.

Hier widerspricht sich GRUNDMANN, da er an anderer Stelle betont, daß die neuplatonischen Vorstellungen der Amalrikaner in den religiösen Frauenkreisen, besonders den Beginen, erhalten geblieben und weitergetragen wurden (vgl. Kapitel 7).

Obwohl das Beginenleben von Anfang an von unterschiedlichen geistlichen Kritikern verdächtigt wurde, kam man erst in den 70er Jahren des 13. Jhs.,

- nachdem das Franziskanische Gutachten zum Lyoner Konzil zum ersten Mal auf die häretische Gefährdung des Beginentums hingewiesen hatte,
- nachdem auch das Gutachten der Dominikaner darüber klagte, daß eine übergroße Zahl von religiösen Armen die ganze Welt überschwemme,
- als zugleich in Süddeutschland zum ersten Mal ein krasser Fall von "Ketzerei" in den Kreisen der religiösen Bewegung öffentlich bekannt wurde,

zu der Überzeugung, daß die unstet "schweifenden", noch immer nicht organisierten und keinem regulären Orden angeschlossenen Elemente der "religiösen und sozialen Aufbruchsbewegung" zu einer Gefahr für den Glauben werden könnten.

Trotzdem schritt die Kirche erst dreißig Jahre nach der "Ketzerei" im schwäbischen Ries gegen die bettelnden und herumziehenden Beginen und Begarden ein, deren Treiben gegen die Ordnungen der Kirche verstieß und deren religiöse Lehre die Rechtgläubigkeit gefährdete.

Die Kölner Synode ging 1307 mit dem Verbot voran, die Mainzer Synode von 1310 folgte ihrem Beispiel. Der Kölner Erzbischof begründete das Verbot mit drei Argumenten:

1. Sie haben keine approbierte Regel und gehören zu keinem Orden. Trotzdem tragen sie eine eigene Tracht und haben eine besondere

Lebensweise. Sie leben nicht mehr wie früher von ihrer Hände Arbeit, sondern ziehen unter dem Vorwand des Armutsideals im Land herum und sammeln Almosen.

2. Sie widersprechen Dominikanern und Franziskanern öffentlich während der Predigt.

3. Ihnen müsse eine Reihe "ketzerischer" Anschauungen zur Last gelegt werden, z.B.: Nur ihre Lebensform führe zu sündloser Gerechtigkeit und Vollkommenheit. Diese entbinde sie vom Gehorsam gegen die Satzungen und Forderungen der Kirche. (ebenda, S. 435)

Auf dem Vienner Konzil 1311 wurde dann schließlich das Beginentum generell verboten, und zwar aus folgenden Gründen:

- Die Beginen seien kein Orden und auch keine religiosae, also keine Angehörigen des Mönchsstandes, weil sie weder ein Gehorsamsgelübde abgelegt hätten noch auf Privateigentum verzichteten.
- Außerdem befolgten sie keine approbierte Regel.
- Durch ihre Neigung über religiöse und theologische Fragen, über die Trinität, das Wesen Gottes, den Glauben und die Sakramente zu diskutieren und zu predigen, würde die katholische Rechtgläubigkeit zersetzt und bedroht.

Mit den Maßnahmen des Vienner Konzils wurden die Beginen- und Begardenkreise endgültig dazu gezwungen, sich zu entscheiden, ob sie von der freien, ungeregelten Bewegung zu beständigen, geordneten Lebensformen übergehen und sich den kirchlichen Vorschriften fügen wollten. Diese Entscheidung betraf nicht nur die Organisationsform, sondern durch sie sollte auch das religiöse Denken und die mystische Spekulation in die kirchliche Orthodoxie zurückgeführt werden.

Wie es nicht die Aufgabe der Bettelorden gewesen war, die religiöse Bewegung in Europa - besonders in Deutschland - erst zu entfachen, sondern sie in kirchliche Bahnen zu lenken und in geordnete Formen zu fassen, so haben die Theologen der Bettelorden seit Ende des 13. Jhs. mystisches Leben nicht erst wecken, sondern in die Geleise der kirchlichen Rechtgläubigkeit leiten müssen (ebenda, S. 437 ff.).

3.4 Das Beginenleben nach dem Vienner Konzil von 1311

Aus den Verordnungen, die auf den Provinzialsynoden für das Beginenleben erlassen wurden, wird deutlich, wie sehr auch schon vor dem Vienner Konzil versucht wurde, dieses einzuschränken. Immer wieder sind die Beginen auch verdächtigt worden, heterodoxes Gedankengut verbreitet zu haben, zumal sie sehr aufgeschlossen waren für die Lehren der "Schwestern und Brüder des freien Geistes" (vgl. Kapitel 7). Die Beginen werden von COHN (1961) als "indirekte" Förderinnen der "Schwestern und Brüder des freien Geistes" bezeichnet.

Auf dem Konzil von Vienne 1311 wurde deshalb nicht nur das Verbot über das Beginenleben erlassen, sondern auch die folgenden acht Irrlehren der Beginen/Begarden über den Stand der Vollkommenheit verdammt (Bulle "Ad nostrum").

"1. Der Mensch kann in seinem irdischen Leben einen solchen Grad der Vollkommenheit erwerben, daß er unfähig wird zur Sünde.
2. In einem solchen Vollkommenheitszustand werden Fasten und Beten bedeutungslos.
3. Diese Vollkommenheit und Freiheit des Geistes hebt die Gehorsamspflicht gegenüber Menschen und kirchlichen Vorschriften auf.
4. Der Mensch kann hier dieselbe Seligkeit erlangen, wie er sie nach dem Tode genießt.
5. Da jedes vernünftige Wesen an sich gut ist, kann die Seele die beseligende Schau erreichen, ohne dazu göttlicher Erleuchtung zu bedürfen.
6. Praktizierte Tugend ist ein Zeichen von Unvollkommenheit.
7. Der Geschlechtsverkehr ist, solange die Natur ihn verlangt, nicht sündhaft.
8. Bei der Elevation (= Erhebung der Hostie und des Kelches durch den Priester während der Messe) des Leibes Christi, muß sich der Vollkommene nicht erheben oder seine Ehrerbietung bezeugen."
(SCHIRMER 1985, S. 113)

Einige dieser "Irrlehren" werden auf Marguerite Porète zurückgeführt, eine umherschweifende Begine oder Schwester des freien Geistes, die 1310 verbrannt wurde (vgl. Kapitel 7 und 8).

Bevor die Beschlüsse und Bestimmungen des Vienner Konzils jedoch nicht veröffentlicht worden waren, ließ sich das allgemeine Verbot der

Beginen nicht durchführen. Erst sechs Jahre nach dem Vienner Konzil - aber vor der Veröffentlichung der päpstlichen Clementinen (das 5. Buch des "Corpus iuris canonici") im August 1317 - veranlaßte der Bischof von Straßburg eine Inquisition gegen falsche Christen beiderlei Geschlechts, die man im Volk "Beghardi und Swestriones" nenne, die sich aber selbst als "Brüder und Schwestern des freien Geistes und der freiwilligen Armut" bezeichnen.

Eine zweite Phase von Maßnahmen gegen die Beginen erfolgte aufgrund der am 15. Oktober 1317 veröffentlichten "Clementinen" des kanonischen Rechts, den "Errores Beguardorum et Beguinarum de statu perfectiones" (Bulle Ad nostrum), zusammen mit dem Dekretale "Cum de quibusdam mulieris", einer allgemeinen Stellungnahme zur Beginenfrage.

> "Abschließend zu 'Ad nostrum' wird erklärt:
> Wir verurteilen also nach dem Beschluß des heiligen Konzils (von Vienne) jene Sekte und ihre eben genannten Irrtümer voll und ganz und verbieten ausdrücklich und für immer, daß jemand solch Irrlehren des weiteren festhalte, verteidige oder approbiere. Wer dagegen handelt, soll die kanonischen Strafen erleiden." (RUH 1985, S. 112)

Daraufhin kam es überall zu generellen Verboten der Beginen, was den Papst 1318 veranlaßte, die Bulle "Racio recta" nachzureichen, die zwischen guten und schlechten Beginen zu unterscheiden gebot. Seitdem stiftete das Beginenverbot trotz seiner Einschränkungen Verwirrung und Konflikte. Die Bulle "Ad nostrum" ist mit ihren acht "Ketzer/innen"artikeln in der Zukunft in "Ketzer/innen"prozessen immer wieder als Grundlage für Verhöre benutzt worden (vgl. Kapitel 6).

Nach dem Vienner Konzil haben die Beginengemeinschaften ihre Kontakte zu ihren geistlichen Beichtvätern aus dem Dominikaner- und Franziskanerorden intensiviert, um durch ihren Schutz der Inquisition zu entgehen.[1] Eine große Anzahl von Beginengemeinschaften ist sogar ganz in den Drittorden der Franziskaner eingetreten.

Die Beginen, die sich den Verordnungen nicht anpassen wollten, weiter umherzogen und ihre Lehre verkündeten, wurden von nun an von der Inquisition verfolgt und der "Ketzerei" angeklagt, was oft Tod auf dem Scheiterhaufen bedeutete.

Mit dem Vienner Konzil begann also die zweite Phase der Beginenbewegung, die sich dadurch auszeichnete, daß das relativ autonome Leben eingeschränkt wurde durch Regeln und Verordnungen, die die Beginen sich selbst gaben oder die sie mit Vertretern der Orden, den Stifter/innen oder auch den Stadtvätern - je nach neuer Einbindung - ausgehandelt hatten. Eine weitere Veränderung betraf die soziale Struktur. Von nun ab drängten immer mehr Frauen aus dem Bürgertum und den ärmeren Bevölkerungsgruppen in die Beginenkonvente. Aus den aus dieser Zeit stammenden Beginenregeln geht hervor, daß die Aufnahme in den Konvent davon abhängig gemacht wurde, ob die Anwärterinnen durch Eigentum oder Arbeit zur Subsistenz des Konvents beitragen konnten. Aus den Gründungsurkunden dieser Zeit kann man entnehmen, daß die Häuser der neuen Beginenkonvente oft nicht mehr von den im Konvent lebenden Beginen, sondern von reichen Männern oder Frauen gestiftet wurden. Oft wurden die Häuser auch von den Beginen nur angemietet oder gepachtet.

Infolge der veränderten sozialen Zusammensetzung waren die Beginen jetzt nicht nur karitativ tätig - in der Kranken- und Armenpflege und in der Bestattung der Toten -, sondern sie gewannen auch durch ihre handwerkliche Erwerbsarbeit, besonders im Textilhandwerk, eine wachsende Bedeutung. Zu ihren Tätigkeiten gehörte Spinnen, Weben, Stricken, Klöppeln und Nähen. Auch die Zucht von Seidenraupen, die Bierbrauerei, die Seifensiederei und Bäckerei wurden von ihnen betrieben.

Diese neuen Bedingungen, die sich sowohl durch den äußeren Druck der Verfolgungen als auch durch den inneren Druck infolge der neuen sozialen Zusammensetzung ergaben, veränderte das Leben der Beginen,

---

1 Ob der Dominikanerorden wirklich immer Schutz gewährte, wage ich zu bezweifeln; denn von der Kurie beauftragte Dominikanerpatres führten die Inquisition durch. Außerdem sollten durch die Verfolgungen der Beginen oft auch die Bettelorden getroffen werden (vgl. WEINMANN 1988).

wobei aus den Hausregeln hervorgeht, daß es sich immer noch um ein relativ freizügiges Leben handelte.

Schon die zunehmende Bedeutung der Erwerbstätigkeit macht den Wandel deutlich, der sich seit den Anfängen vollzogen hatte. Das Abrücken vom Armutsideal ist sicher einer der Gründe, warum das Beginentum für Frauen aus dem Bürgertum und der Handwerkerschicht und später auch für die Frauen aus den untersten Schichten, als sich die soziale Situation für die alleinstehenden Frauen wesentlich verschlechterte, immer attraktiver wurde. So wurden die Beginenkonvente langsam zu Versorgungsanstalten, was ja auch aus den Stiftungen und Zuwendungen reicher Bürger und Bürgerinnen zur Versorung armer Frauen deutlich wird.

> "Dieser Wandel in der sozialen Zusammensetzung des Beginentums erfolgte parallel zu dem Rückgang des eigentlichen ideellen Beginenwesens. Schließlich hatten sich die Beginen des Spätmittelalters so weit von den Anfängen entfernt, daß man fast von zwei verschiedenen Bewegungen sprechen könnte. Festzumachen ist dieser Unterschied an dem Faktum der Armut bzw. des Besitzes: Es scheint, als habe die ungeminderte Intensität ihrer religiösen Anliegen, und das weit verbreitete Postulat freiwilliger Armut Unterschiede der Herkunft oder der Vermögenslage der Beginen innerhalb ihrer Gemeinschaften anfangs verwischt. Mit dem Fortschreiten der spürbaren Ernüchterung späterer Jahrhunderte, die der Anpassung an praktische Erfordernisse und alltägliche Notwendigkeiten im wachsenden Maße Raum gab und das Privateigentum der Beginen als selbstverständlich voraussetzte, verlor sich der Charakter einer mehr oder weniger homogenen Schar demütiger, unbemittelter Frauen in den Beginensiedlungen." (KRÄUTER-CLODECK o.J., S. 105)

Dadurch änderte sich der Charakter des Beginenlebens endgültig, womit die <u>dritte Phase der Beginenbewegung</u> erreicht war.

Durch die Reformation und das städtische Armenwesen wurde die Umwandlung der Beginenkonvente in Versorgungsanstalten verstärkt, so daß schließlich von der ursprünglichen Lebensform der Beginenkonvente nicht mehr viel übrig blieb. Manche Beginenkonvente erhielten sich als Stiftungen bis ins 20. Jh., wie z.B. das Kohlgartenstift in Dortmund.

3.5 Beginenbewegung als Pendant zur Virilitätskrise

Über die Motivation der Frauen für ein Beginenleben haben wir keine autobiographischen Aussagen. Ich kann nur versuchen, sie aus den Viten zu erschließen, die über einige bekannten Beginen verfaßt wurden, wobei zu berücksichtigen ist, daß diese Viten einem ganz bestimmten Zweck dienten, in einer tradierten literarischen Form abgefaßt sind und meist von geistlichen Männern geschrieben wurden. Wie unterschiedlich die Interessen der männlichen und weiblichen Biografen von Heiligen-Viten aussehen, hat Karin GLENTE (1988) überzeugend nachgewiesen.

Eine andere Möglichkeit ist, die mystischen Texte einiger bekannter Beginen daraufhin zu untersuchen. Leider enthalten diese kaum autobiografische Details aus ihrem Leben.

Ausgangspunkt meiner Betrachtungen aber muß die Tatsache sein, daß die Beginenbewegung Teil der "religiösen und sozialen Aufbruchsbewegung des Mittelalters" war. Ihr gemeinsames Ideal war das apostolische Leben. Dies bedeutete in dieser Zeit, entweder herumzuziehen wie die Apostel und Apostelinnen und das Wort Gottes zu verkündigen oder ein Leben in Armut, Demut und Keuschheit zu führen. Beide Möglichkeiten sind von den Beginen als Lebensform gewählt worden (seßhafte Beginen, umherschweifende Beginen).

Ich gehe also von der These aus, daß die Beginen vor allem aus religiösen Gründen ihre je spezifische Lebensform wählten (vgl. 3.6). Darüber hinaus stellt sich die Frage, ob außer den religiösen Motiven auch frauenspezifische Gründe dafür verantwortlich sind, daß Beginen aus den tradierten Lebensformen ausbrachen. Da die Beginen der Gründerinnenzeit vor allem aus dem Adel stammten, ist zu fragen, welche gesellschaftlichen Bedingungen ihren Aufbruch mitbedingt haben könnten.

Betrachtet man die gesellschaftliche Situation der adeligen Frau, so wird ihre besonders abhängige Stellung deutlich, zumal die mittelalterliche Ehe ein reines Unterwerfungsverhältnis darstellte. Der adeligen Frau wurde wegen ihrer alleinigen Bedeutung als Vermittlerin von Erbe und Gebärerin von Söhnen jede andere Lebensberechtigung und jeder Eigenwert abgesprochen. Um diesem zu entgehen, bot die eheliche Verweigerung die einzige Möglichkeit, über sich selbst zu bestimmen, was bisher nur im Kloster möglich war.

Auch die demütigenden Erfahrungen bei der Auflösung eines Ehevertrags, der von den adeligen Familien bereits im Kleinkindalter der Töchter abgeschlossen wurde, mag nicht zu einer positiven Bewertung der Ehe beigetragen haben.

Außerdem kann die bessere Bildung und Erziehung der adeligen Frauen gegenüber den Rittern mit ein Grund gewesen sein, die Unterdrückung und Gewalttätigkeit ihrer Ehemänner umso intensiver wahrzunehmen.

Durch den klösterlichen Unterricht bei Nonnen und Reklusen oder priesterlichen Hauslehrern könnten ihnen die neuen religiösen Gedanken bekannt geworden sein, die in ihnen den Wunsch nach einem religiösen Leben in Armut und Keuschheit und der Vereinigung mit Gott in der unio mystica geweckt haben.

Auch die neue kirchliche Ehekonzeption könnte mit Anlaß gewesen sein, daß so viele adelige Frauen die Ehe verweigerten und sich der Beginenbewegung anschlossen.

Seit dem 12. Jh. bemühte sich die Kirche nämlich nicht nur, dem weltlichen Klerus das Zölibat aufzuzwingen, sondern sie begann auch in das Leben der Laien/Laiinnen einzugreifen. So versuchte sie die eheliche Verbindung unter den Laien/Laiinnen auf ein höheres moralisches Niveau zu heben, was positive Auswirkungen auf die Beziehungen zwischen Männern und Frauen hätte haben können.

Es sollte nur noch eine einzige, unauflösliche, von der Kirche sanktionierte Eheschließung geben, bei der kein noch so entferntes Verwandschaftsband (bis ins 6. Glied) zwischen den Ehepartnern bestehen durfte. Außerdem sollte der Ehevertrag, der von den Familien der Brautleute abgeschlossen wurde, erst durch eine Willenserklärung beider Brautleute rechtskräftig werden (Konsensehe).

> "Im Lauf des 13. Jhs. bewirkte die Kanonistik mit der Erhebung der kirchlich geschlossenen Ehe zum Sakrament eine bis dahin nicht gekannte Aufwertung, aber auch eine neue Definition des Verhältnisses der Geschlechter zueinander. Die kirchlichen Ethiker formulierten eine Ehelehre, die der prinzipiellen spirituellen Gleichheit von Mann und Frau auch im Alltag Rechnung tragen sollte: Sowohl hinsichtlich der erotischen Bedürfnisse als auch hinsichtlich ihrer Erfüllung forderten Theologen und Kanonisten im Rahmen der ehelichen Beziehungen eine Gleichstellung der Geschlechter. Damit war eine Neudefinition der Geschlechterbeziehungen in Sicht." (OPITZ 1986, S. 66)

Diese priesterliche Ehevorstellung kam aber in Konflikt mit den alten Vorstellungen der Krieger (der adeligen Männer). Nach den alten Gesetzen der Krieger - nach dem Eherecht wie es Fürsten, Barone und Ritter verstanden - konnten Frauen wegen Unfruchtbarkeit abgelehnt und verstoßen oder wegen vorteilhafter Verbindungen verlassen werden. Insofern hätte die priesterliche Ehekonzeption für die adeligen Frauen eine Besserung ihrer Lage bringen können.

Das für die Frauen Fatale daran war, daß diese neue priesterliche Vorstellung von der Ehe mit ihrer neuen Inzestregelung von den adeligen Männern benutzt werden konnte, um genau das zu erreichen, was nach ihrem bisherigen Sittenkodex ihr gutes Recht war. Um sich von ihrer Frau zu trennen, brauchten sie nur den Nachweis zu erbringen, daß sie in irgendeiner Weise (bis ins 6. Glied) mit ihrer Frau verwandt waren. Nach dem Gesetz der kirchlichen Reform wurde eine Ehe, die bisher für rechtmäßig gehalten wurde aufgrund der Inzestregelung als Blutschande oder Konkubinat beurteilt und mußte infolgedessen aufgelöst werden.

Beide Ehekonzeptionen hatten demnach eines gemeinsam: sie wurden im Interesse von Männern realisiert. Kam es zum Konflikt, so war die Frau in beiden Fällen die Leidtragende, über die verfügt, und die verstoßen wurde (vgl. DALARUN 1987).

Da es gerade adelige Frauen waren, die die Beginenkonvente in den Anfängen der Bewegung gründeten, könnte diese ungesicherte Position und diese diskriminierenden und demütigenden Ehepraktiken mit ein Grund gewesen sein, aus ihrer gesellschaftlichen Situation auszubrechen.

Selbst die höfische Weiblichkeitskonzeption, wie sie in der hohen Minne und der Minnelehre zum Ausdruck kommt und die uns ein positives Frauenbild zu vermitteln scheint, stellt mehr eine Verarbeitungsmöglichkeit für die adeligen Männer dar, mit den Verunsicherungen und Ohnmachtserfahrungen ihres Standes fertigzuwerden, als eine Neubewertung von Weiblichkeit.

Diese war notwendig geworden, weil die adeligen Männer sich nach THUM in einer Virilitätskrise befanden, infolge des starken politischen und gesellschaftlichen Drucks, der bedingt war durch

> "... die Territorialisierung, die Landfriedenspolitik, die Konkurrenz der Ministerialität, das starke Königstum, die Aufspaltung des Adels und die Errichtung des neuen, jüngeren Reichs-Fürstentums." (THUM 1980, S. 287)

So wie die Kirche mit der Gottesfriedensbewegung und dem "miles Christi" dem Adel positive Ideale angeboten hatte, um sie in die Kirche zu integrieren und seine libidinösen und aggressiven Triebe wirksam unter Kontrolle zu bringen, so diente der Minnegesang weniger dem erotischen Ausdruck an sich als vielmehr der Wandlung grober libidinöser Energien in gesellschaftlich produktive.

So wurde die Frau bei der höfischen Weiblichkeitskonzeption auf das Symbol der Liebe reduziert. Ihre Funktion als "alter ego" des Ritters diente als Festschreibung ihres Objektcharakters (HABERMAS 1984, S. 47).

Ist somit die "religiöse Frauenbewegung" und damit auch die Beginenbewegung nur das Pendant zur Virilitätskrise? Hat die Virilitätskrise die Frauen in die Lage versetzt, ihre Macht zu ergreifen?

> "Bedeutet Nivellierung (der Männer) durch herrschaftliche Gewalt oder durch einen Staat auch Frauenemanzipation? Ist die befreite Frau Nutznießerin des allgemeinen politisch-sozialen, auch wirtschaftlichen Drucks, der die männlichen Mitglieder einer Gesellschaft 'gleich' macht bzw. einer kleinen herrschenden Schicht unterwirft?" (THUM 1980, S. 328)

Abwegig ist diese These nicht,

> "... denn Nivellierung heißt immer auch Zerschlagung relativ autonomer Familienverbände. Die aber sind im europäischen Kulturraum patriarchalisch organisiert und banden die Frauen ..." (ebenda, S. 328).

Mir scheint es einleuchtend zu sein, daß

> "... Reduzierung der Macht, die altväterliche Sippen auf die Frauen ausüben können ... wenn Herrschaftsverhältnisse sich ändern und Männer sich bedroht fühlen durch fremde Unterwerfung" (ebenda, S. 329)

ein Grund sein können, der Frauen in ihrem Befreiungskampf nützt.

3.6 Beginenbewegung als Emanzipationsbewegung?

Die Beginenbewegung ist zwar Teil der "sozialen und religiösen Aufbruchsbewegung", doch wurde sie nicht von Männern initiiert oder von außen an die Frauen herangetragen. Die Frauen fielen also nicht als passive Wesen Strukturen und Entwicklungen zum Opfer, die ihnen keine andere Wahl ließen, sondern es handelte sich um einen mehr oder weniger bewußten Entscheidungsprozeß auf Seiten der Frauen, der aus einer Position relativer Stärke geboren wurde (OPITZ 1980, S. 46).
Die Beginenbewegung ist ein

> "... erfolgreiche(r) Versuch der Frauen im 13. Jh., gesellschaftliche Bedingungen und Zwänge zu sprengen und eine Form der Selbstbestimmung, im Rahmen gesellschaftlicher Möglichkeiten, zu verwirklichen. Gerade die relativ starke gesellschaftliche Position der Frauen in der Zeit des städtischen Aufschwungs ermöglicht diesen kollektiven Ausbruch aus den vorgeschriebenen Funktionen und der überlieferten Rolle. Dennoch sind die Unterdrückungsmechanismen von seiten der Männer drückend genug, um einen Widerspruch zu konstituieren, dem die Frauen nur durch die Religion und den Schutz der Kirche zu entfliehen vermögen.
> Gerade das Zusammenleben mit Gleichgesinnten in Beginengemeinschaften, das gemeinsame Streben nach einem Leben in Armut und Keuschheit, aber außerhalb der gesellschaftlichen Konventionen und Traditionen ist der Ausdruck eines starken Veränderungswillens - die Verweigerung der bis dahin geltenden Funktionalisierung der Frauen als Vermittlerinnen von Erbe und als diejenigen, die die Kinder gebären und aufziehen, also die menschliche Reproduktion zu besorgen haben, ist davon die Konsequenz - beabsichtigt oder unbewußt." (ebenda, S. 61)

> "Zu einer 'Emanzipation' im heutigen Sinne wollte und konnte die Beginenbewegung allerdings wenig beitragen, - zu sehr war sie trotz aller Radikalität den Denkmustern, Ideen und Verhältnissen ihrer Zeit verhaftet." (ebenda, S. 62)

Claudia OPITZ sieht in der "religiösen Frauenbewegung" einen "Mosaikstein" zur Gleichwertigkeit der Frau mit dem Mann.

KRÄUTER-CLODECK bezeichnet die Beginenbewegung als gelungenen Versuch,

"... eine eigenständige religiöse Lebensform zu entwickeln, der durch die Ideale der allgemeinen religiösen Armutsbewegung initiiert wurde. Unter geschickter Berücksichtigung der Nischen, die Kirche und Gesellschaft für Frauen im Mittelalter boten, schufen sie einen Freiraum, in dem es ihnen möglich war, ein Leben nach eigenen Vorstellungen zu verwirklichen und die Einschränkungen von außen auf ein Minimum zu halten. Sie waren nicht revolutionär, sie stellten die bestehenden Verhältnisse in Kirche und Staat nicht radikal in Frage, aber sie forderten auf eine praktische Art und Weise ihr Recht auf ganzheitliches Menschsein ein. In diesem Sinn ist es meiner Ansicht nach auch berechtigt, von den Beginen als einer Emanzipationsbewegung zu sprechen."
(KRÄUTER-CLODECK o.J., S. 81)

Rebecca HABERMAS begreift die Beginen als Alternative zu den mittelalterlichen Weiblichkeitskonzeptionen.

"Dadurch, daß sie die Weiblichkeitskonzeptionen nicht akzeptieren, stellen sie eine Bedrohung für die mittelalterliche Ordnung dar, da sie außerhalb der Ordnung leben, außerhalb einer für den mittelalterlichen Menschen denkbaren Ordnung. Das Ordo-Prinzip der Kirche versuchte nämlich gerade der Vielfalt der mittelalterlichen Seinsformen gerecht zu werden und war trotzdem ein universales ... Diese Ordnung war statisch und von Gott vorgegeben. Sie sah eine klare Trennung der Geschlechter, wie auch der religiösen und weltlichen Stände vor. Die Beginen hingegen verweigerten die Trennung nach Geschlechtern, durch die Nicht-Akzeptanz der mittelalterlichen Weiblichkeitsdefinition und die klare Trennung nach religiösem und weltlichem Stand, da sie immer zwischen diesen beiden Ständen umherirrten. Möglich wurde die beginische Durchbrechung beider Prinzipien in einer Zeit des Um/Aufbruchs des Hochmittelalters in einer Zeit, in der alles aus der Ordnung geriet und ein Vakuum an Ordnungsprinzipien entstand. So verschwinden die 'un-geordneten' Beginen auch zum selben Zeitpunkt, wie der Aufbruch zu Ende geht. Aus den 'Ungeordneten Beginen' werden nun religiöse Frauen oder Ketzer/innen; klare Ortsbestimmungen und Trennungslinien werden vorgenommen. 'Nur als Bild, das auf Nimmerwiedersehen im Augenblick seiner Erkennbarkeit eben aufblitzt ...' sind die Beginen festzuhalten. In ihnen symbolisiert sich ein kurzer, folgenloser Bruch, ein Einbruch in die starre Ordnung des mittelalterlichen Lebensmodells, eine Durchbrechung des Ortes der Weiblichkeit."
(HABERMAS 1984, S. 179 ff.)

Eva SCHIRMER sieht in der Beginenbewegung eine oppositionelle, religiöse und soziale Bewegung, der es um Freiheit von Herrschaft ging. Sie unterscheidet zwischen der orthodoxen und der fluktuierenden, häretischen Beginenbewegung. Zu der letzten rechnet sie im besonderen die "Schwestern und Brüder des freien Geistes".

"... die frühere orthodoxe Beginenbewegung ist eine Antwort auf den Sexismus (= Unterdrückung aufgrund der Geschlechtszugehörigkeit) der mittelalterlichen Gesellschaft und Kirche, wie sie besonders im geschriebenen Recht und in der Lehrmeinung der Kirchenväter zum Ausdruck kam. Sie ist eine ökonomische und eine theologische Antwort. Die fluktuierende Beginenbewegung ist stärker vom Klassengegensatz bestimmt. Die Angehörigen dieser Bewegung gehören von vornherein zu den Besitzlosen - vermutlich meist verarmten Bauernfamilien -, während die orthodoxen aus den besitzenden Klassen stammten: Adel, Kaufleute, Handwerker." (SCHIRMER 1985, S. 99)

Eva SCHIRMER kommt zu dem Schluß, daß die Beginenbewegung gescheitert ist.

"Sie versuchten zwar ein Gegenmodell, sozusagen ein alternatives Leben in ihren Kooperativen oder als bettelnde und fahrende Gruppen. Dabei blieben sie jedoch individualistisch, bzw. nur auf ihre jeweilige Gruppe bezogen. Die verschiedenen Gemeinschaften hatten außer dem gegenseitigen Austausch über die schweifenden Gruppen keinerlei organisatorischen Zusammenhang.
Dies läßt sich auch aus ihrer Theologie ablesen:

- Die Minnemystik stellte zwar einen feministischen theologischen Beitrag dar. Sie strebte jedoch die Erlösung einzelner an durch Versenkung und Vereinigung mit Gott oder Jesus Christus. Die Vertreterinnen dieser Theologie entschieden sich für Askese und persönliche Armut, um diese Vollkommenheit, das Einssein mit Gott und die Sündlosigkeit zu erreichen. Ihre Theologie war eine feministische Antwort auf die sexualfeindlichen Vorstellungen der mittelalterlichen Theologen, aber sie suchte die Lösung in einer Flucht aus der Welt, hinein in eine Alternative der ärmlichen Idylle.
- Die Theologie der "Brüder und Schwestern vom Freien Geiste" war eine Antwort auf ihre soziale Lage, die damit gerechtfertigt und idealisiert wurde. Diese Menschen fanden kaum Arbeit. Aber sie wollten auch nicht arbeiten. Betteln und Stehlen war ihnen aufgrund ihrer Lehre erlaubt und gemäß: denn das Eigentum war allen gemeinsam. Sie konsumierten jedoch nur aus dem allgemeinen Eigentum, ohne selbst etwas dafür zu tun. Ihre Theologie war Protest und Re-aktion auf den inneren Verfall der herrschenden Kirche und auf die Asozialität der weltlichen Macht ...

Beiden Beginen-Bewegungen fehlte der Wille - sicher auch die Möglichkeit! -, diese Welt zu verändern, Reich Gottes zu bauen. Sie beschränkten sich darauf, 'irgendwie' zu überleben. Es fehlte ihnen eine umfassende Organisation über die einzelnen Gruppen hinaus." (ebenda, S. 115 ff.)

Ich stimme mit HABERMAS, OPITZ und KRÄUTER-CLODECK darin überein, daß die wirtschaftlichen und sozialen Veränderungen des 12. Jhs. Frauen Freiräume eröffnet haben, die sie zu nutzen wußten. Im Gegensatz zu den religiösen Frauen, die sich den neuen, von Männern gegründeten Reformorden[1] anschließen wollten und jahrzehntelang um die Inkorporation in die jeweiligen Orden gekämpft haben, entwickelten die Beginen eine eigenständige religiöse Lebensform, die durch Selbstbestimmung und Autonomie bestimmt war.

Als sich die gesellschaftlichen Veränderungen in neuen Formen sozialen, wirtschaftlichen und religiösen Lebens umgesetzt hatten, wurden den Frauen die neuen Entfaltungsmöglichkeiten im religiösen wie wirtschaftlichen Bereich wieder genommen, ein Phänomen, das sich in Zeiten von Erstarrung und Stabilität in der Geschichte immer wiederholt hat. Die Beginen haben diese Ausgrenzung und Einschränkung nicht ohnmächtig über sich ergehen lassen. Sie haben hartnäckig dagegen Widerstand geleistet.

Ich denke dabei z.B. an den 100jährigen Kampf der Beginen des Schelenkonventes um ihre wirtschaftliche Unabhängigkeit, bzw. gegen die Einschränkung ihrer Erwerbstätigkeit oder den Widerstand der Beginen gegen die neuen Regelungen und Verordnungen, die von Provinzialsynoden, Zünften und Stadtverwaltungen erlassen wurden. Auch in den Anfängen der Beginenbewegung sind ihnen die neuen Möglichkeiten nicht in den Schoß gefallen, sondern sie haben sich selbst bei der Kurie oder durch Fürsprecher/innen um die Anerkennung ihrer Lebensformen bemüht. Gegen den Widerstand des Stadtklerus haben sie sich ihre Beichtväter bei den Dominikanern und Franziskanern selbst ausgewählt und sich durch Verleumdungen und Verdächtigungen, später auch durch Verfolgungen und Scheiterhaufen, nicht von ihrem Beginenleben abbringen lassen. (Dies gilt zumindest für einen Teil der Bewegung.)

---

[1] Eine Ausnahme bildet der Clarissenorden, der von Clara Sciffi gegründet wurde.

Anders als Rebecca HABERMAS sehe ich die geistlichen Lebensformen der Beginen nicht als Deckmantel für eine neue Praxis des weiblichen Lebens, sondern als Ausdruck ihres neuen religiösen Bewußtseins. Rebecca HABERMAS kommt zu dieser These, weil die Beginen ihrer Meinung nach weder das Postulat der Armut, der Keuschheit, noch der Klausur im Sinn des damaligen christlichen Verständnisses und der christlichen Praktiken befolgt haben. Statt dessen gaben sie ihnen entweder eine neue inhaltiche Ausgestaltung (Armut, Keuschheit) oder lehnten sie ganz ab (Klausur).

Es ist sicher richtig, daß die seßhaften Beginen die franziskanischen Armutsregeln nicht befolgten, da sie zwar in individueller, aber nicht in kollektiver Armut lebten. Dies gilt besonders für die Beginen der Anfangszeit. Obwohl sie als adelige Frauen ein sehr einfaches und bescheidenes Leben führten, blieb ihnen ihr Eigentum erhalten, das sie bei Eintritt in den Konvent miteingebracht hatten, ausgenommen des Beitrages, den sie bei Aufnahme für die Subsistenz des Konvents leisten mußten. Die Verwaltung des Besitzes übernahm die Meisterin. Bei Austritt aus dem Konvent konnten sie jedoch wieder frei über ihren Besitz verfügen. Aus den Beginenregeln der späteren Zeit geht hervor, daß dies nur noch im beschränkten Maße möglich war.

Ich sehe die beginische Interpretation des Armutsgedankens wie Rebecca HABERMAS als spezifische Ausformung ihrer weiblichen Erfahrungen. Mir scheint es überzeugend zu sein, daß die Beginen weltliche Güter wie Reichtum, Macht und Einfluß nicht in derselben Weise abgelehnt haben wie diejenigen Männer ihres Standes, die sich der "religiösen und sozialen Aufbruchsbewegung" anschlossen, wenn man bedenkt, daß ihnen weltliche Güter - wenn überhaupt - nur über ihre Ehemänner oder Väter zur Verfügung standen. Außerdem sicherte diese Form der finanziellen Absicherung sowohl dem Konvent als auch der einzelnen Frau beim Austritt ihre ökonomische Unabhängigkeit, ihre Autonomie und Selbständigkeit.

Rebecca HABERMAS ist der Meinung, daß der beginische Keuschheitsbegriff sich aus pragmatischen Gründen stärker auf den juristischen Bereich bezogen habe, ohne jeglichen Bezug auf den religiösen Kontext (keine Partizipation am Göttlichen). Er sei dem weltlichen Bereich zuzuordnen und habe nichts mit der Spiritualisierung des Christlichen zu tun. Nirgends sei von der Hingabe an Gott die Rede. Die Beginen hätten sich nicht als Jungfrauen im Dienste Gottes verstanden, sondern allein den

Umgang mit den Männern gemieden. Sie hätten sich auch nicht in Analogie zu Maria gesehen (nach dem christlichen Diskurs haben Frauen keine direkte Beziehung zu Gott, da sie aus der Rippe Adams geschaffen sind). Durch das Befolgen des Keuschheitsideals seien sie jedoch in die besondere Nähe zu Gott gerückt. Die Beginen hätten weder in bezug auf Jesus noch auf einen Ehemann eine besondere Position eingenommen (HABERMAS 1984, S. 148).

Rebecca HABERMAS kommt zu dem Schluß: sie ignorierten das männliche Prinzip und fielen somit aus der mittelalterlichen Ordnung des theologischen Diskurses hinaus.

Ich begreife - anders als Rebecca HABERMAS - die Befolgung des Keuschheitsideals als ein spezifisches Kennzeichen des religiösen Lebens der Beginen. Doch stimme ich ihr zu, daß die Beginen Keuschheit nicht als Befreiung von Weiblichkeit verstanden, die Frauen allein die Partizipation am Sakralen ermöglichte. Sie wählten diese religiöse Lebensform vielleicht auch nicht, um sich als Braut Christi ganz Gott zu weihen. Es scheint mir eher so zu sein, daß sie erst durch ihr Theologietreiben und ihre mystischen Erfahrungen und Visionen zu einem solchen Verständnis gelangt sind. Ihre neue Definition der religiösen Ideale sind für mich dagegen ein Beweis der Eigenständigkeit der Beginen und nicht ein Beleg dafür, daß die Religiosität der Beginen lediglich als Deckmantel dient für eine neue Weiblichkeitskonzeption.

Für die Beantwortung der Frage, ob es sich bei der Beginenbewegung um eine Emanzipationsbewegung gehandelt hat, ist das Weltbild des mittelalterlichen Menschen von ausschlaggebender Bedeutung.

Für die mittelalterlichen Menschen war die Welt noch nicht geschieden in eine diesseitige und jenseitige Welt.

> "Beide Welten waren durchwoben und getragen von der 'göttlichen' Ordnungsidee (ordo). 'Rechte' Ordnung im Diesseits konnte nur eine Spiegelung der Verhältnisse im 'Himmel' sein." (THUM 1980, S. 188)

So war jede

> "'religiöse' Entscheidung ... im Wesen eine politisch-gesellschaftliche. Sie zielte letztlich auf die Ordnung der 'Welt', ihre Einrichtung, ihre Lebensformen." (ebenda, S. 189)

Deshalb bedeutete ihre religiöse Entscheidung zugleich eine konkrete Absage an die traditionellen Lebensmuster, für die Macht, gesellschaftlicher Status und Reichtum Leitwerte waren.

Weil jede religiöse Entscheidung zugleich eine politisch-gesellschaftliche war, ist die Frage, ob es sich bei der Beginenbewegung um eine emanzipative, vielleicht sogar feministische Bewegung gehandelt hat, allein schon aus diesem Grund positiv zu beantworten. Den Beginen ging es aber nicht nur um ihre gesellschaftliche, sondern im besonderen um ihre religiöse Befreiung. Sie lehnten das indirekte, durch einen Priester vermittelte Verhältnis zu Gott ab und versuchten auf eigene Weise, durch Übersetzen der Bibel, durch eigenes Theologietreiben, durch ihre mystischen Erfahrungen, eine direkte Beziehung zu Gott aufzubauen, und das gerade zu einer Zeit, in der die Untertänigkeit der Frau gegenüber dem Mann in der Theologie neu festgeschrieben wurde.

So erklärte Thomas von Aquin 1255 den Ausschluß der Frauen vom Priesteramt mit dem Zustand der Inferiorität des weiblichen Geschlechtes gegenüber dem männlichen, der es unmöglich mache, daß Frauen das unsichtbare Wesen des Heiligen zum Ausdruck bringen könnten.

In einer Zeit, in der gesellschaftliche Probleme sich religiös ausdrücken, konnte die Zurückweisung der Inferiorität der Frau nur im religiösen Bereich stattfinden. Ihr religiöses Suchen hat sie eine eigene Sprache finden lassen, die in ihrer Ausdruckskraft kaum ein Beispiel hat. Luce IRIGARAY sieht in der Mystik der Beginen und Nonnen die einzig weibliche Rede des Abendlandes, in der die Frau selbst zur "Sprache" komme (IRAGARAY 1980, S. 239).

Im folgenden Kapitel will ich an der Mystik der Mechthild von Magdeburg deutlich machen, wie diese Erfahrungen mit Gott im Körper und Geist der Beginen ausgesehen haben und welche Vorstellungen von Gott ihre Befreiung bedingt haben könnten.

Vielleicht hat Eva SCHIRMER recht mit ihrer Einschätzung, daß gerade das individuelle Streben der Beginen nach Vervollkommnung ohne kollektive Ziele für die Umsetzung ihrer theologischen Vorstellungen in Kirche und Gesellschaft ein Grund ihres Scheiterns war; doch sehe ich darin auch einen ersten Schritt der Frauen, aus den kollektiven Denk- und Sprachmustern herauszukommen, zur Bewußtwerdung als weibliche Individuen.

Diese Prozesse wurden möglich innerhalb eines neu geschaffenen Kollektivs, dem Beginenkonvent.

Heute ist die Situation in der feministisch-theologischen Bewegung genau umgekehrt. Unsere individuelle religiöse Bewußtwerdung hat bereits in Kontakt mit dieser Bewegung stattgefunden. An uns wäre es jetzt, neue kollektive und geistliche Lebensformen zu schaffen, die uns in unserem Sein bestätigen. Darüber hinaus wäre es wichtig, unseren weiblichen religiösen Vorstellungen und Erfahrungen mit Gott, unseren Vorstellungen von Kirche, zum Durchbruch zu verhelfen.

Das Scheitern der Beginenbewegung sehe ich zwar wie Eva SCHIRMER verursacht durch die sich für Frauen verschlechternde gesellschaftliche und religiöse Situation und die sich wieder verfestigenden Gewaltverhältnissen in Gesellschaft und Kirche, aber ebenso darin, daß die Beginen im Kampf ums Überleben ihr Zentrum und ihre Kraftquelle im geistlichen Leben (aus extrinsischen und intrinsischen Motiven) verloren haben. Es läßt sich an vielen Beispielen nachweisen, daß Frauen in Krisen und Umbruchzeiten (Kriegszeiten, Zeiten der wirtschaftlichen Veränderung) erstaunliche Energien entwickelt haben, um das Überleben ihrer Familie, aber auch des Staates zu sichern. Dies war ihnen nur möglich, solange diese Herausforderungen von ihnen für andere verlangt wurden (vgl. GILLIGAN 1984).

Auch in sozialen wie religiösen Befreiungsbewegungen haben Frauen so lange eine relativ starke Rolle gespielt, wie die Bewegungen noch lebendig und noch nicht in institutionellen Formen erstarrt waren. Sobald die Rollen und Inhalte festgeschrieben waren, der Geist der Bewegung erlahmte, der Kampf um die Ämter begann, fehlte den Frauen die Durchsetzungskraft, vielleicht auch der Wille, den Kampf mit den Männern innerhalb der eigenen Bewegung aufzunehmen, um ihre eigenen Vorstellungen durchzusetzen.

Die Beginen haben die für Frauen vorgeschriebenen Orte der Weiblichkeit verlassen. Sie waren weder Ehe- noch Ordensfrau und lassen sich weder eindeutig der orthodoxen noch der häretischen Richtung der "religiösen und sozialen Aufbruchsbewegung" zuordnen. Der größere Teil der Bewegung konnte schließlich durch die Gewalt der Inquisition in die Gesellschaft integriert werden. So ist es zu erklären, daß die autonome beginische Lebensform der geistlichen und materiellen Armut in ein Versorgungsinstitut für Frauen umgewandelt werden konnte.

Die Beginen, die sich aber der kirchlichen wie gesellschaftlichen Integration widersetzten, wurden als "Ketzerinnen" verfolgt und auf dem Scheiterhaufen verbrannt.

4 Die Mystik der Mechthild von Magdeburg als Ausdruck eines neuen Selbst- und Gottesbildes

Am Beispiel des Gottes- und Selbstbildes der Mystikerin Mechthild von Magdeburg, die eine Begine war, will ich erstens aufzeigen, wie abhängig Gottes- und Selbstbild voneinander sind und zweitens, daß eigene, neue Erfahrungen mit Gott ein Gottesbild zur Folge haben können, das trotz der patriarchalischen Verhältnisse in Kirche und Gesellschaft Befreiung und Bevollmächtigung bringen kann.

Gleichzeitig will ich den Blick darauf lenken, welche Gratwanderung es für Mechthild von Magdeburg bedeutete, nicht der "Ketzerei" verdächtigt zu werden.

Warum bereits jede Ausformung der Mystik den Kern der Häresie in sich trägt, soll anhand einiger Charakteristika der Mystik deutlich werden.

4.1 Die Mystik als religiöses Phänomen

> "Mystik ist ein religiöses Urphänomen, bei dem in unmittelbarer Intuition das Erleben Gottes stattfindet ... Das Paradox der mystischen Erfahrung ist die Inadäquatheit irdischer Ausdrucksformen für ein gänzlich außerirdisches transzendentales Urerlebnis. Das Irdische kann nur zur unzureichenden Chiffre des Überirdischen werden ... Der Akt der unio mystica kann mit irdischen Termini immer nur ungenügend umschrieben werden ... Gemessen am Rationalen ist das mystische Urerlebnis absurd, sein Ausdruck ist nicht zufällig das Paradox. Sehr oft stößt man auf den Ausdruck des mystischen Nichts ... Der paradoxale Charakter der mystischen Urerfahrung bringt es mit sich, daß alles, was von ihr ausgesagt wird, durch eine Gegenaussage aufgehoben werden muß ... Erst wenn die unmittelbare Subjekt-Objekt-Einheit des mystischen Stadiums der Religion verloren wurde und nach der klassischen Zeit der ersten religiösen Offenbarung, die den Menschen im Kosmos isoliert und den Abgrund zwischen Gott und Mensch aufreißt, tritt die Mystik auf und sucht auf einer neuen Ebene des Bewußtseins diesen Abgrund zu überwinden und die Ureinheit von Subjekt und Objekt im Zentrum der Seele ('Seelenfünklein') wiederherzustellen. Der Weg der Seele aus dem Abgrund der Dinge zur unmittelbaren Erfahrung der göttlichen Realität als der ursprünglichen Einheit aller Dinge, ist die Wesensaufgabe des Mystikers." (RICHTER 1986, S. 1237 ff.)

"Mystik entsteht in einer vorhandenen Religion zu einem bestimmten Zeitpunkt ihrer Entwicklung, wenn deren priesterliche und prophetische Offenbarungsform zu erstarren beginnt und damit das religiöse Leben in diesen sich sinnentleerenden Formeln keinen Ansatzpunkt mehr findet." (ebenda, S. 1259 ff.)

"Zugleich treten die Spannungen zwischen prophetischem und mystischem Frömmigkeitstypus hervor. Schöpfung, Offenbarung und Erlösung werden in der Mystik von der historischen Einmaligkeit der prophetischen Offenbarungsreligion gelöst und zum immerwährenden Besitz individueller religiöser Selbsterziehung und Höhersteigerung. Ohne die Offenbarung zu leugnen, tritt der direkte Kontakt des Mystikers mit der Gottheit ihr gleichberechtigt zur Seite. Alles in den heiligen Offenbarungsschriften exoterisch Gemeinte bekommt einen geheimen esoterischen Sinn für die eingeweihten mystischen Seelen. So ist der Mystiker niemals losgelöst von einer historischen Religion, er überhöht nur ihren Sinn individuell, ohne äußerlich einen Buchstaben zu ändern. Darum bewegt sich der Mystiker gerade in der verinnerlichten Aneignung der kanonischen Schriften immer hart am Rande der Häresie ... Alle Mystik hat immer ein ganz bestimmtes Ziel vor Augen: Die Einswerdung mit der oder die unmittelbare Relation zur Gottheit oder Transzendenz, und einen ganz bestimmten Weg, der dahin führt. Alle religiösen Formen werden in diesen Dienst gezogen (Fasten, Askese, ekstatische Tänze usw.). Immer aber muß dabei das Wesentliche an der Mystik sichtbar bleiben, ohne daß wir nicht von Mystik sprechen können: Ihr Ziel, wie verschieden der Weg auch sein mag (Meditation, Yoga, Liebe), ist die Befreiung des Menschen, seines innersten Seelenkernes aus der Unheilssituation der Erdgebundenheit und die Hinüberrettung seines ganzen Wesens mit Denken, Fühlen, Wollen in das absolute, reine Ursein." (ebenda, S. 1238)

Mir erscheinen besonders sechs Charakteristika der Mystik dafür verantwortlich zu sein, daß Mystiker/innen so oft der Häresie verdächtigt wurden.

1. Die Mystik tritt zu einem Zeitpunkt auf, wenn die vorhandene Religion zu erstarren beginnt.
2. Die Mystiker/innen streben nach einer persönlichen Beziehung zu Gott ohne Vermittlung durch einen Priester.
3. Der/die Mystiker/in erfaßt und erfährt die religiösen Lehren und Schriften auf eine neue, individuelle Art.

4. Der paradoxale Charakter der mystischen Erfahrung verleitet zum Mißverstehen.
5. Das Streben nach der unio mystica kann als Selbstvergottung gedeutet werden.
6. Der Mystik geht es um die Befreiung des Menschen.

Alle sechs Charakteristika lassen sich auch für die Mystik der Mechthild von Magdeburg nachweisen.

4.2 Die Biografie der Mechthild von Magdeburg

Die wenigen historischen Daten über das Leben der Mechthild von Magdeburg beruhen zum einen auf den biografischen Angaben aus ihrem Buch "Das fließende Licht der Gottheit" und zum anderen auf den Mitteilungen ihrer späteren Mitschwestern (Mechthild von Hackeborn und Gertrud der Großen) im Kloster Helfta.

Mechthild von Magdeburg wurde von wohlhabenden und wahrscheinlich adeligen Eltern um 1210 im Erzbistum Magdeburg geboren.

> "Ihre Sprache, die den Wort- und Bilderschatz der höfisch-ritterlichen Welt kennt, bezeugt eine gute weltliche Bildung." (SCHMIDT, 1955, S. 12)

Sie selbst bezeichnete sich als ungebildet und unwissend, was sich auf

> "... ihre ursprüngliche Unerfahrenheit in geistlichen Dingen und auf den Mangel an schulmäßigem theologischem Wissen" (ebenda, S. 12)

bezog.

Dennoch erwarb sie sich als Begine eine bemerkenswerte Kenntnis geistiger Überlieferung. Weil sie keine klösterliche Ausbildung erhielt wie ihre jüngeren Mitschwestern im Kloster Helfta, beherrschte sie auch nicht die lateinische Sprache, weshalb sie ihr Buch "Das fließende Licht der Gottheit" in der niederdeutschen Sprache schrieb.
Mit 12 Jahren wurde sie zum ersten Male vom Heiligen Geist "gegrüßt".

"Der vielliebe Gruß kam alle Tage
Und machte mir herzlich leid
Aller Welt Süßigkeit,
Und er vermehrt sich noch alle Tage.
Dies geschah während 31 Jahren." (ebenda, S. 170 - IV 2)[1]

Mit etwa 20 Jahren verließ sie ihre Familie und Freunde und verzichtete auf alles

"... was menschlich sicher, nahe, geborgen und lieb ist. Reichtum, Ehre, Familie und Freunde verlassend und dem Ruf der Minne Gottes folgend, zieht sie in die fremde Stadt Magdeburg, wo sie über 30 Jahre als Begine in einer Gemeinschaft, arm und unbekannt, lebt." (ebenda 1955, S. 12)

Da die Beginengemeinschaft, in der Mechthild von Magdeburg lebte, in engem Kontakt zu den Dominikanern stand, war es ihr Beichtvater, der Dominikaner Heinrich von Halle, der sie veranlaßte, ihre mystischen Erfahrungen aufzuschreiben (ab 1250). Er sammelte ihre Aufzeichnungen und faßte sie zu sechs Büchern zusammen. Das siebte Buch entstand erst nach 1260 im Zisterzienserkloster Helfta bei Eisleben, wo Mechthild von Magdeburg im vorgerückten Alter, verdächtigt und verfolgt, vermutlich auch gesundheitlich geschwächt, Aufnahme fand. Von allen im Kloster verehrt, starb sie hochbetagt und erblindet, wahrscheinlich um 1294.

4.3 Irritationen - Widersprüche

Mechthild von Magdeburgs Aufforderung im Prolog, ihr Buch neunmal zu lesen, wenn man es verstehen will, ist nur zu sehr berechtigt. Immer wieder stößt man auf Ungereimtheiten, Widersprüchlichkeiten, Indifferenzen und unterschiedliche Bewertungen von Eigenschaften (z.B. der Tor-

---

[1] Um das Auffinden der Zitate auch in anderen Übersetzungen möglich zu machen, damit auch die inhaltlichen Wiedergaben der Textstellen überprüft werden können, scheint es mir sinnvoll zu sein, nicht nur die Seitenzahl aus der Übersetzung von Margot Schmidt anzugeben, sondern auch die Kapitel der jeweiligen Bücher aus Mechthild von Magdeburgs Werk "Das fließende Licht der Gottheit".

heit), die es erschweren, ein klares Bild über ihre theologischen Aussagen oder ihre Selbstdefinition zu bekommen.

Den intimen erotischen Zwiegesprächen zwischen einem nach der Seele verlangenden Gott und der minnenden Seele stehen Höllenvisionen wie apokalyptische Bilder gegenüber. Unverständlich erscheint zunächst, wie ein Mensch, der/die Gott in so überwältigender Weise in seinen geistlichen Sinnen, in der unio-mystica, erfahren hat und über alle Welt hinaus erhoben wurde, der/die sich ganz in Gott versetzt fühlte, sich auf der anderen Seite so klein und niedrig, als die "Unwürdigste des ganzen Menschengeschlechts" (Seele), fühlen kann, wenn er/sie von Gott getrennt ist.

Schwierig erschien mir auch zu begreifen, warum Buße, Leiden, Reue, Demut und Gehorsam eine so positive Rolle für sie spielen, während Hochmut, Eigenwille, Sünde und Macht so negativ bewertet werden. Wieso steht einem von Liebe überfließenden Gott eine sich so niedrig fühlende und sich so gering einschätzende Seele gegenüber? Ist das Gottes- und Selbstbild der Mechthild von Magdeburg nicht ein Beweis für die Unhaltbarkeit meiner These, daß ein befreiendes Gottesbild ein positives Selbstbild zur Folge hat?

4.4 Das Gottesbild der Mechthild von Magdeburg

Obwohl Mechthild von Magdeburg Gott auch in seinen herrschaftlichen Funktionen beschrieb, als Hausherr, edler Fürst, König, Kaiser und Richter, sprach sie viel häufiger von Gott als Geliebtem, Bräutigam und Gatten.

Die Seele ist Gottes Braut, aber auch Maria, die Mechthild von Magdeburg in ihren Visionen manchmal als Kaiserin, aber auch als schönes junges Mädchen sieht. Maria ist als Braut Christi sowohl Symbol für die Seele als auch Mutter und Vermittlerin der Menschen bei Gott.

Schwierig erschien ihr aber, den liebenden Gott mit dem gerechten Gott in Einklang zu bringen. Wie kann ein liebender Gott zulassen, daß einige Seelen für ewig verdammt sind? An verschiedenen Stellen ihres Buches finden sich Lösungsmöglichkeiten für dieses Problem.

Im 62. Kapitel des 7. Buches gibt sie folgende Erklärung: Als sich zu Gottes Gerechtigkeit die Barmherzigkeit gesellte, nahm diese der Gerechtigkeit ihr Recht. Derjenige, der dies ermöglichte, war der Gottessohn.

Obwohl er der Gerechtigkeit große Macht genommen hat, bleiben Gerechtigkeit und Barmherzigkeit bis zum Jüngsten Gericht immer beisammen, und zwar deshalb, weil sie sich lieben (ebenda, S. 395 ff. -VII 62).

An anderer Stelle versuchte sie, das Problem folgendermaßen zu lösen: Das Amt der Seele von Jesus Christus ist es, die grundlose Gottheit ohne Unterlaß zu berühren, um den Vater an die endlose Liebe, die er für die Menschenseele empfindet, zu erinnern. So ermahnt sie Gott zur besonderen Barmherzigkeit, weil er nicht vergessen dürfe, wie schwach der Mensch sei (ebenda, S. 294 ff. - VI 16).

Im 3. Kapitel des 2. Buches hebt sie die Widersprüchlichkeit dieses Gottes durch folgende theologische Konstruktion auf:

Jesus ist als unser Erlöser gewillt, mit seinen offenen Wunden Gottes Gerechtigkeit zu überwinden (ebenda, S. 86 ff. - II 3).

Auch die folgende Frage und ihre Beantwortung machen deutlich, wie sehr Mechthild von Magdeburg darum rang, den liebenden Gott mit dem gerechten Gott in Einklang zu bringen.

Sie stellt an Gott die Frage, wie seine unermeßliche Barmherzigkeit, von der sie gehört und die sie gesehen hat, mit seiner Gerechtigkeit zu vereinbaren ist, da die Gerechtigkeit noch immer seiner Barmherzigkeit "Genoß" sei.

Gott versichert ihr, daß mehr Christen in den Himmel kommen werden als in die ewige Hölle. Dies soll aber nicht bedeuten, daß der Gerechtigkeit damit die ganze Macht genommen sei, sondern Gott nähert sich als Vater bereits den Seelen, wenn er vernommen hat, daß diese etwas unzweifelhaft Gutes getan haben.

Der Grund dafür ist, daß seine Verschwendung und Gütigkeit, seine Treue und Barmherzigkeit ihn so bedrängen, daß er sie fließen lassen muß über die Berge des Hochmuts, die Täler der Demut, über die Büsche der Uneinigkeit und über die ebenen Wege der Reinheit. Die Güte Gottes ist stärker als der Sinn der schlechten Menschen. Seine Gerechtigkeit ist größer als aller Teufel Bosheit (ebenda, S. 163 ff. - III 22).

Als Beweis für Gottes große Barmherzigkeit führt Mechthild von Magdeburg zahlreiche Beispiele an.

So berichtet sie von einer Begine, die für sich in Anspruch nahm, über den Rat der Menschen hinausgekommen zu sein und nur noch nach Gottes Rat leben wollte. Nach ihrem Tod sollte sie für ihren Hochmut nach der Gerechtigkeit Gottes 17 Jahre im Fegefeuer verbleiben. Gottes Barmherzigkeit hat ihr Leiden aber auf 17 Monate beschränkt. Erst dann kann sie zu Gott gelangen (ebenda, S. 233 ff. - V 16).

Dieser Vorstellung von einem mehr liebenden als richtenden Gott entspricht auch ihre Bemühung, die theologischen Vorstellungen von Sünde und Hölle neu zu fassen.

Sünde

Die Tatsache, daß Christus ganz Mensch war, garantiert, daß die Sünde der menschlichen Natur nicht immanent sein kann. Trotz ihres tiefen Einfühlens in Christi Leiden und ihres Verständnisses von Christi Kreuzigung als Sühne scheint sie den Beweis erbringen zu müssen, daß die Menschheit in gewissem Sinne niemals sündigte (vgl. BYNUM 1982, S. 233). Es ist fast so, als ob sie sagen wollte, daß wir Menschen auf gewisse Weise Gottes göttliche Natur teilen (vgl. SCHMIDT 1955, S. 310 ff., 76 ff. - V 31, I 44) - obwohl sie sich vehement gegen eine solche These verteidigt -, um Sünde und Strafe nicht mit einem liebenden Gott in Verbindung bringen zu müssen.

Sünde ist etwas außerhalb des menschlichen Seins, das dem Menschen auferlegt ist durch den Teufel. Manchmal spricht sie von der Sünde als einer Form der Mühsal, die die Seele als Opfer für Gott zu erleiden habe. Sogar nach dem Sündenfall ist die Sünde kein intrinsischer Makel für die Menschheit.

Sünde ist nicht menschlich, sondern entsteht, wenn der Mensch seinen freien Eigenwillen mißbraucht.

> "Einige Menschen, die gelehrt sind, sagen, es sei menschlich, daß man sündigt. Bei aller Versuchung meines sündhaften Leibes und bei aller Empfindung meines Herzens und bei aller Erkenntnis meiner Sinne und bei allem Adel meiner Seele, konnte ich es nie anders finden, als daß es teuflisch (und nicht menschlich) sei, daß man Sünde tut. Die Sünde sei klein oder groß, der Teufel ist immer ihr Genoß. Unsere durch unseren freien Eigenwillen angenommene Teufelei, die allein ist uns verderblicher als unser ganzes Menschsein. Dies ist menschlich: Hunger, Durst, Hitze, Angst, Sorge, Frost, Leid, Jammer, Versuchung, Schlaf, Müdigkeit. Das sind Dinge, die Christus, der ein wahrer Mensch war, an sich selber ertrug um unsertwillen und mit uns."
> (ebenda, S. 233 -V 16)

Warum Sünde nicht menschlich sein kann, erklärt Mechthild von Magdeburg mit dem menschlichen Sein von Jesus.

> "Wäre aber die Sünde nur menschlich, dann hätte auch er gesündigt, da er ein wahrer Mensch dem Fleische nach war ..." (ebenda, S. 233 - V 16).

Die Menschen sind gerettet, weil sich ihre sündenvolle Menschlichkeit in der Inkarnation mit der sündenlosen Menschlichkeit von Christus und somit mit Göttlichkeit verbunden hat. Und doch muß es eine Zeit der sündenlosen Menschlichkeit gegeben haben (ebenda, S. 65 ff. - I 22). Dies kann auch aus dem folgenden Zitat geschlossen werden:

> "Hätte uns die Dreifaltigkeit so häßlich erschaffen, brauchten wir uns wegen des Ursprungs der edlen Schöpfung nicht zu schämen." (ebenda, S. 142 - III 9)

Obwohl Christus der Sohn Gottes von Beginn an war, wurde er erst Mensch durch Gabriels Mission. Er war von derselben Natur wie Adam (Seele), bevor dieser sündigte. Gott ließ die Menschen wegen Adams Fall nicht fallen, sondern zog die Seele wieder zu sich zurück. Dort sitzt sie jetzt mit Christus im Himmel (ebenda, S. 65 ff., S. 191 ff. - I 22, IV 14).

Gott schuf die Seele (Adam), weil er nicht allein sein wollte. Die Seele vermischte sich mit der Trinität, schwebte über alle Kreaturen hinaus und blieb jedoch bei sich selbst. Gott war ärgerlich über den Fall Adams (der Seele). Als seine Braut, die Seele (Adam), starb, wählte Gott die Jungfrau Maria zu seiner Braut, denn er wollte seine Liebe nicht aufgeben.

Dies bedeutete aber nicht, daß Maria infolge ihrer Natur nicht sündigen konnte. Der Heilige Geist ließ Mechthild von Magdeburg erkennen, daß Maria geschaffen wurde als vollständiges menschliches Sein in weiblicher Natur. Aber weil Maria von der Trinität in Banden gehalten wurde, verspürte sie niemals den Wunsch, sich von ihr zu trennen. Sie war deshalb allem menschlichen Sein überlegen, weil sie nicht sündigen konnte (ebenda, S. 135 ff. - III 4).

Mechthild von Magdeburg suggeriert hier, daß die Menschen zwei Naturen haben, eine sündenvolle und eine sündenlose. Die sündenlose Menschlichkeit befindet sich in Maria vor Adams Fall und der Inkarnation. Es scheint fast so, als wäre Maria die neue präexistente Menschlichkeit von Christus, so wie der Logos die Präexistenz der Göttlichkeit (BYNUM 1982, S. 233).

Hölle

Den Zustand der Seele in der Hölle beschrieb Mechthild von Magdeburg als Leiden, das durch den Verlust des Geliebten bedingt ist. Diese Meinung impliziert, daß die Hölle kein wirklicher Ausschluß von Gott bedeutet, eher die weiteste Distanz von Gott. Eine Form von Verlust - die Hölle auf Erden - erleidet der Mensch nach ihrer Vorstellung jeden Moment, wenn sie/er nicht mit Gott vereinigt ist. Die Entfremdung kann aber wie andere Leiden reinigend sein.

Weil sie an der Vorstellung der ewigen Verdammnis zweifelte, stellte sie sich Gott freiwillig zur Verfügung, in die Hölle zu gehen, wenn das Gottes Lob dienen würde (SCHMIDT 1955, S. 157 ff., S. 59 ff. - III 21, I 5).

Leiden und Buße

Erstaunlich ist, wie positiv Mechthild von Magdeburg Leiden und Buße beurteilte. So ist auch Christus für sie vor allem ein Symbol des Leidens und der Buße. In Christus sind zur Rettung der Menschen Menschlichkeit und Göttlichkeit eine Verbindung eingegangen. Für die Menschen ist aber nicht so sehr Christus Menschlichkeit, sondern Christus Leiden entscheidend. Deshalb sollen sich die Menschen mit Christus verbinden als eine Möglichkeit der Begegnung mit Göttlichkeit, aber auch als Buße.

Auch Maria ist für sie nicht nur Beschützerin und Ernährerin, sondern ebenfalls Symbol für Leiden und Selbstsuche. Die Menschen leiden und sollen leiden, wie Maria am Fuß des Kreuzes gelitten hat.

Selbst mit der Verehrung des heiligen Herzens von Christus ist nicht so sehr die Inkorporation in Gott gemeint, sondern die Identifikation mit Christi Leiden. Jede Seele auf der Welt muß leiden, um sich zu reinigen und um zu büßen.

Leiden verstand sie aber weniger als Züchtigung des Fleisches, sondern als Allein-, Verfolgt- und Falschangeklagtsein, als Isoliertsein vom geistlichen Trost und den Sakramenten. Mechthild von Magdeburg fühlte sich nur sicher und "zu Hause" in der unio mystica oder in einem akuten Leiden, das in ihrem Körper oder in ihrer Psyche das Getrenntsein von Gott spiegelte, ihr aber die Möglichkeit der Vereinigung mit dem liebenden Gott wieder eröffnete; denn wie könnte ein liebender Gott sie ungetröstet lassen? In der Vereinigung fühlte sie sich dagegen in höchstes Entzücken gerissen.

Für Mechthild von Magdeburg war die unio mystica im Gegensatz zu Marguerite Porète (vgl. Kapitel 8) nur von kurzer Dauer, was bedeutete, daß auf die Vereinigung der Abstieg, die Entfremdung folgen mußte. Caroline BYNUM sieht in Mechthild von Magdeburgs mystischen Erfahrungen von Ekstase und Entfremdung eine Entsprechung zu dem liebenden und gerechten Gott (BYNUM 1982, S. 247).

Weil Mechthild von Magdeburg mehr Gewicht legte auf Leiden und Entfremdung, was eine große Bewußtheit für die Sündenproblematik zur Folge hatte, erstaunt es nicht, daß es ihr mehr um Buße als um Lob oder Glorifizierung Gottes ging.

Ihre Angst vor der Sünde war mit einem hohen Verantwortungsgefühl für die Sünder/innen verbunden.

So litt sie z.B. sehr unter der Korruption der Kirche und der Verworfenheit der geistlichen Leute. Sie klagte deshalb Kleriker und Mönche öffentlich an und hielt auch dann nicht mit ihrer schonungslosen Kritik zurück, als sie dafür bedroht, verfolgt und der Verbreitung häretischen Gedankenguts angeklagt wurde.

Sie glaubte mit großer Kraft an die Effektivität der Gebete religiöser Menschen für ihre Mitmenschen. In ihrem Buch finden sich viele Beispiele, wie durch ihre Fürbitte eine genau spezifizierte Zahl von Seelen aus dem Fegefeuer befreit wurde. Auf der anderen Seite litt sie sehr unter der Last der Verantwortung für die Sünder und Sünderinnen.

4.5 Mechthild von Magdeburgs Selbstverständnis

Auffällig ist, daß Mechthild von Magdeburg sich Zeit ihres Lebens allein und verfolgt fühlte, was aus ihrem ungeschützten Leben als Begine und aus den Verleumdungen und Anklagen aber verständlich ist.

Sie nahm regen Anteil an den Problemen der Welt: So berichtete sie z.B. über die religiösen Praktiken der Laien/Laiinnen, die Korruption der Kleriker und die "ketzerischen" Vorstellungen der Häretiker/innen.

Obwohl sie sich als Sprachrohr Christi verstand, bedeutete dies aber nicht, daß sie ihre Autorität als priesterliche Funktion begriff. Vielleicht erklärt sich das daraus, daß sie sich der möglichen gefährlichen Implikationen der direkten Kommunikation mit Gott sehr bewußt war.

Sie sah ihre Aufgabe im Lehren, Beraten und Vermitteln und betonte ihre Verantwortlichkeit für die ganze Kirche bis zu ihrem letzten Glied.

In einer Vision stirbt sie mit Christus am Kreuz (SCHMIDT 1955, S. 144 ff. - III 10) und besucht die Hölle, um die leidenden Seelen zu trösten. So wie Christi Seite durchbohrt wurde, ist auch ihre Seite durchbohrt, nur mit dem Unterschied, daß aus ihrem Herzen "heiliges Lehren" quillt.

In mehreren Visionen rettet sie Seelen aus dem Fegefeuer, in einem Fall sogar 70.000. Als ihre Kinder bezeichnet sie Seelen, die sich im ewig dauernden Tod im Fegefeuer befinden oder Geistliche und Mönche, die die Vollendung noch nicht erreicht haben (BYNUM 1982, S. 235 ff.).

Selbstbild - Frauenbild

Um aufzuzeigen, wie problematisch es wegen der paradoxen Aussagen ist, von Mechthild von Magdeburgs Selbstbeschreibungen auf ihre Bewertung von Weiblichkeit oder ihr Selbstbild zu schließen, will ich Caroline BYNUM's Einschätzungen zu diesem Sachverhalt darstellen und kritisch hinterfragen, ohne diese ganz auszuschließen. Einschätzungen Caroline BYNUM's, die ich für fragwürdig halte, will ich durch eigene Interpretationen klarer herausarbeiten.

Aus Mechthild von Magdeburgs Visionen geht nach Caroline BYNUM hervor, daß sie sich ihrer Weiblichkeit und den damit verbundenen Rollenstereotypen sehr bewußt war. So bezeichnete sie sich als "arme Maid", als "ungelernte und schwache Frau". Wie sehr sie sich die geschlechtsspezifischen Bewertungen zu eigen gemacht hatte, beweist für Caroline BYNUM Mechthild von Magdeburgs Aussage, daß Schreiben für Frauen unpassend sei. Frauen sind ihrer Meinung nach unterwürfig, demütig, niedrig, ohne Macht und Bildung (BYNUM 1982, S. 241).

Wie wenig sich Mechthild von Magdeburg in bezug auf ihr Schreiben geschlechtsspezifischen Normen unterordnete, wird m. E. deutlich durch die

Antwort, die sie ihrem geistlichen Vater, Bruder Heinrich, gab, als dieser sein Erstaunen über ihr mutiges Reden und Schreiben zum Ausdruck brachte. "Mich wundert, wie euch das verwundern kann." (SCHMIDT 1955, S. 231 - V 12)

Ihre Unsicherheit in bezug auf ihr Schreiben resultierte nicht aus ihrem Frausein, sondern beruhte auf der Schwierigkeit, wie sie als "sündige Frau" (Mensch) die "wahre Erkenntnis und die erhabene Anschauung" mit ihren "armseligen Worten" (das was sie erfahren hat ist mit Worten nicht zu erfassen) angemessen beschreiben konnte. Als sie Gott danach fragte, gab Gott ihr die Bestätigung für ihre Befähigung, indem er sie darauf verwies, den Bruder Heinrich daran zu erinnern, wie große Dinge die Apostel, Moses oder auch Daniel vollbrachten trotz ihrer Schwachheit.

Weiblichkeit war für Mechthild von Magdeburg ein Zeichen von Niedrigkeit. So benutzte sie umgekehrte Metaphern wie Tor oder Bettlerin nicht nur, um die Ablehnung der Werte der Welt auszudrücken, sondern auch, um ihrer totalen Niedrigkeit Ausdruck zu verleihen (BYNUM 1982, S. 241).

Diese Metaphern verstehe ich weniger als Akzeptanz ihrer Inferiorität als Frau, sondern mehr als Beschreibungen ihres Seelenzustandes in der Entfremdung von Gott; denn Getrenntsein von Gott bedeutete für sie Sünde und Unzulänglichkeit.

Außerdem ist im Hinblick auf ihre Selbstbeschreibung zu berücksichtigen, daß sie sich nicht nur als bettelnde Seele, sondern auch als Braut und Geliebte verstand.

Als Mutter für die notleidenden Seelen, die sie zum Himmel trägt, nimmt sie als Vermittlerin bei Gott eine ähnliche Position wie Maria ein.

Eine Vision macht deutlich, wie hoch sie die Vermittlerrolle der religiösen Frauen einschätzte. Ein Bettelmönch, der seinem Prälaten den Gehorsam verweigert hatte und Mechthild von Magdeburg um Hilfe bat, flehte sie an:

> "Eia, sage Jungfrauen und Priestern, daß sie für mich beten sollen."
> (SCHMIDT 1955, S. 154 - III 17)

Weiblichkeit war aber für Mechthild von Magdeburg nicht nur ein Zeichen von Niedrigkeit, sondern beinhaltete für sie auch eine positive Möglichkeit. Da sie Macht als gefährlich, Arroganz und Ungehorsam als verdammenswert einschätzte, ermöglichte ihr diese Vorstellung, Weiblichkeit als Zeichen für ein Freisein von Macht zu begreifen. Gerade dieses Freisein von Macht befähigte sie und andere heilige Frauen dazu, Sprachrohr Christi zu sein (BYNUM 1982, S. 241). So wie Gott sie ausgewählt hatte, um sich ihr in ihren Visionen zu offenbaren, und sie beauftragte, diese niederzuschreiben, sandte er weibliche Heilige zu den Frauen, um sie zu lehren und Botschaften zu überbringen (SCHMIDT 1955, S. 263 ff. - V 34).

Wie negativ sie Macht beurteilte, wird auch an ihrer Vorstellung deutlich, daß keine Frauen in der Hölle zu finden seien außer Prinzessinnen. Der fürstliche Status ist nach ihrer Meinung die einzige Versuchung, die Frauen in bezug auf die Macht in die Hölle bringen kann (ebenda, S. 157 ff. - III 21).

Es scheint fast so, als ob sie die klerikale Autorität der Priester wie das Freisein der religiösen Frauen von Macht im Hinblick auf die Vermittlung von Vergebung als gleichwertig ansah. So wurde die Disqualifikation des Geschlechts zu einer Qualifikation (BYNUM 1982, S. 242).

Gerade weil es ihr an männlicher und klerikaler Autorität mangelte, erfuhr sie sich zwar als entblößt, niedrig und leidend, in der Vereinigung mit dem leidenden Christus, aber auch als

> "urged channel by which God may speaks to others." (ebenda, S. 242) [von Gott benötigter Kanal, durch den Gott zu anderen spricht] (Übers. d. Verf.)

Ihre Selbstbewußtheit als Frau war mit einem eindeutigen geschlechtsspezifischen Gebrauch von weiblichen und männlichen Vorstellungen verbunden[1] (ebenda 1982, S. 242).

---

[1] Im Vergleich dazu werden in den mystischen Texten von Gertrud der Großen und Mechthild von Hackeborn Männer wie Frauen in weiblichen und männlichen Metaphern beschrieben. Beiden Geschlechtern werden Tätigkeiten wie Richten, Lehren, Disziplinieren, Trösten, Füttern und Vermitteln zugeschrieben. Außerdem gebrauchen sie bräutliche Vorstellungen nicht so häufig wie Mechthild von (Fortsetzung...)

Als Beweis führt Caroline BYNUM an, daß Mechthild von Magdeburg bis auf zwei Ausnahmen (SCHMIDT 1955, S. 202 ff., S. 281 - IV 22, VI 7) nur männliche Vorstellungen für Gott und Jesus gebrauchte und weibliche für sich selbst benutzte. Obwohl sie Gott und Jesus als tröstend und nährend erfuhr, begriff sie diese weiblichen Tätigkeiten als Handlungen eines männlichen Gottes.

"Ich muß von allen Dingen weg zu Gott hingehn,
Der mein Vater ist von Natur,
Mein Bruder nach seiner Menschheit,
Mein Bräutigam von Minnen." (ebenda, S. 80 - I 44)

Es ist zwar richtig, daß Mechthild von Magdeburg Gott hauptsächlich als Vater und Herrn anredete und Jesus Christus als Bräutigam, Geliebten oder Ehemann. Doch scheinen diese Begriffe allein nur ein unvollständiges Bild wiederzugeben von dem, wie sie Gott erlebt und erfahren hat. So versuchte sie Gott immer wieder in seinen drei Aspekten zu beschreiben, um die innere Verbundenheit und Durchdringung, Ergänzung und Wechselseitigkeit von Gott-Vater, Gott-Sohn und Gott-Heiligen Geist deutlich zu machen (ebenda, S. 140 - III 9).

Obwohl alle drei Aspekte Gottes in ihrer Trinitätsvorstellung männlich sind, scheint es mir fast so, als ob die geschlechtsspezifischen Zuordnungen überstiegen werden durch die Funktionen, die Gott für die Menschen in diesen Aspekten ausübt.

Gott-Vater ist der Allmächtige und der Gerechte, der Ungeschaffene und Ewige, aber auch die vollendete Güte.

Jesus Christus ist der Leidende, Gehorchende, Liebende, Barmherzige, Errettende, aber auch die ewige Weisheit.

Der Heilige Geist ist der Freigiebige, Verschwenderische, Erleuchtende, Beglückende, aber auch die Süßigkeit und die rechte Erkenntnis der Wahrheit.

---

[1](...Fortsetzung)

Magdeburg. In ihren Schriften finden sich keine klaren Stereotypen oder Rollen, die nur dem einen oder anderen Geschlecht zugeordnet werden. Söhne wie Töchter sind unterwürfig. Väter wie Mütter umsorgen ihre Kinder und erteilen Tadel (vgl. Kapitel 5.3).

Auch ihre immer wieder neuen Bilder und Metaphern aus der belebten und unbelebten Natur, die ihre umfassenden Erfahrungen mit Gott spiegeln, sind Beispiel dafür, daß sich für sie Gott nicht nur in männlichen Metaphern erfassen läßt. So vergleicht sie Gott mit der Sonne, dem Mond, einer Kugel, einem fließenden Brunnen, einer Quelle, einem Felsen, dem fließenden Licht und einem Gefäß, das nie leer wird.

Ihr vielgestaltiges, ganzheitliches Gottesbild entspricht der Vorstellung, so wie aus Gott alles hervorgegangen ist, so ist die ganze Schöpfung Spiegelbild Gottes.

Genauso eindeutig wie Gott für Mechthild von Magdeburg männlich ist, ist die Seele, die Kirche und die Christenheit weiblich. So beschreibt sie die Seele als junges Mädchen, das um den Bräutigam wirbt, es aber schwierig findet, sich zu behaupten. Sie benutzte spezifisch weibliche Vorstellungen, um Niedrigkeit, Unterwürfigkeit und Unfähigkeit zu betonen, die ergänzt werden müssen durch männliche Vorstellungen wie Bräutigam, Geliebter oder Ehemann (BYNUM 1982, S. 243).

Diese Niedrigkeit der Seele ist m.E. nicht mit der den Frauen zugeschriebenen Minderwertigkeit gleichzusetzen, sondern ein Ausdruck von Demut, ein Ergebnis ihres Gottes- und Selbsterkenntnisprozesses. Gerade diese Niedrigkeit ermöglichte die unio mystica. Zwar spricht Mechthild von Magdeburg bis auf eine Ausnahme von der Seele in weiblichen Metaphern, aber gerade diese eine Ausnahme macht deutlich, wie fließend die geschlechtsspezifischen Grenzen sind.

An dieser Stelle führt die Erkenntnis die Ebenbildlichkeit der Seele mit Gott auf ihre Dreifaltigkeit zurück. Sie vergleicht die Seele mit einem starken Mann im Streit, mit einer geschmückten Braut im Palast ihres Herrn und mit einer süßen Braut auf dem Minnelager (SCHMIDT 1955, S. 100 - II 19). Weil die Seele Ebenbild Gottes ist, kann sie auch männlich sein, so wie Gott auch weiblich sein muß; denn wie kann die Seele sonst weiblich sein.

Darüber hinaus lassen sich auch Beispiele in Mechthild von Magdeburgs Buch finden, in denen die Seele nicht nur mit weiblichen Eigenschaften charakterisiert wird, die ihre Niedrigkeit und Unterwürfigkeit betonen, sondern die ihre Hoheit ausdrücken. Die Seele wird z.B. von der Minne als Königin angesprochen (ebenda, S. 53 ff. - I 1), als Hausherrin des Himmels bezeichnet (ebenda, S. 191 ff. - IV 4) und von Gott als Göttin der Geschöpfe angeredet (ebenda, S. 193 ff. - III 9).

Auffällig ist bei Mechthild von Magdeburg zwar die Bedeutung von Weiblichkeit als Symbol für Niedrigkeit und Anderssein von Gott, das die Vervollständigung durch einen Bräutigam (Gott) erfordert, aber auf der anderen Seite ermöglicht gerade die Niedrigkeit der Seele die intime Vereinigung zwischen Mensch und Gott, ihr "Gott-werden".

Selbst Maria war nach Caroline BYNUM trotz aller Bedeutung für Mechthild von Magdeburg keine weibliche Vorstellung von Gottes Tätigkeiten, obwohl sie beide in parallelen Tätigkeiten beschrieb: Beide ernähren die Seele: Maria mit Milch, Christus mit Blut. In ihrer Theologie über Maria als präexistente Menschlichkeit von Christus übernimmt Maria zwar eine fast gleichbedeutende Vermittlerrolle wie Christus. An einer Stelle beschrieb sie sie sogar als göttlich und gewährendes Entgegenkommen. Und doch stufte sie Marias Funktion niedriger ein, niedriger im Vergleich zu der erotischen Verbindung, die Jesus anbietet, weil Marias Menschlichkeit nicht der Natur nach sündlos ist wie die von Christus (ebenda, S. 135 ff. - I 41).

Doch lassen sich auch Beispiele finden, die die geschlechtsspezifischen Zuordnungen und Bewertungen wieder in Frage stellen. Mechthild von Magdeburg vergleicht die Tugenden einer in Gott gegründeten Seele mit den Funktionen und Aufgaben der Schwestern in einem Kloster (ebenda, S. 365 ff. - VII 36). Erstaunlich ist, daß für sie alle Tugenden - unabhängig davon, ob sie in ihrer personifizierten Gestalt leitende oder dienende Funktionen ausüben - weiblich sind.

Dies ist an sich nichts Neues, denn schon bei den Römern wurden auch männliche Tugenden durch weibliche Symbolgestalten dargestellt (Justitia). Außerdem stimmen die meisten christlichen Tugenden mit den Eigenschaften überein, die Frauen infolge ihrer Weiblichkeit zugeschrieben werden.

Nur der göttliche Gehorsam, dem alle weiblichen Tugenden unterstehen, wird bei Mechthild von Magdeburg als männlich begriffen (Propst). Es scheint fast so, als ob die männliche Hierarchie über die Frauen symbolisch wiederhergestellt werden sollte. Auch die den Frauen zugeschriebenen Eigenschaften (christliche Werte) werden im Hinblick auf die männlichen Geschlechtsstereotypen als Ausdruck ihrer Inferiorität interpretiert.

Ein umgekehrtes Beispiel findet sich in Kapitel 62 des 7. Buches. Obwohl es nicht gesagt wird, scheint es mir, als ob die Gerechtigkeit in männlicher Gestalt erscheint.

"Ich bin Gottes Gerechtigkeit.
Gottes Gericht ward mir gegeben und ist mein.
Seit Adam im Paradies die Sünde beging.
Mein Gericht ward schrecklich auf lange Frist."
(ebenda, S. 395 - VII 62)

Dagegen ist es keine Frage, daß die Barmherzigkeit Gottes in weiblicher Gestalt erscheint.

"Dann kam die Jungfrau, die bei mir ist.
Und die Gefährtin mir wurde.
Ihr Name ist Barmherzigkeit." (ebenda, S. 395 - VII 62)

So ist es auch nicht verwunderlich, daß der Glaube, dem alle Tugenden dienen, in männlicher Gestalt vorgestellt wird (als großer Herr, als heiligster und allergewaltigster Bischof). Umso überraschender ist es dann, daß mit seiner Gestalt die Hierarchie von männlich über weiblich wieder aufgehoben wird.

"Mit allen diesen Tugenden diente er der Königin (der Seele)."
(ebenda, S. 398 -VII 62)

Besonders das letzte Beispiel macht deutlich, daß Mechthild von Magdeburg die weiblichen und männlichen Geschlechtsstereotype aufnimmt, sie aber auf der anderen Seite überschreitet, indem sie das fixierte Hierarchieverhältnis, männlich über weiblich, wieder aufhebt. Dies gelingt ihr, indem sie den führenden männlichen und den dienenden und leitenden weiblichen Kräften die Aufgabe erteilt, der höheren Macht (der mit Gott geeinten Seele, die vorrangig als weiblich begriffen wird) zu dienen.

Es ist nicht überraschend, daß Mechthild von Magdeburg die Vorstellungen von der Inferiorität der Frau ihrer Zeit teilte und deshalb auch das Bedürfnis nach Vervollständigung durch den Bräutigam Christus verspürte. Den Grund dafür sieht Caroline Bynum darin, daß sie "in der Welt aufwuchs", was bedeutete mit den geschlechtsspezifischen Normen der Gesellschaft konfrontiert worden zu sein. Außerdem gab ihr ihre semireligiöse Rolle, die nach mittelalterlichem theologischem Verständnis geradezu Mißverständnisse produzieren mußte, nicht gerade ein Gefühl der Selbstbestätigung (BYNUM 1982, S. 246). Durch Christus, der die Närrischen weise macht und die Kraftlosen kraftvoll, erhielt sie aber die Bevollmächtigung, "Sprachrohr Christi" zu sein. Christus ermöglichte ihr, die Vorstellungen der Welt wie der Theologie über die Frau zu transzendieren und gab ihr den Auftrag, den Menschen das zu vermitteln, was er ihnen durch sie sagen wollte.

Mir erscheint es infolge der paradoxen Aussagen zu linear gedacht, wenn Caroline Bynum von den von Mechthild gebrauchten weiblichen Geschlechtsstereotypen auf die von ihr akzeptierte Inferiorität der Frau schließt; denn daß sie diese gebrauchte, um die Niedrigkeit der Seele auszudrücken, ist kein Beweis, daß sie die Inferiorität der Frauen akzeptierte. Dieses Gefühl der Inferiorität entsprang nicht ihrem Bewußtsein, als Frau minderwertig zu sein, sondern drückt den Zustand der Seele aus, wenn sie von Gott getrennt ist und sich nach ihm sehnt.

Diese Niedrigkeit ist ohne die Unermeßlichkeit und Unfaßbarkeit Gottes, ohne seine nie aufhörende Liebe nicht zu verstehen. So steht der tiefsten Demut "Gottes Himmel" gegenüber. Deshalb finden wir in ihrem Buch sowohl Beschreibungen der tiefsten Demut und Ohnmacht im Zustand der Entfremdung von Gott wie der höchsten Ehre und Macht in der unio mystica.

<u>Demut - Ohnmacht</u>	<u>Ehre - Macht</u>
Einfältigster Mensch	Königin
Sündiger Mensch	Spiegel Gottes
Arme, dürre Seele	Göttin der Geschöpfe
Schnöder Wurm	Hausherrin
Unseliger Pfuhl	Gottgleich, ähnlich,
Allergeringste, Allerarmseligste	Ebenbild Gottes
Allerunwürdigste des ganzen Menschengeschlechts	Geliebte, Braut
Niedrigste Stätte	Gott hat sich ihr mit allen Kreaturen ganz gegeben
Tiefste Stelle unter Luzifers Schwanz	

Weil die "erniedrigenden" Zuschreibungen nicht ohne die Macht und Ehre zusprechenden Zuschreibungen verstanden werden können, dürfen sie nicht als Ausdruck ihres geringen Selbstwertgefühls interpretiert werden.

Es gibt aber auch zwei Stellen in ihrem Buch, die das Gegenteil nahelegen und die deutlich machen, wann sie sich als minderwertig bezeichnete.

Als sie wieder einmal den minnenden Gott in allen Sinnen erfahren hat, äußert sie Gott gegenüber ihr Unverständnis, warum er gerade sie so unermeßlich beschenkt hat.

> "Eia, gütiger Gott, was hast Du an mir gesehen? Du weißt doch recht gut, daß ich ein Tor bin, ein sündiger und armer Mensch an Leib und Seele. Diese Dinge solltest du vollkommenen Menschen verleihen, dann würdest du dafür gepriesen werden." (SCHMIDT 1955, S. 174 - IV 2)

Etwas später, im Gespräch mit ihrem Beichtvater, sagt sie:

> "... daß er einer schwachen Frau befahl, aus Gottes Herzen und Mund dieses Buch zu schreiben." (ebenda, S. 175 - IV 2) [Diesen Ausdruck benutzt sie nur das eine Mal.]

Als sie beunruhigt darüber ist, daß ihr Buch als "ketzerisch" eingestuft und deshalb verbrannt werden könnte, betet sie zu Gott und sagt u.a.:

> "Eia, Herr, wäre ich ein gelehrter geistlicher Mann
> Und hättest du dieses selbst große Wunder an ihm getan,
> Du würdest ewige Verherrlichung dafür empfangen."
> (ebenda, S. 121 -II 26)

Gott antwortet darauf:

> "Tochter, es verliert manch weiser Mann sein kostbares Gold ...
> Von Natur aus hielt Ich es so manchen Tag:
> Wenn Ich je außerordentliche Gnaden gab,
> Suchte Ich immer den niedrigsten Ort,
> Die geringste, verborgenste Stätte.
> Die höchsten Berge können sich nicht beladen
> Mit der Offenbarung Meiner Gnaden
> Denn die Flut Meines Heiligen Geistes

Fließet von Natur aus zu Tal.
Man findet manchen weisen Meister der Schrift,
Der vor Meinen Augen dennoch ein Tor ist.
Und Ich sage dir noch mehr:
Es ist mir vor ihnen eine große Ehr
Und stärkt die heilige Christenheit gar sehr,
Daß der ungelehrte Mund
Die gelehrte Zunge aus Meinem Heiligen Geist belehrt."
(ebenda, S. 121 - II 26)

Auffällig ist, daß Mechthild von Magdeburg von ihrer Minderwertigkeit sprach, wenn sie sich mit den geistlichen Männern verglich. Das hinderte sie nicht daran, Kleriker und Mönche als die eigentlichen Toren zu bezeichnen, die nur zu oft auf die Erkenntnis setzen und nicht nach der Minne verlangen. Außerdem kritisierte sie diese wegen ihres Versagens, ihres Hochmuts und ihrer Machtbesessenheit.

Da sie besonders oft den Hochmut und Machtmißbrauch beklagte, kommt Caroline BYNUM zu dem Schluß, daß sie die Beschränkung, die sie durch ihr Frausein erlitt - als Frau war ihr der klerikale Status verwehrt - als positiv bewertete, weil er sie vor Hochmut bewahrte.

Sprachrohr Christi

Auch Mechthild von Magdeburgs Selbstverständnis als Sprachrohr Christi macht ihr positives Selbstbild deutlich. Sie begriff es als ihre spezifische Aufgabe zu beraten, zu vermitteln, zu lehren, zu erziehen und zu prophezeien, obwohl ihr bewußt war, daß diese Aufgaben dem geistlichen Stand vorbehalten waren. Dies war ihr möglich, weil sie sich durch Christus autorisiert fühlte.

In gewissen Sinne ist es sogar berechtigt zu sagen, daß sie mit ihren gelegentlichen politischen und joachitischen Prophezeihungen die Tradition der großen Visionärinnen und Prophetinnen des 12. Jhs. (Hildegard von Bingen und Elisabeth von Schönau) weiterführte.

Mechthild von Magdeburg verspürte keinen Zweifel über ihre Rolle als Sprachrohr Christi. Als sie Christus auf ihren Mangel an Ausbildung und Autorität des Amtes hinwies, gab Christus ihr als Antwort, daß er sie gerade wegen ihrer Machtlosigkeit und Unwissenheit für die Vermittlung und Unterrichtung ausgesucht habe (ebenda, S. 120 ff. - II 26).

Gleichzeitig wird deutlich, daß sie sich des Ausschlusses vom Priesteramt und Studium sehr bewußt war. Doch sah sie auch sehr deutlich die Gefahren der säkularen und klerikalen Macht, was schon in ihrer Kritik an der klerikalen Korruption und in ihrem Verständnis für die Belastung des Amtes zum Ausdruck kam.

Aus ihren Visionen kann man mit einiger Sicherheit schließen, daß die Mönche, die sie beriet, ihr auch zuhörten. Sie gab aber nicht nur Mönchen und Klerikern spirituellen Trost und Motivation zur Besserung ihres Lebens - diese fühlten sich belastet durch die Ausübung der klerikalen Autorität und wegen der unermüdlichen Versuchungen durch Geld und Einfluß -, sondern auch Laien/Laiinnen, die keine Befreiung von der Schuld durch die beratenden lokalen Kleriker und Mönche erfahren hatten.

Ihre Visionen gaben ihr die Macht, geistliche und spirituelle Funktionen auszuüben, die ihr sonst als Frau verwehrt waren.

4.6 Zwischen Orthodoxie und Häresie

Im folgenden will ich der Frage nachgehen, warum Mechthild von Magdeburg der Häresie verdächtigt wurde.

Wenn man sich noch einmal die für sie wichtigen theologischen Vorstellungen vergegenwärtigt, kommt man zu den Schluß: Es gibt sicher nichts "Ketzerisches" in Mechthild von Magdeburgs Vorstellungen.

Hölle begriff sie als ewiges Gehaßtwerden und Getrenntsein und Sünde als Rebellion gegen Gott. Sie betonte, daß die Menschen nicht eins sind mit der Natur Gottes. Ihre Sicht vom Sündenfall erinnert an Thomas von Aquin, während ihre Vorstellungen von der sündlosen Menschlichkeit auf Ideen des 12. Jhs. von der Ähnlichkeit des Menschen mit Gott zurückgehen.

Sicher war Mechthild von Magdeburg mit ihren Vorstellungen von Sünde und Verdammnis unbequem. So beschrieb sie die größtmöglichste Distanz zu Gottes Liebe als Abwesenheit und nicht als Ablehnung von Gott. Es scheint fast so, als ob sie sich nicht vorstellen konnte, daß irgendein Mensch sich nicht in irgendeiner Weise nach Gott sehnt. Weil sie sich über die Sünde ängstigte, entwickelte sie die theologische

Vorstellung, daß es eine fortdauernde, sündlose Menschlichkeit gibt, damit die Menschen wirklich gerettet sind (BYNUM 1982, S. 234).

Es finden sich auch keine Anspielungen auf priesterliche und pastorale Funktionen wie bei den Helfta Nonnen (vgl. Kapitel 5.3), obwohl sie sich als Lehrerin und direkte Vermittlerin der Gnade Christi verstand.

Und doch war sie es, die wegen heterodoxer und antiklerikaler Ideen angeklagt wurde (ebenda, S. 236).

Eine Vision, für die sie sich später verteidigen mußte, macht die Gratwanderung zwischen orthodoxer Lehre und mystischer Erfahrung deutlich.

Als sie nicht in der Lage war, zur Messe zu gehen, betete sie zu Gott:

> "Eia, lieber Herre mein,
> Soll ich heute ohne Messe sein?" (SCHMIDT 1955, S. 90 - II 4)

Als Antwort lieferte Gott ihr, der armen Jungfrau, eine Kirche und eine Messe. Der Evangelist Johannes nahm ihr die Beichte ab, und Johannes der Täufer, den sie als einen geistlichen Lehrer bezeichnete, "der in seiner Mutter Leib mit dem Heiligem Geist geweiht ward" (ebenda, S. 93 - II 4), feierte mit ihr die Eucharistie.

Ihre Kritiker warfen ihr vor, ihre Vision impliziere, daß Laien die Messe halten könnten. In ihrer Entgegnung belehrte sie ihre Ankläger durch ihre auf apostolischer Theologie beruhenden Bewertung der Bevollmächtigung durch Amt oder Charisma. Sie erklärte, daß die Befähigung des Johannes in einem spirituellen Sinne zu verstehen sei. Johannes der Täufer sei deshalb kein Laie gewesen, weil er Gott berührt habe wie die Priester.

> "Mein Pharisäer sagte auf diese Rede: Johannes der Täufer sei ein Laie gewesen (Ich aber sage): Das Allerheiligste in der Heiligen Messe ist Gottes Leib. Den gleichen Sohn Gottes berührte Johannes der Täufer in demütiger, zitternder Furcht in so großer Würde seines heiligen Lebens, daß er die Stimme des himmlischen Vaters hörte und seine Worte vernahm und den Heiligen Geist sah und ihn in beiden erkannte. Johannes der Täufer predigte auch offen allen Menschen den christlichen Glauben und zeigte den Menschen mit seinen Fingern den wahren Gottessohn, der da gegenwärtig war: Ecco Agnus Dei. So wie Johannes der Täufer das Gotteswort verkündigte, so kann es nie ein Papst noch ein Bischof noch ein Priester tun, es sei denn aus unserm unsinnlichen

> Glauben. War dies (nun) ein Laie? Belehrt mich ihr Blinden! Eure Lügen und euer Haß werden euch nie vergeben ohne Strafe." (ebenda, S. 315 ff. - VI 36)

Diese Ausführungen beweisen auch, mit welcher Kraft und Sicherheit sie ihre theologischen Vorstellungen verteidigte.

Weil Mechthild von Magdeburg die Nähe der orthodoxen zur heterodoxen Mystik sehr bewußt war, war sie sehr darauf bedacht, nicht in den Verdacht der Antinomie oder der Rebellion gegen die Vorschriften der Kirche zu geraten.

So hält sie es für sehr verwerflich, daß ein Mensch glauben könne, über jede menschliche Leitung hinausgewachsen und in dem Irrtum gefangen zu sein, nur noch aus der Übereinstimmung mit Gottes Willen leben zu können. Als sie trotzdem für eine Begine betet, die allen geistlichen Rat abgelehnt hat, erhält sie in einer Vision die Antwort, daß der Begine wegen ihres Eigenwillens durch Gebete nicht geholfen werden kann (ebenda, S. 223 - V 5).

Ihre anschließende Frage macht deutlich, wie wenig Mechthild von Magdeburg mit dieser Antwort zufrieden ist.

> "Da wandte ich mich zu unserem lieben Herrn und fragte ihn, was das für ein Jammer sei, daß ein Mensch ins Fegefeuer käme, der um der Liebe willen sich so heiliger Leiden ausgeliefert hätte." (ebenda, S. 224 - V 5)

Ihr Aushalten der Spannung zwischen dem liebenden und gerechten Gott ermöglicht ihr, Gott für einen kurzen Augenblick in Frage zu stellen und gab Gott die Möglichkeit, seine Forderung nach einem christlichen Leben in Absprache mit dem geistlichen Rat der Kirche zu erklären.

Es ist auch nicht verwunderlich, daß sie den Lehren der Kirche entsprechend Ungehorsam als fundamentale Sünde ansah. Gehorsam der klerikalen Hierarchie gegenüber war für sie in ihrer ungeschützten und verfolgten Situation als Begine eine unbedingte Notwendigkeit als Beweis ihrer Orthodoxie.

Mechthild von Magdeburgs Mystik stellt nach Caroline BYNUM eher eine Unterstützung der Priesterschaft und der Sakramente dar als eine Infragestellung der Macht der Kirche. Dies versucht sie mit einer Vision zu belegen, in der Mechthild von Magdeburg die Angst beschreibt, zur Kommunion zu gehen.

Ihr war in erschreckender Weise bewußt geworden, wie groß und mächtig Gott ist im Verhältnis zur Niedrigkeit der Seele. Aber Christus nötigte sie, zur Messe zu gehen und bot ihr in so umfassender Weise seine Liebe an, daß es ihr unmöglich erschien, darüber zu sprechen.[1]

Obwohl es manchmal so aussieht, als ob Mechthild von Magdeburg die mystische Erfahrung höher einschätzte als die Messe (SCHMIDT 1955, S. 123 ff. - III 3), hatte die Eucharistie eine zentrale Bedeutung für sie.

Doch lassen sich auch Aussagen finden, die die Praktiken der Kirche in Frage stellen. So erklärte sie z.B., daß alle Regeln und Praktiken auf dem Weg zu Gott hinderlich sind und daß in der unio mystica alles Bewußtsein von sich selbst, über die Liebe und Sünde überschritten wird. Gott sagt zur minnenden Seele (Mechthild von Magdeburg):

> "Wenn du hinauskommst
> Über den Schmerz der Reue
> Und über die Härte der Beichte
> Und über die Mühe der Buße
> Und über die Liebe der Welt
> Und über die Versuchung des Teufels
> Und über die Verlockungen des Fleisches
> Und über den verwünschten Eigenwillen
> der viele Seelen so sehr zurückzieht, daß sie nie zur wahren Liebe kommen, und wenn du deine meisten Feinde niedergeschlagen hast, dann bist du so müde, daß du sprichst: 'Schöner Jüngling, ich sehne mich nach dir, wo soll ich Dich finden?" (ebenda, S. 76 - I 44)

Ähnlich wie Marguerite Porète (vgl. Kapitel 8) fordert Gott von der Seele:

> "Frau Seele, Ihr seid so sehr in mein Wesen gehoben
> Daß zwischen Euch und mir nichts sein kann.
> Es ward kein Engel je so geehrt,
> Dem das wurde eine Stunde gewährt,
> Was Euch von Ewigkeit ist gegeben.
> Darum sollt Ihr von Euch legen
> Beides, Furcht und Scham

---

[1] Die Vorstellung, daß in der Eucharistie Gott der Seele die Kraft über sich selbst gibt, macht deutlich, warum die Eucharistie im 12. und 14. Jh. eine so bevorzugte Frömmigkeitsform wurde.

Und alle äußeren Tugenden.
Nur die, die von Natur in Euch leben
Sollen Euch ewiglich erregen.
Dies ist Euer edles Verlangen
Und Eure grundlose Begehrung." (ebenda, S. 80 - I 44)

Auch für Mechthild von Magdeburg ist das Hintersichlassen aller Tugenden und Rituale der Kirche Voraussetzung für die unio mystica. Dieses Beispiel macht deutlich, wie leicht auch Mechthild von Magdeburg der Indifferenz und der Selbstvergottung verdächtigt werden konnte[1].

Im Gegensatz zu Marguerite Porète (vgl. Kapitel 8) war Mechthild von Magdeburg bestrebt, den Normen der Kirche zu entsprechen, ähnlich wie sie auch den geschlechtsspezifischen Normen der Gesellschaft verhaftet war. Und doch lassen sich auch für die gegenteiligen Vorstellungen Belege finden. Eine Mystikerin, die eigene theologische Vorstellungen entwickelt, öffentlich die Korruption der Kleriker und Mönche anklagt und als Begine nicht als "religiosus" anerkannt wird, steht in der Gefahr, von der orthodoxen Kirche trotz ihres Bemühens um Orthodoxie wegen ihrer Selbständigkeit und Unabhängigkeit als "ketzerisch" eingestuft zu werden.

---

[1] Auch GRUNDMANN ist der Meinung, daß einige Vorstellungen Mechthilds der Lehre der Häretiker/innen sehr ähnlich waren.

5 Weibliche Gottesvorstellungen im 12.-14. Jh. als Ausdruck eines neuen Selbst- und Gottesverständnisses

Ein typisches Kennzeichen der neuen Gottesvorstellungen des 12.-14. Jh. waren die weiblichen Metaphern für einen liebenden und erreichbaren Gott.

Ich will zunächst darstellen, auf welche neuen theologischen Vorstellungen dieses neue Gottesbild zurückzuführen ist. Danach soll am Beispiel der zisterzienserischen Autoren des 12. Jhs. die Abhängigkeit von sozialer Situation und Selbst- und Gottesbild aufgezeigt werden.

Weiterhin will ich an den Gottesbildern der Zisterzienser überprüfen, ob weibliche Gottesbilder befreiende Wirkung auf Frauen hatten und ob sie Ausdruck ihrer gesellschaftlichen Situation waren.

Als letztes soll durch den Vergleich der Helfta Nonnen (Mechthild von Hackeborn und Gertrud die Große) mit Mechthild von Magdeburg herausgefunden werden, wie ein Gottesbild beschaffen sein muß, das Frauen in ihrem Sein bestätigt.

5.1 Weibliche Gottesvorstellungen im Mittelalter als Ausdruck der affektiven Spiritualität und der Feminisierung der religiösen Sprache

Die Präsenz der mütterlichen Vorstellungen in hochmittelalterlichen religiösen Texten ist sowohl auf die wachsende Bedeutung neuer theologischer Vorstellungen von Gott und Jesus zurückzuführen, wofür die mütterlichen Stereotypen den passenden Ausdruck bildeten, als auch auf eine generelle Feminisierung der religiösen Sprache (BYNUM 1982, S. 139).

Affektive Spiritualität

Die mütterlichen Vorstellungen von Gott und Jesus werden in der religiösen Literatur mittelalterlicher Autoren/Autorinnen von Anselm of Canterbury bis Julian of Norwich auf die emotionale Frömmigkeit zurückgeführt (ebenda, S. 129 ff.). Diese war im wachsenden Maße auf die

Menschlichkeit Christi und die Beschreibungen von Gott und Jesus als Mutter konzentriert. Sie entsprach der Tendenz, über das Göttliche in "heimeligen" Vorstellungen zu sprechen, um Gottes Zugänglichkeit und Liebe zu betonen. Weltliche Metaphern wurden gebraucht, um die Liebe Gottes sowohl mit weiblicher wie männlicher Elternschaft assoziieren zu können. Christus, Gott oder auch den Heiligen Geist als weiblich zu beschreiben, war Ausdruck einer spätmittelalterlichen Frömmigkeitstradition, die durch folgende vier Punkte charakterisiert werden kann:

1. Eine wachsende Vorliebe für Analogien, die die menschlichen Beziehungsverhältnisse spiegeln.
2. Ein wachsender Sinn für Gottes Liebe und Zugänglichkeit.
3. Die Tendenz zu einer überschwenglichen Sprache.
4. Eine neue Akzeptanz für alle natürlichen Dinge, besonders des menschlichen Körpers (ebenda, S. 129 ff.).

Die affektive Frömmigkeit des hohen Mittelalters beruhte sowohl auf der Vorstellung der Erschaffung der Menschheit in Ähnlichkeit zu Gott wie der Menschlichkeit von Christus als Garantie für die unlösbare Verbundenheit des Menschen mit der Gottheit. So ist es zu erklären, daß Schöpfung und Inkarnation mehr betont wurden als Buße und Gericht. Christus wurde als Vermittler angesehen, der das menschliche Sein wieder mit dem Göttlichen verbunden hat. Gott wurde dagegen mehr als Schöpfer vorgestellt.

Die dominierenden Vorstellungen dieser Frömmigkeit strahlten Optimismus aus. So ist die Betonung der Eucharistie und der Leiden Christi in der Frömmigkeit des 13. und 14. Jhs. nicht vorrangig als Opfer zu verstehen, das notwendig war, um den Abgrund zwischen dem sündigen Menschen und der Allmacht Gottes zu überwinden, sondern als Identifikation; denn Christus war das, was wir sind, nämlich Mensch.

Die Vorstellungen von "Jesus als Mutter" waren Kennzeichen einer Frömmigkeit, die besonderen Wert legte auf die mystische Vereinigung und die Eucharistie.

Bei den religiösen Autoren/Autorinnen von Anselm of Canterbury bis Julian of Norwich finden sich für das Mütterliche oder für die Frau drei Basisstereotype.

1. Das Weibliche ist generativ.

2. Das Weibliche liebt und ist zärtlich.

3. Das Weibliche ist nährend.

Dieses dreifache Konzept von weiblicher Elternschaft schien besonders geeignet zu sein, die neuen theologischen Vorstellungen von Gott und Jesus zu vermitteln (ebenda, S. 131). Dies erklärt sich folgendermaßen:

Nach mittelalterlichen Vorstellungen der Physiologie ernährt die liebende Mutter ihre Kinder mit ihrem eigenen Blut. Diese Vorstellung entsprach der medizinischen Theorie des Mittelalters, die Muttermilch als entwickeltes Blut begriff. So ist es leicht verständlich, daß die nährende Mutter, deren Milch ihr Blut ist, das sie ihrem Kind anbietet, zu einer Vorstellung von Christus werden konnte. Christus wurde der Retter, der die individuelle Seele mit seinem eigenen Blut füttert.

Schon Clemens von Alexandrien benutzte im 2. Jh. nach Christi Geburt die Vorstellung von der Verbindung von Muttermilch und Blut, das dem Fötus zur Verfügung gestellt wird, um den nährenden Christus als eine Vorstellung der Eucharistie sinnlich erfahrbar zu machen.

Diese Vorstellungen von Mütterlichkeit (die Mutter ist zärtlich und liebt ihre Kinder - manchmal stirbt sie auch bei der Geburt eines Kindes - aber sie zügelt und diszipliniert es auch zu seinem Wohlergehen) waren besonders geeignet für einen Gott, dessen Zugänglichkeit und Zärtlichkeit betont werden sollte, ein Gott, der sogar aus Liebe zu den Menschen leidet und stirbt.

Für eine Theologie, die die Menschlichkeit Christi wie die Hineinnahme der menschlichen Leiblichkeit in die Göttlichkeit betonen wollte, kann weibliche Gebärfähigkeit ein bedeutendes Symbol sein (ebenda, S. 134).

Ebenso gilt: Für eine Theologie, die das Gute der Schöpfung in all ihrer Physikalität herausstellen will, kann ein Gott, der sowohl Mutter wie Vater ist, die Vorstellung von Schöpfung umfassender und überzeugender darstellen als ein Vater-Gott allein. Das Anwachsen der mütterlichen Beschreibungen für Gott sind dann Ausdruck für die generelle Tendenz, Gott als erreichbar, als menschenähnlich zu begreifen.

Die "heimeligen Metaphern" und weiblichen Analogien für Gott lassen andererseits die Vermutung aufkommen, daß die Vorstellungen über Weiblichkeit und Mütterlichkeit mit dem übereinstimmen mußten, was die mittelalterlichen Autoren/Autorinnen über Gott, den Schöpfer, und die Inkarnation Jesu betonen wollten (ebenda, S. 134).

Man darf aber den affektiven Aspekt der spätmittelalterlichen Frömmigkeit nicht mißverstehen oder überbetonen; denn selbst die intimsten Bilder von Christus als Mutter oder Christus als Bräutigam sind nur allegorisch zu verstehen. Außerdem findet sich die Betonung der Menschlichkeit Christi auch schon vereinzelt bei frühmittelalterlichen Autoren, und nicht immer wurden mütterliche Vorstellungen entwickelt als Antwort auf eine neue Bewußtheit für die Menschlichkeit Christi, auf die Betonung der Schöpfung oder der Inkarnation.

Trotzdem kann man abschließend sagen, daß vom 12.-14. Jh. mittelalterliche Autoren männlichen und weiblichen Geschlechts mütterliche Vorstellungen benutzten, um ein neues Verständnis von Gott auszudrükken, die seine schöpferische Kraft, seine Liebe und seine Anwesenheit im Körper von Christus und im Fleisch und Blut der Eucharistie betonen sollten (ebenda, S. 134 ff.).

Feminisierung der religiösen Vorstellungen und ihr sozialer Kontext

Caroline BYNUM sieht in der Feminisierung der religiösen Sprache einen weiteren Grund, warum die mütterlichen Vorstellungen bei vielen spätmittelalterlichen Autoren männlichen und weiblichen Geschlechts so beliebt waren. Dies war möglich, obwohl Frauen nach der mittelalterlichen theologischen und medizinischen Theorie im Vergleich zu den Männern als minderwertig eingeschätzt wurden. Frauen sind danach physiologisch wie spirituell schwächer. Ihnen mangelt es an physischer wie moralischer Kraft. Im Gegensatz dazu steht aber, daß sie gleich sind in bezug auf die Erlösung durch Christus.

Die für Frauen diskriminierenden Vorstellungen wurden aber nicht nur von männlichen sondern auch von weiblichen Autoren übernommen. Erstaunlich ist, daß sie bedeutende religiöse Frauen gewöhnlich wenig daran hinderten, ihre religiösen Vorstellungen zu entwickeln.

So ist von Julian of Norwich bekannt, daß sie ihre theologische Kreativität entfaltete und auch als solche begriff, trotz ihres Geschlechts, wie sie selbst formulierte (ebenda, S. 135 ff.).

Vielleicht liegt das daran, wie Claudia OPITZ (1986) ausführt, daß "weibliche Theologen" des 13. Jhs. (Mystikerinnen) eine Vorstellung von der menschlichen Natur Christi und deren Nähe zu ihrer eigenen Körperlichkeit entwickelten.

Frauen sind dieser Vorstellung entsprechend nicht trotz ihrer Weiblichkeit errettet worden, sondern wegen ihrer Nähe zur Inkarnation, zur Körperlichkeit Christi. Die menschliche Natur Christi ist danach als weibliche zu verstehen, und die weibliche Existenz ist, zumindest im körperlich materiellen, die eigentlich menschliche. Aus ihrer Körperlichkeit haben die Frauen die intensive Überzeugung abgeleitet, Christus nachfolgen zu können, ohne ihr Geschlecht wechseln zu müssen, wie es früheren theologischen Vorstellungen entsprach. Christus, dem Liebhaber, als Braut zu begegnen, sich in Pein und Leid der Kreuzigung zu versenken und Gott in der Eucharistie zu "essen", bedeutete für die Frauen, dem religiöse Bedeutung zu geben, was schon immer ihr Leben bestimmt hatte (OPITZ 1986, S. 62 ff.).

Trotz der Vorstellungen von der Inferiorität der Frauen finden sich also in der spätmittelalterlichen religiösen Literatur in wachsendem Maße Vorstellungen, die weiblichen Erfahrungen entnommen sind (Geburt eines Kindes, Stillen, weibliche sexuelle Hingabe oder Ekstase). Weibliche Charakterisierungen wurden gebraucht, um Männliches zu beschreiben. Darüber hinaus ist eine wachsende Bedeutung von Maria und anderen heiligen Frauen aus der biblischen und historischen Geschichte festzustellen.

Während Maria im frühen Mittelalter z.B. als majestätische Königin des Himmels vorgestellt wurde, wird sie seit dem 12. Jh. mehr als liebende Mutter begriffen. Trotz der diskriminierenden Vorstellungen über Frauen bekam Maria eine so große Bedeutung in der Volksfrömmigkeit, daß ihr sogar zugetraut wurde, daß sie die sich ihr anvertrauenden Menschen retten kann, selbst wenn sie die Normen der Kirche von Reue und Buße nicht erfüllen.

Auch die zisterzienserischen Autoren des 12. Jhs. brachten Maria eine besondere Verehrung entgegen (trotz der Vorstellungen von "Jesus als

Mutter")[1]. Für sie war Maria das Tor, durch das die Rettung in die Welt kam. Alred von Rievaulx schrieb z.B. über sie:

> "It is she ... who has given us life, who nourishes and raises us ... she is our mother much more than our mother according to the flesh."
> (BYNUM 1982, S. 137)
> [Sie ist es, die uns das Leben gab, die uns nährt und aufzieht ... Sie ist unsere Mutter und mehr als unsere leibliche Mutter, die im Fleisch mit uns übereinstimmt.] (Übers. d. Verf.)

Wie bereits angedeutet, war die Jungfrau Maria nicht die einzige weibliche Gestalt, die an Popularität gewann. Auch Maria Magdalena als Patronin der Eremiten und bußfertigen Sünder bekam eine so große Bedeutung, daß viele Kinder des 12. und 13. Jhs. ihren Namen erhielten, ähnlich wie die Kinder der Vilemiten/Vilemitinnen nach Vilemina benannt wurden (vgl. Kapitel 9). Zu dieser Zeit wurde Maria Magdalena von einigen Autoren sogar der Titel "Apostel der Apostel" zugeschrieben.

Außerdem stieg der Prozentsatz der Heiligen, die Frauen waren, stark an (von 9,8 % in der 2. Hälfte des 11. Jh. auf 14,6 % im 12. Jh., auf 15 % um 1250, auf 24 % um 1300 und auf 29 % in der Zeit von 1400 bis 1449).

Auch die Seele wurde jetzt gewöhnlich von weiblichen und männlichen Autoren als weiblich begriffen. Während in der alten Tradition die Kirche als Braut Christi galt, wurde jetzt die individuelle Seele dazu ernannt (ebenda, S. 137).

Eigentümlich ist auch die Selbstbeschreibung der Mönche, die sich wie die Nonnen als schwache Frauen bezeichneten. Aus dem Kontext wird ersichtlich, daß Schwäche als positive Beschreibung i.S. von Demut zu verstehen war. Obwohl die Assoziierung von Schwäche mit Frauen eine negative weibliche Stereotypisierung bleibt, wird diese Beschreibung jetzt auch für religiöse Männer im 12. und 13. Jh. angewandt.

Eine ähnliche Umkehrung liegt vor, wenn in der spätmittelalterlichen Spiritualität mit den Vorstellungen von "Jesus als Mutter" Gottes und Jesu Zärtlichkeit, Liebe und Trost ausgedrückt werden sollen, also weibliche

---

1 Caroline BYNUM stellt die These auf, daß Vorstellungen von "Jesus als Mutter" und die besondere Verehrung von Maria normalerweise nicht gemeinsam auftraten.

Stereotype genommen werden, um die männlichen Gottesvorstellungen von Gott zu erweitern. Im Gegensatz dazu stehen Vorstellungen des 10. und 11. Jhs., die z.B. von der Kriegführung Gottes sprechen und den Männern zugeordneten Lebensbereichen entnommen sind.

5.2 Weibliche Gottesbilder der Zisterzienser des 12. Jhs.

Die mütterlichen Metaphern für Gott in den Schriften der Zisterzienser des 12. Jhs. gehen - wie bereits ausgeführt - auf zwei Trends in der mittelalterlichen Religiosität zurück:

1. Auf die affektive Spiritualität
2. Auf die Feminisierung der religiösen Vorstellungen.

Die zisterzienserischen Beschreibungen Gottes als Mutter zeichnen sich durch drei Charakteristika aus, durch die sie sich sowohl von den mütterlichen Metaphern bei den griechischen und lateinischen Kirchenvätern wie den scholastischen Autoren des 12. Jhs. und späteren Literaten (Zisterzienser - Nichtzisterzienser - männlich - weiblich) unterscheiden.

Die Charakteristika der zisterzienserischen Gottesbilder des 12. Jhs.

Als erstes Charakteristikum nennt Caroline BYNUM, daß männliche Autoritätspersonen als Mütter bezeichnet oder als Stillende, Schwangere oder Gebärende beschrieben werden. Dies galt nicht nur für Äbte und Bischöfe, sondern auch für männliche Gestalten aus der Bibel, die als Leiter, Lehrer und Apostel in die christliche Tradition eingegangen sind (ebenda, S. 147).

Erstaunlich daran ist: sie projizierten ihre Vorstellung von Gottes Mutterschaft auf Autoritätspersonen, obwohl mütterliche Qualitäten Autoritätspersonen üblicherweise nicht auszeichnen, sogar im Widerspruch dazu stehen.

Bibelstellen wie die Henne, die ihre Küken unter ihren Flügeln versammelt (Matth. 23, Vers 27), oder der Rückgriff auf das Entzücken über die Brüste der Braut im Hohen Lied der Liebe dienten ihnen dazu, die

Mutterschaft Gottes wie die Lasten der pastoralen Verantwortung der Äbte und Bischöfe zu beschreiben. Die mütterlichen Stereotypen für Gott, Personen und Institutionen, die Autorität ausüben, ergänzten somit das meist männlich charakterisierte Gottesbild des Vaters, Richters und Herrn (ebenda, S. 147).

Das zweite Charakteristikum der weiblichen Vorstellungen in den Texten der Zisterzienser des 12. Jhs. sieht Caroline BYNUM in dem Festhalten an den Sexualstereotypen der damaligen Zeit. So werden bestimmte Persönlichkeitsmerkmale als weiblich und andere als männlich angesehen.

> "Throughout contemporary sermons and treatises, gentleness, compassion, tenderness, emotionality and love, nurturing and security are labeled 'female' or 'maternal'; authority, judgment, command, strictness, and discipline are labeled 'male' oder 'paternal'; instructions, fertility, and engendering are associated with both sexes (either as begetting or as conceiving."
> (ebenda, S. 148).
> [In den damaligen Predigten und Abmachungen (Verträgen) werden Sanftmut, Hingabe, Zärtlichkeit, Emotionalität und Liebe, Versorgen und Sicherheit als mütterlich bezeichnet. Autorität, Urteilsvermögen, Verantwortung, Strenge und Disziplin werden als männlich oder väterlich bezeichnet. Anweisung, Fruchtbarkeit und Geschlechtserziehung werden beiden Geschlechtern zugeordnet (entweder erhaltend oder empfangend).] (Übers. d. Verf.)

Ihre Beschreibung Gottes (der Apostel, der Prälaten oder von sich selbst) als Vater, der mütterliche Funktionen ausübt, wie z.B. das Nähren und Stillen, erweiterte ihr männliches Gottesbild (ihre Vorstellungen über die Apostel und über sich selbst) und entsprach damit ihrem neuen Verständnis von Autorität, Führung und pastoraler Verantwortung.

Im Gegensatz dazu sind in der spätmittelalterlich religiösen Literatur von Frauen nur selten die typischen Geschlechtsstereotypen (Nähren mit Weiblichkeit - Disziplin mit Männlichkeit) zu finden (ebenda, S. 149). Gertrud von Helfta beschrieb z.B. Gott nicht nur als liebende, sondern auch als züchtigende Mutter.

Das dritte Charakteristikum betrifft das häufigere Auftreten von Vorstellungen, die durch Stillen und Nähren symbolisiert sind, im Gegensatz zu Vorstellungen von Empfangen und Gebären. Dies ist sicher auf die Sexualfeindlichkeit der theologischen Lehre und Kirche zurückzuführen.

Dort wo aber doch Geburt und Gebärmutter die dominierenden Metaphern darstellen, soll mehr das Empfangen und Austragen der Kinder in der Gebärmutter als Funktion Gottes oder Jesus ausgedrückt werden als die Geburt und die Schmerzen, die die Mutter dabei erleidet oder der Tod, den die Mutter auf sich nimmt, um dem Kind das Leben zu geben. Vorstellungen von Empfangen und Austragen symbolisieren den Wunsch nach Rückkehr, Vereinigung oder auch Abhängigkeit von Gott und weniger Vorstellungen von Opferung und menschlicher Entfremdung.

So ist die Beschreibung "Gottes als Mutter" nicht im Kontext von Züchtigen, Sündigen oder eines Abgrunds zwischen Mensch und Gott zu verstehen wie bei späteren Autoren und Autorinnen, sondern als Ausdruck für die totale Abhängigkeit des Glaubenden (als Kind oder Anfänger) von einem liebenden und zärtlichen Gott.

Auch andere physiologische Vorstellungen - z.B. Guerrics Anspielungen auf die Eingeweide Gottes oder Aelreds Vorstellungen von der Verborgenheit im Innern von Christus - drücken nicht nur das Mitgefühl oder die Liebe aus, die Gott den Menschen entgegenbringt, sondern auch die möglichst enge Bindung des Selbst zu Gott.

Im Gegensatz dazu steht, daß mit den mütterlichen Vorstellungen für die Prälaten mehr die Schmerzen bei der Geburt betont werden sollten. Aber selbst in diesen Fällen sollte damit auf das enge und zärtliche Band zwischen Mutter (Abt) und Kind (Mönch) hingewiesen werden, das auf eine ähnlich emotionale Beziehung zwischen der Seele und Gott vorbereitet (ebenda 1982, S. 151).

All dies macht deutlich, daß die Zisterzienser des 12. Jhs. eine andere Vorstellung von "Gott als Mutter" ausdrücken wollten als andere mittelalterliche Autoren oder Autorinnen, die mehr Betonung legten auf Christi Opfer, z.B. wie Anselm of Canterbury. Auch die scholastischen Autoren wie Peter Lombard, Abaelard, Albert, Thomas und Bonaventura scheinen mit ihren mütterlichen Vorstellungen von Gott eine von den Zisterziensern unterschiedliche Auffassung von Gott ausdrücken zu wollen und Anhänger einer anderen Tradition zu sein, die Jesus oder den Heiligen Geist mit der Weisheit Gottes assoziierte.

Dieser Tradition scheint auch Julian of Norwich verpflichtet gewesen zu sein, wenn man daran denkt, daß sie die Vorstellung von der Mutterschaft Jesu gebrauchte, um über das gemeinsame Wirken der Trinität zu sprechen.

Beim Vergleich der Vorstellungen späterer Autoren/Autorinnen über Gottes Mutterschaft mit denen der Zisterzienser des 12. Jhs. kommt man zu folgendem Ergebnis: In der Literatur des 13. und 14. Jhs. wurde das Stillen mit Milch durch das Stillen mit Blut ersetzt. Gebären wurde mit Erleiden von Todesqualen in Verbindung gebracht. Erörterungen über Qualen, Hölle und Vorherbestimmung waren häufiger als die Möglichkeit der Vereinigung mit der "Mutter Jesus". Außerdem drückten Beschreibungen von "Jesus als Mutter", die ihre Kinder mit Blut stillt, besonders den eucharistischen Zusammenhang aus.

Was aber sagen diese Vorstellungen des 13. u. 14. Jhs. über das Gottesbild aus?

1. Die Autoren/Autorinnen des 14. Jhs. hatten mehr Christi Leiden im Blick.
2. Sie widmeten der Sünde mehr Aufmerksamkeit, die sie als Trennung von Gott und nicht als Rebellion gegen Gott verstanden.
3. Sie begriffen den Trost, den "Mutter Jesus" anbietet, nicht bloß als Liebe, sondern er sicherte ihnen auch einen Platz unter den Ausgewählten (ebenda, S. 153).

Außerdem waren weibliche und männliche Charakteristika weniger eindeutig und auch die mütterlichen und weiblichen Vorstellungen waren weniger geschlechtsspezifisch. Darüber hinaus wurden die Vorstellungen von Gottes oder Jesu Mutterschaft weniger in Zusammenhang gebracht mit der Ambivalenz durch menschliche und göttliche Autorität.

In der Literatur der Zisterzienser des 12. Jhs. wurden dagegen die mütterlichen Vorstellungen gebraucht, um ihrem neuen Verständnis von Autorität (gute und schlechte) und Abhängigkeit (gute und schlechte) Ausdruck zu verleihen. Sie dienten der Stabilisierung der Hierarchieverhältnisse zwischen Abt und Mönch, aber auch zwischen Gott und Abt.

Soziale und kommunitäre Gründe für die spezifische Ausgestaltung der Muttermetaphern bei den Zisterziensern des 12. Jhs.

Die Wurzeln der spezifischen Charakterisierung des Gebrauchs der mütterlichen Metaphern liegen in zwei Aspekten begründet:

1. der Ambivalenz durch die Praxis der pastoralen Verantwortung und der damit verbundenen Autorität,
2. dem Verständnis des Klosters als Ort der Trennung von der Welt [falsche und richtige Abhängigkeit] (ebenda, S. 154 ff.).

Ambivalenz durch pastorale Verantwortung

Caroline BYNUM geht von der These aus, daß die zisterzienserischen Beschreibungen von Gott als Vater und Mutter ihre Wurzeln haben in ihren neuen Vorstellungen von Autorität, die sie entwickelten, als neue Anforderungen an sie gestellt wurden (ebenda, S. 158 ff.). Die Äbte hatten die Aufgabe, die erst als Erwachsene in den Konvent eingetretenen Mönche in das Klosterleben zu integrieren, was bedeutete, die Bindungen an die Welt zu lassen und diese durch die engen Bindungen an die Gemeinschaft zu ersetzen, als Vorbereitung auf die intensive Beziehung zwischen Seele und Gott.

Beim Vergleich des Gebrauchs von "Gott als Mutter" in der zisterzienserischen Literatur des 12. Jhs. und den Schriften der Mystikerinnen des 13. und 14. Jhs. kommt Caroline BYNUM zu der Feststellung, daß letztere die Muttermetaphern nicht komplementär gebrauchten, um das männliche Gottesbild durch weibliche Eigenschaften zu bereichern. Außerdem projizierten sie ihre Vorstellungen von "Gott als Mutter" nicht auf Autoritätspersonen.

Sie führt diesen Unterschied darauf zurück, daß Mystikerinnen nicht durch die Ausübung von Autorität in Konflikt gerieten wie die zisterziensischen Äbte. Sie verspürten nicht den widersprüchlichen Wunsch, predigen und gleichzeitig dienen zu wollen, demütig und unterwürfig zu sein und Gott gegenüber an Glaubensstärke und religiöser Kompetenz zunehmen zu wollen. Dies war nach Meinung Caroline BYNUMS nicht der Fall, weil Frauen der Klerikerstand verwehrt war (ebenda, S. 158).

Ich führe ihre Sicherheit dagegen mehr auf ihre Bevollmächtigung durch Gott in der unio mystica zurück. Die Macht der Mystikerinnen entsprang direkter göttlicher Macht (Visionen), während die Macht der Zisterzienser auf indirekter göttlicher Beauftragung (Amt) beruhte. Dem entspricht, daß die Mystikerinnen, die in ihren Schriften und Visionen weibliche Metaphern für Gott verwandt haben, gewöhnlich keine Äbtissinnen waren, also keine leitende Funktion innehatten. Dies hinderte sie aber nicht daran, ihren Mitschwestern, anderen Geistlichen oder Laien geistlichen Rat zu erteilen oder das "Apostolat der Feder" zu praktizieren.

Selbst Mystikerinnen, die eine leitende Rolle als Äbtissin, Novizenmeisterin oder informelle spirituelle Begleiterin ausübten, kamen nach Caroline Bynum nicht in den Konflikt, dienen zu wollen, aber leiten zu müssen. Sie sieht in der Abhängigkeit der Mystikerinnen von Beichtvätern oder Priestern - sie sind abhängig in bezug auf ihre geistige Führung - eine Garantie, daß sie den Weg der Demut nicht verlassen können (ebenda, S. 159).

Ich finde es problematisch, wenn die Machtlosigkeit und Abhängigkeit der Mystikerinnen von einem geistlichen Vater als positiv bewertet werden, weil sie dadurch an Selbstüberhöhung und Hochmut gehindert werden (vgl. WIETHAUS 1987, S. 96).

Auch die Visionärinnen und Prophetinnen des 12. und 14. Jhs., die sich als Sprachrohr Gottes verstanden, hatten im Gegensatz zu den Zisterziensern des 12. Jhs. eine sehr positive Vorstellung von ihrer Rolle.

Caroline BYNUM's These lautet: Geistliche Männer hatten infolge ihres Amtes Autorität und fühlten sich darüber ambivalent. Religiösen Frauen wurde diese Autorität verweigert, und sie empfanden deshalb auch keine Ambivalenz.

Männer besaßen Autorität aufgrund ihres Amtes und hatten gleichzeitig den Wunsch, ihre Autorität abzuschwächen. Frauen hatten etwas Analoges zu Amt und Autorität, nämlich die mystische Berufung, Sprachrohr Gottes zu sein. Weil sie diese direkt auf göttliche Inspiritation zurückführten, waren sie darüber nicht wesentlich verunsichert (BYNUM 1982, S. 158 ff.).

Die Vorstellungen der Zisterzienser von Gott als Mutter verbanden aber nicht nur Autorität mit Mitgefühl und Fürsorge, sondern brachten auch Vorstellungen von Abhängigkeit und Vereinigung mit Gott zum Ausdruck. Das Begreifen von Gott als nie aufhörender Liebe, selbst wenn der Mensch sündigte, und die Befähigigung des Menschen, sich auf Gott zubewegen zu können, erklärt die optimistische Sicht der Zisterzienser des 12. Jhs.

Falsche und richtige Abhängigkeit

Beim Studium der Literatur der Zisterzienser hat Caroline BYNUM die weitere Entdeckung gemacht, daß je mehr ein Autor die Abhängigkeit von Gott, oder die Einverleibung in Gott beschrieb, desto mehr wollte er damit die Ablösung, die Unabhängigkeit, den Rückzug von der Welt betonen (ebenda, S. 162). So stellten die mütterlichen Metaphern von Gott eine Möglichkeit dar, ihr Gefühl von Abhängigkeit, Unabhängigkeit, Einverleibung und Rückzug, von wahrer und falscher Abhängigkeit auszudrükken.

In der Tat war ihr Bestreben nach Unabhängigkeit von der Welt gekoppelt mit einer demütigen Abhängigkeit von Kirche und Kloster. So versuchten die Zisterzienser sich zwar in ihren ökonomischen und administrativen Arrangements von der Macht der Verwandtschaft zu befreien und betonten immer wieder die Befreiung von allen Familienbanden, doch unterwarfen sie sich der bischöflichen Autorität. Sie betonten die Einsamkeit und den Rückzug und opponierten aber gegen die Eremiten, weil ihnen die Abhängigkeit und die Unabhängigkeit innerhalb einer Kommunität so wichtig waren, eine Abhängigkeit, in der alle Diener und Lernende waren. Die Zisterzienser verweigerten die Welt, um die Abhängigkeit in einer religiösen Kommunität zu erfahren, die sie als Weg ansahen, die Abhängigkeit von Gott zu erlernen. Die Verweigerung der falschen Abhängigkeit wurde gesucht, um die wahre Abhängigkeit von Gott und der Kommunität zu entwickeln.

Alle mütterlichen Vorstellungen betonten in emotional intensiver Form die Abhängigkeit der Kindseele von Gott, eine Abhängigkeit, für die die emotionale Beziehung von Abt und Mönch die Vorbereitung war. Sie beschrieben die Verwandtschaft der Seele mit Gott in einer Weise, die die

Seele auch mit den anderen Seelen verband (als von Christus zu stillende Brüder).

So scheint es kein Zufall gewesen zu sein, daß die zisterzienserischen Autoren des 12. Jhs., die mit der größten Intensität von der Notwendigkeit der Einsamkeit und der Isolation in einer kleinen Kommunität sprachen, die radikalsten Vorstellungen von Inkorporation hatten. Isaak von Stella, der Metaphern von der Seele als Braut und Christus als Bräutigam oder der Jungfrau Maria als Mutter und der Seele als ihr Kind benutzte, erklärte, daß unsere Inkorporation in den mystischen Körper eine Vervollständigung von Christus sei (ebenda, S. 164).

Es scheint so, als ob die zisterzienserischen Autoren die mütterlichen Vorstellungen für Gott aus ihrem Interesse an Affektivität und Abhängigkeit entwickelten, das gebunden war an ihre Vorstellungen vom Kloster als Ort der Unabhängigkeit von der Welt und an Vorstellungen von der Liebe Gottes. Die Idee von Christus als "Nährende" oder "Mutter" ist für Zisterzienser eine Vorstellung, die die Rückkehr zur wahren Abhängigkeit von Gott abhängig macht von der Liebe zu den Brüdern in ihrer Kommunität [Abt - Mönche] (ebenda, S. 166).

Ein weiterer Grund für die Wahl der Muttermetaphern könnte auch darin begründet sein, daß es den Zisterziensern schwierig erschien, sich mit einem männlichen Gott zu vereinigen, wenn sie ihre Geschlechtsidentität nicht aufgeben wollten. Auf der anderen Seite gibt es genügend Beispiele dafür, wie Mönche sich oder ihre Seelen als weiblich, als Bräute Christi, verstanden, wodurch die unio mystica mit einem männlichen Gott möglich wurde (ebenda, S. 161).

Gott als Mutter zu erfahren konnte aber auch bedeuten, daß die Vereinigung körperlich aufgefaßt wurde (wie ein Kind, das von der "Mutter Jesus" gestillt wurde oder sich in ihrer Gebärmutter geborgen fühlt), ohne daß ihre Geschlechtsrolle in Frage gestellt wurde. Sie hatten dadurch die Möglichkeit, auch sexuellen Wünschen Raum zu geben.

> "Play at the brest and entry into the female body." (ebenda, S. 162)
> [An der Brust zu spielen und in den weiblichen Körper einzutreten.] (Übers. d. Verf.)

Weibliche Gottesbilder der Zisterzienser in ihrer Bedeutung für die Frauen

Die zisterzienserischen Autoren haben ihre weiblichen Vorstellungen von früheren Literaten, besonders von Anselm of Canterbury und aus der Bibel übernommen und ihnen eine neue Interpretation gegeben. Sie brachten damit ein neues Verständnis von Autorität zum Ausdruck, das Affektivität und Fürsorge einschloß und eine Antwort war auf die neuen Anforderungen.

Die mütterlichen Vorstellungen der zisterzienserischen Autoren machen auch deutlich,

1. daß sie als von der Welt abgeschiedene Männer die Mutterrolle idealisierten.
2. daß sie an weiblichen Stereotypen (mitleiden, schwach, zärtlich) festhielten.
3. daß sie die Mutter-Kind-Bindung als ein Symbol für die Beziehung Gottes zum Menschen verstanden. Nähren, Vereinigen oder auch Einverleiben sind Beschreibungen, die sowohl die Liebe wie die Abhängigkeit des Menschen von Gott zum Ausdruck bringen (ebenda, S. 167).

Aus ihren weiblichen Gottesvorstellungen darf aber nicht der Schluß gezogen werden, daß diese Mönche positiv über ihre eigene Mutter dachten. Wenn religiöse Symbole die Werte der Kommunität spiegeln, und wenn diese Werte die Werte der Welt umkehren, dann kann die Idee von "Jesus als Mutter" direkt nur etwas über ihr Verständnis von Jesus und Gott und über sich selbst aussagen (ebenda, S. 167).

So dürfen ihre weiblichen Vorstellungen auch nicht dazu verleiten, sie als Ausdruck ihres positiv veränderten Verhaltens gegenüber Frauen zu verstehen. Dies beweist auch die geringe Bereitschaft der zisterzienserischen Mönche - nach einer kurzen Phase der Offenheit -, die Anstrengungen der zisterzienserischen Nonnen um Unterstützung und Supervision zu unterstützen.

Die zisterzienserische Konzeption von "Jesus als Mutter" drückt die Notwendigkeit und Verpflichtung der Äbte aus, für die Mönche ihrer

Kommunität mütterliche Funktionen zu übernehmen, um sie auf diese Art und Weise auf den Weg der Abhängigkeit zu Gott zu führen.

Die Feminisierung der Sprache oder die weiblichen Metaphern dürfen also nicht als Spiegelbild der gesellschaftlichen Situation der Frauen im Mittelalter verstanden werden.

Weibliche Gottesbilder verändern auch nicht unbedingt die soziale Situation der Frauen oder bedingen ein positives Frauenbild. Die verschlechterte Situation der Frauen im Spätmittelalter sowie die Fortsetzung der frauenfeindlichen Äußerungen sind ein Beleg für diese These.

Dem entspricht, daß Bernhard von Clairvaux mit Zartheit und Takt über die individuelle, religiöse Sehnsucht von Frauen sprach, aber den Kontakt mit Frauen fürchtete. In seinem Kommentar zum Hohen Lied warnt er die Mönche mit folgenden Worten:

> "To be always with a woman and not to have sexual relations with her is more difficult than to raise the dead. You cannot do the less difficult; do you think I will believe that you can do what is more difficult?" (ebenda, S. 144)
> [Mit einer Frau zusammen zu sein und keine sexuellen Beziehungen mit ihr zu haben, ist schwieriger, als Tote zu erwecken. Du kannst nicht das weniger Schwierige tun; denkst du ich glaube, daß du das Schwierigere tun kannst?] (Übers. d. Verf.)

Bernhard von Clairvaux verband seine Empfänglichkeit für die Vorstellung von "Jesus als Mutter" mit der Ablehnung der weltlichen Mutter. Auch Isaak von Stella zögerte nicht, die Elternschaft Gottes zu betonen und die weltliche Familie abzulehnen. So war die Sicherheit des Klosters notwendig, damit Abaelard, Bernhard, Aelred of Rievaulx und Rupert von Deutz für die spirituelle Gleichheit der Frauen argumentieren konnten.

Romantisierung von Mutterschaft und Frauenfeindlichkeit schließen sich demnach nicht aus.

Ein Gegenbeispiel stellt die Präsenz weiblicher Bilder für Gott in gnostischen Texten dar, die mit einem großen Respekt und großen Möglichkeiten im Kult für die Frauen verbunden waren.

Die positive Wahrnehmung der weiblichen Aspekte Gottes kann also nicht unbedingt als eine positive Bewertung der Rolle oder des Einflusses von Frauen in der Gesellschaft angesehen werden.

Auf der anderen Seite können die weiblichen Metaphern im Mittelalter bei Männern und Frauen mit einer sozialen Veränderung in Zusammenhang gebracht werden, die als typisches Kennzeichen der "religiösen und sozialen Aufbruchsbewegung" im Mittelalter beschrieben wird. Im Gegensatz zu früher, als Männer und Frauen bereits im Kindesalter ins Kloster gebracht wurden, traten diese jetzt meist als erst Erwachsene, aus eigenem Entschluß, ins Kloster oder in andere religiöse Gemeinschaften ein. Im Aufwachsen der geistlichen Autoren und Autorinnen in der Familie, in ihren Erfahrungen mit der eigenen Mutter, sieht Caroline BYNUM eine Ursache des Gebrauchs der weiblichen und mütterlichen Metaphern (ebenda, S. 142). Der Verzicht auf Familie und Gesellschaft durch den Eintritt ins Kloster ist nach ihrer Meinung eine der Ursachen der weiblichen Vorstellungen von Gott, die einen Ersatz für die Welt darstellen, wobei die Kritik an den weltlichen Werten eingeschlossen ist.

So kann man es zwar als positive Bewertung des Weiblichen auffassen, wenn Bernhard von Clairvaux seine Mönche Frauen nennt, doch muß diese Beschreibung vor allem als Kritik an den Werten der Welt verstanden werden. Die Weisheit der Welt, die Frauen diskriminiert, ist nicht die Weisheit Gottes.

Es lassen sich aber auch Beispiele finden, die der These von der "Ersatzfunktion" der weiblichen Gottesbilder widersprechen. So lehnten einige Heilige, die in Familien aufgewachsen waren und von ihren Müttern religiös stark beeinflußt wurden, die Rede von Gott als Vater und Mutter in krassen Worten ab.

Der wachsende Gebrauch von Brautschaft und Mutterschaft als Metapher könnte nach Caroline BYNUM aber auch eine positivere Bewertung der Institution Ehe in der Gesellschaft reflektieren; denn gerade im 13. Jh. entstand die theologische Vorstellung von der Ehe als Sakrament (vgl. Kapitel 3).

Außerdem wurde beonders zu dieser Zeit der positive Einfluß der Mutter von Heiligen in den Lebensbeschreibungen betont, als Mutterschaft eine bedeutende Vorstellung von Gottes Aktivitäten wurde.

Dem widerspricht, daß trotz der positiven Beurteilung der Mütter von Heiligen aus den medizinischen Texten und den Ermahnungen zur Askese die negative Bewertung von Fruchtbarkeit und Ehe hervorging. Dieselben Autoren, für die Maria ein Symbol für Mitgefühl und Nähren war, gebrauchten Frauen als Symbol für körperliche und spirituelle Schwäche des Fleisches, für Sünde, für die Unfähigkeit Last zu tragen oder der Versuchung zu widerstehen.

Wie aber sind all diese Widersprüchlichkeiten zu erklären? Worauf ist es zurückzuführen, daß das neue Selbstverständnis und Gottesbild der Zisterzienseräbte sich nicht positiv auf die Frauen ausgewirkt hat?

Den Grund dafür sehe ich in ihren geschlechtsstereotypischen Vorstellungen von Weiblichkeit und Männlichkeit. Ein männlicher Gott, dem weibliche geschlechtsstereotypische Eigenschaften einverleibt werden, negiert nicht die alte Bewertung von Weiblichkeit und Männlichkeit, sondern bestätigt diese auf neue Weise. Es findet keine Integration der als weiblich verstandenen Eigenschaften in die männliche Psyche statt, sondern eine Vereinnahmung und Nutzbarmachung für männliche Bedürfnisse.

Den Zisterzienseräbten ging es nicht um ein neues Selbstverständnis als Mann oder um ein neues Frauenbild, sondern um ihre Rolle als spirituelle Führer der neu in den Konvent eingetretenen Mönche.

Aus denselben Gründen kann auch ein männlicher Christus von weiblicher Persönlichkeit keine Befreiung für Frauen bewirken, sondern er verstärkt im Gegenteil die Identifikation des Weiblichen mit den Geschlechtsstereotypen.

5.3 Selbstbild und Gottesbild der Mystikerinnen Mechthild von Hackeborn und Gertrud der Großen (Helfta Nonnen)

Bevor ich das Selbstbild und Gottesbild dieser beiden Mystikerinnen darstelle, will ich zunächst einige biografische Besonderheiten aus ihrem Leben beschreiben.

Mechthild von Hackeborn (1241-1299) wie Gertrud die Große (1256-1302) sind bereits als Kinder in das Kloster Helfta bei Eisleben eingetreten, in dem auch Mechthild von Magdeburg nach vielen Anfeindungen und "ketzerischen" Anklagen 1270 ihre Ruhe fand.

Während über Mechthild von Hackeborn einige biografische Daten aus ihrem Buch "Liber specialis gratiae" (Buch der besonderen Gnade) zu entnehmen sind, z.B., daß sie aus einer adligen Familie stammt, ist von Gertrud der Großen weder der Stand ihrer Familie noch ihr Familienname bekannt. Obwohl Mechthild von Hackeborn schon früh mystische Erfahrungen machte, verschwieg sie diese bis zu ihrem fünfzigsten Lebensjahr (1291), als immerwährendes Siechtum und ständige Kopfschmerzen sie ans Bett fesselten. Während ihrer letzten sieben Lebensjahre erzählte sie von ihren Visionen, die von einigen Mitschwestern auf Anweisung der Äbtissin ihres Klosters niedergeschrieben und erst später von Mechthild von Hackeborn bestätigt wurden.

Auch Gertrud die Große schrieb oder diktierte ihre göttliche Lehre erst acht Jahre nach ihrer ersten mystischen Vision (1281), als sie von Gott den Auftrag dazu erhielt. Auf Gertrud die Große gehen zwei Werke zurück, der "Legatus divinae pietatis" (Der Gesandte der göttlichen Liebe) und die "Exercitia spiritualia" (Geistliche Übungen).

Im Gegensatz zu den Vorstellungen des 14. Jhs. betonten Mechthild von Hackeborn und Gertrud die Große in ihren religiösen Schriften nicht nur die Ähnlichkeit des Menschen zu Gott und die Zugänglichkeit Gottes durch die Menschlichkeit Jesu, sondern sie verbanden diese Aspekte Gottes mit Gottes Autorität, Macht und Gerechtigkeit.[1] Die Konzeption der Helfta Nonnen über ihr Verständnis von Autorität korrelierte mit ihrem eigenen Selbstverständnis, ihrer Bevollmächtigung wie mit Gottes Autorität.

Obwohl sich die Gottesvorstellungen von Gertrud der Großen von denen der Mechthild von Hackeborn in der besonderen Hervorhebung gewisser Aspekte unterscheiden - sie betonte z.B. mehr die Disziplin, die Gott fordert oder den Trost, den Gott den Menschen spendet -, waren sie sich in wesentlichen Punkten einig.

Sie sahen Gott, den Herrn des Universums, die Jungfrau Maria, die Heiligen, die Priester und auch sich selbst durch eine Vielzahl von männlichen und weiblichen Eigenschaften charakterisiert, die in der Literatur der Zisterzienser als typisch weiblich oder männlich angesehen wurden.

Sie begriffen Lehren und leitende Aktivitäten als spezifischen Ausdruck ihrer Frömmigkeit und ihres Auftrags.

---

[1] Die alleinige Hervorhebung von Gottes Trost und Erreichbarkeit für den Menschen verhinderte im 14. Jh. die Erkenntnis, daß Gottes Kraft anders ist als die des Menschen.

Infolge des Fehlens von Geschlechtsstereotypen in ihren Vorstellungen von Männern und Frauen war Mütterlichkeit keine spezifische weibliche Eigenschaft oder Lehren nur eine männliche Aufgabe. Ihre Vorstellungen von Gott und von sich selbst umfaßten Eigenschaften und Funktionen, die sonst nur Männern oder nur Frauen zugeordnet wurden (ebenda, S. 225).

Sie waren sich aber trotzdem ihres Andersseins von Gott bewußt und drückten diese Verschiedenheit durch Bilder und Metaphern von Braut und Bräutigam oder Kind und Elternschaft aus. Sie gebrauchten aber keine umgekehrten Metaphern wie Mechthild von Magdeburg oder die Zisterzienser des 12. Jhs. (ebenda, S. 226). Bei ihnen finden sich keine Beschreibungen, in denen sie sich als schwache Frauen bezeichneten, um ihre Niedrigkeit und ihren Verzicht zum Ausdruck zu bringen.

Gertrud die Große sah sich z.B. als Königin oder Prinz, als Wiege göttlicher Nahrung und göttlichen Getränks für andere, als Braut, die neben ihrem Bräutigam in einem Universum regiert, das erleuchtet wird durch einen unermeßlichen Glanz und das gelobt wird wegen seiner klaren und eindeutigen Strukturen.

Im Gegensatz zu den exegetischen Kommentatoren des 12. und 13. Jhs. assoziierten die Helfta Nonnen das weibliche Geschlecht nicht mit Fleischeslust oder Irrationalität. Sie fürchteten auch den klerikalen Spott nicht, wie z.B. Elisabeth von Schönau, oder begriffen Weiblichkeit als Materie und Männlichkeit als Geist wie Hildegard von Bingen, die diesen Vorstellungen aber eine positive Bedeutung gab. Wenn sie in einer weiblichen Vorstellung Kraft fanden, so war es die Vorstellung von der Braut, die vom Bräutigam gesucht wird (ebenda, S. 226 ff.).

Die Visionen der Nonnen von Helfta zeigen, daß sie sich auch selbst in der Priesterrolle sahen. Trotz des Ausschlusses der Frauen vom Priesteramt, trotz der wachsenden Klerikalisierung und den ausdifferenzierten, theologischen Vorstellungen von der Minderwertigkeit der Frauen nach der Schöpfungsordnung verstanden die Helfta Nonnen ihr Geschlecht nicht als Disqualifizierung für den Dienst oder als Ursache für ihre Unfähigkeit oder Niedrigkeit.

Ihr Lehren, Beraten und Trösten der Menschen, die sich an sie wandten, drückte eine große Kraft und Sicherheit aus. Sie fühlten sich weder eingeschränkt noch ineffektiv, weder weiblich noch männlich. Mechthild von Hackeborn wurde von ihren Zeitgenossen/Zeitgenossinnen als Lehrerin gesehen, vergleichbar den "Vätern" der Religion und als Mutter der Seelen.

Weil Christus durch sie handelte, umfaßte ihr Handeln das ganze Spektrum von Eigenschaften, die Gott und Jesus zugeordnet wurden [Königlich - mütterlich und väterlich - richtend und liebend.] (ebenda, S. 227).

Caroline BYNUM sieht die Frömmigkeit von Helfta als eine Antwort auf die zunehmende Klerikalisierung. Im Gegensatz zu den vorangegangenen zwei Jahrhunderten, in denen Frauen eine anerkannte religiöse Rolle innehatten - man denke nur an den Aufbruch der "religiösen Frauenbewegung" oder die Macht der Äbtissinnen - werden die religiösen Entfaltungsmöglichkeiten der Frauen im 13./14. Jh. beschnitten durch die Festschreibung und Ausweitung der klerikalen Rolle, von der Frauen allein aufgrund ihres Geschlechts ausgeschlossen waren. Insofern kann die Mystik des 13. Jhs. als Bevollmächtigung der mystischen Frauen durch einen zwar königlichen, aber erreichbaren Gott verstanden werden, als Ersatz für den klerikalen Status der Männer (ebenda, S. 261 ff.).

Beide Mystikerinnen des Helfta Klosters reproduzierten im Gegensatz zu den zisterzienserischen Autoren des 12. Jhs. keine festgelegten Geschlechtsstereotype für männliche und weibliche Verhaltensweisen in ihren Vorstellungen. Für sie gehörten Eigenschaften wie Disziplin und Strenge, Fürsorge und Nähren ebenso zu einem mütterlichen wie väterlichen Verhalten. Caroline BYNUM führt das darauf zurück, daß beide schon seit frühester Kindheit im Kloster gelebt und infolgedessen einer Sozialisation in der Welt nicht ausgesetzt waren, die besonders für Mädchen Einbrüche in ihrer Selbstidentität, eine negative Selbstbewußtwerdung und das Begreifenmüssen ihrer Inferiorität mit sich bringen konnte. Stattdessen waren ihnen in einer schwesterlichen Gemeinschaft Möglichkeiten eröffnet, die sonst Frauen in der Gesellschaft verschlossen waren. Dieses Nichtbetroffensein von geschlechtsspezifischen Normen bedingt demnach ihr positives Selbstbild.

Was mich nachdenklich macht, ist, daß diese Mystikerinnen sich ihres Frauseins nicht bewußt waren. Ist ein positives Selbstverständis für Frauen nur möglich fernab von der Welt, oder ist Ganzheitlichkeit, ein Freisein von geschlechtsspezifischen Rollenzuschreibungen, nur innerhalb einer Frauengemeinschaft möglich mit dem Verlust der Selbstwahrnehmung als

Frauen? Bedeutet die Aufhebung der Geschlechtsstereotype für Frauen wie Männer wirklich eine Befreiung? Ist das vielleicht neue Selbstverständnis von Frauen als Menschen mit gleichen Potenzen nicht eine Utopie und eine neue Sackgasse für Frauen?

Mechthild von Hackeborn und Gertrud die Große haben sich als Lehrende und Lernende, als Vermittlerinnen und Trösterinnen, als Beraterinnen und spirituelle Leiterinnen, als Predigerinnen, Visionärinnen und Prophetinnen verstanden. Sie hatten kein Problem mit ihrer Autorität und Macht, die sie infolge ihrer Visionen und der anderen eben genannten Funktionen genossen im Gegensatz zu den Zisterziensermönchen des 12. Jhs.; denn ihre Autorität hatte ihnen Gott persönlich gegeben. Daß sie in ihren Visionen manchmal fast priesterliche Funktionen innehatten oder diese manchmal umgangen wurden, wenn Christus selbst an die Stelle der Priester trat, ist ihnen nicht als antiklerikal oder antinomistisch ausgelegt worden, weil sie in einer anerkannten Kommunität lebten und den Schutz ihres Ordens genossen.

5.4 Mechthild von Magdeburg im Vergleich mit den Helfta Nonnen

Obwohl viele Vorstellungen von Gott ähnlich sind bei allen drei Mystikerinnen (Mechthild von Hackeborn, Gertrud die Große und Mechthild von Magdeburg) - sie betonten Gottes Zugänglichkeit, seine Liebe und sein Personsein -, lassen sich auch Unterschiede zwischen Mechthild von Magdeburg und den Helfta Nonnen finden. Eine Erklärung dafür sieht Caroline BYNUM in ihrem unterschiedlichen Selbstverständnis und ihrer Konzeption von Autorität, die sie auf ihre unterschiedliche Sozialisation und Lebensform zurückführt.

Mechthild von Magdeburg war sich ihrer Rolle als Frau, ihrer Weiblichkeit und den damit verbundenen Diskriminierungen viel klarer bewußt als die Helfta Nonnen. Sie unterschied, ähnlich wie Hildegard von Bingen, eindeutiger zwischen männlichen und weiblichen Geschlechtsstereotypen. Sie gebrauchte im Gegensatz zu den Helfta Nonnen bis auf zwei Ausnahmen nicht die Vorstellung von "Jesus als Mutter", sondern benutzte bräutliche Vorstellungen, um ihre Beziehung zu Gott auszudrücken.

Außerdem sah sie sich in ihren Visionen nicht in priesterlichen oder pastoralen Funktionen wie die Helfta Nonnen. Wie diese betrachtete sie es aber als spezielle religiöse Rolle der Frauen, Sprachrohr Christi zu sein. Ihre eigene mystische Berufung basierte auf ihrem Verständnis vom Anderssein von Gottes Autorität. Anderssein war für sie aber auch eine Voraussetzung für die Möglichkeit der Vereinigung mit Gott.

Ihre Mystik war lyrischer, erotischer und bräutlicher in ihren Vorstellungen, aber weniger pastoral, dafür aber prophetischer als die der Helfta Nonnen.

Mechthild befand sich in viel größerer Gefahr als die Helfta Nonnen in bezug auf die von ihr geforderte mystische Autorität und sah sehr deutlich die Gefahren der Macht. Ihre eigenen Worte zeigen, daß sie sich des Antinomismus und der Implikationen des freien Geistes sehr bewußt war. So wies sie darauf hin, daß mystische Texte leicht mißverstanden werden können, wenn sie nicht genau formuliert sind. Deshalb grenzte sie sich mit Vehemenz gegen die häretische Mystik ab, was die Helfta Nonnen nicht nötig hatten. Wie schon bereits ausgeführt, ist sie trotzdem wegen antiklerikaler und quietistischer Ideen angeklagt worden, wogegen sie sich aber in ihren Visionen kraftvoll verteidigte.

Ihre Weiblichkeitsvorstellungen (Weiblichkeit als Niedrigkeit und Überlegenheit), ihre Bewußtheit über ihr Defizit in bezug auf den klerikalen Status, aber auch über die Gefahren, die damit verbunden waren, wie ihr Kampf in der Welt gegen die Werte der Welt können als Zeichen ihrer großen Persönlichkeit und ihrer Selbständigkeit bewertet werden. Es hat sicher große Anstrengungen gekostet, sich als Erwachsene aus dem Kreis einer adligen Familie zu lösen und das Leben einer Begine zu führen, was Verfolgung und Alleinsein mit sich brachte.

Aber es ist nicht nur der Mangel an Unterstützung durch eine lang etablierte Kommunität oder die Sozialisation in der Welt, die sich in Mechthild von Magdeburgs Selbstbewußtheit spiegelte - sie fühlte sich nämlich Zeit ihres Lebens allein, verlassen und verfolgt -, sondern auch die damalige Theologie und Gottesvorstellung schienen ihr wenig Unterstützung zu geben; denn Mechthild fand sich weniger leicht mit einem liebenden und gerechten Gott ab als die Helfta Nonnen, im besonderen mit der Vorstellung der ewigen Verdammnis.

Diese scheinbare Unvereinbarkeit von Gottes Liebe und Gerechtigkeit hat sie zur Neuformulierung theologischer Vorstellungen veranlaßt. Obwohl auch für sie Sünde ein objektives Übel war, das objektiv beseitigt wurde durch die Inkarnation Jesu, wodurch die rettende Vereinigung von Menschlichkeit mit Göttlichkeit wieder hergestellt wurde, sprach sie oft von Sünde als subjektiver Erfahrung, als Verlassenheit und Trostlosigkeit.

Obwohl alle drei Mystikerinnen Leiden als Läuterung auffaßten, war Christi Leiden für sie viel zentraler. Besonders betonte sie die eigene Notwendigkeit des Mitleidens, worunter sie Einsamkeit, Krankheit und Verfolgung verstand.

Sie fühlte auch viel stärker die persönliche Verantwortung, die ganze Christenheit von der Gottesferne wegzuführen, damit die ganze Schöpfung zu Gott zurückkehren könne. Sie betete für die Verdammten und entwickelte ihre theologische Vorstellung von der sündenlosen Menschlichkeit zwischen Adams Fall und der Inkarnation. Unter Vermittlung verstand sie mehr, das Leiden der Menschen umzuwandeln als Seelen durch Gebete an den Himmel zu binden.

Sie zeigte dagegen weniger Bewußtheit als die Helfta Nonnen für die Ähnlichkeit ihrer Aufgaben (Zuchtmeisterin, Trösterin, Prophetin, Lehrerin, Vermittlerin) mit den Tätigkeiten, die Gott zugeschrieben wurden.

5.5 Eigene Schlußfolgerungen und Fragen

Nach dem Vergleich der drei Mystikerinnen stellt sich für mich die Frage, ob sich die bräutlichen und mütterlichen Vorstellungen der Helfta Nonnen nicht befreiender auf diese ausgewirkt haben als die nur bräutlichen Vorstellungen auf Mechthild von Magdeburg.

Sind die Probleme, die Mechthild von Magdeburg mit der Vereinbarkeit eines liebenden und gerechten Gottes hat im Gegensatz zu den Helfta Nonnen, ein Zeichen ihrer geringen Selbstsicherheit, wie Caroline BYNUM annimmt?

Ich bin viel eher der Meinung, daß ihr Bemühen, die Polarität dieses Gottes durch eigene theologische Neuformulierungen zu überwinden, ohne sie aufzuheben, ein Beweis ihrer Souveränität ist.

Bedeutet eine größere Selbst- und Weltbewußtheit größere Unsicherheit trotz eines über alle Maßen liebenden Gottes? Ist die Sicherheit der Helfta

Nonnen nicht viel erstrebenswerter trotz ihrer geringen Selbstbewußtheit als Frauen? Wie ist es andererseits zu erklären, daß Mechthild von Magdeburg in viel emotionaleren Bildern von ihrer Liebesbeziehung zu Gott spricht als die Helfta Nonnen?

Vielleicht ist ihr umfassenderes Erfahren und Begreifen von Gottes Liebe auch Ursache ihres Konfliktes mit dem liebenden und gerechten Gott. Ihr tiefes Begreifen von Gottes Polarität (Gerechtigkeit - Liebe) und ihre Erkenntnis von der Priorität der Liebe Gottes haben ihre Entsprechung in ihrer ungesicherten und bedrohten sozialen Situation als Begine wie in den sie erhebenden, mystischen Erfahrungen der unio mystica.

Obwohl Mechthild von Magdeburgs Selbstsicherheit in bezug auf ihre Visionen, ihre Aufgabe als Vermittlerin, Beraterin, Seelsorgerin, Predigerin und Prophetin ähnlich groß war wie die der Helfta Nonnen, ordnete sie sich keine priesterlichen Funktionen zu.

Dies führe ich nicht auf ihr geringeres Selbstbewußtsein zurück, sondern auf ihre größere Selbst- und Weltbewußtheit.

Auch daß sie trotz aller Verfolgung und Anklagen nicht aufhörte, die Korruption, den Hochmut und die Sündenverfallenheit der Kleriker und Mönche anzuprangern, ist für mich ein Zeichen ihrer Stärke und Selbstgewißheit.

Obwohl sie sich als "arme Maid" bezeichnete, schätze ich ihr Selbstbewußtsein nicht geringer ein als das der Helfta Nonnen. Eine Erklärung für ihr Gefühl von Niedrigkeit sehe ich darin, daß sie infolge der intensiven Versenkung in Christi Leiden und ihrer ungesicherten Situation als Begine ein tieferes Verständnis ihrer menschlichen Bedürftigkeit gewonnen hatte als die Helfta Nonnen, für die Leiden nicht diesen Stellenwert hatte. Außerdem ist ihr Gefühl der Entfremdung und Verlassenheit, sobald sie sich nicht mehr in der unio mystica befand, sicher ebenfalls ein Indiz dafür, daß sie damit eher ihre menschliche Befindlichkeit beschrieb als ihre weibliche. Ihre Demut bedeutete nicht, sich selbst abzuwerten oder sich gering zu schätzen, sondern eine Klarheit des Bewußtseins in bezug auf die menschliche Befindlichkeit im Gegensatz zur Unermeßlichkeit Gottes.

Aber wieso gebrauchte sie nur zweimal das Bild von Jesus als Mutter? Hat dies mit ihrer größeren Bewußtheit in bezug auf die gesellschaftliche

Bewertung von Weiblichkeit zu tun? Wieso hatte Maria bei Mechthild von Magdeburg eine viel größere Bedeutung als bei den Helfta Nonnen?

Eine Erklärung für die wenigen weiblichen Gottesvorstellungen könnte sein, daß mütterliche Vorstellungen von Gott und Jesus und eine verstärkte Verehrung von Maria nicht gemeinsam auftreten, wie Caroline BYNUM an mehreren Beispielen nachzuweisen versucht.

Bedeutet das, daß Maria die mütterlichen Funktionen übernimmt, die sonst Jesus zugeschrieben werden, oder hindern ihre geschlechtsspezifischen Zuordnungen sie daran, sich "Jesus als Mutter" vorzustellen? Läßt sich daraus schließen, daß ein Festhalten an traditionellen Geschlechtsstereotypen ein weibliches Gottesbild eher ausschließt? Die weiblichen Gottesvorstellungen der Zisterzienser widersprechen dieser These.

War das Überschreiten der Geschlechtsstereotypen für die Helfta Nonnen nur möglich infolge ihrer Sozialisation in einem weiblichen Konvent, oder überschreitet die umfassende Liebe, die Mechthild von Magdeburg von diesem Gott erfährt, nicht viel umfassender alle Grenzen? Ich meine, ihre Theologie ist ein Beweis dafür.

Eine andere Frage ist, warum bei den weiblichen Autoren des 13. und 14. Jhs. die Verwendung des Bildes "Jesu als Mutter" nicht die vorrangige Art und Weise war, um über die Vereinigung mit dem Göttlichen zu sprechen. Für sie ist Christus viel öfter ihr Bräutigam. Alle Arten der leidenschaftlichen sexuellen Sprache dienten ihnen als Metaphern für ihre Erfahrungen, für die unio mystica mit einem männlichen, liebenden Gott.

Wie ist es also zu erklären, daß die Mystikerinnen mehr die bräutlichen als die weiblichen Metaphern für Gott gebrauchten? Was sind daraus für Schlußfolgerungen zu ziehen?

Interessant ist in diesem Zusammenhang die Studie über die zisterziensische Hagiographie des 13. Jhs. von Simone Roisin, in der sie aufzeigt, daß religiöse Frauen es vorziehen, den jungen menschlichen Christus hervorzuheben, während männliche Religiöse mehr Visionen haben von der Jungfrau Maria.

Caroline BYNUM folgert daraus, daß mit einiger Berechtigung daraus geschlossen werden kann, daß Männer sich eher von weiblichen und Frauen sich eher von männlichen Vorstellungen angezogen fühlen. Zu bedenken gibt sie aber, daß die mittelalterlichen Autoren/Autorinnen keine scharfen Grenzen ziehen zwischen weiblichen und männlichen Charakterisierungen. Ihnen schien es demnach leichter zu fallen, gewisse Geschlechtsstereotype dem einen oder dem anderen Geschlecht zuzuordnen. Außerdem hinderte sie nichts daran, über alle Arten von Ekstasen in einer Sprache zu sprechen, die wir als physisch und erotisch bezeichnen würden und die wir deshalb für ungeeignet halten und für Gott ablehnen (ebenda, S. 162).

Eine Antwort auf die Frage, warum sich Frauen mehr von einem männlichen Gott angezogen fühlen, findet Reinhild HUNTRUP (1984) bei Christa MULACK (1983)[1].

> "Auch heute noch kommt es dazu, daß Frauen zur Selbstaufgabe neigen, denn dadurch, 'daß das Männliche ... numinös, anonym und außermenschlich bleibt', wird die Selbstfindung erschwert. Die weibliche psychische Abhängigkeit vom Männlichen, die sich im 'faszinierende(n) Geist Vater' manifestiert, impliziert eine 'Konstellierung der archetypischen Tochter des ewigen Vaters', d.h. ein weibliches, das nach Möglichkeit durch die Junfräulichkeit ein Zeichen setzt für die Verbundenheit zum 'Geistvater'. In einer solchen Beziehung vermag die Frau mit einem männlich geprägten Gottesbild als einer Ausdrucksform des überpersönlichen Geistigen in einer intuitiven Beziehung zu stehen. Daraus kann die patriarchalische Kultur die Berechtigung für ein männlich geprägtes Gottesbild und die damit verbundene Deklassierung des Weiblichen ableiten." (HUNTRUP 1984, S. 79)

Frauen benutzten dagegen weibliche Metaphern für Gott, wenn sie sich ihres Frauseins positiv bewußt geworden waren. Ein Beispiel dafür ist Julian of Norwich, von der Caroline BYNUM sagt, daß sie in ihren "Offenbarungen göttlicher Liebe" das Bild einer christlichen, weiblichen Gottheit ausführlicher, zentraler und schöpferischer als irgendein anderer mittelalterlicher Schriftsteller entwickelt hat (BYNUM 1982, S. 136).

Julian of Norwich schrieb außer ihrer kurzen Fassung der "Offenbarungen von göttlichen Liebe", eine lange Fassung. Diese enthielt nicht nur mehr Bilder von Gott als Frau, sondern viel weniger herabwürdigende Äußerungen über sie selbst. Während sie sich in der kurzen Fassung als schwache und sündhafte Frau darstellte, entfallen solche Äußerung in der

---

[1] vgl. MULACK 1983, S. 88.

langen Fassung (bis auf die Feststellung, daß sie z.Z. ihrer ersten Visionen ungebildet war). Stattdessen kommt eine neue Selbstachtung zum Ausdruck (MOLLENKOTT 1984, S. 119). So etwa in der Äußerung:

> "Da antwortete ich aus dem Innern heraus mit aller Kraft meiner Seele und sprach: Nein, das will ich nicht, denn Du bist mein Himmel."
> (KARRER 1926, S. 181)

> "Außerdem sind viele der Pronomen des kurzen Textes wie 'er', 'sein', 'ihm' für Seele, Menschheit und Gott im langen Text mit Bedacht zu 'sie', 'wir', 'uns', 'ihre' und 'diese'" (MOLLENKOTT 1984, S. 119 ff.) ersetzt worden.

Deshalb kommt Virginia MOLLENKOTT zu dem Schluß:

> "Je mehr Juliana in ihrem Verständnis, daß Gott Vater und Gott Mutter sei, reifte, erstarkte ihr eigenes Selbstverständnis und wurde ruhiger und sicherer."
> (ebenda, S. 120)

Sind die bräutlichen Vorstellungen der Mystikerinnen also Ausdruck ihres geringen Selbstwertgefühls als Frauen?

Vielleicht komme ich der Beantwortung dieser Frage näher, wenn ich zunächst aufzeige, welche unterschiedlichen Bedürfnisse für ein männliches Gottesbild bei Frauen verantwortlich sein können. Männliche Gottesbilder können entweder Ausdruck des Wunsches nach Vereinigung bzw. Verschmelzung mit Gott sein, aber auch der Identifizierung.

Steht also hinter dem männlichen (bräutlichen) Gottesbild der Wunsch nach Verschmelzung oder nach der Entwicklung männlicher Anteile?

Das spezifische Menschsein der Frauen, ihre Weiblichkeit, leitete sich nach mittelalterlichen Vorstellungen aus ihrer Geschlechtlichkeit ab. Frauen wurde damit jede Geistigkeit abgesprochen. Männer wurden dagegen vor allem als geistige und weniger als geschlechtliche Wesen begriffen. Deshalb brauchten Männer, wenn sie Gott dienen wollten, nicht auf ihre Männlichkeit (Geistigkeit) zu verzichten, sondern nur auf ihre Geschlechtlichkeit. Im Gegensatz dazu galt für Frauen, daß sie mit ihrem Verzicht auf ihre Geschlechtlichkeit auch ihre Weiblichkeit negierten und zu Männern werden mußten, wenn sie Gott dienen wollten.

Für die Mystikerinnen war jedoch entscheidend, daß sie gerade wegen ihrer Körperlichkeit (Weiblichkeit) oder in ihrer Körperlichkeit erfuhren, daß sie Gottes Ebenbild waren. Diese Erfahrung beruhte auf der von ihnen entwickelten Vorstellung von der menschlichen Natur Christi und deren Nähe zu ihrer eigenen Körperlichkeit. Deshalb waren Frauen nicht trotz ihrer Weiblichkeit durch Jesus errettet worden, sondern wegen ihrer Nähe zur Inkarnation, zur Körperlichkeit Christi (vgl. OPITZ 1986, S. 62). Dies befähigte sie, Christus nachfolgen und sich mit Gott vereinigen zu können. Vereinigung mit Gott bedeutete zwar Selbstaufgabe, aber auch die Bevollmächtigung, als Frauen Sprachrohr Christi zu sein.

6 Die Problematisierung des "Ketzer/innen"begriffs und die Schwierigkeit der Erforschung der "Ketzer/innen"gruppen

Da ich im folgenden an zwei "ketzerischen" Gruppierungen ("Schwestern und Brüder des freien Geistes" - vilemitische Gruppe) aufzeigen will, wie befreiend sich ihre theologischen Vorstellungen auf Männer und Frauen ausgewirkt haben, scheint es mir notwendig zu sein, das christliche "Ketzer/innen"verständnis mit dem religionsgeschichtlichen wie meinem eigenen, neu gewonnenen "Ketzer/innen"verständnis zu konfrontieren.

Außerdem sollen die Schwierigkeiten aufgezeigt werden, sich ein klares Bild über die Lehren und das Leben von "ketzerischen" Gruppen zu machen.

Vorauszuschicken ist, daß die Begriffe "Ketzer/in" und "Ketzerei" erst im 13. Jh. im deutschen Sprachgebiet entstanden sind, als volkstümliche Ableitung von Katharer, dem Namen einer im 12. und 13. Jh. bedeutenden "Ketzer/innen"gruppe. Ihr Name diente von nun ab als Sammelbezeichnung für alle religiösen "Irrlehren" und ihre Anhänger/innen, ganz gleich welchen Inhalt sie besaßen. Zu bedenken ist jedoch:

> "Die Ketzerbewegungen sind jedoch viel älter. Sie entstanden nahezu gleichzeitig mit der Herausbildung der christlichen Kirche in der römischen Antike. Zu dieser Zeit wurde auch der für der Ketzerei noch bis heute gültige Fachterminus 'Häresie' geprägt. Aus dem griechischen stammend, bedeutete Häresie ursprünglich soviel wie philosophisch-religiöse Denkweise. Unter christlichem Einfluß erhielt der Begriff dann bald den Inhalt von 'Irrglaube'. Als häretisch wurden und werden alle die christlich-religiösen Lehren und ihre Vertreter bezeichnet, die von den offiziell kirchlich sanktionierten Dogmen und Kultformen abweichen." (ERBSTÖSSER 1984, S. 7)

Obwohl also Frauen und Männer seit den Anfängen der Kirche als "ketzerisch" angesehen wurden, wenn sie eine andere, als die von der orthodoxen Kirche beglaubigte Lehre verkündigten, gab die Kirche erst im 13. Jh. - unter dem Eindruck der immer größer werdenden Zahl der Karthaer/innen - ihren ursprünglich auch von Bernhard von Clairvaux verfochtenen Grundsatz auf, wonach "Ketzer/innen" nicht mit körperlicher Gewalt zu bekämpfen seien. Häresie und "Ketzerei" wurde von nun an von der

Inquisition als todeswürdiges Verbrechen verfolgt. Die Kartharer/innen waren die ersten, gegen die ein groß angelegter Feldzug der Inquisition unternommen wurde.

Religionswissenschaftlich wird der "Ketzer"/die "Ketzerin" dagegen als allgemeiner Typus für protestierendes und nonkonformes Verhalten gegenüber den etablierten, geschichtlichen, religiösen Kollektivbildungen verstanden.

6.1 "Ketzer/innen"geschichte als das andere Christentum

Die "Ketzer/innen"geschichte ist ein Stück aufschlußreicher Geistesgeschichte, an der Inquisitoren und "Ketzer/innen", Rechtgläubige und Irrende oder Suchende in gleicher Weise beteiligt waren, nicht nur als Widersacher, sondern als Partner einer umfassenden Geisteswelt (GRUNDMANN 1965, S. 559/560). Das Aufkommen jeder "Ketzerei" gilt als Symptom dafür, daß in der Kirche die Wahrheit vernachlässigt wurde (NIGG 1949, S. 14). Ähnlich wie für GRUNDMANN sind für NIGG

> "Kirche wie Ketzerei Erscheinungen einer geistigen Welt, sie sind als Ausdrucksformen einer ihnen übergeordneten göttlichen Wirklichkeit zu begreifen, von der jeder Teil eine ganz bestimmte in ihrem Wesen begründete Funktion auszuüben hat." (NIGG 1949, S. 15)

Es gibt für ihn verschiedene Verständnismöglichkeiten des Christentums, die zwar nicht den gleichen Wert, aber jeweils eine bestimmte sinnvolle Funktion haben. Da in der "Ketzer/innen"geschichte unerledigte Probleme zur Sprache gekommen sind und "Ketzer/innen" oft Wegbereiter neuer Ideen waren, neue religiöse Werte entwickelt haben, sind durch sie die unterdrückten Möglichkeiten des Christentums an Tageslicht gefördert worden. In Übereinstimmung mit NIGG meint auch ERBSTÖSSER:

> "Häretiker stellen dem herrschenden Glauben andere Interpretationen des Christentums entgegen und kommen damit zwangsläufig in Gegensatz zur offiziellen Kirche." (ERBSTÖSSER 1984, S. 7)

Er sieht den Schlüssel zum Erfassen des Wesens der Häresien im geschichtlichem Zusammenhang, der in jeder historischen Epoche anders ist.

"Zieht man die Quellen zu Rate, so entsteht der Eindruck, als ob es sich bei den Häretikern vor allem um religiöse Fanatiker handelte." (ebenda, S. 8)

Aber es geht nicht allein um religiösen Fanatismus.

"Aber auf einen Streit um Dogmen lassen sich Häresien damit noch nicht reduzieren. Hartnäckigkeit und Ausmaß der Ketzerbewegungen werden verständlicher, wenn man berücksichtigt, daß in die Ideologien die Auseinandersetzung mit der herrschenden Kirche eingeschlossen war und sogar in der Regel den entscheidenden Platz einnahm. Zuweilen äußerten sie sich nur in der bewußt zur Schau gestellten eigenen Religiösität, ohne ausdrücklich formulierte Konfrontation. Zumeist enthielten die häretischen Lehren jedoch scharfe Vorwürfe gegen die Kirche und die Geistlichkeit, die sich bis zu ausgesprochenem Antiklerikalismus entwickeln konnten. Damit rüttelten die Ketzerbewegungen, zumindest im Ansatz, an einem der Grundpfeiler der gesellschaftlichen Ordnung. In einer Zeit wie dem Mittelalter, wo das gesamte geistige Leben von der Kirche und ihren Institutionen bestimmt wurde, mußte ein Angriff auf die Kirche beträchtliche gesellschaftliche Wirkung besitzen." (ebenda, S. 8 ff.)

"In und mit den Häresien gewannen deren Anhänger geistigen Abstand zur herrschenden Kirche. Dieses an sich positive Ergebnis erhielt durch die Spezifik der häretischen Lehren ein eigenartiges Profil. Häretische Ideologien waren religiöse Ideologien. Ihr Ziel bestand in der Orientierung auf das Jenseits. Die Alternative, die sie den Anhängern bieten konnten und wollten, war die der besseren oder wahren Religiösität im Vergleich zu dem von der katholischen Kirche verkündeten Heilsweg. Alle Ketzereien des Mittelalters, ganz gleich ob sie geschlossene Lehrsysteme vertraten, sich nur auf einzelne Schwerpunkte konzentrierten oder aber den Anbruch einer neuen Ära erwarteten, stellten dieses religiöse Denken in den Vordergrund. Viele Anhänger glaubten, mit ihrem Bekenntnis zur Häresie den besseren und richtigeren Weg zur Erlösung gefunden zu haben. Häresien wollten die Welt nicht verändern, schon gar nicht mit revolutionären Mitteln. Maximal hofften sie auf eine Kraft, die die Kirche züchtigen werde. Die mittelalterlichen Ketzer forderten ihre Anhänger in der Regel nicht zum Kampf auf und strebten keine gewaltsame Auseinandersetzung mit der Kirche an. Zumeist wurde die Ablehnung der Gewalt in den Ketzerlehren sogar ausdrücklich betont. Selbst der ungeheure Druck der Inquisition führte nur in den seltensten Fällen zum aktiven Widerstand der Häretiker." (ebenda, S. 9 ff.)

ERBSTÖSSER sieht in der Herausbildung spezifisch gesellschaftlicher Widersprüche die Ursache für "Ketzerei", Klassenkampf und politischer Auseinandersetzung.

Trotz der Herausarbeitung der geistesgeschichtlichen und gesellschaftlichen Bedeutung von "Ketzerei" oder der "Ketzer/innen"bewegungen haben GRUNDMANN, NIGG und ERBSTÖSSER den "Ketzer/innen"begriff selbst nicht in Frage gestellt. Dieser bleibt weiter dem christlichen Weltbild verpflichtet und transportiert Wertungen, die einer neuen "Ketzer/innen"auffassung entgegenstehen. Um den protestiertenden und nonkonformen Charakter der "Ketzer/in" deutlich zu machen scheint es mir notwendig zu sein, einen neuen Begriff zu finden.

Die Benennung "Apostel oder Apostelin eines neuen Gottes- und Selbstbildes" würde meiner Einschätzung nach - aus meinem spezifischen Blickwinkel - ihren Interpretationen des christlichen Evangeliums viel eher gerecht. Dies gilt zumindest für die Gruppen, mit denen ich mich beschäftigt habe.

Aus dem o.g. Grunde habe ich die Begriffe "Ketzerei", "Ketzer/in" oder "Ketzer/innen"'geschichte' nach Möglichkeit vermieden, oder wenn ich sie doch wegen des einheitlichen Sprachgebrauchs benutzt habe, in Anführungszeichen gesetzt, um damit meine Kritik an diesem Begriff zu verdeutlichen.

6.2 "Ketzer/innen"geschichte als Inquisitionsgeschichte

Die Schwierigkeit der Erforschung des Lebens und der Lehre der "Ketzer/innen"gruppen und im besonderen der "Schwestern und Brüder des freien Geistes" - dazu rechne ich auch Marguerite Porète und die vilemitische Gruppe - besteht darin, daß wir über sie, wie bei allen "Ketzern/innen", nur etwas aus den von ihnen erhaltenen Schriften oder aus den Inquisitionsprozeßakten wissen, da die meisten Schriften der "Ketzer/innen" verbrannt worden sind.

> "Statt einer selbständigen Literatur, aus der wir schöpfen könnten, haben wir nur Berichte der katholischen Richter. Abgerissene Sätze, längere Exzerpte, polemische Erörterungen, von Autoren zu Papier gebracht, welche keinen Sinn für das richtige Verständnis des Gehörten oder Gelesenen hatten, wohl aber der

Versuchung zur Entstellung im hohen Grade ausgesetzt waren, bilden das Material der Forschung." (NIGG 1949, S. 248)

Am wieder aufgefundenen Buch der Marguerite Porète kann ich deutlich machen, wie wichtig es für das richtige Verständnis eines vermeintlich "ketzerischen" Textes ist, die aus dem Zusammenhang herausgerissenen Sätze in ihrer gesamten theologischen Konzeption zu verstehen.

Die zitierten Sätze in den Verhörprotokollen können lediglich als Negativbilder gesehen werden, die die häretischen Unterscheidungslehren belichten. Deshalb spricht GRUNDMANN davon, daß wir mit einem unbekannten Faktor (verbrannte Bücher) rechnen müssen, wenn man die "Ketzer/innen" des Spätmittelalters aus ihrem Zusammenhang und Motiven verstehen will, ohne sich von der Inquisition ihr einseitiges Bild suggerieren zu lassen (vgl. GRUNDMANN 1965, S. 555 ff.).

Eine weitere Schwierigkeit besteht darin, daß man zu falschen Schlüssen über die Lehren der "Ketzer/innen" gelangt, wenn man nicht berücksichtigt, daß sich ganz bestimmte Vorstellungen über das Wesen des "Ketzers"/der "Ketzerin" herausgebildet hatten, die dem mittelalterlichen Ordnungs- und Einheitsdenken entsprachen.

Der Typus des "Ketzers"/der "Ketzerin" galt als Gegenbild zum wahren Gläubigen und zeichnete sich durch zwei Merkmale aus, durch "superbia und species pietatis" [Hochmut und besondere Frömmigkeit] (GRUNDMANN 1927, S. 94/95).

Die Funktion des "Ketzer/innen"schemas bestand darin, ein Medium zur Verfügung zu stellen, das zwischen der beobachtbaren Realität und den typischen Merkmalen ausgleichen sollte, nämlich zwischen der besonderen Frömmigkeit und dem Hochmut der "Ketzer/innen". Das, was an den Lehren der "Ketzer/in" besonders fromm, glaubenseifrig und gottgefällig erschien, mußte so nicht ignoriert werden, sondern wurde als täuschender Schein, als typische Erscheinung des "Ketzer/innen"wesens begriffen. Ihre Kritik an der Kirche und ihrer Repräsentanten wurde dagegen als Hochmut aufgefaßt. Das Argument der Heimlichkeit ihres Glaubens wurde dazu verwandt, das wahre Gesicht des "Ketzers"/der "Ketzerin" hinter der frommen Maske zu verbergen.

"Da alle Aussagen über solche geheimen Vorgänge nahezu unkontrollierbar waren, hat sich die Phantasie in bezug auf die typische Gestaltung des Ketzers ungehemmt, unheilvoll, erschreckend auswirken können." (ebenda, S. 102/103)

Da Heimlichkeit als Schlechtigkeit galt, die besonders als Vorliebe für sexuelle Ausschweifungen gedeutet wurde, wurde ihnen oft Promiskuität vorgeworfen.

Da nach dem "Ketzer/innen"schema die typischen Grundzüge des "Ketzers"/der "Ketzerin" auf jeden "Ketzer" und jede "Ketzerin" zutreffen sollten, unabhängig vom Inhalt ihrer Lehre, waren die Inquisitoren in der Lage, jede neue "Ketzerei" unter einem bereits seit der Patristik bekannten "Ketzer/innen"namen zu erfassen oder als neue Sekte ähnlicher Art zu kennzeichnen. Auf diese Art und Weise wurde eine wesensmäßige Einheit des "Ketzer/innen"tums hergestellt trotz aller Vielgestaltigkeit, was auch dem Ideal des mittelalterlichen Denkens entsprach: den Glaubensgegner als ein Wesen zusammenzufassen und dann darüber zu triumphieren: "Sie sind ja gespalten und uneinig unter sich." (ebenda, S. 100/101). Da es keine geistige Einheit gab, gab es auch keine Wahrheit.

Wenn man diese Hintergründe kennt, ist es sehr fragwürdig, was über die "Ketzer/innen" berichtet wurde, denn

"... es hat seine literarische Tradition, ist seit Jahrhunderten genauso, aber als 'Konsequenz' ganz anderer Lehren über Ketzer jeder Art verbreitet worden. Denn Rigoristen oder Libertiner - der katholische Geist hat gegen jede Durchbrechung seines Kompromisses zwischen Geist und Fleisch, von welcher Seite es sei, mit gleicher Vehemenz und ganz gleichen Mitteln reagiert."
(ebenda, S. 104/105)

Selbst wenn man aus den Zeugnissen über die "Ketzerei" das wegstreicht, was den Naturgesetzen widerspricht - Teufelerscheinungen, Dämonen, Zauberei - und beargwöhnt, was nach den Gesetzen der menschlichen Seele unglaubhaft ist, kommt man noch nicht an den Kern der "Ketzerei" heran.

"Der Weg dazu, den bisherigen Versuchen entgegengesetzt, führt über das Verständnis des Wesens der katholischen Ketzerauffassung. Hat man die Anschauungen und die Tendenzen begriffen, die über alle Tatsachen hinweg den vorgefaßten Typus des Ketzertums in kirchlicher Vorstellung festlegen, so bleibt zwar gewiß nicht einfach nach Abzug dieser typischen Faktoren das Tatsächliche übrig; aber man kennt dann das reflektierende Medium, durch das uns alles Wissen von den Ketzern vermittelt ist und mit Hilfe dieser Kenntnis kann man versuchen, die Vorgänge anzuschauen - wenn nicht, 'wie sie wirklich waren', so doch aus unserer historischen, nicht aus der kirchlich-typischen Einstellung des Mittelalters." (ebenda, S. 106/107)

Für eine gerechtere Beurteilung der "Schwestern und Brüder des freien Geistes" hat GRUNDMANN eine interessante Entdeckung gemacht. Beim Vergleich der Aussagen von zwei Brüdern des freien Geistes aus Eichstädt (1381) und Erfurt (1367) stellte er fest, daß die Angeklagten nach den Artikeln der Bulle "Ad nostrum" befragt wurden, die auf dem Konzil von Vienne 1317 erlassen wurden und die die acht Irrlehren der Beginen und Begarden aufführten. Diese acht Irrlehren beinhalteten im wesentlichen Sätze aus dem Buch der Marguerite Porète "Der Spiegel der einfachen Seelen", für das sie auf dem Scheiterhaufen verbrannt wurde.

Zusätzlich zu den acht Artikeln wurden Aussagen bereits verurteilter "Ketzer/innen" herangezogen. Unterschiede in den Aussagen der "Ketzer/innen" können deshalb als spezifisches Gedankengut der jeweiligen "Ketzer/innen" beurteilt werden. So diente die Bulle "Ad nostrum"

"... anderthalb Jahrhunderte lang als Rechtsgrundlage für die Verurteilung bestimmter hier zuerst formulierter Ketzerlehren, ja geradezu als Fragebogen (interrogatorium) für deren Untersuchung im Verhör, man kann fast sagen: als cartula, die allen verdächtigen Begarden und Beginen auf- oder vorgelegt wurde, um die darin schon formulierten Aussagen von ihnen zu hören." (GRUNDMANN 1965, S. 530/531)

"Andrerseits würde man sich von der fast formelhaft gleichlautenden, oft durch Vorlageakten der Inquisitoren erklärlichen Übereinstimmung ihrer protokollierten Antworten auf gleiche Fragen täuschen lassen, wenn man darin festgeprägte, permanente, durch Propaganda verbreitete 'Glaubenssätze' einer Sekte sehen wollte, von der diese Ketzer selbst nie sprachen, wie ihre Inquisitoren und die Chronisten (daher später die Historiker). Sieht und hört man genauer hin, so klingen alle bekannten Verhöre dieser Art vom 13. bis zum 15. Jh. eher wie Äußerungen aus verwandter, religiöser Gesinnung (verwandt auch mit rechtgläubiger Mystik), die auf gleiche Fragen zwar ähnlich reagierte, aber sich jeweils recht verschieden nach persönlicher Eigenart oder situationsbedingten

> Umständen auswirken und verhalten, sich auch hie und da mit anderen Gedanken verbinden konnte. Statt weiterhin nach einer 'Sekte' zu fahnden und ihr eine gemeinsame Lehre zu unterstellen, ist zunächst einmal ohne dieses inquisitorische Vorurteil, auch ohne den dadurch erregten, nur in Einzelfällen berechtigten moralischen Abscheu auf diese Symptome einer mit der Kirchenlehre unvereinbaren Denkweise über Gott und Geist, Seele und Mensch zu achten, die in diesen Jahrhunderten zumal in Deutschland merkwürdig oft auftaucht, und manche künftig geistig seelische Wandlung ankündigte."
> (ebenda, S. 549/550 ff.)

Weil im wesentlichen nur Aussagen der "Ketzer/innen" aus den Inquisitionsakten als Quellen für die Herausarbeitung der theologischen Vorstellungen der "Schwestern und Brüder des freien Geistes" herangezogen werden können und deutlich geworden ist, wie problematisch diese Vorgehensweise ist, kann uns das wiederaufgefundene Buch der Marguerite Porète der "Wahrheit" über die Lehre der "Schwestern und Brüder des freien Geistes" ein wesentliches Stück näher bringen (vgl. Kapitel 8).

7 Die "Schwestern und Brüder des freien Geistes"

Obwohl die freigeistigen Gruppen der "Schwestern und Brüder des freien Geistes" in der Literatur meist nur unter dem Namen "Brüder des freien Geistes" oder seltener unter dem Namen "Brüder und Schwestern des freien Geistes" bekannt sind, habe ich die o.g. Bezeichnung gewählt. Wie ich noch nachweisen werde, wird in der Literatur selbst dann von "Brüdern" geredet, wenn nachweislich auch "Schwestern" zu diesen Gruppen gehörten. Ursache für dieses Unsichtbarmachen von Frauen ist zum einen der androzentrische Blickwinkel der Autoren und zum anderen die sexistische Sprache.

Am Beispiel der "Schwestern und Brüder des freien Geistes" läßt sich aufzeigen, daß allein die Bezeichnung einer Gruppe '"Brüder" des freien Geistes' die Frauen dieser Gruppe unsichtbar macht. Die androzentrische Sichtweise hat zur Folge, daß Frauen lediglich als Verführte, als Publikum oder als indirekte Förderinnen begriffen werden und nicht als autonome Subjekte, als Jüngerinnen des freien Geistes oder als Initiatorinnen dieser Bewegung anerkannt werden.

Bei der Darstellung der "Schwestern und Brüder des freien Geistes" geht es mir aber nicht nur darum nachzuweisen, daß Frauen in dieser "Ketzer/innen"bewegung in großer Zahl vertreten waren, sondern vor allem um ihre Theologie. Ihre Mystik vermittelte eine Freiheit, die Männer und Frauen in gleicher Weise empfanden, wenn sie den Zustand der Vollkommenheit erreicht hatten. Dieser Zustand der Vollkommenheit war im Gegensatz zur traditionellen Lehre schon in diesem Leben zu erreichen und von ewiger Dauer. Infolge dieser Vollkommenheit waren alle kirchlichen wie gesellschaftlichen Normen hinfällig geworden. Dies galt auch für die geschlechtsspezifischen Normen, was aber nicht bedeuten muß, daß damit die Geschlechtsunterschiede aufgehoben waren.

An dieser Gruppe läßt sich außerdem deutlich machen, wie sehr befreiende Vorstellungen auch ins Gegenteil umschlagen können. Die Vorstellung eines "Tausendjährigen Reiches" wie das Bewußtsein, den Vollkommenheitszustand erreicht zu haben, hat gesellschaftssprengende und tödliche Wirkungen gehabt, wenn sie von einer politischen Elite in die Tat umgesetzt wurden (Nationalsozialismus/Kommunismus). Deshalb scheint es mir wichtig zu sein, über die befreienden Aspekte nicht die freiheitsmißverständlichen, bzw. mißbräuchlichen Aspekte der Freiheitsidee zu vergessen. Nur in der Dialektik und im Aufzeigen der Spannung zwischen den positiven und negativen Aspekten scheint mir die Annäherung an das befreiende Gottesbild der "Schwestern und Brüder des freien Geistes" möglich zu sein.

Da ich sowohl Marguerite Porète wie die vilemitische Gruppe der freigeistigen Bewegung zuordne (vgl. Kapitel 8 und 9), will ich auf übereinstimmende theologische Vorstellungen hinweisen, um ihre gemeinsamen geistigen Wurzeln deutlich zu machen.

Bei der Darstellung der "Schwestern und Brüder des freien Geistes" beziehe ich mich im wesentlichen auf die Forschungsergebnisse von COHN (1961), die dieser in seinem Buch "Das Ringen um das Tausendjährige Reich" zusammengefaßt hat.

Die Anhänger/innen des freien Geistes bildeten nicht so sehr eine einheitliche Bewegung als eine Anzahl von ähnlich gesinnten Gruppen, von denen jede ihren eigenen Messias, ihr eigenes Bekenntnis, ihr eigenes Ritual und ihren eigenen Namen hatte. Der Kontakt zwischen ihnen war sehr locker. Die Geistbewegung war aber stets an einem Kern einheitlicher Lehren erkennbar, die von Generation zu Generation weitergetragen wurden. Obwohl ihre Anfänge weit zurückreichen, trat die Lehre erst im 14. Jahrhundert deutlich zutage. Wie sie sich zu dieser Zeit präsentierte, blieb sie im wesentlichen bis zu ihrem Erlöschen (COHN 1961, S. 161). Nach Norman COHN ist diese "Ketzerei" des freien Geistes als wilder Sprößling der Mystik zu betrachten.

> "Kirchliche wie ketzerische Mystik entsprang der Sehnsucht nach unmittelbarer Schau der Gottheit und der unmittelbaren Vereinigung mit Gott; beide betonen die Vorzüge des intuitiven und insbesondere des ekstatischen Erlebens und beide erfahren durch die Wiederentdeckung der neuplatonischen Philosophie einen bedeutenden Auftrieb." (ebenda, S. 137)

Sie unterschieden sich aber darin, daß die orthodoxen Mystiker/innen ihre Erlebnisse im Rahmen der von der institutionellen Kirche gebilligten Traditionen erfuhren und beschrieben. Wenn sie die Kirche kritisierten, so zielten sie auf deren Erneuerung und nicht auf deren Abschaffung. Die "Schwestern und Brüder des freien Geistes" waren dagegen kompromißlos subjektiv und beugten sich keiner Autorität außerhalb ihrer eigenen individuellen Erfahrung. Ein wesentliches Merkmal dieser "Ketzerei" lag in der Selbstüberschätzung ihrer Jünger und Jüngerinnen. So glaubten sie, eine absolute Vollkommenheit erreicht zu haben, die es möglich machte, daß sie nicht mehr sündigen konnten. Eine praktische Folge dieser Glaubenshaltung war z.B. ihr Antinomismus (ebenda, S. 138). Diese theologische Lehre leugnete jede Bindung an das Sittengesetz, betonte die menschlichen Glaubensfreiheit und forderte die göttliche Gnade.

7.1 Ursprung der "Schwestern und Brüder des freien Geistes"

Die Historiker führen die Anfänge der "Ketzerei" des freien Geistes auf das 13. Jh. zurück. COHN geht dagegen davon aus, daß diese schon geraume Zeit vor Ende des 12. Jahrhunderts in Westeuropa existierte; denn bereits den Messalinern oder Euchiten - ein seit Ende des 4. Jhs. vom Klerus heftig umkämpfter, sich auf den Heiligen Geist berufender Mönchsorden der Ostkirche - sei Selbsterhöhung, die nicht selten auf Selbstvergottung hinauslief, und Antinomismus, der sich oft in anarchischer Erotik äußerte, vorgeworfen worden. Ich bin dagegen der Ansicht, daß ihr Ursprung bis an die Anfänge des Christentums zurückreicht, was nach meiner Ansicht die Vorstellungen der Gnosis auch belegen (vgl. PAGELS 1981).

Trithemius, Abt des Kloster Sponheim im 15. Jh., erblickte dagegen in Tanchelm, der in Antwerpen als Messias auftrat, den Gründer und ersten Jünger des freien Geistes. Was das Abendland betrifft, mag er nach COHN Recht haben; denn Tanchelm behauptete wie Christus Träger des Heiligen Geistes und fleischgewordener Gott zu sein. Außerdem wurde schon ihm nachgesagt, daß die von ihm "verführten Frauen" seine ersten Anhängerinnen waren.

> "... auch habe jede Frau danach gestrebt, seine Geliebte zu werden, während er selbst seine Wollust zum 'geistigen Akt' stempelte ..."
> (COHN 1961, S. 139).

Die o.g. Argumentation von COHN finde ich sehr fragwürdig; 1. stützt er seine Annahme, daß Tanchelm der erste Jünger des freien Geistes im Abendland war, auf die Behauptung, daß auch er libertinistischen Neigungen nachgegangen sei, ähnlich wie es von den "Schwestern und Brüder des freien Geistes" behauptet wird. 2. hält er diese Behauptung für wahr, obwohl ihm bewußt ist, daß sie von seinen Gegnern stammt, und 3. beweist seine kritiklose Übernahme einer sexistischen Aussage seinen androzentrischen Blickwinkel. Diesen Zusammenhang zwischen verführten Frauen und Anhängerinnen stellt COHN auch an anderen Stellen her.

Nach Berichten von Trithemius sollen Norbert von Xanten und seine Prämonstratenser die "Ketzerei" in der Gegend von Antwerpen wirkungsvoll bekämpft haben. Sie soll aber daraufhin woanders aufgetaucht sein.

Von der Mitte des 12. Jahrhunderts an lassen sich die Spuren dieser Glaubenshaltung, die später die "Ketzerei" des freien Geistes genannt wurde, unter der Masse der Wanderprediger und Pseudopropheten/innen in den übervölkerten, für messianische Hoffnungen anfälligen Gegenden finden - in Nordfrankreich, in den Niederlanden und am Rhein. Bereits 1157 befaßte sich die Synode zu Reims, zu der fast ganz Nordfrankreich und die Niederlande gehörte, mit gewissen Häretikern/Häretikerinnen. Von diesen ist bekannt, daß sie "pifres" genannt wurden und Weber waren, arme Menschen, die von Ort zu Ort flohen und ihre Namen wechselten.[1]

Auch von ihnen wird berichtet, daß sie in den Wohnungen einfacher Leute unterkamen, wo sie zu geistigen Führern wurden und Anhänger/-innen um sich versammelten. Wie Tanchelm sicherten sie sich ihre Gefolgschaft durch den Schein der Heiligkeit ("Ketzer/innen"schema). Ihr Asketentum ging so weit, daß sie die Ehe als unreinen Zustand brandmarkten. Außerdem wird von ihnen berichtet, daß sie eine eigenartige "Beherrschung der Frauen" anstrebten mit dem Ziel, sie zu verführen.

Über eine Gruppe von 8 Laien und 3 Frauen (hier scheint der Plural Laien eindeutig nur Männer zu meinen), berichtete Cäsarius von Heisterbach, daß sie 1163 von Flandern nach Köln wanderten, als "Ketzer/innen" denunziert wurden, und der Mönch Eckbert von Schönau sie vergeblich zu bekehren versuchte. Weil sie sich weigerten, wurden sie exkommuniziert und verbrannt.

---

[1] Kritik von GRUNDMANN: Der Beruf des Webers wurde aus ideologischen wie praktischen Gründen gewählt und ist kein unbedingter Hinweis auf den sozialen Stand der "Schwestern und Brüder des freien Geistes" (GRUNDMANN 1961).

In einem Traktat Eckberts gegen die verschiedenen am Rhein angetroffenen "Ketzer/innen" berichtete auch er, daß diese behaupten, Weber zu sein und ähnlich wie die "Apostel" leben wollen. Ihre Webstuben und Keller betrachten sie als die wahren Stätten des Glaubens. Was Arnold - der Anführer der oben genannten Gruppe - und seine Anhänger/innenschaft anging, "bekannten sie sich offen zu einer neuen, unerhörten Verrücktheit, die etwas mit der menschlichen Natur des Heilands zu tun habe" (ebenda, S. 140). Nach einer Schilderung Trithemius von Sponheims betrachteten Arnold und seine Anhänger sämtliche Priester als Seelenverführer und Werkzeuge des Teufels und verhöhnten Lehre, Ritual, Sakramente und Ordnungen der Kirche. Sie betraten keine Kirche, hörten keine Predigt und verspotteten und verhöhnten das Abendmahl (ebenda, S. 139 ff.).

Interessant ist ihre Selbsteinschätzung und Beurteilung ihrer Gegner, da sie sehr ähnliche Kategorien zur Abgrenzung gebrauchten wie die orthodoxe Kirche. Wer sich ihnen nicht anschloß, war ein "Ketzer", Kirchenspalter, Ungläubiger, Gott Mißfallender, zur ewigen Verdammnis verurteilter Mensch. Nur sie allein seien in Besitz des wahren Glaubens und bildeten die wahre Kirche Gottes (wie einige gnostische Gruppen). Sie beanspruchten für sich, vom Heiligen Geist erfüllt zu sein und darum absolut rein und frei von Sünde. Was sie auch immer täten, sündigen könnten sie nicht. Sie dürften wahllos Geschlechtsverkehr betreiben in jeder beliebigen Form und beriefen sich dabei auf den Apostel Paulus: Dem Reinen ist alles rein.

Nach Trithemius hat der Teufel diese "Ketzerei" in späterer Zeit immer weiter ausgesät, vor allem in Böhmen, im Elsaß und in Thüringen. Noch zu seinen eigenen Lebzeiten hätten sich viele dazu bekannt. Nach COHN berief sich dieser Chronist auf ein Traktat der Hildegard von Bingen, das sie gegen "gewisse" Häretiker/innen geschrieben hatte. Dieses ist zwar verlorengegangen, doch existiert ein Brief von ihr, der die Mainzer Domherren über die Existenz "gewisser" Häretiker/innen unterrichtete. Dieser ist nur wenige Wochen vor der Hinrichtung Arnolds und seiner Anhänger/innen geschrieben worden.

> "Diese leugnen nicht nur die heilbringende Kraft des Abendmahls und verurteilen den Ehestand, sondern glauben, auch Gottes Gebote ignorieren und

nach ihrem eigenen Gutdünken leben zu dürfen. Sie schwächen zu Beginn ihren Körper durch Fasten und sind dann nachher frei, den fleischlichen Gelüsten zu frönen." (ebenda, S. 141)

Auch ihr Gott sei nicht unsichtbar, was wohl bedeutet, daß ihnen Arnold als lebender Gott erschien wie Tanchelm seiner Gefolgschaft. Diese Aussagen Hildegards von Bingen über Arnold und seine Anhänger/innen belegen nach COHN, daß es die spezifische "Ketzerei" des freien Geistes schon geraume Zeit vor Ende des 12. Jahrhunderts in Westeuropa gegeben hat, abgesehen von ihren Anfängen bei den Messalinern.

7.2 Geistige Väter der Lehre der "Schwestern und Brüder des freien Geistes"

Die Entwicklung der Lehre des freien Geistes zu einem theologischen und philosophischen System fällt in die Anfänge des 13. Jahrhunderts. Sie war das Werk einer Gruppe von Geistlichen, von denen Cäsarius von Heisterbach sagte, daß sie Männer mit großem Wissen und Verstand waren. Ihre Ausbildung genossen sie an der Pariser Universität, und ihr philosophischer Lehrmeister war Amalrich von Bena, nach dessen Namen sie Amalrikaner genannt wurden. Ihr zweiter geistiger Vater war Joachim von Fiore, der auf der Basis der kirchlichen Trinitätslehre eine Geschichtstheologie entwickelte, die von drei Zeitaltern ausging.

Bevor ich die besondere Bedeutung der Amalrikaner für die weitere Ausgestaltung und Ausbreitung der Lehre der "Schwestern und Brüder des freien Geistes" beschreibe, will ich zunächst die theologischen Lehren dieser beiden geistigen Väter darstellen.

Amalrich von Bena (+ 1206/07)

Amalrich war ein vielgerühmter Universitätsprofessor an der Pariser Universität. Für eine gewisse Zeit genoß er großes Ansehen in Kirche und Welt. Er wurde vom Papst Innozenz III. wegen Verbreitung falscher Lehren verurteilt und zum öffentlichen Widerruf gezwungen. Zwei oder drei Jahre nach Amalrichs Tod kam man einer "Ketzer/innen"gruppe, den

Amalrikanern, auf die Spur und machte Amalrich für die Lehre verantwortlich.

> "Mit Gewißheit weiß man von Amalrichs Lehre nur, daß es sich um einen mystischen Pantheismus handelte, der sich weitgehend auf die neuplatonische Überlieferung stützte, insbesonders auf die 'De divisione Naturae' des Johannes Scotus Erigena." (ebenda, S. 141)

Scotus Erigena (ca. 810-877) gilt als bedeutendster, neuplatonisch beeinflußter Denker des Frühmittelalters. Infolge der von Amalrich aus dieser Lehre abgeleiteten Folgerungen wurde das 350 Jahre alte Werk des Scotus Erigena gemeinsam mit den arabischen Abhandlungen und Kommentaren über und zu Aristoteles als "ketzerisch" beurteilt.

NIGG, ein weiterer Autor, der sich mit der "Ketzer/innen"geschichte des Christentums beschäftigt hat, beschreibt Amalrichs Lehre folgendermaßen:

> "Es klingt zunächst wie eine 'Rätselrede', wenn Amalrich sagt: 'Alles ist eines und was ist, ist Gott', obschon im Neuen Testament ähnliche Sätze vorkommen. Amalrich behauptete die Identität von Schöpfer und Geschöpf. Gott ist die einheitliche Essenz aller Kreaturen. Die Ideen schaffen und werden geschaffen. Alles Geteilte und Veränderliche kehrt schließlich zu Gott zurück, um in Gott unveränderlich zu ruhen, und wird darum in ihm als ein Individuum bleiben. Abraham und Isaak sind nicht verschieden, sondern von derselben Natur, ebenso ist alles eines, und dieses eine ist Gott - eine Aussage, mit welcher Amalrich sich einem mystischen Pantheismus näherte ... Sein tiefstes Anliegen hat Amalrich in dem Satz ausgesprochen: Jeder Christ muß glauben, er sei ein Glied Christi und könne nicht selig werden, wenn er daran nicht ebenso gut glaube, wie an die Geburt und den Tod des Erlösers oder an andere wichtige Glaubensartikel. Auch für diese in die mystische Atmosphäre führende Anschauung konnte Amalrich sich auf das Neue Testament berufen. Nach dem Pariser Magister hat der Christ zu glauben, daß er als Glied des Leibes Christi gemeinsam mit dem Erlöser am Kreuz gelitten habe. Wahrscheinlich hat Amalrich daraus eine Einschränkung der Sakramente gefolgert. Nach ihm wirkt der Heilige Geist innerlich ohne äußere Mittel. Der Leib Christi ist schon vor der Verwandlung im Brote des Altars, wie denn auch Gott in jeder Seele gegenwärtig wohne. Gott hat ebenso durch Ovid wie durch Augustin geredet, und Christus sei in keiner anderen Weise Gott gewesen, als wie jeder andere Mensch auch. Himmel und Hölle verstand Amalrich symbolisch. Wer die rich-

tige Gotteserkenntnis habe, der trage den Himmel in sich, wer aber eine Todsünde begangen habe, befinde sich bereits in der Hölle.
Von großer Kühnheit war auch die Ethik des Amalrichs, die in dem Satz angedeutet ist: 'Den in der Liebe stehenden wird keine Sünde zugerechnet.' Danach ist, was sonst Sünde genannt werden muß, nicht mehr Sünde, wenn es in der Kraft der Liebe geschieht. Dieser Anschauung entsprechend betrachtete er auch die Regungen des Willens als Regungen des göttlichen Willens. Gott bewirkt alles im Menschen, sowohl das Wollen als das Vollbringen. Zwischen Gut und Böse gibt es keinen Unterschied. Gewissensbisse sind etwas Unnötiges." (NIGG 1949, S. 251)

Interessant scheint mir, daß Vorstellungen des mystischen Pantheismus wie die platonische Vorstellung von der Rückkehr der Seele zu Gott auch bei Marguerite Porète zu finden sind. Außerdem geht sie ebenso davon aus, daß der Leib Christi schon vor der Verwandlung im Brote des Altars ist. Auch für sie gilt, daß die Sünde ein Nichts ist, wenn die vernichtigte Seele mit Gott vereint ist (vgl. Kapitel 8).

Joachim von Fiore

Als zweiter geistiger Vater der "Schwestern und Brüder des freien Geistes" gilt Joachim von Fiore (1132-1202). Dieser "lebte in einem Zeitalter, in dem das Stichwort 'Weltende' die Theologen ebenso wie das christliche Volk in Unruhe versetzte" (LÄPPLE 1988, S. 98). Schon als das Jahr 1000, das von vielen als Termin des Weltendes angesehen wurde, sich als Fehleinschätzung erwiesen hatte, glaubte man nur noch mit einer kurzen Verzögerung auf das Ende der Welt warten zu müssen. Man erinnerte sich an das Wort in der Johannäischen Apokalypse (Offenbahrung 20,2): "Er überwältigte den Drachen, die alte Schlange - das ist der Teufel oder der Satan - und er fesselte ihn für tausend Jahre." oder an die Verse aus dem Petrusbrief (2. Petrus 3, 8-9): "Beim Herrn sind ein Tag wie tausend Jahre und tausend Jahre sind wie ein Tag" (ebenda, S. 98 ff.).

Auch die Theologie dieser Epoche beschäftigte sich in ihren Reflexionen und theologischen Arbeiten mit dem Ende der Welt. Im ausgehenden 11. und 12. Jh. verstärkte sich diese Tendenz noch. Immer neue Termine vom Ende der Welt wurden angegeben: 1100, 1132, 1200, 1233.

> "Das christliche Volk sah sich in höchste Spannung versetzt. Große Theologen dieser Zeit wie Rupert von Deutz (1070 - 1135), Hugo von St. Victor (gestorben am 11.2.1141), Anselm von Havelberg (gestorben 1158) und Otto von Freising (1112 - 1158) erblickten ihre Lebensarbeit in der theologischen Deutung wie in der daraus sich ergebenden Periodisierung der Weltgeschichte. Sie verstanden diese wissenschaftliche Tätigkeit immer auch als seelsorgerliche Zurüstung der Christenheit." (ebenda, S. 100)

Joachim von Fiore verstand sich weder als religiöser noch als politischer Revolutionär, sondern als Sprachrohr eines breiten Unbehagens über den Reichtum und das Machtstreben der Feudalkirche. Er war Abt des kleinen Zisterzienserklosters Curazzo und ließ sich wie die zeitgenössischen Geschichtstheologen von versteckten, oft übersehenen Andeutungen und Prophezeiungen der Hebräischen Bibel und des Neuen Testaments leiten. Joachim von Fiore berief sich in seiner geschichtstheologischen Deutung auf die Erleuchtung durch den Heiligen Geist und gab ihr damit göttliche Autorität (ebenda, S. 100).

Die Gliederung der gesamten Weltgeschichte nach dem christlichen Dreifaltigkeitsglauben ist schon bei Augustinus wie auch bei Rupert von Deutz zu finden.

Doch Joachim von Fiore versuchte darüber hinaus, die überlieferte Dreiteilung der Weltgeschichte durch Heranziehung neutestamentlicher Texte mit genauem Datenmaterial auszustatten. Er ging von der Auffassung aus, daß die Weltgeschichte in die drei Zeitalter des Vaters, des Sohnes und des Heiligen Geistes gegliedert ist und jede dieser Epochen einen gleichen Zeitumfang aufweist. Die genaue geschichtliche Dauer jedes dieser drei gleich langen Reiche sah er im Stammbaum Jesu. Den Beginn des Heilig-Geist-Zeitalters errechnete er auf das Jahr 1260.

> "In einer neuen Epoche einer gereinigten Geist-Kirche ersehnte er ein Zeitalter der Orden und der Meditation, eine Epoche der Wahrheit, der Liebe und des Friedens." (ebenda, S. 102)

Wie die jüdische Synagoge des Gott-Vater-Zeitalters durch die Klerikerkirche des Gott-Sohn-Zeitalters abgelöst wurde, so sollte im Jahr 1260 ein noch entscheidender Geschichtsprozeß Wirklichkeit werden. Die institutionelle Klerikerkirche würde ihrem Ende entgegengehen und heraufkommen würde die Mönch- und Mystikerkirche. Damit begänne das Zeitalter des Heiligen Geistes. Diese Epoche sei die letzte Etappe der

Weltgeschichte, die unaufhaltsam dem Jüngsten Tag entgegengehe, der Weltgericht und Weltumwandlung beinhalte (ebenda, S. 98 ff.).

Die Amalrikaner und die Lehre des freien Geistes

In den metaphysischen Spekulationen Amalrichs findet sich wenig, was die explosive Lehre der Amalrikaner, die 1209 in einem "Ketzer/innen"prozeß aufgedeckt wurde, erklären könnte. COHN sieht eine Erklärung darin, daß die Amalrikaner andere Interessen verfolgten als Amalrich. Diese begriffen sich nicht nur als Propheten abstrakter Ideen, sondern wollten ihre Vorstellungen auch weitergeben (ebenda, S. 143).

> "Hat man aber erst einmal bemerkt, daß die philosophischen und theologischen Lehren Amalrichs und seiner Schüler erst in ihrer 'seelsorgerischen Anwendung' in den Kreisen der religiösen Frauenbewegung ihre besondere häretische Wirksamkeit und Lebendigkeit jenseits bloßer theoretischer Spekulation entfaltet hatten, dann zeigt sich auch die Frage ihrer Nachwirkung in einem neuem Licht ..." (GRUNDMANN 1961, S. 375 ff.).

Die Amalrikaner traten als "heilige, mit wunderbaren Kräften begabte Männer" auf. Wie alle apostolischen Verkündiger agierten sie in den großen Handelsstädten. Obwohl sie am Pantheismus ihres Lehrmeisters festhielten - so war einer ihrer Lehrsätze: Alle Dinge sind eins, denn alles was ist, ist Gott -, zogen sie Folgerungen daraus, die große Sprengkraft besaßen. Einer der vor Gericht stehenden Anführer behauptete: Was ihn anbelange, könne er weder durch Martern noch durch Feuer ausgelöscht werden; denn was ihn anbelange, sei er Gott (COHN 1961, S. 144).

Die Quelle für dieses Selbstbewußtsein lag in der Mystik des freien Geistes begründet. Für diese war nicht Glaube und Hoffnung, sondern allein das Streben nach Erkenntnis bestimmend, ja dies galt als alleiniger Heilsfaktor und als Heilsziel. Die Erkenntnis, die sie gewannen, galt als Offenbarung des in ihnen inkarnierten Heiligen Geistes. Diese Erkenntnis bedeutete Auferstehung, und eine andere Auferstehung gab es nicht. Nichtwissen war Hölle. Sie beriefen sich dabei auf Scotus Erigena, für den Himmel und Hölle kein Raum, sondern Bewußtseinszustände waren.

Das Böse, die Sünde, war für sie ein Nichts, ähnlich wie für Marguerite Porète. Sie beanspruchten für sich als Christen nicht nur Glieder Christi und wie alle Geschöpfe ein Teil des mit Gott identischen Alls zu sein, sondern behaupteten als Spirituale des Zeitalters des Geistes, Christus und Heiliger Geist zu sein. Damit widersprachen sie der Lehre der christlichen Theologie, wonach das Wunder der Fleischwerdung (Inkarnation) durch Christus als einmalig betrachtet wird. Sie behaupteten, daß sich die Inkarnation des Geistes in jedem von ihnen wiederhole.

Sie sahen wie Joachim von Fiore den geschichtlichen Ablauf in drei Zeitalter aufgeteilt, die mit den drei Personen der Dreifaltigkeit korrespondierten. Doch glaubten sie anders als jener, daß jedes Zeitalter den ihnen gemäßen Verkündiger besitze.

> "Vom Anfang der Welt bis zur Geburt Christi habe der Vater allein gehandelt und sei in Abraham, vielleicht auch in anderen Patriarchen des Alten Testaments, Fleisch geworden. Das mit der Menschwerdung Christi begonnene Zeitalter sei das des Sohnes gewesen." (ebenda, S. 145)

Jetzt sei aber das Zeitalter des Heiligen Geistes angebrochen, das bis zum Weltende dauere. Dies sei die Zeit, da sich der Heilige Geist im Fleisch inkarniere. Die Amalrikaner seien die ersten, in denen das geschehe. Sie beanspruchten die wahre Vollkommenheit und Göttlichkeit aber nicht nur für sich alleine, sondern hofften, die ganze Menschheit dieser Vollkommenheit zuführen zu können.

> "Binnen 5 Jahren, so verkündigten sie, werden alle Menschen Spirituale sein, so daß ein jeder von sich sagen kann: 'Ich bin der Heilige Geist', und 'Ehe Abraham ward, bin ich' so wie Jesus imstande war zu sagen: 'Ich bin Gottes Sohn', und 'Ehe Abraham war, bin ich'." (ebenda, S. 145)

Die Eschatologie der Amalrikaner verzichtete trotz dieses egalitären Anspruchs nicht darauf, das Königreich einer Elite von Auserwählten vorzubehalten, da nach einer Reihe von Katastrophen nur der "rettende Rest" die Freuden der Göttlichkeit schmecken werde.

Die Beschreibung der Amalrikaner aus der Sicht des Priors des Klosters St. Victor, macht in eindrücklicher Weise deutlich, was man den Amalrikanern vorwarf: Man hielt ihr frommes Verhalten nur für eine Maske, die ihre Verworfenheit, Selbstvergottung und Gottlosigkeit verbergen sollte.

> "'Es gibt', rief er aus, 'profane Neuerungen, die von gewissen Männern befürwortet werden, die man eher als Jünger Epikurs denn als Jünger Christi be-

zeichnen kann. Mit höchst gefährlichem Trug suchen sie die Menschen insgeheim zu überzeugen, daß Sünder nicht zu bestrafen seien, weil es - wie sie sagen - keine Sünde gebe, weshalb Gott keinen wegen seiner Sünde bestraft. Und wenn sie äußerlich und in Gesicht und Rede fromm erscheinen, leugnen sie innerlich in ihren Gedanken und ihren geheimen Ränken den Wert dieser Frömmigkeit. Der größte Wahnwitz und die frechste Unwahrheit ist aber die, daß sich solche Männer nicht fürchten, noch erröten, wenn sie behaupten, Gott zu sein. Oh, welch grenzenlose Torheit, welche verabscheuungswürdige Anmaßung, daß ein Ehebrecher, ein männliches Kebsweib, ein von Schamlosigkeit Gezeichneter, ein Gefäß der Unreinheit, Gott genannt werden soll!'"
(ebenda, S. 146)

Die Gefährlichkeit der Amalrikaner lag für die Kirche also nicht nur in ihren philosophischen Spekulationen und den praktischen Konsequenzen, die sie daraus zogen, sondern im besonderen darin, daß sie ihre revolutionäre Lehre auch dem Volk in den Städten predigten. Sie verbreiteten eine Lehre, die einer Befreiung von allen gesellschaftlichen und kirchlichen Normen gleichkam. Ihre Utopie vom vollkommenen Menschsein läßt sich in folgenden Grundsätzen zusammenfassen.

Für die geistigen Menschen des letzten Zeitalters, die in Besitz der wahren Erkenntnis seien und in denen der Heilige Geist inkarniert sei, gelte eine neue Ethik, die nichts von Sünde nach dem Maßstab der moralischen Normen und nichts von Reue und Buße wisse, die vor allem die bisher gültigen Gesetze der Geschlechtsmoral außer Kraft setze. Nur von göttlicher Güte und nicht von göttlicher Gerechtigkeit war die Rede. Die Kraft der Liebe hob in ihren Augen die Scheidung von Gut und Böse auf.

7.3 Die "Schwestern und Brüder des freien Geistes" und die "religiöse und soziale Aufbruchsbewegung"

Nach dem "Ketzer/innen"prozeß gegen die Amalrikaner scheint es so, als ob damit der Verbreitung der Lehre des freien Geistes Einhalt geboten wurde; denn in den folgenden 50 Jahren sind keine "Ketzer/innen" wegen ähnlicher theologischer Vorstellungen angeklagt worden. Ein Grund dafür ist sicher die "religiöse und soziale Aufbruchsbewegung" des 13. Jhs., die in ihren Anfängen einige Forderungen der früheren "Ketzer/innen" (des freien Geistes) aufnahm und realisierte. So stellte das Postulat der Armut nun auch das oberste Ideal der meisten orthodoxen Gruppen der "religiösen und sozialen Aufbruchsbewegung" dar.

Als im 12. Jh. die Kluft zwischen arm und reich immer größer wurde, genoß die Mehrzahl, die es sich leisten konnte, ihren neu erworbenen Reichtum. Aber immer wieder gab es auch Männer/Frauen aus den privilegierten Schichten, die auf Besitz, Macht und Privilegien verzichteten und leben wollten wie die Apostel/innen in der urchristlichen Gemeinde. Da der Kontrast zwischen Armen und Reichen in den Städten besonders groß war, gelangte freiwillig gewählte Armut gerade dort zu großer Bedeutung. Die Sehnsucht nach solcher Entsagung ging durch alle Stände und betraf beide Geschlechter.

COHN rechnet nur Männer zu den freiwilligen Armen. Aus den Berichten damaliger Zeitzeugen wie heutiger Kirchenhistoriker geht jedoch hervor, daß besonders viele Frauen - Frauen aus allen Ständen - dem Ruf der Armut folgten und mit den Wanderpredigern (Robert von Abrissel und Norbert von Xanten) von Ort zu Ort zogen oder in Reformklöster oder Beginenkonvente eintraten (vgl. Kapitel 2 und 3). COHN's androzentrische Sichtweise entspricht, daß er als berühmteste Jünger der freiwilligen Armut nur Petrus Waldes, den Gründer der Waldenser und Franz von Assisi, den Stifter des Franziskanerordens nennt, die beide der Kaufmannsschicht entstammten (ebenda, S. 147). Und doch wählten auch Frauen die Armut als oberstes Ideal, die für die Ordens- und Beginenbewegung von großer Bedeutung waren. So gründete Clara Sciffi z.B. den Clarissenorden, und Maria von Oignies gilt als erste der Beginen, von deren Frömmigkeit und Lebensform Jakob von Vitry so beeindruckt war, daß er sich beim Papst um die Anerkennung des Beginenlebens einsetzte.

So begannen also die Dominikaner und Franziskaner Anfang des 13. Jhs. mit Förderung der Kirche viel von dem durchzuführen, was die apostolischen "Ketzer/innen" in Opposition zur Kirche erstrebt hatten, bzw. erstrebten. Aber nicht nur die Bettelorden, sondern auch der Prämonstratenser- und der Zisterzienserorden predigten am Beginn ihres Wirkens die freiwillige Armut. Von der Jahrhundertmitte an erwiesen sich diese Kanalisierungsmethoden aber als wenig wirksam, da die Orden in ihrem Eifer nachließen und vom Postulat der freiwilligen Armut abwichen.

In Südeuropa spalteten sich verschiedene Gruppen vom Franziskanerorden ab, die die Forderung des Franz von Assisi von absoluter Armut weiterhin ernst nahmen und danach leben wollten. Sie wandten sich schließlich gegen die Kirche. Norditalien und Südfrankreich wurde zur Heimstätte der franziskanischen Spiritualen und der Fraticellen.

So ist es auch zu erklären, daß die Gruppen des freien Geistes ab 1250 neuen Aufschwung bekamen. So wie Frauen und Männer sich den Katharern - eine "Ketzer/innen"gruppe, die sich besonders in Südfrankreich und Oberitalien aufhielt und die apostolische Armut und Wanderpredigt mit dualistischen Vorstellungen und strenger Askese verband - den Waldensern oder den Joachimiten zuwandten, so wurden manche auch Anhänger/-innen der "Schwestern und Brüder des freien Geistes". In den Berichten über diese "Ketzerei" fiel immer wieder auf, daß sie Gesetzesverachtung mit freiwillige Armut verband.

Nachdem es also 50 Jahre gelungen war, die "Ketzerei" des freien Geistes einzudämmen, breitete sie sich gegen Ende des 13. Jahrhunderts weiter aus (ebenda, S. 148 ff.).

Obwohl COHN für die Anfangszeit nur von männlichen Anhängern der "religiösen und sozialen Aufbruchsbewegung" spricht, erklärt er, daß von der Mitte des 12. Jahrhunderts an heilige Bettler beiderlei Geschlechts für "ketzerische" Ansichten empfänglich waren, ohne sich die Mühe zu machen, dafür nach einer Erklärung zu suchen.

Dem widerspricht, daß er trotzdem für die Zeit nach 1250 nur von "Jüngern" des freien Geistes spricht. Diese hätten sich bis zu ihrem Verschwinden regelmäßig unter die Begarden gemischt und stellten somit ein inoffizielles Laienpendant zu dem Bettelorden dar.

Die "ketzerischen" "Begarden" oder "Brüder des freien Geistes" lebten nach COHN jetzt nicht weniger asketisch als die apostolischen "Ketzer" früherer Zeiten. Sie ließen sich als Einsiedler in der Nähe der Städte nieder oder lebten von Almosen. Mindestens einmal habe sich eine Gruppe "ketzerischer" Begarden in einem freiwilligen Armenhaus in Köln aufgehalten. Aber dies schien seiner Meinung nach eine Ausnahme zu sein, da diese Leute das gleiche Wanderleben ohne Besitz und Heim führten, wie die übrigen Begarden[1] (ebenda, S. 149).

---

[1] Die Begarden lebten in der Mehrzahl ein ähnliches Leben wie die Beginen in den Beginenkonventen (vgl. GRUNDMANN 1961).

Auch diese Darstellung macht deutlich, daß COHN Frauen als Jüngerinnen des freien Geistes ausschließt. Dem entspricht, daß er nur von apostolischen "Ketzern" und "Einsiedlern" früherer Zeiten spricht.

7.4 Die "Brüder" des freien Geistes und ihre Anhänger/innen

Die "Brüder" des freien Geistes werden von COHN als "Männer" verschiedenster sozialer Herkunft beschrieben. Einige "Brüder" seien ursprünglich Handwerker gewesen oder hätten aus wohlhabenden Familien gestammt. Andere hätten der weniger privilegierten Intelligenzschicht angehört, nämlich ehemalige Priester, Mönche und Träger niederer Weihen.

Trotz ihres unterschiedlichen Standes seien alle in gleicher Weise gebildet und wortgewaltig gewesen.

Wie alle Pseudopropheten verdankten sie ihren Ruf sowohl dem Asketentum, das als Gewähr für wundertätige Kräfte galt, wie auch ihrem persönlichen Auftreten und ihrer Beredsamkeit.

Diese Charakterisierung macht deutlich, warum COHN Frauen als Jüngerinnen ausschließt. Frauen waren weder gebildet noch wortgewaltig. Sie kommen deshalb nur als Publikum in Betracht.

Er nennt jedoch eine Gruppe von Frauen, die nicht weniger zwingende Gründe hatte, sich vernachlässigt und ratlos zu fühlen wie die entwurzelte Masse der Armen, und zwar die unverheirateten Frauen und Witwen der städtischen Oberschicht. Er führt ihre Aufgeschlossenheit für die Lehre des freien Geistes auf ihre besondere Lebenssituation zurück. Während den adeligen Witwen und Ledigen nur der Eintritt ins Kloster offenstand, fanden die weiblichen Angehörigen aus dem Bauern- und Gewerbestand in der Landwirtschaft und im Gewerbe weltliche Betätigungsfelder. Lediglich den Frauen aus den reichen Kaufmannsfamilien bot die mittelalterliche Gesellschaft keinen anerkannten Platz außerhalb der Ehe. So ist es für COHN einleuchtend, daß die alten Jungfern und Witwen dieser Schicht mit der gleichen Intensität wie die Masse der Armen "einen Erlöser oder irgendeinen heiligen Mann ersehnten". Mit dessen Hilfe konnten sie zu einer Überlegenheit gelangen, die ebenso groß war, wie ihre gegenwärtige Erniedrigung (ebenda, S. 150).

Diese Darstellung ist außer ihrer androzentrischen Sichtweise aus mindestens zwei Gründen zu kritisieren. 1. COHN geht von einem Frauenüberschuß aus, den er auf die ewigen Kriege und blutigen Fehden wie auf die Ehelosigkeit der Welt- und Ordensgeistlichen zurückführt. Neue bevölkerungsstatistische Analysen weisen dagegen die auf Bücher zurückgehende These eines Frauenüberschusses in den mittelalterlichen Städten als grundsätzlich nicht stichhaltig zurück (WEINMANN 1988, S. 171 und ENNEN 1985, S. 142 ff.). 2. Die Reformklöster wie auch die Beginenkonvente boten auch Frauen aus dem Bürgertum eine Alternative zu ihrem abhängigen Leben in der Familie.

7.5 Bedeutung der Frauen in der freigeistigen Bewegung

Daß die Frauen in der "Ketzer/innen"bewegung des freien Geistes eine große Rolle gespielt haben, wird mehrfach behauptet, z.B. von COHN (ebenda, S. 150). Er weist darauf hin, daß bereits von den Amalrikanern gesagt wurde, sie wären in den Heimen der Witwen als unautorisierte geistliche Berater aufgetreten.

Diese Beschreibung und Interpretation der Beziehung der Amalrikaner zu den Frauen macht die wirkliche Bedeutung der Frauen für die Verbreitung der Lehre der Amalrikaner unsichtbar und ähnelt dem, was über die Frauen in den urchristlichen Gemeinden ausgesagt wurde. Auch ihr Beitrag wurde im wesentlichen nur darin gesehen, daß sie ihre Häuser zur Verfügung stellten. Daß sie darüber hinaus finanzielle Unterstützung leisteten und die Gruppen, die sich in ihren Häusern zusammenfanden auch selbst leiteten und als Missionarinnen oder Prophetinnen tätig waren, ist verschwiegen worden.

Aus den Inquisitionsakten über den Prozeß gegen die Amalrikaner geht hervor, daß viele Frauen nach der Festnahme der Amalrikaner verhört, aber wieder freigelassen wurden. Diese Frauen waren u.a. diejenigen, die die Lehre der Amalrikaner bewahrt und weitergetragen haben, so daß diese Lehre im 13. Jahrhundert wieder aus dem Untergrund auftauchen konnte.

"Aber die neuartige religiöse Stimmung und die eigenartigen religiösen Lebensformen, aus denen sich schon am Anfang des 13. Jahrhunderts die Empfänglichkeit für pantheistische, mystische, spiritualistische Gedanken ergab, haben in der Folgezeit vor allem in Frauenkreisen fortbestanden und sich weiter ausgebreitet." (GRUNDMANN 1961, S. 376)

Die geistige Verwandtschaft zwischen Beginen und Amalrikanern kommt auch in den Berichten der Chronik von Mailros zum Ausdruck. Danach wurden die im Jahre 1210 in Paris verurteilten "Ketzer" als Amalrikaner oder Godiner, im Volksmund aber als Papelarden bezeichnet. Aufklärung über die Gruppe der Papelarden gibt Jakob von Vitry, ein Förderer der Beginenbewegung. Dieser behauptete, man bezeichne in Frankreich mit dem Wort Papelarden dieselben religiösen Frauen, die man in Flandern und Brabant Beginen nenne, Frauen, die man im ersten Jahrzehnt des 13. Jahrhunderts auch in Flandern aufgrund ihrer neuartigen religiösen Lebensweise als "Ketzerinnen" verdächtigte und deshalb als Beginen bezeichnete. Die Gleichzeitigkeit der Benennung läßt darauf schließen, daß die Pariser "Ketzer" und die religiösen Kreise der Beginen als zusammengehörig, gleichartig und verwandt betrachtet werden müssen und deshalb mit gleichem Namen belegt wurden (ebenda, S. 377 ff.).

Nach COHN hat die freigeistige Bewegung der Beginenbewegung viel zu verdanken und zwar aus folgenden Gründen:

Da die Bewegung der "Brüder" des freien Geistes unter dem Druck ständiger Verfolgungen ab 1320 nur noch im geheimen existieren konnte, verlegten die "Brüder"

"sich augenscheinlich weniger auf Bettelei als auf ein konspiratives Einverständnis mit bestimmten Beginengemeinschaften" (COHN 1961, S. 152),

was bedeutete, daß diese ihnen Kost und Logis zur Verfügung stellten. Doch darüber hinaus hätten die Beginen auch für die Verbreitung dieser Lehre gesorgt, indem sie befreundeten Gemeinschaften mitteilten: ein "Engel des göttlichen Wortes" sei eingetroffen und warte in einem Versteck. Daraufhin seien die Beginen von allen Seiten herbeigeeilt, um den heiligen Mann zu hören.

"Dieser verkündete seine mystische Botschaft in kunstvollen Wendungen - 'unglaublich feine Worte', sagt ein Chronist, 'und so sublim spirituell und metaphysisch, als die deutsche Sprache es vermag'." (ebenda, S. 152)

Er verstand sie so in seinen Bann zu ziehen, daß sie in ihm einen Mann sahen, der Gott ähnlich und sehr vertraut mit ihm sei.

Auch diese Beschreibung macht COHN's androzentrische Sichtweise deutlich. Die Beginen wurden ausschließlich für ihre mütterlichen Funktionen - Versorgen und Schützen -, ihre mystischen Veranlagungen oder die Verbreitung der Lehre - durch Zur-Verfügung-stellen ihrer Häuser - gewürdigt, nicht aber als mögliche Anhängerinnen, Jüngerinnen und Mystikerinnen des freien Geistes, die sich im besonderen von der neuen Freiheit angezogen fühlten.

"Auf solche Art und in diesem Millieu ist die Lehre entwickelt und weitergetrieben worden. Das 'Tausendjährige Reich des Freien Geistes' hatte sich in ein unsichtbares Königreich verwandelt, dessen Zusammenhalt in - häufig natürlich erotischen - Gefühlsbanden zwischen den Geschlechtern bestand."
(ebenda, S. 152).

Wenn man über die hervorragende Rolle der Frauen in der "Ketzer/innen"bewegung des freien Geistes etwas aussagen will ist, so ist darauf hinzuweisen, daß Frauen in großer Zahl an dieser Bewegung beteiligt waren und daß es einige sehr bedeutende Frauen in dieser Bewegung gegeben hat, die sich als Leiterinnen, Führerinnen oder Autorinnen einen großen Namen gemacht haben, z.B. Marguerite Porète, Maria von Valenciennes oder die "Bloemmardine". COHN nennt diese Frauen zwar im Kapitel über die Ausbreitung der Bewegung. Doch bezeichnet er sie auch dann nur als Anhängerinnen und nicht als Leiterinnen freigeistiger Gemeinschaften. Wie sehr die Frauen - besonders die Beginen - diesen Glauben lebten, geht aus der Tatsache hervor, daß viele "Schwestern" des freien Geistes bereit waren, für ihren Glauben in den Tod zu gehen.

7.6 Die Lehre der "Schwestern und Brüder des freien Geistes"

Den "Schwestern und Brüdern des freien Geistes" ist in den Inquisitionsprozessen Pantheismus und Selbstvergottung vorgeworfen worden. Bei der Darstellung ihrer Lehre geht es mir nicht darum nachzuweisen, ob ihre Vorstellungen nach der Lehre der orthodoxen Kirche häretisch waren, sondern darum, welche Befreiung, aber vielleicht auch welche Gefahren sie beinhalteten, wenn sie mißverstanden wurden.

Pantheismus

Die wesentlichsten Vorstellungen der Lehre der "Schwestern und Brüder des freien Geistes" stammen aus dem Neuplatonismus, wobei besonders der Pantheismus Plotins aufgenommen wurde. So äußerten sie ohne zu zögern Sätze, wie

> "Gott ist alles, was ist."
>
> "Gott ist fürwahr in jedem Stein und in jedem Glied des Leibes, ebenso wie in der Abendmahlshostie."

oder

> "Jedes erschaffene Ding ist göttlich."
>
> "Der Dinge ewiger Wesenskern, nicht ihre Existenz in der Zeit, ist wahrhaftiger Gott; was eine flüchtige Existenz bekommt, kommt von Gott, ist aber nicht mehr Gott."
>
> "Andererseits muß sich alles, was ist, nach seinem göttlichen Ursprung sehnen und danach streben, zu diesem Ursprung zurückzukehren; und am Ende der Zeit wird alles in der Tat wieder in Gott eingehen." (ebenda, S. 162)

Sogar die Personen der Dreifaltigkeit werden in einem undifferenzierten Einen aufgehen. So war es auch das Schicksal der Seele, unmittelbar nach dem Tode wieder im All aufzugehen, in den göttlichen Ursprung zurückzugehen. Am Ende der Zeiten wird Gott wahrhaftig alles sein.

Ihre Lehre ging von universeller, wenn auch unpersönlicher Erlösung aus. Himmel und Hölle hielten sie für bloße Seelenzustände in der Welt. Sie leugneten ein Leben im Jenseits und damit ewige Bestrafung und Belohnung. Wer den Heiligen Geist in sich inkarnierte, und damit Träger/in der Offenbarung war, war von den Toten auferstanden und besaß den Himmel. Wer von dem Gott in sich selbst wußte, der trug den Himmel in sich. Wer seine Göttlichkeit aufdeckte, der wurde als Spiritualer wieder erweckt, als Bewohner des Himmels auf Erden. Sünde war es, der eigenen Göttlichkeit nicht bewußt zu sein. Dieser Zustand wurde als Hölle begriffen (ebenda, S. 162).

Plotin war davon ausgegangen, daß der Mensch vor seinem leiblichen Tode etwas von diesem Aufgehen im All erfahren kann.

> "Es sei der Seele gegeben, sich von ihren sinnlichen Banden und ihrer Selbstwahrnehmung zu befreien und sich für Augenblicke, inaktiv und ihrer selbst bewußt, in das Eins zu versenken." (COHN 1961, S. 162 ff.)

Dieser Aspekt war es, der die "Schwestern und Brüder des freien Geistes" gefangennahm; denn es gab viele "Ketzer/innen", die wenig Interesse an der pantheistischen Metaphysik zeigten. Was ihnen allen gemeinsam war, war eine bestimmte Einstellung zur Seele.

> "Die 'Seele', äußerte eine Frau, 'ist so unendlich, daß alle Engel und Heiligen sie nicht ausfüllen können. Sie ist so schön, daß die Schönheit der Engel und Heiligen daneben verblaßt. Sie füllt alle Dinge aus.' Für die Brüder des freien Geistes war die Seele nicht nur dazu bestimmt, nach dem Tode in Gott aufzugehen; sie war vielmehr ihrem Wesenskern nach vor aller Ewigkeit göttlich und blieb es, auch wenn sie selbst im Leibe weilte." (ebenda, S. 163)

In einem "ketzerischen" Traktat, das in einer Einsiedlerzelle unweit des Rheins gefunden wurde, heißt es wörtlich:

> "Der göttliche Wesenskern ist mein Wesenskern, und mein Wesenskern ist der göttliche Wesenskern ... Von Ewigkeit her ist der Mensch Gott in Gott ... Von Ewigkeit her ist die Menschenseele in Gott und selbst Gott. Der Mensch ist nicht erschaffen, sondern von Ewigkeit her unerzeugbar; und da er unerzeugbar ist, ist er absolut unsterblich." (ebenda, S. 163)

Jedes vernunftbegabte Geschöpf ist seinem Wesen nach selig.

Die "Schwestern und Brüder des freien Geistes" waren wie alle "Sektierer" davon überzeugt, daß die höchsten Privilegien ihnen allein vorbehalten bleiben. So teilten sie die Menschheit in zwei Kategorien ein, in die Masse der Menschen, die "Rohen im Geiste", die es unterlassen, ihr göttliches Potential zu entwickeln, und in die "Feinen im Geiste", zu denen sie selbst gehörten. Diese Unterscheidung findet sich auch bei Marguerite Porète.

Während das totale und dauernde Aufgehen in Gott für die "Rohen im Geiste" erst nach dem Tode möglich war, war dies für sie selbst schon in diesem Leben zu erreichen. Diese Vorstellung geht weit über Plotin hinaus. Hinter dieser Vorstellung stand nach COHN der Wunsch, über den Zustand des Menschseins hinauszukommen und Gott zu werden (ebenda, S. 163).

Die Kleriker beklagten sich im besonderen darüber, daß sich die Männer und Frauen dieser Gruppen für mehr hielten als die Heiligen, die Engel, die Mutter Gottes, ja des Heilands selbst. Der Bischof von Straßburg warf ihnen vor:

> "Sie sagen, sie seien ihrem Wesen nach Gott und ohne Unterschied; sie glauben, alle göttlichen Vollkommenheiten in sich zu haben, daß sie ewig und ewiglich sind." (ebenda, S. 163)

Der Mystiker Ruysbroeck legte seinen "ketzerischen" Gegnern/Gegnerinnen folgenden Ausspruch in den Mund:

> "Es steht mit mir in jeder Weise und ohne jede Abweichung wie mit Christus. Genau wie er bin ich ewiges Leben und Weisheit, in meiner göttlichen Natur aus dem Vater geboren; genau wie er bin ich in der Zeit und nach der Art des Menschen geboren, und so bin ich eins mit ihm, Gott und Mensch. Alles, was Gott ihm gab, gab er auch mir und im gleichem Maß ... Christus wurde ins tätige Leben gesandt, um mir zu dienen, so daß er für mich Leben und sterben konnte; während ich für ein Leben der Kontemplation gesandt bin, das viel höher steht ... Wenn Christus länger gelebt hätte, würde er zum gleichen kontemplativen Leben gekommen sein, das ich erreicht habe. Alle Ehren, die Christus gezollt werden, gelten in Wirklichkeit mir und allen, die dieses höhere Leben erlangt haben ... Wenn während der Wandlung vor dem Altar

sein Leib erhoben wird, dann bin ich es, der emporgehoben wird; wo immer sein Leib herumgetragen wird, dort werde ich getragen, denn er und ich sind ein Fleisch und ein Blut, eine einzige Person, die niemand zerteilen kann." (ebenda, S. 163 ff.)

In diesem Zitat finden sich Vorstellungen, die sowohl bei Marguerite Porète zu finden sind - die Höherwertigkeit der vernichtigten Seele gegenüber dem irdischen Leben von Jesus - wie bei der vilemitischen Gruppe. Die o.g. Vorstellung

> "... wo immer sein Leib herumgetragen wird, dort werde ich getragen, denn er und ich sind ein Fleisch und ein Blut, eine einzige Person, die niemand zerteilen kann."

entspricht der Konsubstanzialitätsthese, die von der Vilemitin Mayfreda entwickelt wurde (vgl. Kapitel 9.4.1).

Weg zur Vollkommenheit - Selbstvergottung

Um die Vollkommenheit zu erreichen, wurden verschiedene Techniken angewandt, die sich von Selbstverleugnung und Selbstkasteiung bis zur Kultivierung absoluter Passivität und Indifferenz erstreckten. Nach einer jahrelangen Vorbereitung kam die Belohnung durch die Erleuchtung. Henne Becker, ein "Ketzer" des 15. Jhs., beschreibt die Geisterfahrung folgendermaßen:

> "... er sei vor 16 Jahren (am 26. Mai 1442, Samstag nach Pfingsten) bei der Andacht in der Mainzer Kirche SS. Peter und Paul von einem schrecklichen Ton aus der Höhe der Kirche schmerzhaft durchdrungen worden. In diesem Ton, der ihn auch äußerlich 'preßte', innerlich schmerzte, glaubte er den Heiligen Geist zu empfangen wie kein Mensch vor und nach ihm, den im Johannes-Evangelium (16, 13) verheißenen Geist der Wahrheit, und öfters wurde er seitdem 'in seinem inneren Menschen gerissen' (raptus in suo homine interiori), daß er nichts dagegen tun konnte." (GRUNDMANN 1965, S. 553)

Der Weg zur Vollkommenheit führt über das Gott-werden wollen und Gott lassen zum Gott-Sein, zur unio mystica.

"Der Christ müsse Gott werden wollen, und dann werde er zuletzt auch wie Gott. Wenn der Mensch aus der Äußerlichkeit in die Innerlichkeit sich wendet, Gott um Gotteswillen läßt, dann wird er Gott gleich, Gott selbst, und bedarf Gottes nicht mehr; denn er ist auch über die Liebe hinausgekommen und hat den Zustand erreicht, in welchem Gott alles in ihm bewirkt."
(NIGG 1949, S. 254)

Der Vollkommenheitszustand ist erreicht, wenn die Seele an ihren Ursprung zurückgekehrt ist, eins geworden ist mit Gott. •

"Der Geist der Freiheit oder der freie Geist ist erreicht, wenn man völlig in Gott aufgeht. Diese Vereinigung ist von solcher Vollkommenheit, daß weder die Gottesmutter noch die Engel zwischen Mensch und Gott unterscheiden können. In ihr ist man in seinen Urzustand zurückversetzt, bevor man aus der Gottheit hervorging. Man ist von jenem Urlicht erleuchtet, neben dem jedes erschaffene Licht als Finsternis und Verdunklung erscheint. Man kann ganz nach eigenem Belieben Vater, Sohn und Heiliger Geist sein."
(COHN 1961, S. 164)

Ein Bewohner des Kölner Hauses der Freiwilligen Armut erklärte sich für völlig aufgelöst in der Ewigkeit und somit Gott verschmolzen, so daß die Engel zwischen Gott und ihm nicht zu unterscheiden vermöchten.
Eine "Schwester" des freien Geistes bestand darauf,

"Gott zu sein, so wie Gott selbst Gott sei, und wie Jesus sei sie nicht von Gott zu trennen." (ebenda, S. 164)

Im Traktat des Einsiedlers heißt es:

"Der vollkommene Mensch ist Gott ... Weil ein solcher Mensch Gott ist, geht der Heilige Geist von ihm aus wie von Gott selbst ... Der vollkommene Mensch ist mehr als nur erschaffene Kreatur ... Er steht in derselben innigen Verbindung, in der Jesus mit dem Vater gestanden ist. Er ist Gott und Mensch." (ebenda, S. 164)

Eine ausführliche Beschreibung des Prozesses, der schließlich im Erreichen des Vollkommenheitszustandes gipfelte, enthält das Traktat der Schwester Katrei, einer bettelnden und wandernden Begine. Ihr Traktat ist nur deshalb erhalten geblieben, weil es lange Zeit Meister Eckhart zugeschrieben wurde.

Nach einer Reihe von Ekstasen, bei denen sie ihre Seele emporschweben, aber nach einer Weile zurückfallen fühlte, erfuhr sie eine überwältigende Ekstase, die sie von allen Begrenzungen der Menschenexistenz befreite. Ihrem Beichtvater rief sie zu:

> "Herr frowent üch mit mir, ich bin Gott worden." (ebenda, S. 165)

Sie erwacht aus der Bewußtlosigkeit mit der Gewißheit:

> "Ich bin verewet in miner ewigen seligkeit, ich han erkrieget in gnaden, das Kristus in nature ist; er mich sin erbgenos gemachet, also das ich es nie mehr verlieren mag." (ebenda, S. 165)

Die Jünger/innen des freien Geistes fühlten sich nach dem Erreichen des Vollkommenheitszustandes ganz und gar verwandelt. Er/Sie erlebte nicht nur seine/ihre Vereinigung mit Gott, sondern wurde mit Gott identisch und blieb es für alle Zeit. Manche behaupteten sogar, Gott übertroffen zu haben.

> "Die Schweidnitzer Schwestern erklärten, ihre Seelen hätten dank ihrer eigenen Anstrengung einen höheren Grad von Vollkommenheit erreicht, als sie ihn besessen hätten, als sie von Gott ausgingen, ja einen größeren, als Gott gewollt habe." (ebenda, S. 165)

Sie besäßen außerdem eine solche Macht über die Heilige Dreifaltigkeit, daß sie wie in einem Sattel auf ihr reiten könnten. Die schwäbischen "Ketzer/innen" aus dem Jahre 1270 behaupteten, sich über Gott erhoben zu haben, auf dem Gipfel der Göttlichkeit angelangt zu sein und ihn hinter sich gelassen zu haben. Einige "Schwestern und Brüder des freien Geistes" sagten aus, daß sie Gott nicht mehr benötigten.

Der Zustand solcher Göttlichkeit drückte sich auch in wundertätigen Kräften aus. Einige Brüder/Schwestern hielten sich außerdem für Träger/innen prophetischer Gaben. Sie glaubten, alles zu wissen und Wunder wirken zu können. Sie hielten sich für allmächtig. Der Bischof von Straßburg beklagte:

> "Sie sagen, sie hätten alle Dinge erschaffen, sie hätten mehr erschaffen als Gott." (ebenda, S. 165)

Ruysbroeck ließ einen "ketzerischen" Bruder folgendes sagen:

> "Als ich in meinem ursprünglichen Sein und in meinem ewigen Wesenskern weilte, gab es für mich keinen Gott. Was ich war, das wollte ich sein, und was ich sein wollte, das war ich. Ich bin aus meinem eigenen treuen Willen hervorgegangen und das geworden, was ich bin. Wenn ich nicht gewollt hätte, wäre ich nicht genötigt gewesen, irgend etwas zu sein, und ich wäre jetzt keine Kreatur. Denn ohne mich kann Gott nichts wissen, wollen und tun. Mit Gott habe ich mich selbst geschaffen, und ich habe alle Dinge erschaffen, und meine Hand hält Himmel und Erde und alle Kreaturen ... Nichs existiert ohne mich." (ebenda, S. 165 ff.)

In Schweidnitz erklärte eine "Schwester":

> "Als Gott alle Dinge erschuf, erschuf ich alle Dinge mit ihm. Ich bin mehr als Gott." (ebenda, S. 166)

Der Einsiedlertraktat faßt die Verbindung von absoluter Passivität und absoluter Schöpferkraft in dem Satz zusammen:

> "Der vollkommene Mensch ist die bewegungslose Ursache." (ebenda, S. 166)

7.7 Mystischer Anarchismus

Der Vollkommenheitszustand der "Schwestern und Brüder des freien Geistes" war aber nicht nur ein geistiger oder seelischer Prozeß, sondern setzte sich auch in ihren Alltag um. In den vier Kennzeichen ihres mystischen Anarchismus - der Amoral, der Antinomie, der Promiskuität und dem Elitedenken - können die Voraussetzungen gesehen werden, daß sich ihre Lehre zur revolutionären Soziallehre entwickeln konnte.

Amoral

Nicht nur Kleriker, Bischöfe und Inquisitoren haben den "Schwestern und Brüdern des freien Geistes" Amoral vorgeworfen, sondern auch heutige Wissenschaftler, wie z.B. COHN:

> "Was die Jünger des freien Geistes von allen mittelalterlichen Sektierern unterschied, das war gerade diese totale Amoral. Für diese lag das Kriterium der Erlösung darin, weder Gewissen noch Reue zu kennen." (ebenda, S. 167)

Die folgenden Aussprüche von "Schwestern und Brüdern des freien Geistes" scheinen COHNs These zu belegen.

> Wer irgendetwas, was er tut, sich selbst und nicht Gott zuschreibt, lebt in Unwissenheit, die die Hölle ist.
>
> Nichts in eines Menschen Werk ist sein eigenes.
>
> Wer erkennt, daß Gott in allen Dingen wirkt, der sündigt nicht. Denn er muß nicht sich, sondern Gott zuschreiben, was er tut.
>
> Ein Mensch, der ein Gewissen besitzt, martert sich selbst, ist Teufel, Hölle und Fegefeuer. Wer im Geiste frei ist, entgeht all diesem.
>
> Nichts ist Sünde, außer was man als Sünde hält.
>
> Man kann mit Gott so verbunden sein, daß man, was man auch tue, nicht sündigen kann.
>
> Ich gehöre zur Freiheit der Natur, und was meine Natur wünscht, befriedige ich.
>
> Ich bin ein natürlicher Mensch.
>
> Der freie Mensch tut recht daran, alles zu tun, was ihm Freude macht.
> (ebenda, S. 167)

Nach Marguerite Porète entsprechen alle diese Seinsbeschreibungen dem Zustand der vernichtigten Seele in der unio mystica, die aber nicht als

Freibrief für Zügellosigkeit und Sündlosigkeit verstanden werden dürfen (vgl. Kapitel 8).

Antinomie

Antinomie, verstanden als Gesetzlosigkeit, war nicht nur der zweite Vorwurf, der den "Schwestern und Brüdern des freien Geistes" gemacht wurde, sondern kann auch als zweites Kennzeichen ihres mystischen Anarchismus betrachtet werden. Die Fähigkeit, Gott zu werden, führte zu einer Ablehnung aller menschlichen Normen, Regeln und Beziehungen. Eine Begine gab ihrem Beichtvater, einem "ketzerischen" Begarden, folgendes Glaubensbekenntnis ab:

> "Und welcher Mensch zu dieser großen, hohen Vernunft wahrhaft gekommen ist, der ist an kein Gesetz und Gebot gebunden; denn er ist eins geworden mit Gott. Und Gott hat alle Dinge geschaffen, damit sie einem solchen Menschen dienen; und alles was Gott schuf, ist einem solchen Menschen zu eigen ... So hat Gott alle Kreaturen geschaffen einen solchen Menschen zu Dienste, daß er davon nehmen soll, was seine Natur begehrt und heischt, und er soll darüber kein Gewissen haben, weil alle Kreaturen sein sind ... Dem alles Himmlische dienet, dem sollen billigerweise alle Menschen und Kreaturen dienen und gehorsam sein; und wenn eine Kreatur nicht gehorsam ist, liegt das Verschulden allein an ihr." (ebenda, S. 169)

Das Traktat des Einsiedlers sagt über den vollkommenen Menschen, der beides, Gott und Mensch, ist: "Alle existierenden Dinge gehören ihm" (ebenda, S. 169).
Schwester Katrei behauptete:

> "Alle Dinge ... bedienen sich anderer: das Reh bedient sich des Grases, der Fisch des Wassers, der Vogel der Luft. So muß ein Mensch, der 'Gott geworden ist', alle erschaffenen Dinge nutzen, denn indem er das tut, hebt er alle Dinge zu ihrem ersten Ursprung." (ebenda, S. 169)

Aussprüche wie diese sind Beschreibungen des Vollkommenheitszustands, wenn die Seele wieder zu Gott zurückgekehrt und mit Gott vereint ist. Ähnliche Aussagen finden sich auch bei Marguerite Porète. Immer wieder versucht sie deutlich zu machen, daß der Vollkommenheitszustand nicht

Gesetzlosigkeit bedeutet, sondern daß in der unio mystica alle Normen der Welt auf einer höheren Ebene überwunden werden.

Promiskuität - Neubewertung der geschlechtlichen Liebe

Den "Schwestern und Brüdern des freien Geistes" ist immer wieder Promiskuität vorgeworfen worden. Eine Erklärung findet sich bei COHN:

In einem christlichen Kulturkreis, in dem die Keuschheit besonders hoch eingeschätzt wird, und der Geschlechtsverkehr außerhalb der Ehe als schwere Versündigung gilt, muß sich der Antinomismus am häufigsten in Form einer grundsätzlichen Promiskuität äußern. Die Freizügigkeit der Sinnenlust, ihre Erotik, ist aber nicht als Produkt einer unbekümmerten Sinnenlust zu verstehen, sondern als Zeichen der geistigen Emanzipation, als Befreiung von allen sozialen, geistigen und seelischen Fesseln (ebenda, S. 138).

Die "Ketzer/innen" behaupteten, daß für die Freien im Geiste der Geschlechtsverkehr unter keinen Umständen sündhaft sei. Man betrachtete es geradezu als ein Kriterium für die Freiheit im Geiste, imstande zu sein, sich ohne Schuldgefühl und ohne Furcht vor Gott dem Geschlechtsverkehr hingeben zu können. Diese Aussagen machen deutlich, wie sehr diese Vorstellungen die Lehre der institutionellen Kirche über Keuschheit und Sexualmoral in Frage stellten.

Einige Brüder/Schwestern schrieben dem Geschlechtsakt sogar einen übersinnlichen, pseudomystischen Wert zu.

Die "Homines intelligentiae" bezeichneten den Akt als Paradiesfreude und acclivitas, als Aufstieg in mystischer Ekstase. Die "Thüringer Blutfreunde" betrachteten ihn als Sakrament und nannten ihn Christerie (ebenda, S. 170).

Ihr Verständnis des Geschlechtsverkehrs als "Heilige Hochzeit" knüpfte an Vorstellungen matriarchaler Kulturen an - Heilige Hochzeit galt als höchste Ekstase in der Vereinigung von menschlichem und göttlichem Sein -, die in gewissen religiösen Kreisen, wenn auch nur in geistiger Form, erhalten geblieben war (Gnostiker/innen, Mystiker/innen).

In diesen mystischen Zusammenhang ist auch der Adamskult einzuordnen, den einige Gruppen praktizierten. Er beinhaltete rituale Nacktheit und gelegentliches erotisches Ausleben. Ziel war, die vor dem Sündenfall herrschende Paradiesunschuld wieder herzustellen. So begründete Charlier de Gerson, ein einflußreicher Theologe und Kirchenreformer, den Kult der Nacktheit der "Turlupins" aus der Sicht der "Ketzer/innen" damit, daß man über Natürliches nicht erröten dürfe. Wie Adam und Eva nackt und ohne Schamgefühl zu sein, galt als wesentliches Kriterium der Vollkommenheit auf Erden. Sie nannten diesen Zustand: "Die Stunde der Unschuld".

Mit dem Adamskult wurden nicht selten chiliastische Vorstellungen verbunden. So behauptete ein Führer der "Homines intelligentiae", daß der Geschlechtsakt so praktiziert werden müsse, wie Adam und Eva ihn ausführten. Er rief sich als Erlöser aus, dessen Mission es sei, das dritte und letzte Zeitalter heraufzuführen. In Eichstädt behauptete 1381 ein Jünger, der zweite Adam zu sein. Er werde Christus ersetzen und das dritte und letzte Zeitalter in Form eines irdischen Paradieses einleiten, das so lange dauern werde, bis es substantiell zum Himmel emporgehoben werde.

Die von Calvin verurteilten "Spiritualen Libertiner" behaupteten, sie hätten den Zustand wiedergefunden, in dem Adam glücklich gewesen sei, ehe er vom Baum der Erkenntnis aß. Da sie in der Endzeit lebten, sei das christliche Dogma durch ein neues, höheres ersetzt worden. (In dieser mittelalterlichen "Ketzerei" läßt sich eine Verschmelzung von Chiliasmus und Primitivität [Adamskult] deutlich erkennen.)

Im Adamskult erfuhr aber nicht nur das verlorene Paradies eine Wiederauferstehung, sondern es bestätigte auch den bevorstehenden Anbruch des "Tausendjährigen Reiches". "Lebende Götter", in denen sich die Schöpfung vollendet hätte, sollten der Welt ihre ursprüngliche Unschuld und Seligkeit wiedergeben (ebenda, S. 171).

NIGG sieht in der neuen Liebenslehre der "Schwestern und Brüder des freien Geistes" eine Befreiung der Geschlechter. Er beschreibt ihre Einstellungen zum Eros nicht als Promiskuität, sondern als Synthese von platonischem Eros und christlicher Agape.

> "Keineswegs huldigten sie hierin einem libertinistischen Nihilismus. Eine wahllose Frönung geschlechtlicher Begierde kann ihnen nicht nachgewiesen werden, und es finden sich keine Spuren einer kultischen Orgiastik. Vielmehr hütete die Geistbewegung ein erotisches Mysterium, daß Christenglaube und

Naturgegebenheit versöhnbar und der echte Zwiespalt zwischen Geist und Trieb im Zeichen einer neu begriffenen Gottnatur trotz Tod und Teufel überbrückbar sei ... Die religiöse Liebeslehre der Geistbewegung bestand in einer Synthese von platonischem Eros und christlicher Agape, die als adamitische Erotik zu bezeichnen ist, entsprechend der Erneuerung des paradisischen Unschuldszustandes auf dieser Erde im Geistzeitalter. Auch 'Engelliebe' wurde die neue Verbundenheit der Geschlechter genannt, womit ihre sinnliche Übersinnlichkeit angedeutet wird. Da sie von ihnen als erotisches Geheimwissen streng gehütet wurde, gab sie wie jedes Akanum zu allerlei verleumderischen Gerüchten Anlaß. Doch bestand die Erotik der Brüder des freien Geistes nicht in Zügellosigkeit. Sie versuchte vielmehr, Keuschheit und sündlose Geschlechtsliebe miteinander zu verbinden. Es wurde nicht nur die Frau als ebenbürtige Schwester neben die Brüder gestellt; durch ihre Engelliebe sollte die Vereinigung von Mann und Frau aus dem verdorbenen Sündenpfuhl, wohin sie in der Christenheit geraten war, befreit werden. Die Verquickung der menschlichen Zeugung mit der Erbsündenlehre hat den Eros vergiftet und den Christen in der ehelichen Vereinigung ein schlechtes Gewissen gegeben, was für feiner veranlagte Menschen eine beständige Quelle der Pein wurde. Gegenüber dieser verhängnisvollen Entwicklung suchten die Brüder und Schwestern des freien Geistes mit ihrer adamitischen Erotik wieder zu der ursprünglichen Schöpfungsordnung, welche auch in einer Heiligung der geschlechtlichen Beziehung betand, zurückzukehren. Dieses Bestreben ließ sie nach einem Inquisitionsprotokoll erklären, 'daß der natürliche Geschlechtsakt in einem Sinne vor sich gehen könne, daß er das gleiche wert sei, wie ein Gebet vor Gott', eine Äußerung, die wiederum nur vom Pansakramentalismus her zu verstehen ist.

Die Geistbewegung hat den göttlichen Funken, der in der Liebesbeziehung zwischen Mann und Weib vorhanden ist, erkannt und dieses Verhältnis wieder mit der oberen Welt verbunden. 'Wie ein Gebet' wurde die Umarmung von Frau und Mann erlebt und diese religiöse Bezeichnung weist in die sakrale Sphäre, in der sie allein menschenwürdig vollzogen werden kann. Der Körper wurde nicht mehr als Feind betrachtet, den es gelte, asketisch niederzuringen. Ausdrücklich wurde er in die Weltheiligung einbezogen ... Einzig noch die Kabbala läßt im 'Sohar' über den reinen Eros das gleiche göttliche Licht aufleuchten und fordert die Andacht in der Liebeswonne: 'An einem Ort, wo sich nicht ein Männliches und ein Weibliches vereinigt finden, schlägt der Allerheilige nicht seinen Wohnsitz auf ... weil die Freude der ehelichen Verbindung eine Freude der Pflicht ist und als solche eine Freude der Schechina. Denn wenn er sein Weib nicht bedenkt, sündigt er, weil er die Ehre der oberen Verbindung damit beeinträchtigt, die ihm sein Weib ermöglicht hat." (NIGG 1949, S. 257 ff.)

Auch GRUNDMANN geht von einer Neubewertung der Geschlechterbeziehung aus, wenn er sagt:

> "Manchmal mag mit der Scheidung zwischen Mensch und Gott, Natur und Geist, Böse und Gut auch die Schranke zwischen den Geschlechtern geschwunden sein; wie mit Gott mochten sie sich miteinander liebend-überschwenglich vereint fühlen." (GRUNDMANN 1963, G 58)

ERBSTÖSSER sieht in den "libertinistischen" Auffassungen ebenfalls einen besonderen Akzent der freigeistigen Häresie. In den oft "ekelerregenden Worten" über ihr Recht auf sexuelle Ausschweifungen sieht er aber keine Rechtfertigung für zügellose libertinistische Praktiken, sondern eine Begründung, daß mit der Vergottung tatsächlich alle Normen und Bedingungen außer Kraft gesetzt sind.

Desweiteren gibt ERBSTÖSSER zu bedenken, daß einige Inquisioren auf diese Themen besonderen Wert legten, um die "Ketzer/innen" auch moralisch zu diffamieren ["Ketzer/innen"schema] (vgl. Kapitel 6). Ähnlich beurteilt GRUNDMANN die Vorwürfe der Sittenlosigkeit.

> "Aber wenn sich etwa Johann Hartmann in Erfurt zu radikalsten Konsequenzen seiner Überzeugung von der Sündlosigkeit als 'frey geist' bekennt, fast als prahlte er mit Unzucht, ist es doch schwerlich ein Geständnis eigener Untaten, die mit seinem Drang nach 'innerer Schau' und 'Adel des Geistes' kaum vereinbar scheinen. Und auch Konrad Kannler in Eichstädt antwortet auf die gleiche Frage, selbst Inzest wäre dem Vollkommenen keine Sünde; doch fügt er hinzu: er glaube nicht, daß Gott solches von den im Geist Freien geschehen ließe." (GRUNDMANN 1963, G. 58)

Ihre antinomistischen Grundüberzeugungen zwingen nach seiner Meinung Frauen und Männer in den "Ketzer/innen"prozessen schlimmste Ausschweifungen zu bestätigen, die den "Schwestern und Brüdern des freien Geistes" in früheren "Ketzer/innen"prozessen oder in den acht Artikeln der Bulle "Ad nostrum" vorgeworfen wurden (vgl. Kapitel 6.2). Oft wird aber hinzugefügt, daß Gott dies nicht zulassen werde.

Trotzdem weist auch GRUNDMANN auf die große Gefahr des Mißbrauchs hin. Ein besonders krasses Beispiel ist für ihn, im Gegensatz zum o.g. Zitat, die Aussage des Erfurter Begarden Johannes Hartmann. Dieser behauptete, es sei ihm erlaubt, Geschlechtsverkehr mit der leiblichen Schwester oder der eigenen Mutter zu praktizieren, wo immer es sei, selbst am Altar. Er sei frei von jedem Gesetz oder Gebot (GRUNDMANN 1965, S. 544/545).

Auch die folgende Beurteilung macht deutlich, wie schwer es selbst GRUNDMANN fällt - ein Kirchenhistoriker, der sich in umfassender Weise mit den religiösen und auch "ketzerischen" Bewegungen beschäftigt hat -, in der o.g. ausschweifenden Aussagen den eigentlichen Kern ihrer Lehre zu erkennen -, obwohl er 1963 zu der entgegensetzten Auffasung gekommen ist.

> "Voller Geringschätzung gegen Frauen, die zum Gebrauch der Männer des freien Geistes geschaffen seien, durch Umgang mit ihnen aber wieder jungfräulich würden." (ebenda, S. 544/545)

Zu bedenken ist, daß selbst wenn Äußerungen wie die o.g. oder auch die folgende nur als bildlicher Ausdruck ihrer grenzenlosen Freiheit und Vollkommenheit zu verstehen sind oder als Kritik an der Sexualmoral der Kirche, ihr Denken dem patriarchalen Denken verhaftet geblieben ist.

> "... genau wie das Vieh zum Gebrauch durch den Menschen geschaffen ist, seien Frauen dazu geschaffen, den Brüdern des freien Geistes zu Willen zu sein. Ja, der intime Umgang mache eine Frau nur keuscher, und habe sie vorher ihre Unschuld verloren, gewinne sie sie jetzt zurück." (COHN 1961, S. 169)

Die Geschlechterhierarchie dient weiterhin als Legitimation für die Ausbeutung von Frauen. Frauen wird jeder Eigenwert abgesprochen.
Die Vorstellung, daß Frauen durch den Geschlechtsverkehr mit einem "Jünger" des freien Geistes die Keuschheit zurückgegeben wird, die sie in den Unschuldszustand zurückversetzt, kann zwar als Neubewertung des Liebesaktes bewertet werden. Problematisch erscheint mir nur, daß diese Aussage den Eindruck vermittelt, als sei die Erlösung der Frau nur durch einen "Bruder" des freien Geistes möglich. Wie aber ist diese patriarchale Vorstellung mit der Lehre über die Vollkommenheit in Einklang zu bringen? Nicht das Geschlecht ist nach der Lehre des freien Geistes die Voraussetzung für die Erlösung, sondern der Zustand der Vollkommenheit. Dieser ist aber nicht nur Männern vorbehalten, obwohl es hier so scheint. In dieser Aussage, die das Gottsein des "Jüngers" des freien Geistes beschreiben soll und der Frau in der Liebesvereinigung ihre

Unschuld zurückgibt, ähnlich wie der Seele in der unio mystica mit Gott, haben sich patriarchalisches Denken und befreiende Elemente miteinander vermischt. Von der christlichen Bewertung der geschlechtlichen Beziehung wird ausgegangen, die aufgehoben wird durch die geschlechtliche Liebe mit einer/einem Vollkommenen.

Sicher ist es auch möglich, daß einzelne Vertreter/innen der Geistbewegung ihre Lehre selbst nicht richtig erfaßt und den Geist zum Deckmantel ihrer fleischlichen Gelüste mißbraucht haben (NIGG 1949, S. 248).

Elitedenken

Als viertes Kennzeichen des mystischen Anarchismus der "Schwestern und Brüder des freien Geistes" gilt ihr Elitedenken. Eine ihrer Grundeinstellungen war: Was ein Angehöriger dieser Elite tat, das war nicht in der Zeit, sondern in der Ewigkeit getan. Sie vertraten die Überzeugung, ihr geheimes Wissen, das nur die Eingeweihten ihrer Gruppe besaßen, stamme aus den innersten Tiefen des göttlichen Abgrunds und sei wertvoller als alles Gold des Erfurter Stadtschatzes. Es wäre nach ihrer Meinung besser, wenn die gesamte Welt zerstört und alles Leben ausgelöscht würde, als daß ein freier Mensch gehindert würde, das zu tun, wozu ihn seine Natur bewege (COHN 1961, S. 168).

Für den neuen Adepten/die neue Adeptin des freien Geistes gab es nach der Erleuchtung keine Sünde und kein Gewissen mehr. Von nun an standen ihm/ihr alle sinnlichen Genüsse offen.

Schwester Katrei wurde zum Beispiel von ihrem Beichtvater dazu aufgefordert, als sie Gott geworden war, ein weiches Hemd und vornehme Kleider anzuziehen.

Diese unkonventionelle Lebensart stiftete Verwirrung, da die Kleidung normalerweise Auskunft gab über den Stand des Trägers/der Trägerin. Die vornehmen Kleider symbolisierten für die "Ketzer/innen" ihre Umwandlung vom niedrigen Sterblichen zum Angehörigen einer Elite, die sich für berechtigt hielt, über die Welt zu herrschen (ebenda, S. 168).

Dieses Bewußtsein, zu einer Elite zu gehören, bedeutete aber nicht, daß sie sich absonderten, sondern sie blieben weiterhin in Kontakt mit ihren Mitmenschen.

Unterhalb der "lebenden Götter", die die Segnungen des Paradieses im vollen Umfang genossen, gab es zwar Männer und Frauen, die in die

Geheimnisse des freien Geistes eingeweiht waren, so daß sie sich auf den mystischen Weg begeben konnten, doch blieb ihnen die letzte Stufe der Vollkommenheit versagt. An die Stelle der für sie nicht erreichbaren Vergottung trat ihr persönliches Verhältnis zu einem/er Adepten/in, das sie über die anderen Menschen heraushob.

Diese Beziehung kam im besonderen deshalb zustande, weil jeder Jünger/jede Jüngerin nach der Gottwerdung Kontakte mit frommen Seelen suchte, die nach Vollkommenheit dürsteten. Für diese bedeutete das, vollkommenen Gehorsam geloben zu müssen. Alle anderen Gelöbnisse waren damit aufgelöst. Als Gegenleistung erhielten sie die Versicherung, nicht mehr sündigen zu können (ebenda, S. 169 ff.).

Das Geständnis des Abtrünnigen Martin von Mainz, der 1393 in Köln verbrannt wurde, macht in besonders krasser Weise die abhängige Beziehung zwischen Jünger/in und Schüler/in deutlich.

Martin hatte lange Zeit die Lehre des freien Geistes in den rheinischen Städten verbreitet. Er selbst war Schüler des sich als neuen Christus verstehenden Nikolaus von Basel gewesen. Nach Martins Auffassung gab es nur den einen Weg zur Erlösung, nämlich die vollkommene Unterwerfung unter Nikolaus, die er als schreckliches Erlebnis schilderte. Nachdem er sie aber vollzogen hatte, habe sie ihm eine gewaltige Belohnung gebracht. Für ihn war Nikolaus der alleinige Träger der Erkenntnis und Autorität. Seine Auslegung der Evangelien übertreffe sogar die der Apostel. Deshalb brauche ein Gottesgelehrter, der sich geistig weiterentwickeln wolle, nur die Bibel wegzulegen und den Akt der Unterwerfung zu vollziehen. Nikolaus besitze die Kraft, Priester zu weihen und dank seiner Weihe vermöge man zu predigen und die Messe zu zelebrieren. Der katholische Klerus, dem diese Weihe fehle, sei deshalb nicht legitimiert, eine einzige sakrale Handlung zu vollziehen. Wer sich an Nikolaus Befehle halte, könne nicht sündigen. Auf seinen Befehl hin könne er ohne Gewissensbisse sogar töten und vergewaltigen: denn die einzige Sünde sei, ihn zu verleugnen oder ihm nicht zu gehorchen. Mit der Unterwerfung trete man in den ursprünglichen Zustand der Unschuld ein (ebenda, S. 172).

Nach COHN bestand zwischen der Gemeinschaft des freien Geistes und der Masse der unerlösten Menscheit eine unüberschreitbare Kluft. In den Augen der "Schwestern und Brüder des freien Geistes" gab es die übrige Menschheit nur, um von ihnen, den durch Kasteiung Auserwählten, ausgebeutet zu werden. Deshalb galt ihre unbekümmerte Unehrlichkeit als eines ihrer besonderen Merkmale. Noch Calvin stellte fest, es gehöre zu ihrem Glaubensbekenntnis, jede Rolle zu spielen, die ihnen zu Einfluß verhelfe (ebenda, S. 172).

Obwohl es sicher richtig ist, daß die "Schwestern und Brüder des freien Geistes" sich aufgrund der Erreichung des Vollkommenheitszustandes als Elite begriffen - auch Marguerite Porète unterscheidet zwischen den "Feinen und Groben im Geiste" - halte ich es für fragwürdig, Aussagen über ihre grenzenlose Freiheit als Freibrief für Ausbeutung zu sehen. Ich will aber nicht ausschließen, daß einige Brüder und Schwestern des freien Geistes die seelischen und geistigen Zustandsbeschreibungen oder auch Erfahrungen mißverstanden haben.

Träger/in einer revolutionären Soziallehre

Die Überzeugung ihrer absoluten Überlegenheit hat die Jünger/innen zu Träger/innen einer revolutionären Soziallehre gemacht; denn im 14. Jahrhundert waren etliche der "Schwestern und Brüder des freien Geistes" zu der These gelangt, daß der Zustand der Unschuld mit der Institution des Privateigentums unvereinbar sei. So klagte ein Gegner, der Bischof von Straßburg, 1317:

> "Sie halten alle Dinge für Gemeineigentum, woraus sie ableiten, daß sie rechtmäßig stehlen dürfen." (ebenda, S. 173)

Johann Hartmann, ein in Erfurt festgenommener Jünger des freien Geistes, behauptete bei seiner Vernehmung:

> "Der wahrhaft freie Mensch ist König und Herr über alle Kreatur. Alle Dinge sind sein, und er hat das Recht, sie nach seinem Belieben zu nutzen. Wenn ihn jemand daran hindern will, soll der freie Mensch ihn töten und seine Habe nehmen." (ebenda, S. 173)

Johann von Brünn, der in Köln im Haus "der freiwilligen Armut" lebte, erklärte: Gott sei frei und habe daher alle Dinge gemein erschaffen, was für ihn bedeutete, daß alle Dinge mit den Freien im Geiste zu teilen waren. Wenn jemand Überfluß an Lebensmitteln besitze so deshalb, um den Bedürfnissen der Freien im Geiste zu dienen. Die einem/einer

Jünger/in überlassene Nahrung oder auch Geld sei der Ewigkeit anheim gegeben. Es schien Konsens unter den Brüdern/Schwestern, daß Betrug, Diebstahl, gewalttätiger Raub, einfach alles, gerechtfertigt sei. Zu all dem bekannte sich Johann von Brünn und fügte hinzu, daß sie allgemeine Praxis der 200 Begarden sei, die er kenne. Einer ihrer Sprüche lautete:

> "Was das Auge sieht und begehrt, soll die Hand nehmen." (ebenda, S. 173)

Ob diese Vorstellungen in der beschriebenen Art und Weise umgesetzt wurden und ihren wirklichen Intentionen entsprachen, ist zu bezweifeln, wenn man daran denkt, wie diese Aussagen zustandegekommen sind (vgl. "Ketzer/innen"geschichte als Inquisitionsgeschichte).

Welche Attraktivität diese Vorstellungen hatten, wird dadurch deutlich, daß sie bis ins 16. und 17. Jahrhundert unverändert bestehen blieben. Nach Calvins Darstellung verwarfen die "Spiritualen Libertiner" Privateigentum als Unrecht, bejahten aber das Recht des/der Einzelnen, alles zu nehmen, worauf er/sie seine/ihre Hände legen konnte. Was die Jünger/innen des freien Geistes über das Privateigentum aussagten, hatte weittragende Konsequenzen. So ist der Kampfruf des Ranters Abiezer Coppe

> "Gebt, gebt, gebt, eure Häuser, eure Pferde, eure Habe, euren Grund und Boden, gebt alles; betrachtet nichts als euer Eigen, habt alles gemeinsam." (ebenda, S. 174)

ein Echo auf die 300 Jahre früher erhobene Forderung des Johann von Brünn: "Alles, was Gott geschaffen hat, ist Gemeineigentum." (ebenda, S. 174)

7.8 Ausbreitung und Verfolgung der "Schwestern und Brüder des freien Geistes"

Wie attraktiv die Ideen der "Ketzer/innen" des freien Geistes waren, wird deutlich, wenn man sich vor Augen führt, daß sich die Ausbreitung dieser "Ketzerei" über ganz Westeuropa erstreckte und über mehr als 300 Jahre andauerte (vom 13.-16./17. Jh.).

Die Berichte über die Ausbreitung der freigeistigen Bewegung sind gleichzeitig Inquisitionsgeschichte.

Hauptgebiete der Verbreitung waren das Rheingebiet, Bayern, Mitteldeutschland, die Niederlande und Frankreich (ebenda, S. 153 ff.).

Die Ausbreitung der "Ketzerei" des freien Geistes läßt sich seit der Zeit des Wilhelm Cornelius und der Amalrikaner deutlich verfolgen.

Am Rhein blühte sie weiter, dort wo Arnold und seine Gefolgschaft sie propagiert hatten. Auch am Oberrhein waren die "Schwestern und Brüder des freien Geistes" seit 1215 tätig.

Einige Jünger/Jüngerinnen scheinen in Straßburg verbrannt worden zu sein.

Albertus Magnus stieß 1240 in Köln auf etliche Jünger/innen.

Auch im Erzbistum Trier sollen sich einige aufgehalten haben.

Auf der Provinzialsynode von Köln um 1307 versuchte der Kölner Erzbischof, die Stadt von bettelnden, die Lehre des freien Geistes verkündenden Begarden und Beginen zu säubern.

Um 1270 betrieben zwei rotgewandete Begarden geheime Propaganda in der Gegend von Nördlingen. Personen beiderlei Geschlechts, die von diesen Männern bekehrt worden waren, wurden verhört, und die eingestandenen "ketzerischen" Aussagen Albertus Magnus zur Begutachtung vorgelegt.

Anfang des 14. Jahrhunderts hatte sich der freie Geist zu einer für die Kirche beunruhigenden Bewegung entwickelt. Das unter Vorsitz von Clemens V. 1311/1312 abgehaltene Konzil zu Vienne untersuchte die Irrtümer der Beginen und Begarden über den Stand der Vollkommenheit. Die Bulle "Ad nostrum" enthielt die Verurteilung der Lehre des freien Geistes.

Bischöfe und Inquisitoren wurden angehalten, die Rede von Begarden und Beginen zu beobachten und Personen zu verfolgen, die gegen die Orthodoxie der offiziellen Lehre verstießen. In einer weiteren Bulle "Cum de quibusdan mulieris" wurden die Vorschriften ergänzt. Die Beginen sollten künftig in Gemeinschaften mit ordnungsgemäßer, kirchlicher Überwachung leben. Als danach Beginengemeinschaften verfolgt wurden, die man in keiner Weise der Übertretungen der "Schwestern und Brüder des freien Geistes" beschuldigen konnte, versuchte der Papst, die tugendhaften Beginen zu beschützen. Nur die Beginen und Begarden, die wirklich zur

Gruppe der "Schwestern und Brüder des freien Geistes" gehörten, sollten verfolgt werden.

Der Bischof von Straßburg war der erste, der nach der Bulle "Ad nostrum", deren Vorschriften aber noch nicht veröffentlicht waren, zu handeln versuchte. Er berief eine Untersuchungskommission ein und gab einen auf der Bulle fußenden Hirtenbrief an den Klerus heraus. Den "kleinen Schwestern und Brüdern des freien Geistes", auch als "Begarden und Swestrones des Brotes durch Gott bekannt", wurde verboten, ihre Tracht zu tragen. Die Bevölkerung wurde dazu aufgerufen, ihnen keine Almosen zu geben. Die Häuser, in denen "ketzerische" Zusammenkünfte stattfinden, sollten konfisziert werden. "Ketzerische" Schriften mußten ausgeliefert und der Ruf "Brot durch Gott" unterlassen werden. Der Bischof visitierte persönlich sein Bistum, und als er überall auf "ketzerische" Umtriebe traf, errichtete er die erste bischöfliche Inquisition auf deutschem Boden, die die "Ketzer/innen" unbarmherzig verfolgte (vgl. Beginenbewegung zwischen Orthodoxie und Häresie).

Der nächste Schlag gegen die "Schwestern und Brüder des freien Geistes" erfolgte in der traditionellen Hochburg Köln. Der Erzbischof von Köln, der 1307 eine Provinzialsynode einberufen hatte, berief zur Bekämpfung der "Ketzerei" 1322 eine weitere ein. Die Kölner Anhänger/innen hatten in "Walter" einen hervorragenden Führer gefunden. Er soll ein abtrünniger Priester und das Haupt einer großen Geheimsekte gewesen sein. Sie fiel 1325 oder 1327 einer List zum Opfer. Fünfzig Brüder/Schwestern des freien Geistes sollen teils auf dem Scheiterhaufen, teils durch Ertränken umgekommen sein. Trotz der Verfolgungen hielt sich die Geistbewegung in Köln und längs des Rheins. 1335 entdeckte man in Köln eine Gemeinde "ketzerischer" Begarden, die 30 Jahre lang in einem freiwilligen Armenhause gelebt hatte.

1339 nahm man in Konstanz drei "ketzerische" Begarden fest, nachdem sie ein Menschenalter hindurch "Frauen in die Ideenwelt des freien Geistes eingewiesen hatten". Papst Innozenz VI. fühlte sich 1353 durch die Aktivität der "ketzerischen" Begarden/Beginen so verunsichert, daß er einen päpstlichen Inquisitor für Deutschland ernannte und die weltlichen Instanzen bat, ihnen behilflich zu sein.

1356 wurde am Rhein ein aus Bayern zugewanderte Prediger der Geistsekte festgenommen und in Speyer verbrannt.

Im letzten Jahrzehnt gelang es dem Häretiker Nikolaus von Basel von Konstanz bis Köln eine Gefolgschaft aufzubauen. Während einige seiner

Anhänger/innen in Köln und Heidelberg verbrannt wurden, wurde er selbst erst nach wiederholten Bemühungen in Wien gefaßt und verbrannt.

1458 wurde ein Bruder des freien Geistes in Mainz verbrannt.

In Bayern trat die "Ketzerei" des freien Geistes um 1270 zum ersten Mal auf und hielt sich dort lange Zeit. Um 1330 war sie bis an die Grenzen des Königreichs Böhmen und des Herzogtums Österreich vorgedrungen. Um die Jahrhundertmitte fand man sehr aktive Verkünder/innen des freien Geistes in bayerischen Beginengemeinden.

1342 entdeckte man in der Diözese Würzburg eine geheime Bruderschaft "ketzerischer" Begarden. Die Synode in Regensburg beklagte 1337 noch immer die große Verbreitung der "ketzerischen" Lehren.

1381 wurde in Eichstädt ein Bruder des freien Geistes festgenommen.

Ein um 1400 verfaßtes Inquisitionsprotokoll betraf einige Brüder des freien Geistes, die in Cham bei Regensburg eine Gemeinschaft freiwilliger Armer aufgebaut hatten.

Offenbar schwelte die "Ketzerei" das ganze 15. Jahrhundert weiter, weil eine um die Jahrhundertmitte abgehaltene Synode in Würzburg die Verfügungen gegen wandernde Begarden/Beginenprediger erneuerte, und der Bischof von Eichstädt die "ketzerischen" Begarden/Beginen exkommunizierte, die immer noch durch das Land zogen und bettelten.

1332 wurde eine "ketzerische" Beginengemeinde im weit im Osten gelegenen Schweidnitz aufgedeckt. Das Haus der freiwilligen Armut, das die Frauen bewohnten, glich weitgehend dem drei Jahre später in Köln entdeckten Männerhaus und war wie dieses schon etliche 30 Jahre alt. Doch war das Schweidnitzer Haus nur eines von vielen, die zusammen eine Geheimorganisation bildeten und durch wandernde Begarden/Beginen mit weit entfernten Orten, wie Breslau, Prag, Leipzig, Erfurt und Mainz in Kontakt standen (COHN 1961, S. 156).

In Mitteldeutschland wurden die Gegend zwischen Erfurt und Magdeburg zu einem Hauptstützpunkt der Bewegung. Obwohl die Beginen dort ebenso früh auftraten wie in anderen Gebieten - Mechthild von Magdeburg schloß sich den Beginen bereits im Jahre 1235 an - und wandernde Begarden/Beginen bereits 1261 die Aufmerksamkeit der Magdeburger Synode auf sich zogen, gibt es den ersten klaren Hinweis über die "Ketzerei" des freien Geistes in Mitteldeutschland erst aus dem Jahre 1335, als ein Bruder in Erfurt verbrannt wurde.

1336 wurden drei Beginen in Magdeburg vor Gericht gestellt. Als sie widerriefen, wurden sie freigelassen.

In der 2. Hälfte des 14. Jahrhunderts standen die mitteldeutschen "Brüder und Schwestern des freien Geistes" mit der von Konrad Schmid gegründeten Geißlersekte in Verbindung. Beide Gruppen arbeiteten so eng zusammen, daß Thüringen der Obrigkeit als gefährlichster "Ketzer/innen"herd galt. Walter Kerlinger, der vom Papst als Inquisitor für Deutschland ernannt und vom Kaiser mit großer Vollmacht ausgestattet worden war, konzentrierte sich besonders auf die "Ketzerei" in Mitteldeutschland.

In Erfurt leitete er 1368 das Verfahren gegen einen prominenten Vertreter des freien Geistes ein und nahm bald darauf in Nordhausen 40 "Ketzer" beiderlei Geschlechts fest. Trotz der Säuberung von "ketzerischen" Begarden und Beginen hat sich die Geißlersekte noch ein Jahrhundert im geheimen gehalten.

Es kann nach COHN kein Zufall sein, daß man 1551, fünfzig Kilometer von Erfurt entfernt, eine Sekte aufspürte, die die wesentlichen Merkmale der Geistbewegung aufwies.

Als Gregor XI. 1372 erfuhr, daß die aus Mitteldeutschland geflohenen "Ketzer/innen" am Rhein, in den Niederlanden und im äußersten Deutschlands Zuflucht suchten, ersuchte er den Kaiser und die weltlichen und geistlichen Obrigkeiten, die Flüchtlinge gemeinsam aufzuspüren. In der Tat scheint der freie Geist gegen Ende des 14. Jhs. in Norddeutschland eingedrungen zu sein.

1402 werden zwei Apostel in Lübeck und Wismar verbrannt.

Ende des 14. Jahrhunderts galten die Niederlande zusammen mit Brabant und der Rheingegend als der Raum, wo die "Sekte" besonders tiefe Wurzeln schlug. Die Geistbewegung dürfte sich während des ganzen 15. Jahrhunderts in Holland gehalten haben. (Auch der Maler Hieronymus Bosch scheint zu den "Schwestern und Brüdern des freien Geistes" gehört zu haben.)

In Brabant ist der berühmte Mystiker Rysbroeck mit den "Schwestern und Brüdern des freien Geistes" in Kontakt getreten. Die erste "Anhängerin", bzw. "Schwester" des freien Geistes, mit der er in Berührung kam, war eine gewisse "Bloemmardine". Diese schrieb "kluge" Traktate über den Geist der Freiheit und genoß eine große Verehrung. Man war von ihrer Heiligkeit so überzeugt, daß "Krüppel" nach ihrem Tode ihren Leichnam berührten und eine Wunderheilung erhofften. In den letzten

Jahren soll es nur Rysbroeck gelungen sein, ihr geistig gewachsen zu sein. Aus diesen Beschreibungen wird deutlich, eine wie große geistige Kraft diese Frau besessen haben muß.

Brüssel blieb nach wie vor eine Hochburg der "Schwestern und Brüder des freien Geistes". Welche große Bedeutung "Bloemmardine" für die freigeistige Bewegung in Brüssel gehabt hat, wird auch dadurch deutlich, daß die "Ketzerei" des freien Geistes nach 1410 "Bloemmardinische Ketzerei"' genannt wurde. Sie erfreute sich so großer Sympathie bei der Öffentlichkeit, daß die bestellten Inquisitoren nichts ausrichten konnten.

1411 wurde ein Mönch namens Wilhelm von Hildernissen vom Bischof von Cambrai verhört, den man als Führer einer freigeistigen Gruppe ansah. Er war von edler Herkunft und hatte am Rhein und in den Niederlanden mit großem Erfolg Theologie gelehrt.[1]

In dem Verfahren wird die Existenz einer Geheimgesellschaft, die sich "Homines intelligentiae" nannte, aufgedeckt. Es wird berichtet, daß sich unter den "Homines intelligentiae" eine Anzahl Frauen befanden, und so ist es auch zu erklären, daß "Wilhelm von Hildernissen" seine "Ketzerei" in einem von Beginen bewohnten Stadtteil Brüssels widerrufen mußte.

Die "Schwestern und Brüder des freien Geistes" blieben sowohl in den Niederlanden, in den rheinischen Gebieten und auch in Frankreich tätig. Die den französischen "Ketzern/innen" zugeschriebenen Überzeugungen und Riten unterschieden sich in keiner Weise von denen ihrer deutschen Gesinnungsgenossen/genossinnen.

Im Raum zwischen Brüssel und Paris fand "Bloemmardine" Nachfolgerinnen in mehreren "intellektuellen Frauen", die ganze Gruppen von "ketzerischen" Mystiker/innen leiteten und Lehrtraktate verfaßten. Zu ihnen gehört die aus dem Hennegau stammende Begine Marguerite Porète. Sie schrieb ein Buch über mystische Theologie, das der Bischof von Cambrai verurteilte und in Valenciennes verbrennen ließ (vgl. Kapitel 8). Marguerite Porète fertigte ein neues Exemplar ihres Buches an und verbreitete ihre Lehre weiter. Sie wurde begleitet von einem Begarden, der sich für einen "vom Himmel auserkorenen Schutzengel der freiwilligen Armen" hielt. 1310 wurde sie auf dem Scheiterhaufen verbrannt. Ihr

---

[1] An diesem Beispiel wird vielleicht deutlich, warum er von COHN als Führer bezeichnet wird - nämlich, weil er ein gebildeter Mann war - während Bloemmardine "als ungebildete Frau", als Anhängerin bezeichnet wird.

"Schutzengel" überlebte in der Haft infolge von Widerruf. Sie scheint so viele Anhänger/innen gehabt zu haben, daß wenige Monate später (1310) Clemens V. den Inquisitor von Langres beauftragte, mit der größten Strenge gegen die "Ketzer/innen" vorzugehen, da sie den Glauben ernstlich gefährdeten.

1365 fand Papst Urban V. es für unabdingbar, sich mit den Begarden und Beginen zu befassen. Bischöfe und Inquisitoren wurden darauf aufmerksam gemacht, daß diese noch immer unter der Maske der Heiligkeit auf die schlichten Leute einwirkten.

1372 wurden "Ketzer" beiderlei Geschlechts festgenommen, die sich "Gesellschaft der Armen" nannten und unter dem Namen Turlupins bekannt waren. An der Spitze stand gleichfalls eine Frau: Jeanne Dabenton. Sie wurde verbrannt, ebenso wie der Leichnam ihres im Gefängnis gestorbenen männlichen Haupthelfers. Auch die Schriften und Trachten ihrer Anhänger/innen wurden dem Feuer überantwortet. Obwohl über ihre Lehre nichts bekannt ist, lenkte diese "Ketzerei" um die Wende des 15. Jahrhunderts in Nordfrankreich große Aufmerksamkeit auf sich.

Der Kanzler der Pariser Universität (Charlier de Gerson), ein großer Sympathisant der Mystik, rechnete in den Werken, die er zwischen 1395-1425 schrieb, mit der falschen Mystik, der dem Geist der Freiheit anhängenden "Turlupins", Begarden und Beginen, ab. Als eine der gefährlichsten Vertreterinnen betrachtete er eine gewisse Maria von Valenciennes, die ein "unfaßbar tiefgründiges Buch" geschrieben habe.

Von den Städten Lille und Tournai brachen in den Jahren 1418/40 "Brüder und Schwestern des freien Geistes" auf, die ihre Lehre des freien Geistes durch ganz Europa bis nach Böhmen trugen, das am Rande von Revolution und Bürgerkrieg stand.

Ausbreitung und Verfolgung im 16. und 17. Jahrhundert

Hundert Jahre später erlebten die Niederlande und Nordfrankreich inmitten der Wehen der Reformation die Verbreitung einer Lehre, die sich "Spirituale Freiheit" nannte, aber im wesentlichen mit der alten Lehre des freien Geistes übereinstimmte und die Reformatoren nicht weniger erschreckte als die katholischen Widersacher.

1525 sandte der ungebildete Dachdecker Loy Pruystinck, der unter Handwerkern und Lehrlingen seine Gefolgschaft hatte, einige Abgesandte zu Luther nach Wittenberg. Es war das Jahr, als der Bauernkrieg die gesamte Gesellschaftsordnung bedrohte, und Luther gegen den chiliastischen Pseudopropheten der Bauern, Thomas Müntzer, wütete. Aber auch Luthers Warnung und die Wachsamkeit der Inquisitoren konnte das Wachstum der Bewegung nicht vollkommen unterdrücken. Ein neuer Pestausbruch führte ihnen neue Anhänger/innen zu. Auch jetzt gehörten nicht nur am Rande der Gesellschaft lebende Menschen dazu, wie Diebe, Dirnen und Bettler, sondern auch wohlhabende Kaufleute. Als sich die weltlichen Behörden entschlossen, die Sekte auszurotten, hatte sie sich über Antwerpen hinaus über ganz Brabant und Flandern ausgebreitet. Pruystinck und einige seiner Anhänger/innen wurden gefangengenommen und verurteilt. Pruystinck wurde über einem Feuer zu Tode geröstet, fünf seiner Anhänger/innen wurde der Kopf abgeschlagen. Ein Teil floh nach England.

Eine andere als "Quintinisten" bezeichnete Gruppe hatte all die anarchischen Vorstellungen der "Schwestern und Brüder des freien Geistes" übernommen. Ihr Gründer Quintin lebte zu gleicher Zeit wie Pruystinck und stammte wie Marguerite Porète aus dem Hennegau. Von ihm hörte man erstmals 1525 aus Lille. Ein Jahr später war er mit einem Berufskollegen - er war Schneider - und einem abtrünnigen Priester nach Paris gezogen. Dort traf Calvin auf die "Quintinisten" und forderte sie zu einem öffentlichen Disput heraus. In seiner revidierten Ausgabe zur "Institutio christianae religionis" bezog er gegen sie Stellung.

Der deutsche Reformator Butzer beobachtete die Propaganda der "Spiritualen Libertiner" in Straßburg und warnte die Königin Margarete von Navarra, die selbst zur Mystik neigte, vor diesen. 1543 gelang es Quintin und einigen seiner Anhänger, sich von ihr in Dienst stellen zu lassen, da sie ihre Mystik als christliche Mystik akzeptierte. 1545 klärte Calvin sie über den "wahren Charakter" ihrer Schützlinge auf. Quintin scheint zumindest freigelassen worden zu sein, da er 1547 wieder in seiner Heimat auftauchte. Bei dem Versuch, "achtbare Damen aus Tournais zu verführen", wurde er entlarvt und schließlich verbrannt. Calvin schätzte die Zahl der Anhänger/innen des Quintins in Tournais und Valenciennes auf Zehntausend. Calvin und auch sein Mitarbeiter Farel verfaßten Traktate gegen diese "Sekte". Danach verschwand die "Ketzerei" aus dem Blickfeld der Öffentlichkeit in dieser Hochburg der "Ketzerei" ebenso wie in Mitteldeutschland. Ein Jahrhundert später tauchte sie wieder in England auf, zur Zeit als Cromwell (1599-1658) regierte.

7.9 Freigeistige Mystik als Ausdruck eines neuen Selbst- und Gottesbildes

Um die freigeistige Mystik besser verstehen zu können, ist es notwendig sich klarzumachen, in welch bedrängter Situation sich die Menschen jener Zeit befanden.

Eine wesentliche Voraussetzung für das Verständnis der freigeistigen Mystik bildete der emphatische Glaube,

> "an einer epochalen Wende der Zeiten zu stehen, in der alles bisher Gültige entwertet, gewandelt und ersetzt wird durch die wahre Erkenntnis, die zugleich die höchste Stufe der Religion und die Offenbarung des Heiligen Geistes selbst ist." (GRUNDMANN 1961, S. 366)

Deshalb ist das Denken der "Schwestern und Brüder des freien Geistes" nicht zu verstehen ohne die joachimitische Geschichtsphilosophie der drei Zeitalter. Joachim von Fiore hatte den Beginn des Geistzeitalters für das Jahr 1260 errechnet, mit dem die institutionelle Klerikerkirche durch die Mönch- und Mystikerkirche abgelöst werden sollte. Die "Schwestern und Brüder des freien Geistes" glaubten, daß die joachimitischen Weissagungen durch sie ihre Erfüllung erführen. Als der äußere Anbruch des dritten Zeitalters nicht in der vorgestellten Weise vonstatten ging, fand eine Verlagerung in die Mystik statt, die ganz neue Formen annahm. Ihr religiöses Ideal erblickten sie nun in einem vollständigen Aufgehen und sich Versenken in das göttliche Wesen (vgl. NIGG 1949, S. 254).

In der freigeistigen Mystik fand eine Verlagerung der realen Erwartung des "Tausendjährigen Reiches" auf die geistige Ebene statt, in ein "unsichtbares Königreich" (COHN 1961, S. 152). Das totale Aufgehen in Gott kann als Wunsch interpretiert werden, über den Zustand des Menschseins hinauszukommen.

Zur Herausbildung der freigeistigen Mystik spielte weniger die mystische Suche nach Vereinigung der Seele mit Gott eine Rolle als das Betonen eines radikalen Andersseinwollens; denn ihre Vergottung führte nicht zu kontemplativer Abgeschiedenheit, sondern war Mittel zum Zweck. Der Freigeist vollzog damit einen illusionären Sprung aus der irdischen Misere. Er zerschnitt damit alle sozialen und religiösen Bindungen und erklärte alle gesellschaftlichen Normen für ungültig (ERBSTÖSSER 1984, S. 202). Obwohl ERBSTÖSSER davon ausgeht, daß die geistigen Traditionen der Häresie auch zu der von der Kirche anerkannten Mystik gehörten, sieht er spätestens seit dem 14. Jahrhundert in der freigeistigen Mystik eine eigenständige Ausprägung der Häresie und nicht nur ein "ketzerisches" Übersteigen der Mystik (ebenda, S. 198).

Die historische Aussichtslosigkeit einer gesellschaftlichen Umwälzung bei gleichzeitiger Fortexistenz der tiefen Unzufriedenheit mit den feudalistischen Verhältnissen in Kirche und Gesellschaft ist sicher einer der Gründe für die Flucht in die Mystik. Gleichzeitig realisierten die mystischen Vorstellungen aber ein Stück Utopie von einem individuellen Gottesreich auf Erden. Für den von Gottes Geist Befreiten gab es weder Leid noch Unterdrückung oder Sünde, sondern nur Freiheit, Liebe und Frieden.

Die freigeistige Mystik brachte Gedanken, Reflexionen und Wünsche zum Ausdruck, die im Christentum zu kurz gekommen waren. Sie war Ausdruck für das Ernstnehmen und Umsetzen der christlichen Botschaft in geistliches Leben. Ausgangspunkt ihres Gottes- und Selbstbildes können Aussagen des christlichen Evangeliums gewesen sein, wie:

> "Der Herr aber ist der Geist, und wo aber der Geist des Herrn wirkt, da ist Freiheit." (2. Kor. 3.17)

oder

> "Zur Freiheit hat uns Christus befreit. Bleibt daher fest und laßt euch nicht von neuem das Joch der Knechtschaft auflegen!" (Gal. 5, 1)

oder

> "Wenn ihr euch aber vom Geist führen laßt, dann steht ihr nicht unter dem Gesetz." (Gal. 5, 18)

oder

"Die Frucht des Geistes aber ist Liebe, Freude, Friede, Langmut, Freundlichkeit, Güte, Treue ..."[1] (Gal. 5, 22 ff.).

Es ist gerade das typische Charakteristikum der religiösen Bewegungen des 12./13. Jhs., daß die Worte des Evangeliums nicht nur als geistige Erbauung, sondern als "umsetzbare Praxis" in Mystik und Leben verstanden wurden. So wie Nachfolge Jesu bedeutete, wie die Apostel und Apostelinnen auf Hab und Gut zu verzichten, sich auf Wanderschaft zu begeben und den Mitmenschen das Wort Gottes zu predigen, bedeutete das Erkennen von Gottes Liebe gleichzeitig die Vereinigung der Seele mit Gott in der unio mystica, in der sich die Seele so von Gott erfüllt fühlte, daß sie fast keinen Unterschied mehr verspürte zwischen Gott und Mensch. "Die Schwestern und Brüder des freien Geistes" haben versucht, bis in die tiefsten Gründe zu verstehen, was es für den Menschen (Männer und Frauen) bedeutet, als Ebenbild Gottes geschaffen oder nach Paulus Glieder des Leibes Christi zu sein.

Das Problem des Verständnisses ihrer Mystik aber auch der Faßbarkeit in Worte besteht darin, daß Worte in ihrer Eindimensionalität diese überwältigenden Erfahrungen nicht fassen können, wie Mystiker/innen immer wieder betont haben. So ist es zu erklären, daß aus den Worten statt Befreiung, Mündigkeit und Gottebenbildlichkeit mehr die Vermessenheit, Überheblichkeit und Selbstvergottung herausgehört wurden/werden. Im Begreifen Gottes als Liebe und Güte, in der Meditation über diesen liebenden und erreichbaren Gott, liegt nach meiner Ansicht der Schlüssel zum Verständnis der mystischen Beschreibungen des Vollkommenheitszustandes.

In dem Bestreben, die Trennung zwischen Gott und Mensch aufzuheben, sich mit dem Göttlichen zu vereinen, ganz in Gott aufzugehen, liegt aber auch die Gefahr verborgen, sich als Gott zu begreifen.

Ist es aber nicht schon immer ein Wunsch des Menschen gewesen, wie Gott zu sein? Müßte das nicht der Grundsatz eines jeden Christen/jeder

[1] Diese Verse habe ich aus der Einheitsübersetzung der Bibel übernommen. Ich habe eine Liste mit weiteren Versen aus den Paulusbriefen und den Evangelien zusammengestellt, die das Leben und Denken der "Schwestern und Brüder des freien Geistes" bestimmt haben könnten (siehe am Ende dieses Kapitels).

Christin sein? Kann dieser Wunsch, wie Gott sein zu wollen, nur in diesem patriarchalischen Sinne verstanden und realisiert werden, wie Männer ihn schon Jahrtausende praktiziert haben? Ist mit "Gott werden" nicht vielmehr der Anspruch an den Menschen gemeint, Gott in sich Gestalt werden zu lassen?

Daß dieses neue Selbstverständnis, das neue Gottesbild manchmal in Selbstüberschätzung und Selbstvergottung umgeschlagen ist, halte ich für die andere Seite der Medaille der Selbsterniedrigung, des Sündigseins, des Verworfenseins - alles Beschreibungen des Menschseins, die der Kirche jahrhundertelang zur Unterdrückung des Menschen dienten.

Der Weg zur Vollkommenheit der "Schwestern und Brüder des freien Geistes" war nicht nur ein geistig innerlicher, sondern ebenso ein leiblicher wie gesellschaftlicher Prozeß. Eine Voraussetzung, diese Vollkommenheit zu erreichen, war die rigide Befolgung des Armutsideals. Durch das Lassen von jeglichem Besitz wie gesellschaftlicher Macht sollte die Vorbereitung geschaffen werden, auch von allem geistlichen Besitz zu lassen. Sicher ist die Forderung nach "pauper cum lazero" eine Kritik an der damaligen Machtkirche und eine Reaktion gegen den neuen Reichtum, der besonders in den Städten sichtbar wurde. Und doch steht dahinter das Bedürfnis nach apostolischem Leben, nach dem Ernstnehmen der christlichen Botschaft, das Bedürfnis, das Evangelium Wirklichkeit werden zu lassen. Daß dieses radikale Umsetzen der christlichen Botschaft schließlich auch Wirkung zeigte in bezug auf das geistige Erfahren Gottes, auf das eigene Selbstverständnis, ist nicht verwunderlich, wenn wir von einer wechselseitigen Abhängigkeit von Seele, Körper und Geist ausgehen, aber auch von einer wechselseitigen Abhängigkeit von geistigen Vorstellungen und gesellschaftlichen Bedingungen. Die "Schwestern und Brüder des freien Geistes" haben bis in die letzte Konsequenz versucht, die theologischen Vorstellungen umzusetzen, materiell wie geistig arm zu sein, "pauper cum lazero" wie "pauper cum petro". Dieser Weg zur Vollkommenheit war zwar mit vielen Entbehrungen gepflastert, doch bestand schon in diesem Leben für bestimmte Auserwählte (Männer und Frauen) die Möglichkeit, durch eigene Anstrengungen und/oder durch die göttliche Gnade dieses Ziel zu erreichen.

Dieser Vollkommenheitszustand war nicht nur von vorübergehender Dauer, sondern galt für alle Zeiten im Gegensatz zu der kirchlich anerkannten Mystik. Das Vollkommenheitsbewußtsein löste bei den "Schwestern und Brüdern des freien Geistes" eine ungewöhnliche Freude aus, die dem tiefsten Kern des Evangeliums entspricht (NIGG 1949, S. 255). Die geistige Trunkenheit ließ sie sagen "Ein Mensch, der weiß, daß Gott in ihm ist, kann nie betrübt, sondern nur freudig sein." (GRUNDMANN 1961, S. 373)

Diesem Vollkommenheitsbewußtsein entsprach auch die neue geistige Freiheit, die ihnen von nun an erlaubte, alles zu tun, was ihnen beliebte. Diese Freiheit ist aber nicht mit Zügellosigkeit zu verwechseln, was schon der langen Prüfungszeit (10 - 18 Jahre) widersprechen würde, sondern entsprach viel mehr der augustinischen Maxime: Liebet und tut, was ihr wollt.

> "Eine weltanschauliche Umwertung der christlichen Moral in so enthusiastischer Kühnheit, wie sie die Amalrikaner vollzogen, ist keinesfalls aus denselben Quellen zu erklären wie die fast allgemeine Sittenverderbnis unter dem Klerus dieser Zeit. Auch sie ist vielmehr ein Ansatz zur Überwindung des klaffenden Zwiespalts zwischen der christlichen Lehre und den Lebensgewohnheiten der meisten Kirchenchristen." (ebenda, S. 372)

Diesem neuen Selbstbewußtsein, der geistigen Freiheit, entsprach ein anderes Gottesbild, das sich nach NIGG weniger durch göttliche Gerechtigkeit als durch die göttliche Güte auszeichnete.

> "Die Kraft der Liebe hob in ihren Augen die Scheidung von Gut und Böse auf. Sie entsündigte sogar die nach moralischen Maßstäben sündige Tat. Den mit Gott geeinten Menschen ist alles heilig, so daß er nicht mehr sündigen kann, wofür sie sich auf den 1. Johannesbrief beriefen: 'Wer aus Gott geboren ist, der tut nicht Sünde, denn sein Same bleibt bei ihm, und er kann nicht sündigen, denn er ist von Gott geboren.' Der vollkommene Mensch hat die Macht zu tun, was er will, und was er auch tun möge, er wird nicht mehr sündigen. Im neuen Freiheitsbewußtsein ist Sünde keine Sünde, und ihm schadet sie auch nicht mehr, denn wenn die Sünde auch ein Nichts ist, so kann demnach auch niemand um der Sünde willen bestraft werden. So wenig die Sünde hindert, so wenig fördert die Tugend." (NIGG 1949, S. 256 ff.)

7.10 Die geistes-, sozial- und religionsgeschichtliche Bedeutung der "Ketzerei" des freien Geistes aus der Sicht von GRUNDMANN, NIGG, ERBSTÖSSER und COHN

Die Geschichte der "Ketzerei" des Freien Geistes ist noch nicht geschrieben. Deshalb warnt GRUNDMANN davor, über die Gruppe der "Schwestern und Brüder des freien Geistes" ein vorschnelles Urteil abzugeben. Nur in Einzelfällen sei moralische Abscheu gerechtfertigt. Die typische Eigentümlichkeit ihrer Lehre sei der monistische Pantheismus mit seinen antinomistischen Konsequenzen. Da die "Schwestern und Brüder des freien Geistes weder in einer "Sekte", noch in einem Orden organisiert waren, "sondern flukturierend die mystischen Bewegungen des Beginentums begleiteten", sei es schwierig, sich über ihre Motive und geistigen Ideale Klarheit zu verschaffen, zumal Kenntnis über ihre Lehre nur aus den Inquisitionsakten vorliegt.

Die "Ketzerei" des freien Geistes wird sich nicht allein aus fremden Einflüssen oder aus sozialen Ursachen erklären lassen. Auch "ihre sittliche Verderbnis, Freizügigkeit, ihr laienhaftes Mißverständnis oder der Mißbrauch philosophisch-theologischer Spekulationen" kann nicht allein als Erklärung dienen (GRUNDMANN 1955, S. 180/181 ff.). Die mit der Kirchenlehre unvereinbare Denkweise über Gott, Geist, Seele und Mensch ist eher als Symptom zu bewerten, das künftige, geistig-seelische Wandlungen ankündigte. GRUNDMANN hält es aber für notwendig, daß seiner eigenen Analyse noch weitere Untersuchungen ähnlicher Zeugnisse[1] folgen müssen, ehe man die "Schwestern und Brüder des freien Geistes" in ihrer symptomatischen Bedeutung für Wandlungen unter der Decke des herrschenden Kirchenglaubens verstehen lernt (GRUNDMANN 1965, S. 560/561).

Bereits jetzt läßt sich sagen: Die "Ketzerei" des Freien Geistes war Ausdruck einer Krise des christlichen Lebens und Denkens, in der die Tradition nicht mehr gläubig hingenommen wurde. Alle in den Evangelien enthaltenen Möglichkeiten wurden einseitig bis ins Extrem verfolgt, um vermeintlich neue Wege zu höherer, religiöser Vollkommenheit zu finden, ja bis zum Ziel der Vergottung des Menschen (GRUNDMANN 1955,

---

[1] GRUNDMANN untersuchte die Aussagen der "Schwestern und Brüder des freien Geistes" in den "Ketzer/innen"protokollen (vgl. Kapitel 6).

S. 181/182). Während weltanschaulich fundierte "Sekten" und "Ketzer/innen"gruppen im Gesamtgefüge ihres religiösen Lebens immer auch die Frage nach Sünde und Gnade neu gestellt und in der Beziehung der Geschlechter neuen Sinn gesucht haben, stellt die freigeistige Bewegung die katholische Morallehre von der anderen Seite in Frage. Sie hebt die moralischen Satzungen und Schranken auf "durch das Bewußtsein eines vergotteten, menschliche Natur und göttlichen Willen einenden Lebens in 'Geist und Freiheit'." (GRUNDMANN 1927, S. 102/103 ff.)

Für einen anderen Kenner dieser Zeit ist der Weg der Geistbewegung eine gefährliche Gratwanderung.

> "Jenseits von Gut und Böse zu stehen, ist eine Möglichkeit Gottes, aber nicht des Menschen, und die Brüder des Freien Geistes scheinen in dieser Hinsicht eine Verwechslung begangen zu haben." (NIGG 1949, S. 259)

Einige Aussprüche sind für NIGG zu paradox formuliert und haben damit fatalen Mißverständnissen Vorschub geleistet.

Dies ist aber eine Eigentümlichkeit der gesamten Mystik. Gerade das paradoxe Denken der Mystiker und Mystikerinnen hat sie immer wieder in den Verdacht der "Ketzerei" gebracht. Dies wird auch an der folgenden Aussage der Marguerite Porète deutlich, die zu den von den Inquisitoren verurteilten Sätzen gehört:

> "Tugend, ich nehme Abschied von Euch auf immer!" (GNÄDINGER 1987, S. 23)

Aus den weiteren Ausführungen der Marguerite Porète geht aber hervor, daß dieser Satz nicht als Freibrief für Untugend und Unzucht zu verstehen ist, sondern als Überwindung der bloßen Gebots- und Verbotsmoral durch Läuterung zum willenlosen wesenhaften Gutsein des "guten Menschen" (GRUNDMANN 1965, S. 544/545).

Diese Vorstellungen finden sich nicht nur im Werk "Der Spiegel der einfachen Seelen" von Marguerite Porète, sondern auch bei Meister Eckhart und in dem Werk der Begine Mechthild von Magdeburg "Das fließende Licht der Gottheit". Schon die Maxime des Augustinus "Liebe und tue was du willst" weist in dieselbe Richtung.
NIGG hält es für möglich,

> "... daß ihr hoher Geist an einigen Stellen zu hoch gestiegen ist und in seiner Höhe eine Überspannung des religiösen Bewußtseins bewirkte, die dem demütigen Kreaturgefühl des Menschen untersagt ist." (NIGG 1949, S. 259)

Er sieht die Bedeutung der "Schwestern und Brüder des freien Geistes" darin, daß sie auf den Unterschied von Evangelium und Moral aufmerksam geworden sind und den übermoralischen Charakter der neutestamentlichen Botschaft wahrgenommen haben. Für die "Schwestern und Brüder des freien Geistes" stand Jesu Verkündigung von der Vergebung über der Moral (Liebe über Gesetz). Sie versuchten den Eros als einen der impulsivsten Kräfte im Menschen nicht mehr zu unterdrücken, sondern strebten danach, ihn religiös zu formen (ebenda, S. 259).
Ein gemeinsames Charakteristikum der mittelalterlichen "Ketzer/innen"bewegungen und damit auch der "Brüder und Schwestern des freien Geistes" ist die Bewertung der Urkirche.

> "Sie galt ihnen als wahre Kirche im Gegensatz zur rein feudalen Machtkirche ... Entschieden lehnte man den Reichtum der Kirche und die politische Macht ab und stellte in der Nachfolge Christi die Armut als Voraussetzung wirklicher Religiosität in den Vordergrund ... alle Häresien sahen eine beträchtliche Diskrepanz zwischen den Werken der Apostel und der mittelalterlichen Anstaltskirche ... Mittelalterliche Ketzereien waren aber nicht schlechthin ein Protest gegen die institutionalisierte Kirche." (ERBSTÖSSER 1984, S. 225)

Diese Vorstellungen von der armen Kirche sind ohne Berücksichtigung des gesellschaftlichen Hintergrundes nicht zu erfassen; denn sie verbanden sich immer mit einem neuen konkreten sozialen Inhalt.

> "Im Spätmittelalter orientierten sich die Häresien vornehmlich an den Bedürfnissen des einfachen Volkes. Der Gedanke von einer 'armen Kirche' formte sich stärker in der Vorstellung von einer 'Kirche für die Armen' um und verband sich mit den Lehren von einer Überwindung oder Reinigung der feudalen Kirche." (ebenda, S. 226)

Die "Ketzer/innen"bewegung wich aber den sozialen und politischen Auseinandersetzungen aus und flüchtete in eine religiöse Scheinwelt, lautet die Kritik ERBSTÖSSERs. Daher galt die Gegenkirche lange Zeit als einzige Perspektive mittelalterlicher Häresien. Und doch haben sie im Volk das Bewußtsein einer möglichen Veränderung der feudalen Kirche wachgehalten und wurden damit zum Sammelbecken der Unzufriedenen (ebenda, S. 227).

Eine andere Sicht auf die "Schwestern und Brüder des freien Geistes" ordnet sie in die messianischen Bewegungen ein. Vor allem COHN arbeitet diese Deutung heraus.

> "Vom Ende des 11. bis in die 1. Hälfte des 16. Jahrhunderts hat sich in Europa immer wieder die Sehnsucht der Besitzlosen und Ausgebeuteten nach der Verbesserung ihrer Lebensbedingungen mit Phantasievorstellungen von einem neuen irdischen Paradies, einer von Sünde und Leid bereinigten Welt, einem Königreich der Auserwählten, verbunden. Die Geschichte jener Jahrhunderte ist von einem endlosen Ringen zwischen den privilegierten und den weniger privilegierten Ständen durchzogen, einem Ringen zwischen der Bauernschaft und dem Feudaladel, zwischen Handwerkern und den Kapitalisten, zwischen den erstarkenden Städten und ihren traditionellen Oberherren." (COHN 1961, S. 7)

Daneben gab es jedoch noch Bewegungen völlig anderen Charakters. Das Mittelalter hatte vom Altertum, von den Juden und Christen, einen Schatz von Weissagungen geerbt, die in diesen Jahrhunderten neue Lebenskraft entfalteten. Es handelte sich dabei um eine Eschatologie, um

> "eine Fülle von Lehren über die endgültige Bestimmung der Welt, um eine im weitesten Sinne chiliastische Vorstellung von einem prophezeiten Tausendjährigen Reich, das aber keineswegs auf 1000 Jahre begrenzt (war) ... und eine ebenso glückliche wie vollkommen gute Menschheit hervorbringen würde." (ebenda, S. 7)

Diese Eschatalogie, deren Botschaft die offizielle Kirche ihren Gläubigen vorenthielt, hatte eine große Anziehungskraft auf die Gemüter jener Zeit. Eine Generation nach der nächsten erwartete ein wunderbares Ereignis, das die Welt gänzlich verändern würde. Nach einem letzten entscheidenden Kampf zwischen den Heerscharen Christi und den Horden des Antichrist sollte die endgültige Bestimmung und Rechtfertigung der Weltgeschichte offenbar werden. Tatsache ist, daß die elenden und unzufriedenen Massen sich immer wieder einem Milleniumspropheten in die Arme warfen. So entstanden Bewegungen, die Ähnlichkeit mit den großen totalitären Bewegungen unserer Zeit aufwiesen (Nationalsozialismus, Kommunismus). Ihre gemeinsame Phantasie war, daß ein auserwähltes

Volk unter der Führung einer erleuchteten und unfehlbaren Elite im Begriff sei, eine Welttyrannei zu zerschlagen. Dieses bevorstehende Ringen sei deshalb von so ungeheurer Wichtigkeit, weil es die Welt ein für allemal von allem Übel befreien und die Geschichte zu ihrem prädestinierten Abschluß bringen werde (ebenda, S. 8).

Den apokalyptischen Überlieferungen wurden im Verlauf von viereinhalb Jahrhunderten wieder und wieder soziale Nöte, Hoffnungen und Feindschaften aufgepropft, die dieser Überlieferung neue Lebenskraft gaben. Diese lange Tradition eines Erlösungsglaubens beruhte auf Vorstellungen, die von der Kirche zu dem einen oder anderen Zeitpunkt geduldet wurden, sich aber jetzt in einer Form äußerten, die die bestehende Ordnung gefährdeten (ebenda, S. 9).

Diese Endzeitphantasien sind aber nur unter ganz bestimmten sozialen Gegebenheiten zum sozial-mythischen Sprengstoff geworden (ebenda, S. 28). Solche Vorausetzungen ergaben sich vom 11. Jh. in einigen Gegenden Westeuropas, und zwar in den Gegenden, die unter Überbevölkerung litten und sich in einem Stadium ökonomischer und sozialer Veränderungen befanden (ebenda, S. 29).

Armut, Mühsal und drückende Abhängigkeit reichten aber nicht aus, einen revolutionären Chiliasmus auszulösen. Wenn es geschah, dann weil die am Rande der Gesellschaft Lebenden sich von einer messianischen Bewegung, die einem ganz anderen Millieu entsprang, fortreißen ließen oder weil ihre herkömmliche Lebensform zerbrochen war. Die ersten Landstriche, in denen vom 11., 12. und 13. Jh. solche Bedingungen vorlagen, waren Gebiete, die so weit befriedet waren, daß sich die Bevölkerung vermehren und der Handel ausweiten konnte. Diese Gebiete befanden sich teils auf französischem, teils auf deutschen Boden [von der Somme bis zum Rhein, mit Flandern als Kernstück] (ebenda, S. 32 ff.).

COHN sieht in den "Schwestern und Brüdern des Freien Geistes" eine Bewegung, die in der Sozialgeschichte Europas eine wesentliche Rolle gespielt hat. Ihre Anhänger/innen waren keine Sozialrevolutionäre und rekrutierten sich auch nicht aus der unruhigen Masse des städtischen Proletariats.

> "Sie waren ihrem Wesen nach auf ihre persönliche Erlösung bedachte Gnostiker; aber die von ihnen entwickelte Gnosis lief auf einen halb-mystischen Anarchismus hinaus - auf die Bejahung einer so tollkühnen und grenzenlosen

Freiheit, daß sie der unbedingten Verwerfung jeder Art von Fessel und Beschränkung gleichkam ... Aber extreme Individualisten dieser Art können nur zu leicht zu Sozialrevolutionären werden - zu recht durchschlagkräftigen überdies - wenn sich eine potentiell revolutionäre Situation ergibt ... Im Spätmittelalter waren es die Brüder des Freien Geistes, die als einzige eine konsequente revolutionäre Soziallehre als Bestandteil ihrer Lehren von der totalen Emanzipation gepflegt haben. Und aus ihrem Kreis gingen auch Doktrinäre hervor, die den kühnsten Versuch zur Verwirklichung einer totalen Sozialrevolution im mittelalterlichen Europa inspirierten." (ebenda, S. 135)

7.11 Die "Ketzer/innen"bewegung der "Schwestern und Brüder des freien Geistes" aus feministischer Sicht

Beim Vergleich der Forschungsergebnisse der vier Historiker, die ich zur Beurteilung der freigeistigen Bewegung herangezogen habe, stellt man fest,

1. daß ihr Blickwinkel auf diese Bewegung entscheidend von ihrem subjektiven Schwerpunkt bestimmt ist.
2. daß sie für den starken Anteil der Frauen an dieser Bewegung entweder gar keine oder nur eine androzentrische Erklärung gefunden haben.

COHN bemüht sich zwar sowohl die sozialen als auch religiösen Gründe für diese Bewegung in differenzierter Weise aufzuzeigen, bleibt aber doch dem androzentrischen Denken verhaftet. Im Gegensatz dazu ist es ihm nicht entgangen, wie sehr die Begründungen und Hintergründe für die "Ketzereien" des freien Geistes von dem jeweiligen wissenschaftlichen Standort abhingen/abhängen. Ihm zufolge läßt sich von einer katholischen, protestantischen, marxistischen oder eklektizistischen Theorie sprechen. Obwohl alle vier Forscher die sozialen, ökonomischen, religiösen und ideengeschichtlichen Aspekte unterschiedlich gewichten, sind sie sich in den wesentlichen Charakterisierungen dieser Bewegung einig. Diese ist zu definieren

1. durch ihr Streben nach Vollkommenheit und eines Vollkommenheitszustandes auf Dauer durch Armut, Askese und schließliche Erleuchtung.

2. durch die Ablehnung aller gesellschaftlichen und kirchlichen Normen.

3. durch ihre libertinistischen Auffassungen als Konsequenz ihrer antinomistischen Vorstellungen.

Gemeinsam ist ihnen auch das Ignorieren des bedeutenden Anteils der Frauen an dieser Bewegung. Wenn sie überhaupt Gründe angeben für die Beteiligung der Frauen an der freigeistigen Bewegung, so werden soziale (als pauper cum lazero), anthropologische (die Frau fühlt sich von ihrem Wesen mehr zur Religion hingezogen) und geschlechtsstereotypische Gründe (infolge der geringen Verstandeskraft der Frauen) angeführt.

Die Frage, ob Frauen vielleicht ein frauenspezifisches Interesse hatten, sich dieser Bewegung anzuschließen, stellt sich für sie nicht. "Schwestern" des freien Geistes werden von COHN nur als Publikum, als Verführte, die eigentlich keine häretischen Absichten hegten, als Isolierte, die auf einen Erlöser warten, aufgefaßt. Er sieht in ihnen auch nur indirekte Förderer/-innen (Beginen) dieser Bewegung. Sie stellten den "Brüdern" ihre Häuser zur Verfügung und trugen zur Verbreitung ihrer Lehren bei durch Einladung Interessierter in ihre Konvente. Manchmal spricht er zwar von "Ketzern" beiderlei Geschlechts oder erwähnt einige Frauen der freigeistigen Bewegung, die großen Einfluß hatten auf die "Brüder" des freien Geistes und auf die Bevölkerung der Städte. Aber auch sie werden nicht als geistige Führerinnen oder Jüngerinnen des freien Geistes bezeichnet, sondern lediglich als Anhängerinnen. Frauen werden als Jüngerinnen und Leiterinnen der Gruppen des freien Geistes nicht ernst genommen. Ihnen wird ihre Autonomie abgesprochen, die Voraussetzung gewesen wäre, sich bewußt für eine Gruppe des freien Geistes zu entscheiden. Die Vorstellung einer geistigen Mittäterschaft ist demnach unvorstellbar.

Auffällig ist auch bei allen Autoren, daß bereits bei der Bezeichnung der Gruppe das Wort "Schwester" oft weggelassen wird.

So legitim es methodologisch ist, bestimmte Aspekte in den Vordergrund zu stellen und sie zu begründen, so problematisch ist es auf der anderen Seite, wenn dadurch andere Aspekte verfälscht und geistesgeschichtliche gegen gesellschaftsrelevante oder soziale gegen frauenspezifische Faktoren ausgespielt werden.

Deshalb erscheint es mir wichtig, die Ergebnisse dieser vier Wissenschafler im Zusammenhang zu betrachten, um ein ganzheitliches Bild dieser "Ketzer/innen"bewegung zu erhalten.

Ich halte es außerdem mit Eleonor MCLAUGHLIN für notwendig, besonders die Rolle der Frauen in der christlichen Tradition, wozu auch die Häresien gehören, zu untersuchen.

> "Die Rolle und das Bild der Frau in den Häresien zu untersuchen, ist nicht allein vom Standpunkt der Aktualität aus wünschenswert, es ist geradezu erforderlich wegen der tiefen Kluft, die zwischen Evidenz und nicht kritisch untersuchten Behauptungen heutiger Wissenschaft klafft.
> Vor allem müssen wir die oft implizit gemachte Annahme betrachten, die Frau habe in den häretischen Bewegungen eine vorherrschende Rolle gespielt. Häufig begegnen wir auch im engen Zusammenhang mit dieser Annahme eines weiblichen Übergewichts dem letztlich von Kommentatoren des Mittelalters herrührenden Urteil, das weibliche Geschlecht sei in seiner geistigen und moralischen Prägung schwächer als das männliche, in besonderer Weise zugänglich für die Versuchungen des Satans, der die letzte Quelle der Häresie ist." (MCLAUGHLIN 1976, S. 34)

Ich gehe im Widerspruch zu Eleonor MCLAUGHLIN und männlichen Kommentatoren davon aus, daß Frauen zwar in großer Zahl an den "Ketzer/innen"bewegungen beteiligt waren, aber aus anderen Gründen als den oben genannten.

Einen wesentlichen Grund für die Beteiligung der Frauen an der freigeistigen Bewegung sehe ich darin, daß es Frauen wie Männern möglich gewesen ist, den Vollkommenheitszustand zu erreichen. Das Traktat der Schwester Katrei oder die Aussagen der jungen Beginen im Schweidnitzer Verhör machen das deutlich. Es ist erstaunlich, daß diese neuen, befreienden, Möglichkeiten für die Frauen von den Historikern bisher nicht reflektiert worden sind.

Da Frauen im Mittelalter durch die Klerikalisierung von jeder Möglichkeit ausgeschlossen wurden, Gott zu repräsentieren und ihnen nur möglich war, durch den Eintritt ins Kloster aus der inferioren Geschlechterordnung herauszutreten, um eine beschränkte religiöse Gleichwertigkeit mit den Männern zu erreichen, kann die Vision des Vollkommenheitszustands auf Erden ein erstrebenswertes Ziel gewesen sein. Da infolge dieser Vollkommenheit alle kirchlichen wie gesellschaftlichen Normen hinfällig geworden waren, mußten auch die sexuellen Normen in Frage gestellt werden.

In der freigeistigen Bewegung waren daher besonders günstige Ansatzpunkte für einen Aufbruch der Frauen gegeben (MURARO 1987). In der Aufwertung des weiblichen Verstandes, in der Überwindung der hierarchischen Beziehungen zwischen Männern und Frauen und dem Optimismus gegenüber dem Naturzustand liegen befreiende Perspektiven für Frauen verborgen.

Obwohl Eleanor MCLAUGHLIN die Spiritualität der bedeutendsten mittelalterlichen Häresien, besonders der Waldenser und Katharer, als transzendenter, buchstabentreuer, puritanischer, sexuell pessimistischer, mit einem Wort androzentrischer als die Spiritualität der klösterlichen Tradition beurteilt - diese habe sich wenigstens einer weiblichen Sprache und Gottessymbolik bedient -, kommt sie zu dem Ergebnis, daß diese Zuschreibung nicht auf die Häresie der "Schwestern und Brüder des freien Geistes" zutrifft. Sie gibt aber zu bedenken, daß eine Überprüfung unter dem Gesichtspunkt weiblicher Erfahrungen noch aussteht (MCLAUGHLIN 1976, S. 41).

Ute WEINMANN führt die Attraktivität der freigeistigen Bewegung für die Frauen auf die geschlechtsspezifischen Restriktionen zurück, die in der freigeistigen Mystik ins grenzenlose Gegenteil verkehrt wurden.

> "Nach meiner Einschätzung ist die Verbreitung der häretischen Mystik unter Frauen eine radikale intellektuelle Reaktion auf ihre spezifischen Lebensbedingungen. Das theoretische Konzept der Häresie vom Freien Geist legitimiert dazu, das 'vermessene Streben' vieler Frauen, aktiv und öffentlich zu agieren, Freiheitsbedürfnisse gegen den 'weiblichen' Ausschluß zu setzen und sich an subjektiven elitären Normen für die innere und äußere Welt zu orientieren. Den gesellschafts- und kirchenkritischen Reflektionen, wie sie in der Häresie vom Freien Geist im Nebeneinander von Religiösem und Sozialem deutlich werden, liegen Erfahrungen - Realitäten zugrunde. Und in den häretischen Äußerungen und Offenbarungen von Frauen scheint deren durch geschlechtsspezifische Restriktionen beeinflußte soziale Erlebniswelt sich theoretisch ins 'grenzenlose' Gegenteil verkehrt zu haben." (WEINMANN 1988, S. 237)

Die Frauen haben sich in großer Zahl der freigeistigen Bewegung angeschlossen, weil sie ihnen Freiheiten bot, die ihnen sonst in Kirche und Gesellschaft verweigert wurden.

7.12 Abschließende Gedanken

So wie die Gnosis sich Vorstellungen des Christentums zu eigen gemacht hat und sie umgekehrt hat, so stellen viele Aussagen der "Schwestern und Brüder des freien Geistes" ebenfalls eine Umkehrung christlicher Werte dar.

Sünde - Unschuld
Keuschheit - Sinnenlust
Ehe - erotische Freizügigkeit (Promiskuität)
Unvollkommenheit - Vollkommenheit
armer sündiger Mensch - Gott
tun, was Gott will - tun, was der Natur entspricht
Abhängigkeit - geistige Freiheit
Unglück - Glück
Erlösung durch Christus - Selbsterlösung
unterlegen - überlegen
ohnmächtig - mächtig
Moral - Amoral
Gebundenheit an religiöse und gesellschaftliche Normen - Negierung aller Normen (Antinomie)
Privateigentum - Gemeinschaftseigentum
Schuld - Unschuld.

Bei der Gegenüberstellung der Werte und Normen der christlichen Religion und der Mystik der "Schwestern und Brüder des freien Geistes" läßt sich die Faszination rückschließen, die die Menschen erfaßt haben muß, als sie mit diesem Menschen- bzw. Gottesbild konfrontiert wurden, weil es ihnen all das versprach, was sie bisher als Gottes Eigenschaften angesehen hatten. Es ermöglichte ihnen, aus dem Zustand der Unmündigkeit, des Sündigseins, der Unvollkommenheit herauszukommen, in ein Leben, in denen ihnen alle Möglichkeiten offenstanden.

In der bloßen Umkehrung von Werten liegt aber auch ein Problem, auf das Luise SCHOTTROFF in bezug auf die Feministische Theologie hingewiesen hat.

> "Die Umkehrung von vorgegebenen Werten ist eine vielgeübte, feministische Technik. Zentrale Inhalte des Christentums werden negativ bewertet, z.B. wird das Kreuz zum Symbol der Unterdrückung und bisher negativ gewertete Inhalte werden positiv besetzt: die Gnosis ist nicht eine Häresie, eine falsche Religion, wie sie bisher von Christen dargestellt wurde, sondern eine (frauen)befreiende Religion. Diese Technik der Umwertung hat alte Tradition: Schon immer haben religiöse Gruppen sich gegen Nachbarreligionen abgegrenzt."
> (SCHOTTROFF 1988, S. 68)

Das Christentum hat es nicht anders gemacht.

> "Diese Kampftechnik der Umwertung kann sowohl Anzeichen einer Geschichtsfälschung im Interesse der Sieger sein als auch revolutionäres Handeln unterdrückter Menschen, die die Symbole der Unterdrücker benutzen oder auch eine andere Abgrenzungsstrategie." (ebenda, S. 70).

Letzteres läßt sich in bezug auf die "Schwestern und Brüder des freien Geistes" sagen.

So ist es sicher kein Zufall, daß gerade in der Feministischen Theologie genau die Werte, die Theologie, fragwürdig geworden sind, gegen die sich auch die freigeistige Bewegung gewandt hat.

Feministische Theologie wie freigeistige Mystik haben sich die Befreiung von gottlosen, herrschaftsstabilisierenden Strukturen zum Ziel gesetzt. Für beide ist die persönliche Erfahrung entscheidend für ein neues Selbst- und Gottesbild. Aufgrund der Gemeinsamkeiten ist nicht es verwunderlich, daß die Feministische Theologie mit ähnlichen Begriffen abqualifiziert wird wie die freigeistige Mystik vor 600 Jahren. Dieser war wie der Feministischen Theologie Selbstvergottung und Selbsterlösung vorgeworfen worden. In der Stellungnahme der nordelbischen Bischöfe (veröffentlicht u.a. im Deutschen Allgemeinen Sonntagsblatt 15. 2. 87) wird von der Feministischen Theologie behauptet, sie blende die Sünde aus und ersetze die Erlösung durch Selbstbefreiung und Selbsterlösung.

Das Argumentationsmuster, mit dem gegen Andersdenkende, seien es Juden, Frauen oder "Ketzer/innen" polemisiert wird, ist demnach seit den Anfängen des Christentums gleich geblieben. Stichworte dieser Polemik sind: Enthusiasmus, Emanzipation (negativ gewertet), Liberalismus, Anarchie, sich selbst das Heil beschaffen, Selbstvergottung und Pneumatismus [Bevollmächtigung durch den Geist] (vgl. ebenda, S. 59).

Aber man wird dem Anliegen der "Schwestern und Brüder des freien Geistes" nicht gerecht, wenn man ihre Lehre lediglich als Umkehrung der christlichen Werte versteht. Ihre Beschreibungen über die Freiheit eines/einer Vollkommenen sehe ich als Versuch, christliche Aussagen des Evangeliums wirklich ernst zu nehmen und zu leben. Was bedeutet es z.B., "Kinder Gottes", "Gottes Söhne", "Gottes Ebenbild" zu sein? Muß ein Ernstnehmen dieser Zusage nicht ein positives Selbstbild zur Folge haben? Kann die Beziehung zwischen Gott und den Menschen noch als einseitige Abhängigkeit begriffen werden oder entspricht diesem liebenden Gott und dem befreiten Menschen nicht vielmehr eine Beziehung der Gegenseitigkeit? Wenn Gott die Liebe ist, wie kann es dann noch Strafe, Sünde und Hölle geben? Bedeutet dies nicht, das Reich Gottes auf die Erde zu holen?

Gleichzeitig aber ist mir die Gefahr bewußt geworden, wie sehr diese Freiheit in Unfreiheit für die "Groben im Geiste" umschlagen kann, wenn diese nur einer Elite vorbehalten bleibt und der Vollkommenheitszustand als Ermächtigung verstanden wird, sich der "Groben im Geiste" zu bedienen.

Auch die lange asketische Vorbereitung und totale Abhängigkeit des Schülers/der Schülerin von dem Adepten/der Adeptin, wie sie Martin von Mainz beschrieb, ist für mich ein Zeichen von Unfreiheit, die im Zusammenhang steht mit der totalen Freiheit. (In der Spannung von Freiheit und Unfreiheit liegt vielleicht das ganzheitliche Leben.) Der beschwerliche, spirituelle Weg der Schwester Katrei oder anderer "Ketzer/innen" macht zwar verständlich, daß es nur bestimmten Menschen möglich ist, diesen Zustand zu erreichen: infolge des langen, schwierigen Weges, des Verzichts und des Zeitaufwandes, der Abhängigkeit vom Meister/der Meisterin und der von Gott gegebenen Erleuchtung und Gnade. Aber es bedeutet eine Mißachtung der Menschenwürde der "Groben im Geiste", wenn sie von ihnen ausgebeutet werden dürfen.

Die Ideale der freigeistigen Bewegung haben gesellschaftssprengende und tödliche Wirkungen gehabt, als sie von einer politischen Elite in die Tat umgesetzt wurden [Nationalsozialismus, Kommunismus] (COHN 1961, S. 27 ff.). Die Vorstellung von einem "Tausendjährigen Reich" und das Bewußtsein, den Vollkommenheitszustand erreicht zu haben, hat Tod und Leben gebracht. Während der Nationalsozialismus ein Beispiel für den Absolutheitsanspruch einer Elite darstellt, der Tod und Untergang für

Millionen von Menschen bedeutet hat, sind die Lolladen, die Wiedertäufer, Thomas Münzer, die Ranters Beispiele für Befreiung und weitere Knechtschaft.

Muß aber die Befreiung von allen Normen und Gesetzen dazu führen, sich als "Gott gleich" zu begreifen im Sinne von Selbstüberhebung über alle Nicht-Vollkommenen? Wenn Gott, wie Carter HEYWARD (1986) Gott definiert, als Macht in Beziehung begriffen wird, dann kann es z.B. nicht darum gehen, Macht zu ergreifen, Macht zu haben, sondern Gott als Macht in der Beziehung zu realisieren.

> "Durch die feministische Bewegung habe ich gelernt, unsere Macht in Beziehung als Gott zu erfahren, zu erkennen und auch Gott zu nennen. Gott ist für mich das, was wir als Mutter oder Vater, als Schwester oder Geliebte, Freund oder Bruder denken können. Wir können uns Gott als eine noch schwache Stimme oder als Donnerschlag vorstellen. Gottes Transzendenz erfahren wir in der Beständigkeit, mit der Gott zwischen uns Brücken baut. Gott ist nicht mein, sondern unser; und Gott gehört nicht nur uns, sondern auch anderen Menschen, und nicht einmal einfach anderen Menschen. Gott ist die Macht in Beziehung zwischen Pflanzen und Hunden und Walen und Bergen und Städten und Sternen. Göttliches Wesen treibt uns, sehnt sich nach uns, bewegt sich in uns und durch uns und mit uns, indem wir uns selbst als Menschen erkennen und lieben lernen, die von Grund auf in Beziehung stehen und nicht allein sind." (ebenda, S. 30 ff.)

Jede "Machtergreifung" ohne Rückbindung führt zu Omnipotenz, Hochmut und Unterdrückung anderer. Von daher muß nach der überwältigenden Erfahrung des In-Gott-Aufgehens, der Vereinigung mit Gott, die Verbundenheit mit den Menschen wiederhergestellt werden. Das Erfahren der Seinsmacht, das Sein in Gott, darf nicht in Habenmacht, in "Macht über" umschlagen. Ähnlich formuliert Gerda WEILER im Blick auf matriarchale Gesellschaften.

> "Eine derartige "Macht" kann eine Frau nicht haben, sie kann sie nur verkörpern, kann sie sein. Ich nenne diese Daseinsqualität Seins-Macht im Gegensatz zu patriarchalem Macht-Haber-Tum. Es geht darum, den matriarchalen Umgang mit "Macht", matriarchales Selbstverständnis von Seins-Macht, wieder bewußt zu machen." (WEILER 1990, S. 16 ff.)

Der Gedanke des Dienens erscheint mir in diesem Zusammenhang im neuen Licht. So wie der repräsentative Führer einer matriarchalischen Gesellschaft sich seines Amtes, seiner Macht, nur als würdig erweist, wenn er mit allen Gaben, die er besitzt, den Menschen seines Volkes zu Diensten ist, so hat auch Jesus, der die Vollmacht Gottes besaß, den Menschen gedient. Der Rückbezug auf das Göttliche wie auf die Menschen, verhindert Größenwahnsinn, Tod und Zerstörung und erhält die Gleichwertigkeit aller Menschen als Geliebte Gottes. Die Menschen mit größeren Gaben können der Selbstüberhebung und des Machtmißbrauchs entgehen, wenn sie diese weitergeben, zum Nutzen ihrer Mitmenschen. Indem sie alles, was sie an Gaben erhalten haben, auf Gott zurückführen, verhindern sie, daß sie sich über ihre Mitmenschen erheben. Da Gott alles umfaßt, ist der Mensch, wenn er/sie sich an Gott wendet, wieder mit allen Menschen verbunden. Ich glaube, genau das haben die "Schwestern und Brüder des freien Geistes" nicht immer getan. Ein positives Beispiel für die Rückbindung an Gott ist für mich Vilemina (vgl. Kapitel 9).

Außer der Umkehrung der Werte und der "Ketzer/innen"polemik lassen sich noch weitere Parallelen zwischen der freigeistigen Mystik und der Feministischen Theologie finden.

Für beide gilt, daß sie nicht allein als Symptom ideologischer oder religiöser Probleme betrachtet werden dürfen, sondern auch ihre sozialen und gesellschaftlichen Hintergründe berücksichtigt werden müssen. So wie die freigeistige Mystik Ausdruck befreiender religiöser Vorstellungen einer "ketzerischen" Gruppierung der "religiösen und sozialen Aufbruchsbewegung" war, so ist die Feministische Theologie nicht vorstellbar ohne die Neue Frauenbewegung. Beide Bewegungen stehen mit den Emanzipationsbestrebungen unterschiedlicher Gruppen in Zusammenhang.

Die freigeistige Bewegung trat gerade in den Jahrhunderten (13. - 16. Jh.) auf, als die ersten Emanzipationsversuche der Städter, Bauern, der Bürger, aber auch der Frauen zu verzeichnen waren. Es sind Jahrhunderte, in denen für die Frauen in Europa eine Tradition der Unwissenheit, der Marginalisierung und Unbekanntheit zu Ende ging. Infolge der Einheit von sozialer und religiöser Welt kamen die Emanzipationsbestrebungen der Männer und Frauen eher in religiösen Zielen zum Ausdruck als in politischen.

Die Neue Frauenbewegung ist dagegen aus der sozialen Protestbewegung der antiautoritären Studenten/Studentinnenbewegung hervorgegangen. Ihr ging es in ihren Anfängen weniger um politische oder soziale Emanzipation wie bei der ersten Frauenbewegung, sondern um die Emanzipation von den Männern, um Autonomie für Frauen.

Die freigeistige "Ketzerei" kam verstärkt zu einer Zeit zum Ausdruck, in der die traditionellen Werte und Institutionen des alltägliche Lebens, insbesondere die Macht der Kirche aufgrund ihrer ideologischen wie alltagsbestimmenden Alleinherrschaft in Frage gestellt wurden, als Menschen sich herausgelöst fühlten aus ihren kollektiven Verbänden und der Prozeß der Individualisierung begann, der erst im 18. Jahrhundert seinen Abschluß fand.

Für die neue Frauenbewegung gilt eher ein umgekehrter Prozeß. Auch die 70er Jahre waren eine Zeit, in der traditionelle Werte und Institutionen fragwürdig wurden, was auch für die traditionellen Geschlechtsstereotypen und Geschlechtsrollen galt. Der Verunsicherung und Bewußtwerdung der Frauen setzte die Frauenbewegung neue Leitbilder für Frauen von einem selbstbestimmten und autonomen Leben entgegen. Der individuelle Emanzipationsprozeß war Auslöser für das Zusammenschließen in der Neuen Frauenbewegung.

In beiden Fällen sind gesellschaftliche Veränderungen Ursache dieses neuen Selbstverständnisses, und da die Kirche einen Teil des gesellschaftlichen Lebens darstellt, bleibt auch sie von den Freiheitsbestrebungen der Frauen nicht verschont, was bedeutet, daß das Patriarchat als Ursache von Unterdrückung und Ausbeutung auch für den kirchlichen Bereich erkannt werden muß.

Die freigeistige Mystik wie die Feministische Theologie sind Ausdruck eines neuen Selbst- und Gottesbildes, das die Wunschvorstellungen eines sich befreienden Individuums spiegelt und die Beziehung zu Gott als gegenseitige begreift.

Bibelstellen (aus der Einheitsübersetzung), die für die freigeistigen Gruppen von besonderer Bedeutung gewesen sein könnten

Armut

2. Kor. 8, 9
"Denn ihr wißt, was Jesus Christus, unser Herr, in seiner Liebe getan hat: Er, der reich war, wurde euretwegen arm, um euch durch Armut reich zu machen."

Vollkommenheit

1. Kor. 13, 9
"... wenn aber das Vollendete kommt, vergeht alles Stückwerk."

Eph. 4, 13
"So sollen wir alle zur Einheit im Glauben und in der Erkenntnis des Sohnes Gottes gelangen, damit wir zu vollkommenen Menschen werden und Christus in seiner vollendeten Gestalt darstellen."

Math. 5, 48
"Ihr sollt also vollkommen sein, wie euer himmlischer Vater ist."

Gottes Söhne

Gal. 3, 26-27
"Ihr seid alle durch den Glauben Söhne Gottes in Christus Jesus. Denn ihr alle, die ihr auf Christus getauft seid, habt Christus (als Gewand) angelegt. Es gibt nicht mehr Juden und Griechen, nicht Sklaven und Freie, nicht Mann und Frau; denn ihr alle seid einer in Christus Jesus."

Glieder

1. Kor. 12, 26-27
"Wenn darum ein Glied leidet, leiden alle Glieder mit; wenn ein Glied geehrt wird, freuen sich alle anderen mit ihm. Ihr aber seid der Leib Christi, und jeder einzelne ist ein Glied an ihm."

Eph. 5, 30
"Denn wir sind Glieder seines Leibes."

Freiheit - Geist

2. Kor. 3, 17
"Der Herr aber ist der Geist, und wo der Geist des Herrn wirkt, da ist Freiheit."

Gal. 5, 1
"Zur Freiheit hat uns Christus befreit. Bleibt daher fest und laßt euch nicht von neuem das Joch der Knechtschaft auflegen!"

Leib - Geist - Glieder

1. Kor. 12, 12-13
"Denn wie der Leib eine Einheit ist, doch viele Glieder hat, alle Glieder des Leibes aber, obgleich es viele sind, einen einzigen Leib bilden: so ist es auch mit Christus. Durch den einen Geist wurden wir in der Taufe alle in einen einzigen Leib aufgenommen, Juden und Griechen, Sklaven und Freie; und alle wurden wir mit dem einen Geist getränkt."

Geist - Gesetz

Gal. 5, 18
"Wenn ihr euch aber vom Geist führen laßt, dann steht ihr nicht mehr unter dem Gesetz."

Römer 7, 6
"Jetzt aber sind wir frei geworden von dem Gesetz, an das wir gebunden waren, wir sind tot für das Gesetz und dienen der neuen Wirklichkeit des Geistes, nicht mehr in der alten des Buchstabens."

1. Kor. 12, 7
"Jedem aber wird die Offenbarung des Geistes geschenkt, damit sie anderen nützt."

2. Kor. 3, 6
"Er hat uns fähig gemacht, Diener des neuen Bundes zu sein, nicht des Buchstabens, sondern des Geistes."

Gesetz des Geistes - Sünde

Römer 8, 1 ff.
"Jetzt gibt es keine Verurteilung mehr für die, welche in Christus Jesus sind. Denn das Gesetz des Geistes und des Lebens in Jesus Christus hat dich frei gemacht vom Gesetz der Sünde und des Todes."

1. Joh. 3, 9
"Jeder, der von Gott stammt, tut keine Sünde, weil Gottes Same in ihm bleibt. Er kann nicht sündigen, weil er von Gott stammt."

Pantheismus

Römer 11, 36 (Amalrich)
"Denn aus ihm und durch ihn und auf ihn hin ist die ganze Schöpfung. Ihm sei Ehre in Ewigkeit! Amen."

1. Kor. 15, 28
"... damit Gott herrscht über alles und in allem. "

Freude

Joh. 15, 11
"Dies habe ich euch gesagt, damit meine Freude in euch ist und damit eure Freude vollkommen wird."

Überlegenheit

Joh. 14, 12
"... Wer an mich glaubt, wird die Werke, die ich vollbringe, auch vollbringen, und er wird noch größere vollbringen, denn ich gehe zum Vater."

Geschlechterdifferenz

Kor. 1, 11-12
"Doch im Herrn gibt es weder die Frau ohne den Mann noch den Mann ohne die Frau. Denn wie die Frau vom Mann stammt, so kommt der Mann durch die Frau zur Welt; alles aber stammt von Gott."

Einssein mit Christus

Gal. 2, 19 u. 20
"... Ich bin mit Christus gekreuzigt worden; denn nicht mehr ich lebe, sondern Christus lebt in mir ..." (Vilemina).

8 Über das Leben, die Lehre und das Werk der Marguerite Porète[1]

Mit Marguerite Porète will ich eine Begine - nach meiner Einschätzung eine "Schwester" des freien Geistes - vorstellen, deren Mystik von den Inquisitoren als freigeistige "Ketzerei" beurteilt wurde und die deshalb auf dem Scheiterhaufen verbrannt wurde.

Mit Marguerite Porètes Buch "Der Spiegel der einfachen Seelen" ist eins der wenigen Werke erhalten geblieben, das uns Auskunft und Aufklärung geben kann über die doch oft verwirrenden Vorstellungen der "Schwestern und Brüder des freien Geistes".

Obwohl Marguerite Porète Gott nie in weiblichen Metaphern zu erfassen versucht und auch ihr Frausein nie positiv oder negativ thematisiert, scheint ihr Gottes- und Selbstbild meine These von der wechselseitigen Abhängigkeit vom Gottes- und Selbstbild zu bestätigen. Meine Interpretationen zum Selbst- und Gottesbild der Marguerite Porète beruhen im wesentlichen auf der Übersetzung (mit einem Nachwort) der Louise GNÄDINGER.

8.1 Die Biografie der Marguerite Porète

Über die biografischen Daten und näheren Lebensumstände von Marguerite Porète ist nur wenig bekannt, mit Ausnahme der Anklagen, ihrer Verurteilung und ihrem Tod auf dem Scheiterhaufen.

Während ihr Geburtsjahr um 1250-60 angesetzt wird, ist ihr Geburtsort unbekannt. Doch wird angenommen, daß sie aus Hainaut bei Valenciennes stammt, da ihr Buch "Der Spiegel der einfachen Seelen" trotz der positiven Gutachten von zwei anerkannten Theologen das erste Mal (im Jahre 1300) auf dem Hauptplatz von Valenciennes öffentlich verbrannt wurde (GNÄDINGER 1987, S. 215).

Relativ gesichert scheint es zu sein, daß sie eine Begine war. Ob Marguerite Porète wirklich eine Zeitlang einer Beginengruppe oder Hausgemeinschaft leitend und betreuend geistlich vorgestanden hat, wie Louise

---

1 Ich habe mich bei der Schreibweise ihres Namens für die gebräuchlichste entschieden.

GNÄDINGER (1987) annimmt, oder ob sie eher zu den "umherschweifenden" Beginen[1] zu rechnen ist, die im besonderen der "Ketzerei" verdächtigt wurden, ist nicht eindeutig zu entscheiden. Aus ihrem Buch selbst kann man nur entnehmen, daß sie auch die Beginen zu den geistlichen Personen rechnet, die ihren neuen Weg der Seele zu Gott nicht verstehen werden. Einige Forscher/innen, wie z.B. Romana Guarnieri[2], ordnen den "Miroir" - den "Spiegel der einfachen Seelen" - der Gedankenwelt des freien Geistes zu.

Obwohl ihr Buch bereits 1300 öffentlich verbrannt worden war, und jeder Rückfall in die "Ketzerei" den Tod bedeuten würde, ließ Marguerite Porète nicht davon ab, ihre Lehre vom Weg der Seele zu Gott zu verbreiten. Trotz der Verdächtigungen und der in Valenciennes über sie verhängten Acht sandte Marguerite Porète ihr Buch nochmals zur Begutachtung an verschiedene Persönlichkeiten, so auch an den Bischof in Châlon-Sur-Marne. Daraufhin wurde sie erneut angeklagt, zuerst durch den Provinzialinquisitor von Hochlothringen Philipp von Marigny und danach vom päpstlichen Generalinquisitor Wilhelm von Paris. Um 1307 wurde sie wegen des Verdachts auf "Ketzerei" in den Kerker geworfen.

Fünfzehn Sätze aus dem "Miroir" wurden als "ketzerisch" beurteilt, wovon aber nur zwei bekannt sind. Wenn man bedenkt, daß diese inkriminierten Sätze aus ihrem erklärenden und relativierenden Kontext herausgelöst wurden, wird schon allein durch diese Tatsache verständlich, warum ihr Buch mißverstanden werden mußte.

Trotz mehrmaliger Gelegenheit verweigerte Marguerite Porète jede Rechtfertigung wie jeden Widerruf. Eine Theologenkommission (21 Theologen), die um ein spezielles Gutachten über die 15 inkriminierten Sätze gebeten wurde, kam einstimmig zum Urteil auf Häresie. So wurde Marguerite Porète am 30. Mai 1310 vom Generalinquisitor als rückfällige "Ketzerin" verurteilt und der weltlichen Gerichtsbarkeit übergeben. Am 1.

---

[1] Wenn sie eine wandernde Begine war, so stellt sie mit Sicherheit im Norden Frankreichs eine Ausnahme dar. "Herumschweifende" Beginen sind für den Zeitraum zwischen 1240 und 1350 in Nordfrankreich nicht belegt. (HEID 1988, S. 193)

[2] Romana Guarnieri hat sich in ihren Forschungsarbeiten im besonderen mit der Bewegung des freien Geistes beschäftigt.

Juni 1310 wurde sie mit ihrem Buch "Der Spiegel der einfachen Seelen" auf dem Scheiterhaufen verbrannt.

8.2 Der "Spiegel der einfachen Seelen" und seine Verbreitung

Marguerite Porète hat ihr Buch mit vollständigem Titel "Der Spiegel der einfachen, vernichtigten Seelen, die nur den Wunsch und in der Sehnsucht nach Liebe verharren" in ihrer französischen Muttersprache abgefaßt. Das Erstaunliche ist, daß der "Miroir", obwohl er als "ketzerisches" Buch verboten und verbrannt wurde, im 14. Jh. ins Lateinische und dann auf dieser Grundlage zu Ende des 14. Jhs. gleich zweimal ins Italienische übersetzt wurde. Mitte oder Ende des 14. Jhs. wurde die französische Version sogar ins Mittelenglische übertragen, die zu Anfang des 16. Jhs. wiederum als Grundlage für eine weitere Übersetzung in die lateinische Sprache diente. Es liegen somit sechs Versionen in vier Sprachen vor. Nach Kurt RUH[1] gehört der "Miroir" damit

> "wirkungsmäßig zu den bedeutendsten Texten der volkssprachlichen abendländischen Mystik." (RUH 1975, S. 368)

> "Seine Lehre wurde mit größter Wahrscheinlichkeit auch von Meister Eckhart, dem wohl kühnsten Dominikaner, Theologen und Mystiker, überdacht und teilweise, gerade in seinen subtilsten Gedanken, aufgenommen und in den eigenen Denkweg integriert." (GNÄDINGER 1987, S. 231)

Kurt RUH stellt die doppelte These auf:

> "1. Eckhart hat den 'Miroir' der Marguerite Porète, in welcher Form auch immer, gekannt.
> 2. Er hat entscheidende Aussagen dieses Buches - die seinen eigenen Vorstellungen entsprachen oder entgegenkamen - aufgegriffen und ihnen, seiner Meinung nach, eine präzisere, theologisch vertretbare Formulierung gegeben." (RUH 1985, S. 104)

---

[1] Kurt RUH hat u.a. über Meister Eckhart geforscht und insbesondere auf die wechselseitige Beeinflussung von Beginenspiritualität und Dominikanertheologie hingewiesen, die zum Höhepunkt der Mystik im Mittelalter führte.

Er kommt zu dem Schluß:

> "... daß es sich bei der gesamten spekulativen Mystik Meister Eckharts um eine theologische Absicherung der 'religiös wertvollen, aber zumeist theologisch ins Unreine gesprochenen Gedanken der Beginenmystik', speziell Marguerites von Porète, handele." (SCHWEITZER 1988, S. 257)

Dieser außergewöhnlichen Wirkung des "Miroir" [Hadewijchs Werke wurden mit Ausnahme einiger kleinerer Textstücke nur in den Niederlanden und Mechthild von Magdeburgs Buch nur in Deutschland verbreitet (RUH 1985, S. 100)] steht eine recht geringe Erwähnung in der Geschichtsschreibung gegenüber. In der lokalen Geschichtsschreibung von Valenciennes gibt es keinerlei Hinweise auf die Verbrennung des "Miroir" auf dem Marktplatz, obwohl über die Valencienner Beginen in gut dokumentierten Werken des 16. und 17. Jhs. informiert wurde (HEID 1988, S. 190).

Weil dieses Buch ohne Nennung des Titels in allen Dokumenten als "librum pestiferum, continentem heresim et errores"[1] (ebenda, S. 186) bezeichnet wurde, gelang es der italienischen Gelehrten Romana Guarnieri erst nach dem 2. Weltkrieg nachzuweisen, daß es sich dabei um das Buch der Marguerite Porète handelte.

8.3 Der "Miroir" - ein Spiegel der Minnemystik

Der "Miroir" kann als Lehrbuch der Minnemystik bezeichnet werden. Während Mechthild von Magdeburg (vgl. Kapitel 4) in ihrem Buch "Das fließende Licht der Gottheit" eher ihre Erfahrungen der minnenden Seele mit Gott in der unio mystica beschrieben hat, geht es Marguerite Porète mehr um den Weg der vernichtigten Seele zur Vollkommenheit in Gott. Aber auch für Marguerite Porète gilt, daß ihre Gotteserkenntnis ohne persönliche Gotteserfahrung undenkbar ist. Dieses neuartige Bewußtsein von der Einzigartigkeit und Einmaligkeit einer jeden Seele befähigt sie zur Freundschaft mit Gott und beruft sie zu einer persönlichen Liebesbeziehung mit dem "Fern-Nahen".

---

1 Ein verderbliches Buch, das Häresie und Irrtümer enthält (Übers. d. Verf.).

Gerade diese Suche nach der größtmöglichen Unmittelbarkeit zu Gott war charakteristisch für die Spiritualität der Beginen.

Obwohl der "Miroir" in 139 Kapitel (GNÄDINGER 1987) unterteilt ist, ist er eine unsystematisch angelegte Schrift ohne eigentliche Struktur. In immer wieder neuen Anläufen werden dieselben Gedanken und Erfahrungen auf unterschiedliche Weise dargestellt. Ebenso wie es für den literarischen "Spiegel" gilt, verfolgt der "Miroir" eine didaktische Zielsetzung. Dem entspricht sein lehrhafter und exemplarischer Charakter.

Er stellt einen Spiegel zur Selbst- und Gotteserkenntnis dar. Durch ihn wurde auf neuartige Weise ein nicht institutionalisierter Weg der Ausschließlichkeit für Gott aufgezeigt (GNÄDINGER 1987, S. 226). Mit seinem Begriff von spiritueller Freiheit sprengt er die kirchliche Struktur.

> "... sie stellt durch ihren Text beispielhaft den Werdegang, die verschiedenen abwechselnden Stadien, die unterschiedlichen Zustände, und schließlich die Seinsweise der 'einfachen Seele', d.h. der nicht im Uneigentlichen aufgeteilten und 'zerstreuten' Seele dar. In diesem Sinne gibt der literarische Spiegel Margareta Poretes ein Abbild, eine Beschreibung, ja ein eigentliches Porträt der gottgeweihten Menschenseele - Seele deckt sich dabei mit dem ganzen Personsein -, wie sie sie in ihrer hohen Berufung verstanden wissen wollte."
> (ebenda, S. 226 ff.)

Welche Widerstände, Mißverständnisse und Verirrungen dieser Seele begegnen können, kommt in den Streitgesprächen zwischen der Liebe und der Vernunft, aber auch der befreiten Seele zur Sprache, was einen Großteil des Buches ausmacht.

Aber auch andere personifizierte geistige Fähigkeiten wie die Fassungskraft der Vernunft, die Unterscheidungsgabe oder seelische Kräfte wie das Verlangen, die Furcht oder die Verdutztheit beteiligen sich an der Debatte. Ab und zu schalten sich nach dem höfischen Ehrenkodex hochstehende Verhaltensweisen wie die Zuvorkommenheit und Vornehmheit oder absolute Werte wie die Wahrheit, das Licht des Glaubens, die Institution der Heiligen Kirche und schließlich sogar Gott selbst - besonders in seiner dritten Manifestation als Heiliger Geist - in das Gespräch ein.

Hintergrund dieser durch Rede und Widerrede geführten Debatte (zwischen der Vernunft und der Liebe) ist die Frage nach dem Verhältnis von Erkenntnis und Liebe im Vollzug des spirituellen Weges, die Marguerite Porète zugunsten der Liebe entscheidet.

Die Sprache des "Miroirs" kann man als eine Art wissenschaftliche Prosa bezeichnen. Dort aber,

> "... wo die überlegende und argumentierende Denkkraft an die Grenze der Aussagemöglichkeit stößt, geht das Reden ... in einen Gesang der Seele über ..." (ebenda, S. 226).

Um sich auf möglichst allen Verständnisebenen verständlich zu machen, bedient sie sich verschiedener Sprachspiele, Denk- und Argumentationsweisen.

> "Auffällig ist vor allem das sich ergänzende Nebeneinander einer von der höfischen Liebesdichtung bestimmten Terminologie und einer von johanneischer und paulinischer Theologie gestützten philosophisch spekulativen Sprache[1], die sich auch den in der scholastischen Philosophie gängigen Diskurs zu nutze macht, freilich um ihn schließlich in den Schatten zu stellen." (ebenda, S. 233)

Für den/die Leser/Leserin verwirrend und schwer verständlich sind die paradoxen Aussagen oder solche Textstellen, die Indifferenz nahelegen. Es scheint fast so, als ob ihr verborgener Sinn erst durch tieferes Eindringen erschlossen werden kann.

Der "Miroir" macht deutlich, daß Marguerite Porète eine erstaunliche Bildung auf literarischem, philosophischen, theologischen und spirituellen Gebiet besaß. So übertrug sie z.B. ritterliche Vorstellungen und Begriffe der Troubadourlyrik auf Zustände der Seele oder knüpfte bei der Lehre von der Selbsterkenntnis und der damit verbundenen Gotteserkenntnis an Voraussetzungen an, die von Augustinus geschaffen und im Mittelalter von Bernhard von Clairvaux und anderen, besonders aber von den Beginen, weitergeführt wurden. Sie hat diese selbständig weiterentwickelt und neu formuliert.

So verbindet sie die Erkenntnislehre vom "Fern-Nahen" mit einer persönlich gestalteten Liebeslehre. Aufgrund der Aussage "Gott ist die Liebe" verknüpft sie die Liebeslehre mit der Seinslehre [Gott ist Sein - der Mensch hat Sein - in Gott ist die Seele das, was Gott ist] (ebenda, S. 235).

---

[1] Das spekulative und diskursive Denken ist neu in der Volkssprache.

Marguerite Porète gehört sicher zu den Beginen, die die Bibel selbst übersetzen konnten. Sie zitiert in ihren Abhandlungen zwar keine Autoritäten, beruft sich aber ab und zu auf das Evangelium. Auffällig ist auch ihr selbständiger und eigenwilliger Umgang mit den Bibeltexten (ebenda, S. 223 ff.).

Der Weg der Seele zu Gott - die sieben Stufen

Marguerite Porète vergleicht den Weg der Seele zur Vollkommenheit mit den unterschiedlichen Landschaften und Erfahrungen, die man beim Bergsteigen kennenlernen bzw. machen kann. Der Weg führt über sieben Stufen, aus dem Tal über die Ebene auf den Gipfel des Berges. Den sieben Stufen entsprechen sieben Seinszustände der Seele.

Im ersten Zustand befindet sich die Seele, wenn sie von der Gnade Gottes berührt wird und ihr die Fähigkeit zu sündigen genommen ist. Sie hat dann die Absicht, die Gebote Gottes zu halten und bemüht sich deshalb in großer Furcht, Gott zu lieben, aber auch ihren Nächsten wie sich selbst. Dies bereitet ihr so große Mühe, daß sie, selbst wenn sie 1000 Jahre leben würde, vollauf damit beschäftigt wäre. Sie führt jetzt ein Leben gemäß der Natur, nach dem Gesetz und nach dem Rat der Menschen. Um aber weiterzugelangen, muß die Seele Gott suchen.

Der zweite Zustand ist erreicht, wenn die Seele das beachtet, was Gott über seine Gebote hinaus gebietet. Sie übt sich über alle Ratschläge der Menschen hinaus in den Werken zur Abtötung der Natur, in der Verachtung des Reichtums, der Lustbarkeiten und der Ehre. Sie will die Räte der Vollkommenheit des Evangeliums erfüllen, wofür Jesus Christus ihr Vorbild ist.

> "So fürchtet sie denn weder Verlust an Besitz, noch Nachrede der Menschen, noch Schwachheit des Leibes, denn ihr Freund fürchtet dies keineswegs. Daher kann dies auch keine Seele tun, die von ihm eingenommen ist."
> (ebenda, S. 170)

Sie führt jetzt ein Leben gemäß den Tugenden im Verlangen nach Gott, ein Leben nach dem Geist.

Der dritte Zustand zeichnet sich dadurch aus,

> "daß die Seele sich in Acht nimmt vor Anhänglichkeit in der Liebe zu den Werken der Vollkommenheit" (ebenda, S. 170);

denn dieses Gefallen ist bestimmt durch Selbstbezogenheit und Eigenwillen. Obwohl der Wille nichts liebt als die Werke der Güte, muß sie auch diesen Gott zum Opfer bringen. Dabei macht sie die Erfahrung, daß es schwieriger ist, die Werke aus dem Wollen des Geistes zu überwinden als die Werke aus dem Wollen des Leibes. Das Selbst muß aufgegeben werden, damit die Seele frei wird und die Liebe Gottes Platz hat.

Im vierten Zustand wird die Seele durch die "Hochgemutheit der Liebe und durch die Betrachtung in der Lust des Nachdenkens" hochgezogen. Sie läßt damit alle äußeren Übungen wie den Gehorsam anderen gegenüber hinter sich. Die Seele erträgt es nun nicht mehr, von irgendetwas berührt zu werden als von Gottes Liebe. Diese macht sie fröhlich und leichtsinnig; denn sie wird so wunderbar von Liebe erfüllt und lebt durch die Übereinstimmung in der Liebe in großem Glauben. Die Seele glaubt dann, daß es auf Erden kein höheres Leben geben kann; denn sie ist trunken von der Liebe, und der Glanz hat ihr die Sehkraft geblendet.

Es gibt aber noch zwei weitere Zustände auf Erden, die Gott verleihen kann. Sie sind größer und edler als der Zustand, in dem sie sich jetzt befindet.

> "Die Liebe hat jedoch manche Seele in die Irre geführt wegen der Süßigkeit der Lust in ihrer Liebe. Sie überkommt die Seele, wenn sie sich ihr nur schon nähert. Gegen eine solche Gewalt vermag niemand Widerstand zu leisten. Die Seele, welche Liebe hat, weiß dies eben durch ihre feine Liebe, welche sie weit über sich hinaus erhoben hat." (ebenda, S. 172)

In diesem Zustand hat die Vernunft die Führung verloren, und die Liebe hat die Leitung übernommen.

Wenn die Seele sich im fünften Zustand befindet, betrachtet sie, was Gott ist.

"Er, er ist, durch ihn ist jedes Ding. Sie aber ist nichts, folglich ist durch sie kein Ding ... Sie erkennt, daß er ganz Güte ist, er, der den freien Willen in sie gelegt hat, in sie, die nichts ist, wenn nicht ganz und gar Schlechtigkeit." (ebenda, S. 173)

Das was kein Sein ist, bekommt Sein durch sein Geschenk. Das Aufstrahlen des göttlichen Lichtes zeigt dem Wollen, wo es hin soll. Es soll dahin zurück, von wo es ausgegangen ist. Die Seele muß sich deshalb vom eigenen Wollen trennen, da die Natur bösartig ist durch ihre Neigung zum Nichts. Der Wille hat sie sogar in weniger als Nichts versetzt. Sie trennt sich von ihrem Willen und gibt ihn an Gott zurück. Sie hält an nichts Eigenem mehr fest, um den vollkommenen göttlichen Willen zu erfüllen. Die Rückgabe bewirkt in ihr ihre Vollkommenheit und verwandelt sie in die Natur der Liebe. Diese erfüllt sie mit Freude und gibt ihr göttliche Speise. Sie achtet nicht mehr auf den Kampf der Natur, weil sie ihren Willen zurückgegeben hat. Die Seele erkennt durch göttliche Erkenntnis ihr Nichts, das sie zunichte macht. Deshalb ist sie nun alles. Sie erkennt in der Tiefe der Erkenntnis ihre eigene Schlechtigkeit, einen abgründigen Abgrund ohne Grund. Je mehr sie von ihrer Schlechtigkeit begreift, umso mehr ist ihr bewußt, daß sie in Wirklichkeit das Ausmaß ihrer Schlechtigkeit gar nicht erkennen kann. So sieht sich die Seele also, ohne zu sehen. Die Tiefe der Demut aber läßt die Seele erkennen,

"... setzt sie (die Seele) auf den Lehrstuhl, wo sie thront ohne Hochmut" (ebenda, S. 174);

denn sie sieht sich zwar selbst, aber sie sieht sich auch nicht. Gerade dieses Nichtsehen macht, daß sie sich vollkommen erkennt. Die Seele ist da, wo es keinerlei Boden gibt. Aber gerade die Tiefe läßt sie die wahre Sonne der höchsten Güte erblicken. Die göttliche Güte zieht und verwandelt die Seele und vereint sie mit sich in seiner Güte. Von nun an will die Seele nur noch eins; mit dem Bräutigam ihrer Jugend vereint sein. Weil das Erbarmen mit der standhaften Gerechtigkeit Frieden geschlossen hat, wurde die Seele umgewandelt.

"Sie ist nun alles und ist auch nichts, denn ihr Freund hat sie zu einer gemacht." (ebenda, S. 175)

Diese Seele ist aus der Liebe ins Nichts gefallen. Aber ohne dieses Nichts vermag sie nicht alles zu sein. Der Fall ist so tief, daß sie sich daraus nicht mehr allein erheben kann. In der Tiefe verliert sie ihre Hochfahrenheit und Jugend. Nun ist sie nicht mehr vergnügt und leichtsinnig; denn das Wollen ist ein Greis geworden. Sie hat sich von ihrem Willen getrennt, der sie im vierten Zustand stolz machte. Der fünfte Zustand zeigt ihr ihr eigenes Selbst, was sie von sich aus ist. Sie erkennt aber gleichzeitig die göttliche Güte, die sie sich selbst neu erkennen läßt. Diese beiden Erkenntnisweisen befreien sie von ihrem eigenen Willen, dem Begehren und den guten Werken. Das ist der Grund, warum sie sich jetzt in vollkommener Ruhe befindet und sich in den Besitz des freien Willens versetzt fühlt. Durch seinen Adel ruht sie von allem aus.

Der sechste Zustand besteht darin, daß sich die Seele wegen des Abgrunds an Demut nicht sieht, aber auch Gott nicht wegen der Erhabenheit seiner Güte. Gott aber sieht sich in ihr in seiner göttlichen Majestät, durch die er die Seele verklärt, so daß sie nichts sieht außer Gott allein. Weil aber, was ist, Gott selbst ist, sieht sie nichts außer sich selbst (Gott in Gott). Die Seele ist im sechsten Zustand freigeworden von allem und rein und verklärt, aber nicht verherrlicht, was erst im siebten Zustand geschieht. Gott zeigt der Seele in diesem sechsten Zustand, daß nichts ist als nur er. Deshalb liebt die Seele nichts als nur ihn. Gott ist Güte, und die verschenkte Güte ist Gott selbst, weil Gott seine Güte nicht von sich trennen kann.

Den siebten Zustand behält die Liebe in sich, um ihn der Seele im ewigen Glorienschein zu gewähren. Davon erhält sie keine Kenntnis, bis die Seele den Körper verlassen hat.

Resümee: Der Weg der Seele zur Vollkommenheit führt nach Marguerite Porète über diese sieben Seinszustände, vom Tal der Demut über die Ebene der Wahrheit auf den Berg der Minne. Das Ziel ist die Wesenseinheit mit Gott durch die Umwandlung der Liebe. Voraussetzung dafür ist die Aufgabe des eigenen Willens. Deshalb verlangt die in Gott aufgehobene Seele nichts mehr. Erst wenn sie von allem eigenen gelassen hat, kann sie eins mit Gott werden; denn Zweiheit und Zwiespalt bedeutet Trennung, die der Einheit in der Liebe widerspricht.

Der entscheidende Einschnitt für die vernichtigte Seele ist die Begegnung mit dem "Fern-Nahen", die sich in Art eines Blitzes manifestiert. Er offenbart ihr in einem Augenblick alles, sie selbst in ihrer gefallenen Geschöpflichkeit und sich selbst in seiner Göttlichkeit.

Damit beginnt der Prozeß der Selbsterkenntnis. Indem sich die Seele in Gott spiegelt, wird dieser Prozeß der Selbsterkenntnis auch zu einem Prozeß der Gotteserkenntnis. So erkennt sie ihr Nichts im Gegenüber des Alles Gottes. Diese blitzartige Begegnung mit dem Bräutigam der Seele ist zugleich eine Erfahrung der Öffnung, der Entgrenzung und der Umschließung. Diese Erfahrung dauert zwar nicht lange, hinterläßt aber einen dauerhaften Frieden.

In neuartiger Weise verbindet Marguerite Porète die Erkenntnislehre vom "Fern-Nahen" mit einer persönlich gestalteten Liebeslehre. Die Liebe zum "Fern-Nahen" verlangt nach keiner Rechtfertigung und Begründung. Diese kennt wie die "Hohe Liebe" kein Warum, sie ist umsonst (ebenda. S. 234).

> "Wer richtig liebt, liebt, weil er liebt, und kennt nichts außer Liebe." (ebenda, S. 234)

Voraussetzung für eine solche Liebe ist die Tatsache, daß dieser "Fern-Nahe" in solcher Art zuerst geliebt hat. Seine Liebe ist so groß, daß sie die Seele im Aufscheinen des Blitzes ganz gefangennimmt (ebenda, S. 235).

> "Aufgrund der biblischen Aussage: Gott ist die Liebe [1. Joh. 4, 16], verbindet Margareta Porete ihre Liebeslehre mit einer Seinslehre". (ebenda, S. 235)

Da die Seele als Geschöpf

> "... ihr Sein nur hat (teilhabend am Sein Gottes), verlangt (sie) zurück in den Ursprung, dahin, wo sie in Gott war, bevor sie wurde." (ebenda, S. 235)

Die unio mystica vollzieht sich im Ursprung, wo das ungeteilte Sein ist, und die Seele in der Vereinigung mit Gott das ist, was sie war, bevor sie erschaffen wurde.

Diese Verknüpfung der drei Dimensionen - Erkennen - Lieben - Sein - auf dem Weg der Seele zur Vollkommenheit, ihre Durchdringung, macht die Erreichung dieses Zustandes unabdingbar.

Der Aufstieg der Seele zu Gott und der Zustand der ewigen Ruhe

Hinter Marguerite Porètes Vorstellungen von der Rückkehr der Seele in den Ursprung der Zeit vor dem Schöpfungsakt, wo vollständige Einheit und Ruhe herrscht, steht die auf Plato und Plotin zurückgehende neuplatonische Vorstellung, wonach die Seele auf der Erde von ihrem Ursprung getrennt ist, im Exil und in der Verbannung lebt, aus dem Paradies, dem Land des Lebens ausgetrieben ist (ebenda, S. 233).

> "Denn all jene, die, vom Vater gepflanzt, in diese Welt gekommen sind, sind vom Vollkommenen zum Unvollkommenen herabgestiegen, um zu etwas Vollkommenerem zu gelangen." (ebenda, S. 169)

Und doch vermeidet sie das damals in der mystischen Theologie verwendete Aufstiegsschema. Sie beschreibt den spirituellen Weg nicht als aufsteigende Erfolgsleiter, deren Stufen aus immer schwierigeren Leistungen bestehen; denn gute Werke und fromme Übungen haben nur vorbereitende und begleitende Funktion. Der eigentliche Weg besteht in den verschiedenen Zuständen der Seele, in ihrem Liebesleben mit Gott.

Am Beispiel des geistlichen Weges der Maria Magdalena, der verglichen wird mit der Arbeit einer Ackerbäuerin, macht sie deutlich, wie das Übersteigen der jeweiligen Seinsweise bis zum Zustand des Ohnesich-seins, der Freiheit, zu verstehen ist, wo die guten Werke nicht mehr notwendig sind (ebenda, S. 187).

Auf die Phase des Verirrens, des planlosen Umherlaufens, folgt der Abstieg in das Tal der Demut, über die Ebene der Wahrheit zum Werk der Beschauung, dort wo die Liebe wohnt. Das Nichtwollen ließ die Seele aufsteigen in der Vereinigung. Vorher befand sie sich im Gefängnis der Leibeigenschaft, durch das Verweilen im Wollen der Anhänglichkeit. Dann traf sie das Licht aus der Glut der göttlichen Liebe. Danach waren Wunsch, Wollen und Begehrlichkeit getötet und die Seele aus dem Gefängnis befreit (ebenda, S. 180).

Der Weg führt durch teilweise schwieriges, wüstenartiges Gelände, aus dem Exil in die Heimat zurück. Hunger und Durst, aber auch ekstatische Trunkenheit gehören zu den Erfahrungen dieser Wander- und Pilgerschaft der Seele. In geistlicher Nacktheit verwirklicht die Menschenseele

> "... die 'reine' Liebe im reinen Sein, die 'nackte' Liebe in der transformierenden Vereinigung mit Gott ohne ein Vermittelndes." (ebenda, S. 236)

Das Aufsteigen der Seele wird mit dem Aufsteigen von Jesus Christus im Himmel verglichen.

> "Und die Wahrheit sagte mir, daß keiner dahin aufsteigen wird, außer einzig der, der herabgestiegen war, nämlich der Sohn Gottes selbst. Das ist so zu verstehen, daß niemand dorthin aufzusteigen vermag, als nur jene, die Gottes Söhne durch göttliche Gnade sind. Und darum spricht Jesus Christus selbst, daß der mir Bruder, Schwester und Mutter ist, der den Willen Gottes meines Vaters tut." (ebenda, S. 196)

Der Rückkehr der Menschenseele entspricht demnach die im Gottmenschen Jesus Christus angebotene Möglichkeit einer transformierenden Freundschaft und Liebesgemeinschaft mit Gott.

Bei Marguerite Porête findet sich im Gegensatz zu Mechthild von Magdeburg nicht das Bild vom mühsamen und gefahrvollen Abstieg für den Zustand nach der unio mystica, sondern größter Ruhe. Die vollkommene Seele gewinnt im Tal der Demut zwar die Einsicht in den Abgrund ihrer eigenen Schlechtigkeit, ihre tiefe Demut ermöglicht ihr aber, sich abzufinden mit der Unergründlichkeit ihrer Schlechtigkeit und den Blick auf die wahre Sonne der höchsten Güte zu lenken. Aus diesem Tal sieht sie von sich und ihrer Schlechtigkeit ab auf den Berg, wo sie einen Zustand noch größerer Ruhe findet, wo sie sich ausruht. Sie ruht sich vom Minderen beim Besseren aus.

> "Sie lenkt den Blick von sich selbst und ihrer Schlechtigkeit dorthin, wo, 'auf der Höhe des Gebirges', 'über den Winden', 'und über dem Regen' jene wohnen, die unten 'auf Erden' 'weder Schande noch Ehre haben', die keine Furcht vor dem haben, was ihnen zustoßen könnte." (SCHWEITZER 1985, S. 259)

"Über den steilen Aufstieg und den schwierigen Einstieg sowie dem würdigen Aufenthalt des menschlichen Geschöpfes in der süßen Menschheit des Sohnes Gottes, unseres Erlösers, über jene Menschheit, die der Gottheit im hohen Besitztum des Paradieses, da oben zur Rechten Gottes des Vaters, für uns verbunden mit dem Sohn, beisitzt ..." (GNÄDINGER 1987, S. 181).

Dieser ambivalente Zustand von größter Schlechtigkeit und des Hinaufgehobensein auf den höchsten Berg von Gottes Güte pendelt sich ein in einen Zustand der Ruhe. Nicht der Abstieg, sondern die demütige Gelassenheit, die ihr ermöglicht, im Tal der Demut ruhig zu verharren, ist auch die Voraussetzung dafür, daß sie auch auf der Höhe ruhig verweilen kann. Eine dauerhafte Balance wird hergestellt, bei der höchste Demut und höchste Indifferenz einander ergänzen.

"Die Seele hat hier die Tugend der Demut bis auf ihren 'Grund' erfüllt, so tief, daß ihr nichts mehr zu tun bleibt und sie in den sicheren Besitz dieser Tugend gelangt ist. Selbstbewußt kann sie damit die Augen zu etwas Höherem erheben. Dies gilt nun für alle 'Tugenden': für die heilige Furcht, den Gehorsam und die 'Raison', deren umständliche Fragen, wie die Seele sagt, das Buch so lang gemacht hätten. Die Seele ist nicht nur in der Einsicht in ihre 'mauvaistie' auf den Grund der Furcht gekommen und hat sie damit überwunden. Sie schuldet auch den Vorschriften der Kirche keinen Gehorsam mehr und verhält sich gegenüber Messe und Predigt, Fasten und Gebet gleichgültig."
(SCHWEITZER 1985, S. 259)

Der Status der befreiten Seele ist ein Dauerzustand; denn dieses Sein in der göttlichen Vereinigung hat die Seele so trunken gemacht .

"... nie werdet ihr je wieder ernüchtert." (GNÄDINGER 1987, S. 180)

"Die Wahrheit kündet es meinem Herzen, daß ich von dem Einzigen geliebt bin. Und sie sagt, es gelte ohne Widerruf ..." (ebenda, S. 184).

Daß dieser Zustand der Vollkommenheit nicht homogen und einheitlich ist, macht folgende Aussage deutlich:

"Dieser Fernnahe, den wir Blitz nennen nach der Art des Auftuns und des schnellen Wiederschließens, packt die Seele auf der fünften Stufe und versetzt sie in die sechste solange, als sein Wirken dauert und anhält: und solange ist

> sie umgewandelt. Doch nur kurz dauert für sie der Zustand der sechsten Stufe, denn sie wird auf die fünfte Stufe zurückversetzt." (ebenda, S. 95)

Sowohl die Erfahrung der Öffnung, der Entgrenzung, der Umschließung, des Zustandes, der ihm vorausgeht wie der Ruhe, die ihm folgt, beschreiben einen einzigen Zustand. Im Unterschied zu Mechthild von Magdeburg stellt die Dauerhaftigkeit dieses Zustandes nur eine Verlagerung des Schwerpunktes dar (SCHWEITZER 1985, S. 258).

8.4 Indifferenz - ein typisches Kennzeichen der "ketzerischen" Aussagen von Marguerite Porète

Mit dem Kapitel über die Indifferenz will ich aufzeigen, wie leicht die Liebesmystik der Marguerite Porète mißzuverstehen ist, was im Hinblick auf die Frage nach ihrem Selbst- und Gottesbild von entscheidender Bedeutung ist.

Wenn man die inkriminierten Sätze miteinander vergleicht, die Marguerite Porète auf den Scheiterhaufen gebracht haben (ich berufe mich hier auf die Sätze, die nach GNÄDINGER auf Kritik gestoßen sind), so macht man die Entdeckung, daß alle Sätze (bis auf Satz 3) infolge ihrer Indifferenz dem Quietismus zugeordnet werden können.

Unter Quietismus versteht man eine Geisteshaltung größtmöglicher Seelenruhe, die für die mystische Religiosität charakteristisch ist und im Gegensatz steht zum Aktivismus prophetischer Religionen. Auffällig ist, daß religiöse Gruppen, die des Quietismus verdächtigt wurden, als "Ketzer/innen" verfolgt und verbrannt wurden.

> "Tugend, ich nehme Abschied von euch auf immer!"
> (GNÄDINGER 1987, S. 23)

> "Die Seele verlangt nicht, verachtet aber auch nicht Armut oder Drangsal, eine Meßfeier oder eine Predigt, Fasten oder Gebet. Sie gewährt der Natur alles, wessen sie bedarf, ohne Gewissenszweifel." (ebenda, S. 27)

> "Die Menschheit jedoch ist nur im Paradies glorifiziert - der Person des Sohnes verbunden - und im Sakrament des Altares." (ebenda, S. 41)

"... dieses Etwas hat sie (diese Seele) von allem entblößt und zunichte gemacht, ohne daß sie sich um irgendein Ding, das ist, kümmerte. Sie begehrt sodann keinerlei Hilfe oder Schonung, weder von seiner Macht, noch von seiner Weisheit oder seiner Güte." (ebenda, S. 88)

Beim Studieren des Buches von Marguerite Porète stellt man fest, daß sich noch weitere Beispiele für Indifferenz finden lassen.

"... das, was sie am meisten liebt, ist dem gleich, was sie am meisten verschmäht." (ebenda, S. 208)

"Diese Seele, spricht die Liebe, achtet weder auf Schmach noch auf Ehre, weder auf Armut noch auf Reichtum, weder auf Wohlbehagen noch auf Mißbehagen, weder auf Liebe noch auf Haß, weder auf Hölle noch auf das Paradies." (ebenda, S. 24)

Die Liebe versichert der Vernunft, daß die Seelen, in denen die edle Liebe wohnt,

"... Schmach wie Ehre und Ehre wie Schmach, auch Armut wie Reichtum und Reichtum wie Armut, auch Drangsal von Gott und seinen Kreaturen wie Trost von Gott und seinen Kreaturen, auch Geliebtsein wie Verhaßtsein und Verhaßtsein wie Geliebtsein, auch in der Hölle - Sein wie im Paradies - Sein, auch niedrige Seinsweise wie hohe und hohe Seinsweise wie niedrige für sich selbst und ihre Mitgenossinnen gleich lieb haben." (ebenda, S. 39)

Weiter ist chrakteristisch, daß diese Aussagen sowohl ein Gefühl von unermeßlicher Macht wie von Nichtigkeit ausdrücken.

"... diese Seele habe gleichzeitig alles und habe nichts. Sie wisse alles und wisse nichts. Sie wolle alles und wolle nichts ..." (ebenda, S. 38).

"... höher kann keiner gelangen, noch abgrundtiefer versinken." (ebenda, S. 211)

Warum diese Vorstellungen von der Kirche als "ketzerisch" beurteilt wurden, macht die folgende Aussage deutlich:

"... verlangt sie weder nach Verachtung noch nach Armut, weder nach Leiden noch nach Widerwärtigkeiten, weder nach Meßgottesdiensten noch nach Predigten, weder nach Fasten noch nach Gebet, und gewährt auch der Natur alles, was sie verlangt ohne Gewissenszweifel." (ebenda, S. 38)

Zugleich finden sich viele paradoxe Aussagen, z.B. über die Natur, die Tugenden und die Nächstenliebe, so daß es schwerfällt, sich ein klares Bild über Marguerite Porètes theologische Vorstellungen zu machen. Aber nach intensivem Forschen finden sich Erklärungen und Antworten für diese Widersprüchlichkeiten. Auch die Frage nach der Indifferenz kann dadurch auf einer neuen Verständnisebene beantwortet werden.

"Gerechtigkeit oder Barmherzigkeit, Wahrheit oder Nachsicht, alle sind sie ganz nach meinem Willen. Welcher dieser Parteien ich überantwortet werde, dies bereitet mir keinerlei Sorge, es ist mir einerlei, ohne Frohmut, ohne Beunruhigung ... Darum, weil er (Gott) weder auf die Gerechtigkeit, die er an mir üben wollte noch auf die Barmherzigkeit, die er mir erweisen wollte, abstellt. Ich mache mir daher nichts daraus. Ich empfinde keine Freude über das eine, kein Unbehagen über das andere. Da mein Freund dabei weder verliert noch gewinnt, so ist mir alles eins, einzig durch den, der eins ist." (ebenda, S. 159)

Weil sie ihren Eigenwillen an Gott zurückgegeben hat, hat sie nichts, womit sie Gutes und Schlechtes tun könnte. Eine solche Seele schenkt Gott alles, und eine solche Seinsweise entschuldigt sie bei ihrem Nächsten (ebenda, S. 209).

Ich habe im folgenden versucht, die z.T. paradoxen Aussagen über die Natur, die Tugenden und die Nächstenliebe miteinander zu vergleichen und daraufhin überprüft, ob ich zu ähnlichen Ergebnissen komme wie gerade ausgeführt.

Nächstenliebe

Wenn man die folgenden Aussagen über die Nächstenliebe liest, gewinnt man den Eindruck, als ob auch für die "vernichtigte Seele" als oberstes Gebot gilt, das Wohl des Nächsten über das eigene zu stellen. Die

Radikalität dieser Maxime wird besonders durch das dritte Beispiel deutlich.

"Wenn aber diese Seele, die ihren Sitz so hoch hat, ihren Nächsten helfen könnte, würde sie ihnen in ihrer Bedürftigkeit mit all ihren Kräften beistehen." (ebenda, S. 44)

"Wenn sie aber zurückhielte, was ihr Nächster nötig hat, würde sie zurückbehalten, was nicht ihr gehört, gemäß dem vollkommenen Frieden der Nächstenliebe ..." (ebenda, S. 46).

"... wenn sie also irgend etwas besäßen, und sie wüßten, daß andere danach größeren Bedarf hätten als sie, so würden solche Seelen es niemals zurückbehalten, selbst wenn sie mit Sicherheit wüßten, daß niemals mehr auf Erden Brot oder Getreide oder andere Nahrungsmittel hervorgebracht würden." (ebenda, S. 46)

Wie aber sind die folgenden Worte damit in Einklang zu bringen?

"Diese Seele, spricht die Liebe, tut kein Werk mehr für Gott, noch auch für sich, noch für ihre Nächsten ..." (ebenda, S. 109).

Ist Marguerite Porète zu der Vorstellung gelangt, daß sie jetzt einen Zustand erreicht hat, wo alle Werke, selbst für Gott, nicht mehr notwendig sind? Marguerite Porète hat nicht umsonst so oft darauf hingewiesen, wie leicht man ihr Buch mißverstehen kann.

Außer diesen paradoxen Äußerungen finden sich auch Erklärungen für diese Widersprüchlichkeiten.

"Ich entledige mich eurer und meiner selbst und meiner Nächsten. Und ich will euch sagen inwiefern: Ich überlasse euch und mich und alle meine Nächsten dem Beschluß eurer göttlichen Weisheit, dem Einwirken eurer göttlichen Macht, der Führung durch eure göttliche Güte, einzig um eures göttlichen Willens willen." (ebenda, S. 140)

"Nun hat diese Seele ihren richtigen Namen, spricht die Liebe, vom Nichts, indem sie verbleibt. Und da sie nichts ist, macht sie sich aus nichts etwas, weder aus ihrem Nächsten noch aus Gott selbst." (ebenda, S. 125)

"Von diesem Tag an war es, daß die edle Liebe aus Zuvorkommenheit mich beurlaubte. Von wem? Von mir selber, meinem Nächsten und von der ganzen Welt, vom Geist der Anhänglichkeit und von den Tugenden, deren Sklavin ich gewesen war durch den Eifer der gefährlichen Vernunft." (ebenda, S. 181)

"Einer solchen (Seele) nämlich schenkt die Liebe alles, und diese Seinsweise entschuldigt sie bei ihrem Nächsten." (ebenda, S. 209)

Weil die vernichtigte Seele keinen Eigenwillen mehr hat und frei geworden ist von allen Anhänglichkeiten, überläßt sie sich und den Nächsten Gottes gütiger Führung.

Natur

Aussagen wie

"Diese Seele gewährt der Natur, was sie von ihr verlangt. ... da die Natur benötigt, was ihr zusteht, da gibt sie ihr das, was ihr gehört." (ebenda, S. 45)

"Wir beanspruchen den Dienst der vier Elemente in jeder Weise, in der die Natur ihrer bedarf, ohne die Einsprache der Vernunft. Diese freigebigen Elemente wurden von Gott erschaffen wie die anderen Dinge. Und daher machen solche Seelen von allen gemachten und erschaffenen Dingen Gebrauch, so wie die Natur ihrer bedarf, in einem solchen Herzensfrieden, wie sie ihn der Erde gegenüber einhalten, auf der sie gehen." (ebenda, S. 46)

machen verständlich, wie sehr die Kirche eine solche Seele fürchten muß. Sie scheint weder an Gebote noch Normen der Kirche gebunden zu sein. Die ganze Schöpfung ist ihr zu Diensten. Ihr ist erlaubt, sich das zu nehmen, was sie bedarf. Die Kirche hat ihre Macht über diese Seele verloren und wird Aussagen wie diese als Vermessenheit oder Selbstvergottung auffassen.

Daneben finden sich aber auch Vorstellungen, die vom Tod der Natur sprechen.

"Nachher, spricht die Liebe, lebte sie aus dem Leben des Geistes, und dieses Leben wurde aus dem Tod der Natur geboren." (ebenda, S. 96)

> "Die Kreatur überläßt sich nun aber und strengt sich an, sich über alle Ratschläge des Menschen hinaus zu üben in Werken zur Abtötung der Natur, in der Verachtung des Reichtums, der Lustbarkeiten und der Ehre, um die Räte zur Vollkommenheit des Evangeliums zu erfüllen, wofür Jesus Christus das Vorbild ist." (ebenda, S. 170)

Eine Erklärung für diese Widersprüchlichkeiten könnte sein, daß Marguerite Porète von den verschiedenen Seinszuständen spricht, die durchlaufen werden müssen auf dem Weg zur Vollkommenheit. Wenn auf der niedrigen Stufe dem Verlangen der Natur noch entsprochen werden muß, so gelten auf der höheren andere "Gesetze". Sie gibt aber auch selbst eine Lösungsmöglichkeit an.

> "Sie gewährt der Natur alles, wessen sie bedarf, ohne Gewissenszweifel. Eine solche Natur ist jedoch so gut in der Ordnung durch die Umformung in der Liebeseinheit, in die der Wille dieser Seele verschlungen ist, daß die Natur gar nichts verlangte, was verboten wäre. Eine solche Seele sorgt sich nicht um das, was sie benötigt, außer gerade zu der Stunde, da sie es braucht."
> (ebenda, S. 27)

Die mit Gott vereinigte Seele ist so umgewandelt, daß sie nichts wollen kann als den Willen Gottes.

Tugenden

Die Verabschiedung der Tugenden gehört zu den Vorstellungen, die von der kirchlichen Hierarchie als "ketzerisch" eingestuft wurden.

Welche wichige Aufgabe den Tugenden zuerkannt wurde, als die Seele noch nicht mit Gott vereinigt war, geht aus folgender Aussage der Vernunft hervor:

> "Diese Seele hat also keine Empfindung der Gnade und kein geistiges Verlangen, da sie eben Abschied genommen hat von den Tugenden, welche jeder willigen Seele die Weise gut zu leben beibringen." (ebenda, S. 25)

Die Verabschiedung der Tugenden ist möglich geworden, weil die Seelen zu den Herrinnen der Tugenden geworden sind.

> "Die Seelen jedoch, von denen wir reden, haben die Tugenden an ihren Platz verwiesen; denn solche Seelen tun nichts um deretwillen. Vielmehr tun, umgekehrt, die Tugenden alles, was solche Seelen verlangen, ohne Bemühen und ohne Widerrede. Denn solche Seelen sind die Herrinnen über sie."
> (ebenda, S. 26)

Daß diese Vorstellungen aber keineswegs als Freibrief für Zügellosigkeit und Lasterhaftigkeit verstanden werden dürfen, machen die folgenden Aussagen deutlich.
Die Liebe sagt:

> "Die Wahrheit ist, daß diese Seele Abschied genommen hat von den Tugenden, was den Umgang mit ihnen, und was das Verlangen nach dem, was sie vorschreiben, betrifft. Doch haben die Tugenden keineswegs Urlaub genommen von ihr, denn sie sind immer bei ihr, freilich in vollkommenem Gehorsam ihr gegenüber." (ebenda, S. 50)

> "Sie ist so weit weg vom Wirken der Tugenden, daß sie deren Sprache nicht zu verstehen vermöchte. Doch sind die Werke der Tugenden alle innen in einer solchen Seele einbeschlossen, sie gehorchen ihr ohne Widerrede." (ebenda, S. 207)

Die Tugenden, die auf einer niedrigen Seinsstufe die Herrinnen der Seele waren, werden auf der höheren Stufe zu Dienerinnen der vernichtigten Seele.

Auch die folgende Aussage beweist, daß den Tugenden auf einer niedrigen Stufe Gehorsam geleistet werden muß, was aber nicht mehr gilt, wenn die Seele weiter fortgeschritten ist.

> "Denn solche Seelen besitzen die Tugendkräfte einwandfreier als irgendeine der übrigen Kreaturen, nur nehmen sie sie nicht in Gebrauch. Denn sie haben sie gar nicht mehr in Besitz, so wie sie es gewohnt waren. Und außerdem verhielten sie sich dabei sehr sklavisch, während sie nun für immer frei wurden."
> (ebenda, S. 25)

Die Seele hat Abschied genommen von der Vernunft und den Werken der Tugenden. Die Liebe sagt zur Vernunft:

> "Als diese Seele mit dem Mantel der Liebe bekleidet wurde, nahm sie zwar in eurer Schule noch Lektionen im Verlangen nach den Tugendwerken! Jetzt aber ist sie so weit fortgeschritten und vorwärtsgekommen im göttlichen Unterricht, daß sie da zu lesen anfängt, wo ihr damit aufhört." (ebenda, S. 105)

Obwohl die vernichtigte Seele den Weg der Tugenden hinter sich gelassen hat, wird von Jesus gesagt: Jesus Christus verschaffte der Lebensweise nach den Tugenden durch seine Leiblichkeit einen hohen Rang. Jesus ging diesen Weg, weil

> "... er, der die tierische Stumpfsinnigkeit derjenigen voraussah, die sich durch diese Anstrengung das Heil erwirken würden." (ebenda, S. 107)

Es fällt nach traditionellem christlichen Verständnis schwer, diese Aussagen nicht als vermessen und gotteslästerlich zu begreifen. Marguerite Porète scheint den Zustand der vernichtigten Seele höher zu bewerten als den Weg der Tugenden, den Jesus den Menschen zum Heil vorgelebt hat, die infolge ihrer Begrenztheit den Weg zur Vollkommenheit nicht gehen können.

Eine Erklärung findet sich im folgenden Zitat:
Das gute Werk ist Sündenschuld,

> "... weil das Mindere den Platz des Höheren einnimmt und durch unsere Schuld hat das Mindere da sein anerkanntes Sein. Das Mindere läßt uns das edle göttliche Sein verlieren. Denn darum, weil wir in uns gute Werke haben, was das Mindere ist, darum können wir das edle göttliche Sein nicht haben. Es kann nämlich nicht mit jenem zusammenwohnen, es ist zu groß, um bei sich einen fremden Gast zu beherbergen." (ebenda, S. 190)

Weil die "Unfaßbarkeit" Gottes keinen Platz läßt für die Tugenden, müssen sie ihren Platz räumen, wenn Gott in der Seele Platz nimmt. Doch gilt auch für die höchste Stufe der Vollkommenheit, daß die Tugenden nicht aufgehoben sind.

Die Seele befindet sich dann unterhalb des Werkes der Demut und oberhalb des Werkes der Armut und über dem Werk der Liebe. Obwohl sie dann so weit weg ist von den Werken der Tugenden und ihre Sprache nicht versteht, sind die Werke der Tugenden in ihr eingeschlossen und gehorchen ihr ohne Widerrede (ebenda, S. 207).

Die guten Werke und Tugenden haben nur vorbereitende Funktion.

Resümee

Marguerite Porète geht es bei ihrem Weg zu Gott nicht um Befreiung von allen Normen und Gesetzen der Kirche und der kirchlichen Hierarchie, um dadurch ihrem Ich oder Selbst absolute Macht einzuräumen, sondern darum, allen Eigenwillen auszulöschen, um nur noch Gottes Willen zu wollen.

Den Tugenden zu dienen, Nächstenliebe zu üben und der Natur zu geben, was sie verlangt, bedeutet, Gott den Raum in der Seele zu nehmen, der Gott gehört. Aber weil eine durch Gott verwandelte Seele kein Eigenleben und keinen Eigenwillen mehr hat, ist sie das, was Gott ist, tut sie das, was Gott will, ist ihr alles gleich wert, weil Gott es so will. Insofern kann man sagen, daß eine befreite Seele, ohne danach zu streben und sich darum zu bemühen, aus ihrem göttlichen Sein heraus sich so verhält, wie Gott es will. Das bedeutet, daß das, was Tugenden, Bedürfnisse, Natur und Nächstenliebe fordern, integriert ist, aufgegangen ist, in diesem neuen Sein, ohne als einzelne wahrgenommen zu werden.

Für die vernichtigte Seele gibt es nur ein "Gesetz": Sie will, was Gott will, und Gott will, was sie will. Deshalb sind einer solchen Seele Schmach und Ehre, Freud und Leid, Gottesdienst oder Sakrament nicht gleichgültig, sondern gleich wert, weil sie alles als Gottes Willen akzeptiert. Insofern komme ich zu einer neuen Deutung von Indifferenz. Aussagen der Indifferenz dürfen bei Marguerite Porète nicht als Gleichgültigkeit interpretiert werden, sondern eher als Gleichwertigkeit (Gelassenheit). Indifferenz in diesem Sinne hebt alle Gegensätze auf, indem sich alles die Waage hält und jenseits aller Oppositionen gleichmäßig aufgeht im Einen, was Gottes Einssein entspricht. Dieses Verständnis von Indifferenz hätte Marguerite Porète vor dem Scheiterhaufen bewahren können.

Das Spannungsverhältnis zwischen Niedrigkeit und Selbstvergottung erklärt sich aus dem jeweiligen Blickwinkel oder dem jeweiligen Seinszustand. Betrachtet die Seele - Marguerite Porète - ihr Sein im Blick auf das Sein Gottes, oder ist sie nicht mit Gott vereinigt, bezeichnet sie sich als niedrig, unwürdig, schlecht. Ist sie aber mit Gott vereinigt, oder hat Gott sie in sich umgewandelt, so gehört ihr alles, ist alles für sie geschaffen, ist ihr alles zu Diensten.

8.5 Das Gottesbild der Marguerite Porète

Obwohl bei Marguerite Porète die Vorstellungen von Gott als die überwältigende, unermeßliche Liebe und Güte überwiegen, finden sich in ihrem Buch auch Bilder, die Gott in herrschaftlichen Positionen beschreiben: als König, Majestät, Herr oder Meister. Diesen entsprechen die Eigenschaften, die Gott zugeordnet werden: allmächtig, gerecht, gebefreudig, großzügig, eifersüchtig, allgegenwärtig, edel. Die Relativität dieser Bilder wird dadurch deutlich, daß Marguerite Porète immer wieder auf die Unfaßbarkeit, Unsagbarkeit, Unermeßlichkeit oder Unvergleichbarkeit Gottes hinweist; denn Gott übersteigt für sie alle Bilder, die Menschen sich von ihm machen.

Wenn sie Gott in seinen drei Manifestationen als Trinität beschreibt, so symbolisiert der Vater die Macht oder die ewige Substanz, der Sohn die Weisheit oder das empfangende Genießen und der Heilige Geist die Güte und die liebevolle Vereinigung. Eine ähnliche Trinitätsvorstellung findet sich auch bei Mechthild von Magdeburg (vgl. Kapitel 4).

Während Mechthild von Magdeburg bei der unio mystica vor allem die erotische Beziehung der Seele als Braut und Christus als Bräutigam beschreibt, geht es Marguerite Porète mehr um die Umwandlung der Seele durch die Kraft der Liebe in göttliches Sein. Vorstellungen von Gott als Vater, aber auch Jesus als Menschensohn und Geliebter haben an Bedeutung verloren. Gottes Liebe, aber auch der Heilige Geist sind für sie die entscheidenden Kräfte, die die Seele zu Gott zurückbringen.

Obwohl auch Marguerite Porète von der theologischen Vorstellung ausgeht, daß durch Jesus die menschliche Natur mit der göttlichen verbunden wurde (ebenda, S. 162), scheint es fast so, als ob der Heilige Geist für sie eine entscheidendere Bedeutung hat. Eine Erklärung könnte sein, daß der Heilige Geist im Unterschied zum göttlichen Menschensohn den Tod nie erleiden muß. Der Heilige Geist ist "so stark, daß er niemals sterben kann." (ebenda, S. 108) Jesu menschliches Sein und Leiden sind für sie zwar Bestärkung und Ermutigung auf dem Weg zum göttlichen Sein, aber es ist noch nicht göttliches Sein.

Am Beispiel der Apostel, die die menschliche Natur von Jesus mehr liebten als seine göttliche, macht Marguerite Porète deutlich, daß es vor allem um das göttliche Sein von Jesus geht. So wird auch die Aussage von Jesus verständlich:

> "Es ist nötig, daß ich von euch gehe. Und wenn ich nicht von euch gehe, könnt ihr, spricht er, den Heiligen Geist nicht empfangen [Joh. 16, 7]." (ebenda, S. 186)

Grobschlächtige Liebe verhindert die Gaben des Geistes. Die Christusnachfolge ist insofern weniger als Imitation der verschiedenen Etappen seines Erdenlebens zu verstehen, sondern eher als Weg der Rückkehr an den Ort, von dem die Seele ausgegangen ist.

Obwohl auch Marguerite Porète Gott mit der Wahrheit, die unbestechlich, oder mit der Gerechtigkeit, die unbeugsam und streng ist, assoziiert, betont sie mehr Gottes Nachsicht und Barmherzigkeit, die sie als freundlich und entgegenkommend beschreibt. Anders als Mechthild von Magdeburg hat sie kein Problem damit, Gottes Gerechtigkeit mit Gottes Liebe in Einklang zu bringen. Obwohl sie fest davon überzeugt ist, daß Nachsicht und Barmherzigkeit für ihre Schuld bürgen, sagt sie:

> "Welche unter diesen Schwestern mir beistehe, dies kümmert mich nicht. Gerechtigkeit oder Barmherzigkeit, Wahrheit oder Nachsicht, alle sind sie ganz nach meinem Willen. Welcher dieser Parteien ich überantwortet werde, dies bereitet mir keinerlei Sorge, es ist mir einerlei, ohne Frohmut, ohne Beunruhigung." (ebenda, S. 159)

Der Grund, warum sie weder beunruhigt noch erfreut ist, ganz gleich welche Seite Gottes sie erfährt, ist Folge der Aufgabe ihres Eigenwillens, ihrer Indifferenz.

> "Warum ohne Frohmut und ohne Beunruhigung? Darum, weil er (Gott) weder auf die Gerechtigkeit, die er an mir üben wollte, noch auf die Barmherzigkeit, die er mir erweisen wollte, abstellt. Ich mache mir daher nichts daraus. Ich empfinde keine Freude über das eine, kein Unbehagen über das andere. Da

mein Freund dabei weder verliert noch gewinnt, so ist mir alles eins, einzig durch den, der eins ist." (ebenda, S. 159)

Um aufzuzeigen, wie groß die Güte Gottes ist, entwickelt sie die unterschiedlichsten Vorstellungen. Ich will nur zwei nennen: Gerade ihre größte Schlechtigkeit hat Gottes Liebe unabdingbar gemacht oder die Vorstellung, daß Gottes Liebe so groß ist, daß er sich selbst dann hätte kreuzigen lassen, wenn nur sie allein gesündigt hätte. (Auf diese Vorstellungen komme ich später zurück.)

Wie sehr auch ihr bewußt ist, daß Menschen über das Leiden oder das Unglück, was ihnen oder anderen zustößt, zweifeln können, machen folgende Aussagen deutlich:

"Gott läßt nämlich zuweilen etwas Übles geschehen, wegen des größeren Guten, das nachher daraus entstehen kann." (ebenda, S. 169)

"... daß sie glaubt und daran festhält, daß es nicht möglich sei, daß Gott etwas anderes denn Gutes wollen könne." (ebenda, S. 127)

Um das enge Freundschafts- und Liebesverhältnis der Seele mit Gott auszudrücken, bezeichnet sie Gott - wie auch Mechthild von Magdeburg - als Freund, Geliebten, Bruder und Liebenden.

Im Gegensatz zu Mechthild von Magdeburg benutzt sie wesentlich weniger Metaphern aus der unbelebten und belebten Natur für Gott. Sie vergleicht ihn mit dem Mark der Zeder, dem Meer, dem Kreis oder der Sonne.

Die ganze Ambivalenz ihres Gottesbildes kommt in der Bezeichnung "Fern-Naher" zum Ausdruck (ebenda, S. 208). Sie will damit weniger die Entfremdung in der Entfernung von Gott oder die Nähe in der Vereinigung mit Gott ausdrücken, sondern mehr ihr Nichtsein als Geschöpf (Ferne) oder das Sein der Seele in Gott, wenn sie zu Gott zurückgekehrt ist. Vorstellungen von Gottes Sein als "Alles", "Fülle" oder "Etwas" im Vergleich zum "Nichts", "Plus", "Mehr" oder der Defizienz der Seele beschreiben die Distanz von Gott und der Seele in bezug auf ihre Seinsweise.

Die Sünde und die von Gott geschenkte Freiheit des Menschen

Um herauszufinden, welchen Stellenwert die Sünde für Marguerite Porète hatte, habe ich verschiedene Aussagen über die Sünde aus ihrem Buch miteinander verglichen. Sünde bedeutet für Marguerite Porète: Gott seinen Willen zu nehmen.

> "So wird sie einsehen, daß sie Gott selbst seinen eigenen Willen vereitelt hat in einem einzigen Augenblick der Zustimmung zu einer Sünde. Das ist so zu verstehen: Gott haßt jede Sünde, und wer darin einwilligt, eine Sünde zu tun, der nimmt Gott seinen Willen. Das ist die Wahrheit. Denn er tut, was Gott niemals will, und was gegen seine göttliche Güte ist." (ebenda, S. 156)

Vermessen muß es in den Ohren der kirchlichen Hierarchie klingen, wenn sie sagt:

> "Denn nicht mehr, als Gott zu sündigen vermöchte, der dies doch gar nicht wollen kann, vermag ich zu sündigen, wenn mein Wille es nicht will." (ebenda, S. 152)

Die Unermeßlichkeit der Güte und Liebe Gottes hat der Seele die Freiheit des Willens geschenkt und damit in Kauf genommen, daß die Seele diese Freiheit mißbraucht.

> "Eine solche Freiheit hat mein Freund mir in seiner Güte aus Liebe gewährt. Wenn ich aber sündigen wollte, warum sollte er es denn nicht zulassen? Würde er es nicht zulassen, nähme seine Macht mir die Freiheit. Seine Güte jedoch könnte es nicht zulassen, daß seine Macht mir in irgend etwas die Freiheit beschränkte. Das bedeutet, daß keine Macht mir den freien Willen zu nehmen vermöchte, wenn mein Wille nicht darin einwilligen wollte." (ebenda, S. 152)

Die Güte Gottes schränkt die Macht Gottes ein, um der Freiheit der Seele willen. Keine Macht kann der Seele den freien Willen nehmen, wenn sie nicht darin einwilligt, selbst Gott nicht. Er hat sich durch seine Liebe abhängig gemacht von der Seele. Aus der Unmöglichkeit, daß die Seele sündigen kann, wenn sie es nicht will, schließt Marguerite Porète:

> "Also sind wir voll befähigt, seinem Willen nachzukommen, wenn er in uns wohnt, ohne daß wir ihn suchten." (ebenda, S. 160)

Das ist aber nur der Fall, wenn die Seele ihren nackten Willen in die Dreieinigkeit eingepflanzt hat,

"... so daß sie nicht sündigen kann, wenn sie sich nicht daraus ausreißt. Sie hat nicht die Möglichkeit zu sündigen: ohne Willen nämlich kann niemand sündigen. Nun braucht sie sich vor Sünde nicht zu hüten, so lange sie ihren Willen da läßt, wo er fest gegründet ist, das ist in demjenigen, der ihn ihr in seiner freien Güte gegeben hatte." (ebenda, S. 136)

Wenn sie mit Gott vereinigt ist, hat die Seele auch keinerlei Mißbehagen wegen der Sünde.

"Die Seele kennt kein Unbehagen der Sünde wegen, die sie einmal begangen hat, noch wegen des Leidens, das Gott für sie gelitten hat, noch wegen der Sünden und der Mängel, in denen ihre Nächsten verharren." (ebenda, S. 44)

Das bedeutet aber nicht, daß die Sünde als moralische Kategorie keine Bedeutung mehr hat.

"Dies jedoch, daß einer in Sünde fällt, und daß Sünde je begangen ward, erwidert die Liebe der Vernunft, dies mißfällt ihrem Willen, wie es Gott mißfällt: es ist eben gerade sein Mißfallen, das dieser Seele Mißfallen bereitet." (ebenda, S. 44)

Die oben genannte, für die etablierte Kirche blasphemische Äußerung, die Seele kenne keinerlei Unbehagen wegen der Sünde, beruht auf der Vorstellung, daß eine mit Gott vereinte Seele keinen Eigenwillen mehr hat und deshalb auch keinerlei Empfindungen haben kann.
Die Liebe sagt in einem Gespräch mit der Wahrheit und der Vernunft:

"Hätte sie hingegen so viele Sünden begangen, wie alle Welt zusammen sie je beging und ebenso viel Gutes wie all jene, die im Paradiese sind, und ihre sämtlichen guten und schlechten Taten würden vor allem Volke offenbar: dann empfände eine solche Seele, spricht die Liebe, ihretwegen darüber weder Schande noch Ehre, auch nicht den Willen, ihr Schlechtes zu verheimlichen und zu verbergen. Verhielte sie sich nämlich anders, spricht die Liebe, so lebte sie für sich und auf sich bezogen und keinesfalls für mich, ohne daß sie nicht auch noch auf sich bezogen bliebe. Welche Scham sollte jene in meinem Paradiese auch empfinden, spricht die Liebe, selbst wenn man ihre Sünden und die Gaben meiner Herrlichkeit, die ich ihnen schenke, sehen könnte? Gewiß,

> sie verspüren keinerlei Willen, ihre Sünden zu verheimlichen, auch keine Beschämung, wenn man sie erkennt und zudem auch meinen Ruhm vorzeigt." (ebenda, S. 113)

Solange sie aber noch nicht in Gott ruht, gilt:

> "... und diese Seele ist ganz aufgewühlt und erschrocken durch ihre scheußlichen Fehler, die weniger als nichts sind." (ebenda, S. 29)

Wenn bisher deutlich wurde, wie sehr Gott sich durch seine Liebe in die Macht des Menschen gegeben hat, so wird in dem folgenden Zitat erkennbar, wie sehr die Seele sich trotzdem der Größe ihrer Sünden bewußt ist.

> "... eine solche Seele weiß in sich nur von einer Sache, nämlich von der Wurzel aller Übel und der Menge all der Sünden ohne Zahl, ohne Gewicht und ohne Maß." (ebenda, S. 29)

Die Zahl der Sünden ist so groß, daß man sie nicht zählen kann. Die Sünden sind so schwer, daß man sie nicht wiegen kann. Die Sünden sind nicht mit einem Maß zu erfassen, so daß man sie nicht messen kann. Wieso aber ist die Sünde dann ein Nichts?

> "Die Sünde jedoch ist ein Nichts, und diese Seele ist ganz aufgewühlt und erschrocken durch ihre scheußlichen Fehler, die weniger als nichts sind." (ebenda, S. 29)

Sie will damit sicher nicht sagen, daß die Sünden keine Bedeutung mehr haben, sondern daß sie wegen ihrer "Unermeßlichkeit" ein Nichts sind, vergleicht man das beschränkte Erkenntnisvermögen des Menschen mit dem unendlichen Wissen Gottes. Die Seele gelangt zu der Erkenntnis ihres Nichts,

> "... indem sie einsah, daß weder sie selbst noch andere etwas davon bemerkten, wie schrecklich ihre Sünden und Fehler sich ausnahmen, verglich man sie mit dem, was davon im Wissen Gottes war." (ebenda, S. 82)

Im Paradies werden die Sünden aber allen offenbar. Erstaunlich ist dann die Wendung, daß gerade das Offenbaren der Sünden ihr zur Ehre gereicht.

> "... in dieser Welt kann niemand Kenntnis haben von meinen Sünden ... als nur ihr allein. Im Paradies, Herr, werden jedoch alle, die dort sich aufhalten werden, davon Kenntnis bekommen, allerdings nicht zu meiner Schande, sondern zu meiner überaus hohen Ehre. Indem sie nämlich meine Verfehlungen, durch die ich euch erzürnt habe, Herr, zu sehen bekommen, wird auch euer Erbarmen und eure Großmut offenbar." (ebenda, S. 70)

In der Vereinigung der Seele mit Gott, in der Rückkehr der Seele zum Ursprung, wird, was auf Erden Schande bedeutet, umgewandelt in Ehre. Der Grund dafür ist, daß die Liebe umso größer sein muß, je größer die Sünde der Seele war, als sie noch nicht in Gott wohnte. Wie wenig die Sünde die Seele auf Dauer von Gott trennen kann, wie groß die Liebe Gottes sein muß, wird im folgendem Zitat deutlich:

> "Denn es ist die Wahrheit, daß wenn niemand gesündigt hätte außer ich ganz allein, ihr dann meine von eurer Liebe abgekommene Seele losgekauft hättet, ganz nackt am Kreuz sterbend, Gebrauch machend von der zur Zerstörung der Sünde eingesetzten Vollmacht." (ebenda, S. 66)

Obwohl die Sünde ein zentrales Thema für Marguerite Porète ist, geht es ihr dabei weniger um Reue und Buße, sondern im Hinblick auf Gott, um die unermeßliche Güte Gottes oder die Unmöglichkeit des Sündigenkönnens in der Einheit mit Gott.

Christi Leiden als Beweis seiner unermeßlichen Liebe

Marguerite Porète hält es für wichtig, sich nicht nur das Leiden Christi am Kreuz zu vergegenwärtigen, sondern sein ganzes irdisches Leben: die Verachtung, die Armut und den Tod, die er für die Menschen auf sich nahm.

So begreift sie Christi Leiden weniger als Möglichkeit der Identifizierung und Reinigung, als Leid um des Leidens willen, sondern als Beweis seiner Liebe, die unsere Liebe entzünden soll (ebenda, S. 195). Wir müssen uns nach unserem Vermögen das ganze Leben, das Jesus führte und das er uns predigte, aneignen, solange die Seele den Vollkommenheitszustand noch nicht erreicht hat.

> "Denn es (das Buch) sagt, wie er es sagte: Wer an mich glaubt, der wird solche Werke vollbringen, wie ich sie tue, und er wird noch größere vollbringen (Joh. 14, 12). Und dies müssen wir befolgen, bis wir den Sieg über uns erlangen. Und wenn wir dies tun nach unserem Vermögen, werden wir dazu kommen, daß wir all dies erlangen, indem wir alle frommen Gedanken und alle Werke der Vollkommenheit und alle Fragen der Vernunft aus uns ausräumen; denn wir wüßten damit nichts mehr anzufangen. Die Gottheit wirkte von nun an in uns, für uns, ohne uns, ihre göttlichen Werke. Er ist, der er ist. Darum ist er das, was er durch sich ist: Liebender, Geliebter, Liebe."
> (ebenda, S. 163 ff.)

Jesu Leiden und Leben sind auf der Suche nach dem Weg zu Gott eine Hilfe, solange die Seele noch nicht den Vollkommenheitszustand erreicht hat.

> "Und diese Betrachtungen halfen mir zu leiden und durchzuhalten während der Zeit, da ich mich außerhalb des Weges befand." (ebenda, S. 186)

Es findet sich aber auch ein Beispiel, wo es so scheint, als ob Marguerite Porète dem Leiden als Heilsweg eine ebenso wichtige Rolle zuweist wie Mechthild von Magdeburg.

> "Sie belustigt sich manchmal ohne ihr Wissen in ihrem obersten Teil - ob sie will oder nicht - über die Widerwärtigkeiten ihrer Nächsten. Sie wird nämlich in ihrem Geiste gewahr und weiß ohne ihr Wissen, daß dies der Weg ist, auf dem sie in den Hafen ihres Heils gelangen." (ebenda, S. 165 ff.)

Deshalb ist es erstaunlich, daß Marguerite Porète - anders als Mechthild von Magdeburg - nicht von Mitleiden mit ihrem Nächsten oder ihrer Bereitschaft, mit zu sühnen spricht, sondern Freude über das Leiden ihrer Nächsten empfindet. So verwerflich dies klingt, umso schneller wird diese Aussage verständlich, wenn man sich ihre Erklärung noch einmal vergegenwärtigt. Die Seele freut sich sündlos über die Widerwärtigkeiten ihrer Nächsten, weil sie weiß, daß Kümmernisse als Heilsweg dienen können.

Auch die folgende Aussage über das Leiden macht deutlich, daß es ihr bei der Erinnerung an Christi Leiden weniger um Mitleiden, sondern um die Unfaßbarkeit von Gottes Liebe geht.

> "Also denn, Herr, alles was ihr in eurer kostbaren Menschheit gelitten habt, das habt ihr für mich gelitten, gerade so, wie wenn niemand anders sonst gesündigt hätte als ich allein." (ebenda, S. 66)

Die Liebe dieses Gottes ist so groß, daß er selbst dann sein Leiden auf sich genommen hätte, wenn nur sie allein gesündigt hätte. Gleichzeitig kommt in dieser Aussage die Spannung zwischen größter Nichtigkeit - wenn niemand anders sonst gesündigt hätte - und vermessen klingender Selbsteinschätzung zum Ausdruck - das habt ihr für mich gelitten.

Ihre Vorstellung, daß es eigentlich mehr darum gehen muß, über das, was Jesus gelebt und gelitten hat, hinauszukommen, ist sicher ein Dorn im Auge der Kirche gewesen, obwohl sie sich mit dieser Aussage auf das Johannesevangelium berufen kann.

> "Wer an mich glaubt, der wird solche Werke vollbringen wie ich sie tue, und er wird noch größere vollbringen." (Joh. 14, 12)

Dies ist zu erreichen, wenn die Seele ihren Eigenwillen an Gott zurückgibt und alles, was zwischen der Liebe Gottes und der Seele vermitteln sollte, aufgegeben wird.

> "Und wenn wir dies tun nach unserem Vermögen, werden wir dazu kommen, daß wir all dies erlangen, indem wir alle frommen Gedanken und alle Werke der Vollkommenheit und alle Fragen der Vernunft aus uns ausräumen; denn wir wüßten damit nichts mehr anzufangen." (ebenda, S. 163)

Der Grund dafür ist:

> "Die Gottheit wirkte von nun an in uns, für uns, ohne uns, ihre göttlichen Werke. Er ist, der er ist. Darum ist er das, was er durch sich ist: Liebender, Geliebter, Liebe." (ebenda, S. 163)

Weil sie Leiden lediglich als eine Möglichkeit des Heilsweges ansieht und die Erinnerung an Jesu Leiden als Hilfestellung und Liebesbeweis Christi begreift, verliert das Leiden seine hervorragende Funktion für die vernichtigte, vollkommene Seele.

Das Heil-Werden von Seele und Leib

Wenn man einige Aussagen der Marguerite Porète über die Leiblichkeit vergleicht, gewinnt man den Eindruck der Leibfeindlichkeit oder mindestens der Minderbewertung im Gegensatz zum Sein der vernichtigten Seele. Dies scheint der platonischen Vorstellung vom Abstieg und Aufstieg der Seele zu entsprechen.

> "Verdorbenheit aber bezieht sich auf die Grobstofflichkeit in der Beschaffenheit unseres Leibes." (ebenda, S. 152)

Auch die folgende Vorstellung scheint diese Ansicht zu bestätigen. Gleichzeitig findet sich darin ein Hinweis, daß der Zustand der Vollkommenheit der vernichtigten Seele nicht von Dauer sein kann, solange die Seele noch mit dem Körper verbunden ist.

> "Keiner aber vermag beständig da zu sein, so lange die Seele in dieser Welt mit dem leidigen Körper verbunden ist." (ebenda, S. 154)

Wie wenig der Zustand der vernichtigten Seele im "Sein Gottes", in der unio mystica, durch körperliches Empfinden zu erreichen ist, kann man folgender Aussage entnehmen:

> "Niemals liebte einer göttlich, der etwas aufgrund der Körperlichkeit liebte und jene, welche die Gottheit lieben, spüren wenig von der Menschheit. Niemals wurde einer je in göttlicher Weise vereinigt und erfüllt, der in körperlicher Weise empfand." (ebenda, S. 123)

Das göttliche Leben stellt eine höhere Stufe des Seins dar als das Sein, das die Menschen bei der Erschaffung erhalten haben, als der Leib mit dem eigenen Geist ausgestattet wurde.

> "Eine solche Kreatur, spricht die Liebe, ist mit dem göttlichen Leben besser gekleidet - wir haben davon bereits gesprochen -, als sie es mit dem eigenen Geist ist, der bei der Erschaffung in ihren Leib gegeben wurde. Und so ist der

> Leib mit dem ihm zugehörigen Geist besser gekleidet als der Geist mit dem ihm zugehörigen Leib." (ebenda, S. 104)

Wieso aber ist der Leib mit dem zugehörigen Geist besser gekleidet als der Geist mit dem zugehörigen Leib?

So wie Marguerite Porète zwischen der "Heiligen Kirche, der Kleinen" und der "Heiligen Kirche, der Großen" oder zwischen den "Groben -" und "Feinen im Geiste" unterscheidet, die sie entweder höher oder niedriger bewertet, so bedeutet die Höherbewertung des Geistes keine grundsätzliche Abwertung des Leibes; denn dieser befindet sich zwar auf einer niedrigeren Stufe des Seins, die aber überwunden werden kann durch göttliches Einwirken. Anders als bei den Platonikern, aber ähnlich wie bei Mechthild von Magdeburg, ist bei Marguerite Porète der Leib von der Vervollkommnung nicht ausgenommen.

> "Denn die Grobstofflichkeit des Leibes ist nun ausgezogen, und er ist verfeinert durch göttliches Einwirken." (ebenda, S. 104)

Auch die folgende Aussage bestätigt das ganzheitliche Heilwerden von Seele und Leib.

> "Ich behaupte, spricht die Liebe, daß sie ganz frei wären an Seele und Leib, hätten sie meinen durch die Tugenden übermittelten Rat befolgt. ... Und wenn eine solche Sonne, ein solches Strahlen und ein solches Glänzen in der Seele ist, dann verspürt der Leib keine Schwachheit und die Seele keine Furcht mehr." (ebenda, S. 120)

Sie beruft sich dabei auf Jesus.

> "Die wahre Sonne der Gerechtigkeit pflegte und heilte nie eine Seele ohne auch den Leib zu heilen, als sie auf Erden ihre Wundertaten vollbrachte. Und sie tut es häufig noch. Sie bewirkt es aber an niemandem, der nicht darauf vertraut." (ebenda, S. 121)

Selbstvergottung und Pantheismus als typische Kennzeichen des Gottesbildes der Marguerite Porète?

Um entscheiden zu können, ob Marguerite Porète die unio mystica als Selbstvergottung verstanden hat und ob ihre Gottesvorstellungen dem Pantheismus zuzuordnen sind, so wie es für die "Schwestern und Brüder des freien Geistes" gilt, scheint es mir notwendig zu sein, Aussagen, die diesen Verdacht nahelegen, daraufhin zu überprüfen.

<u>Selbstvergottung</u>

Auf der 5. Stufe des mystischen Weges ist es der Seele möglich, ihre volle Niedrigkeit und Schlechtigkeit zu erkennen. Gleichzeitig erkennt sie Gottes unermeßliche Güte. Gerade die Erkenntnis ihrer Niedrigkeit schenkt ihr die ganze Güte Gottes.

> "... deshalb bin ich eben das, was er ist durch die Umwandlung der Liebe." (ebenda, S. 168)

> "Sie erhebt mich und wandelt mich um durch Vereinigung." (ebenda, S. 184)

> "... sie ist nichts in solcher Gleichheit." (ebenda, S. 208)

> "Diese Seele hat Kenntnis nur von einem Ding, nämlich davon, daß sie nichts weiß. Und darum will sie nur ein Ding, nämlich dies, daß sie nichts will. Und dieses Nichtwissen und Nichtwollen geben ihr alles, spricht der Heilige Geist. Sie lassen sie den verborgenen und versteckten Schatz finden, der ewig in der Dreieinigkeit verschlossen ist. Sicher nicht durch göttliche Natur, spricht der Heilige Geist, denn dies kann nicht sein; aber durch die Kraft der Liebe, denn dies kann sein." (ebenda, S. 75)

Durch die Gnade Gottes ist die Seele das, was Gott ist.

> "Also bin ich einzig und allein, was Gott in mir ist und nichts anderes." (ebenda, S. 109)

Die Seele ist Gott durch Liebesübereinkunft.

> "... ebenso haben solche Seelen ihr Sein von Gott und in Gott ..." (ebenda, S. 55).

Es scheint fast so, als ob Marguerite Porète mit der folgenden Erklärung eine Antwort auf die Frage geben wollte, wieso die Seele in Gott umgewandelt sein kann.
Es muß so sein, daß die Seele Gott ähnlich ist,

> "... denn sie ist verwandelt in Gott, spricht die Liebe, wodurch sie ihre wahre Form erhalten hat." (ebenda, S. 86)

Eine andere Antwort liegt in der philosophisch-theologischen Vorstellung von der Rückkehr der Seele zu ihrem Ausgangspunkt. Wenn die Seele freigeworden ist,

> "... verliert sie ihren Namen in demjenigen, in welchem sie durch ihn und in ihn verschmolzen und durch ihn und in ihn, für sie, zurückgekehrt ist." (ebenda, S. 127)

> "Und durch die Umwandlung der Liebe ist sie das, was Gott ist, in jedem Punkt, in dem sie war, bevor sie aus der Liebe ausgeflossen ist." (ebenda, S. 208)

In einem sehr anschaulichen Beispiel versucht sie, diesen Sachverhalt zu erklären.

> "Genau so wie es bei einem Wasser geschieht, das aus dem Meere fließt, das keinen Namen hat, man könnte sagen wie bei der Oise oder der Seine oder wie bei einem anderen Fluß. Doch kehrt dieses Wasser oder der Fluß wiederum ins Meer zurück, verliert es seinen Lauf und seinen Namen, unter dem es manches Land durchflossen hat, indem es sein Wesen trieb. Nun ist es im Meer, und da ruht es sich aus und hat damit seine Mühe aufgegeben. Ebenso verhält es sich mit dieser Seele. ... Wie diese Seele aus dem Meere kam und einen Namen hatte, und wie sie zurückkehrte ins Meer und damit ihren Namen verliert und nun keinen mehr hat, außer einzig den Namen dessen, in dem sie vollständig umgewandelt wurde: nämlich in den Bräutigam ihrer Jugend, der seine Braut ganz in sich umgewandelt hat. Er ist, also ist auch diese." (ebenda, S. 127 ff.)

Es finden sich in ihrem Buch sowohl Aussagen, die als Selbstvergottung verstanden werden können, solche, die von einer vorübergehenden Vergottung sprechen, wie solche, die sich abgrenzen von solchen Selbstvergottungsvorstellungen. Während folgende Beispiele Selbstvergottung nahelegen,

> "... die Liebe nämlich zieht ihre (der Seele) ganze Materie in sich. Es besteht nurmehr ein Einziges in der Liebe, und solche Seelen sind dann nicht mehr zwei, denn dies bedeutete Zwietracht. Sie sind vielmehr Eines, und darum besteht Eintracht." (ebenda, S. 128)

oder

> "Und durch die Umwandlung der Liebe ist sie das, was Gott ist, in jenem Punkt in dem sie war, bevor sie aus der Liebe ausgeflossen ist." (ebenda, S. 208)

oder

> "Nun ist diese Seele im Zustand des ursprünglichen Seins, das ihr Sein ist. Und somit hat sie die Drei gelassen und aus zweien eins gemacht." (ebenda, S. 210)

oder

> "Dieses einfache Sein bewirkt durch die Liebe in der Seele das, was immer die Seele tut, denn der Wille ist einfach geworden. Dieser einfache Wille weist in sich keinerlei Tat auf, seit er die Notwendigkeit von zwei Naturen überwunden hat ..." (ebenda, S. 210).

findet sich - gerade im Gegensatz zu dem letzten Zitat - auch eine Aussage, die sehr genau differenziert zwischen dem Sein der Seele und Gott.

Die Liebe verwandelt die Seele so, daß sie nur noch eins sind,

> "... ein Wille, eine Liebe und ein Werk in zwei Naturen." (ebenda, S. 165)

Die folgende Aussage kann als vorübergehende Vergottung oder Vergöttlichung der Seele verstanden werden:

"... packt die Seele auf der fünften Stufe und versetzt sie in die sechste so lange, als sein Wirken dauert und anhält: und so lange ist sie umgewandelt." (ebenda, S. 95)

Wie bewußt Marguerite Porète die Gefahr der Selbstüberschätzung, der Selbstvergottung im Sinne von Machtmißbrauch war, wird deutlich durch die Warnung der Liebe an die Seele.

"Wenn Gott euch in sich umgewandelt hat, dann dürft ihr dennoch euer Nichts nicht vergessen. D.h. ihr dürft niemals vergessen, wer ihr waret, als er euch am Anfang erschuf, und was ihr geworden wäret, hätte er auf eure Werke geachtet, und was ihr seid und sein würdet, wenn nicht ein Etwas von ihm in euch wäre." (ebenda, S. 66)

Jede Umwandlung muß auf Gott zurückgeführt werden.

Und doch fällt es infolge der widersprüchlichen Aussagen schwer zu entscheiden, ob man Marguerite Porètes Vorstellungen vom göttlichen Sein der Seele gerecht wird, wenn man sie als Selbstvergottung auffaßt, oder ob es ihren Intentionen mehr entspricht, den Vollkommenheitszustand der Seele als unio mystica zu begreifen, die aber im Unterschied zur orthodoxen Mystik von ewiger Dauer ist.

Ich glaube, daß man zu einer falschen Beurteilung über das Sein der Seele in der Vereinigung mit Gott gelangt, wenn man einzelne Aussagen zu diesem Thema isoliert interpretiert. Erst die Gesamtheit aller Aussagen in ihrer ganzen Widersprüchlichkeit bringt uns dem näher, was Marguerite Porète darüber aussagen wollte. Marguerite Porète ging es nicht um Selbsterhöhung, und ihre Aussagen über ihre Vergottung dürfen nicht als Selbstüberschätzung interpretiert werden, sondern ihr Ziel war allein die unio mystica. Ihr Gottwerden hat nichts mit Machtmißbrauch zu tun, sondern mit Macht-sein in Gott.

Pantheismus

Weil Gott überall ist, nennt sie solche Leute Esel, die Gott nur in den Geschöpfen suchen,

"... durch Gebete in den Kirchen, im geschaffenem Paradies, in Menschenworten und in Schriften ... Den Unerfahrenen scheint es, daß solche Leute, die ihn auf Bergen und Tälern suchen, in der Annahme lebten, daß Gott seinen Sakramenten und seinen Werken unterworfen sei." (ebenda, S. 108)

Gleichzeitig wird deutlich, wie hoch sie ihre Gotteserkenntnis einschätzt. So wie Gott den Sakramenten und Werken nicht unterworfen ist, so sind auch die vernichtigten Seelen davon befreit, was aber nicht unbedingt heißen muß, daß sie damit aufgehoben sind. Durch diese Worte wird deutlich, wie sehr ihre theologischen Vorstellungen die Macht der kirchlichen Hierarchie in ihrer Ausschließlichkeit in Frage stellen.

Es lassen sich aber auch Stellen finden, die sowohl Pantheismus wie seine Ablehnung nahelegen.

"Darin findet sie ihn jederzeit, in allen Dingen nämlich. Man muß eine Sache ja da aufsuchen, wo sie sich befindet. Und darum, weil er überall ist, findet diese Seele ihn überall. Und darum sind ihr auch alle Dinge recht, denn nirgends begegnet ihr etwas, worin sie Gott nicht zu finden vermöchte." (ebenda, S. 59)

Im Widerspruch dazu scheint folgende Aussage zu stehen:

"Eine solche Seele liebt in Gott keinerlei Ding mehr, noch wird sie je eines lieben, und wäre es auch noch so edel, außer einzig nur um Gottes willen, und darum, weil er es will." (ebenda, S. 56)

Sie fährt weiter fort:

"Doch liebt sie Gott in allen Dingen und die Dinge aus Liebe zu ihm." (ebenda, S. 56)

In diesem Zitat stehen die paradoxen Aussagen - in keinerlei Dingen - in allen Dingen -sogar nebeneinander. Dadurch zeigt sich aber ein Weg auf, wie ihre Worte zu interpretieren sind. Wenn die Seele die Vollkommenheit erreicht hat, durch die Liebe mit Gott vereinigt ist, in Gott ist, liebt sie nichts mehr als Gott, weil sie ist, was Gott ist. Doch wenn Gott will, daß sie etwas anderes liebt als Gott, liebt sie dies, weil Gott es will. Und ebenso gilt, daß wenn Gott will, daß sie ihn in allen Dingen liebt, so tut sie dies aus Liebe zu Gott. Auf diese Art und Weise werden, wie bereits an anderer Stelle ausgeführt, die Widersprüche aufgehoben zugunsten eines Größeren.

Die Frage, ob sie pantheistisches Gedankengut vertreten hat, greift deshalb zu kurz. Denn für sie ist beides wahr, daß eine Seele in Gott keinerlei Ding mehr liebt, wie daß sie Gott in allen Dingen liebt, wenn er es will oder wenn sich die Seele noch auf einer niedrigen Stufe befindet und noch nicht mit Gott vereinigt ist.

8.6 Das Selbstbild der Marguerite Porète

Marguerite Porètes Unterscheidung zwischen der "Heiligen Kirche, der Kleinen" und der "Heiligen Kirche, der Großen", ihre Einschätzung der Gottesgelehrtheit der Theologen, ihre Sicherheit in bezug auf den Weg der vernichtigten Seele, ihre Selbst- und Gotteserkenntnis und schließlich auch ihre Beantwortung der Frage nach dem/der Initiator/in oder Autor/in ihres Buches können Klarheit verschaffen über ihr Selbstbild bzw. ihr Selbstverständnis.

"Heilige Kirche, die Kleine" und "Heilige Kirche, die Große"

Es zeugt von einem nicht geringen Selbstbewußtsein, wenn Marguerite Porète zwischen der "Heiligen Kirche, der Kleinen" (traditionelle Kirche) und der "Heiligen Kirche, der Großen" (zu der sie sich selbst rechnet) unterscheidet, zumal sie die letztere höher bewertet.

> "Wahrlich, Heilige Kirche, unterhalb dieser Heiligen Kirche stehend! spricht die Liebe. Denn solche Seelen, spricht die Liebe, sind im eigentlichen Sinne Heilige Kirche genannt. Sie tragen und belehren und ernähren die ganze Heilige Kirche." (ebenda, S. 76)

Im Gegensatz zu Mechthild von Magdeburg bezeichnet sie nicht die Kleriker als die Stützen der Heiligen Kirche, sondern die freien Seelen.

Ein Grund für die Unterscheidung zwischen der "Großen -" und der "Kleinen Kirche" liegt im Unverständnis der "Kleinen Kirche". Die ganze Heilige Kirche (Kleine) würde sich wundern, wenn sie ihr Buch vorgelesen bekommen würde, läßt sie Glaube, Hoffnung und Nächstenliebe sagen. Die Liebe erwidert darauf:

> "Sicher trifft es zu für die Heilige Kirche, die Kleine! spricht die Liebe, für jene Kirche, die von der Vernunft gelenkt ist, nicht jedoch für die Heilige Kirche die Große, die von uns gelenkt wird, spricht die göttliche Liebe." (ebenda, S. 47)

Während die "Heilige Kirche, die Kleine" durch die Vernunft gelenkt wird, wird die "Heilige Kirche, die Große" durch die Liebe geleitet.

An anderer Stelle läßt sie "die Heilige Kirche, die Kleine" selbst erkennen, wie sehr das Wissen der vernichtigten Seele über ihr eigenes hinausgeht, was sie aber beunruhigt. Sie wagt aber nichts dagegen zu unternehmen.

> "Und was ist los mit einer solchen Seele, spricht die Heilige Kirche, o allerliebster Heiliger Geist! Belehrt uns darüber, denn eine solche Aussage geht über unsere Schriften hinaus. Wir können daher mit unserer Vernunft nicht verstehen, was sie da sagt. Sie hat uns freilich sehr ins Erstaunen gebracht, spricht die Heilige Kirche, so daß wir es nicht wagen, uns gegen sie zu stellen." (ebenda, S. 75)

Dieses Zitat macht auch deutlich, daß sich Marguerite Porète ihrer gefährlichen Situation sehr bewußt war. In der folgenden Aussage unterscheidet sie sehr selbstbewußt zwischen ihrer eigenen Erkenntnis und der der Lehre der orthodoxen Kirche.

> "Die Heilige Kirche lobt besonders die Furcht Gottes, denn die Heilige Furcht Gottes ist eine der Gaben des Heiligen Geistes. Aber dennoch würde die Furcht Gottes den Zustand der Freiheit zerstören, wenn sie sich in diesem Stadium einmischen könnte." (ebenda, S. 207)

Es lassen sich aber auch Beispiele in ihrem Buch finden, die zum Ausdruck bringen, wie wenig die offzielle Kirche diese vollkommenen Seelen erkennen kann.

"Und warum sollte die Heilige Kirche, spricht die Liebe, diese Königinnen, diese Königstochter, Schwestern des Königs und Gemahlinnen des Königs kennen?" (ebenda, S. 48)

Der Grund dafür liegt darin, daß ihr diese durch die Klausur der vollkommenen Seelen verborgen bleiben.
Die Liebe sagt:

"Durch ihre Klausur aber kann sie die Heilige Kirche nicht erkennen." (ebenda, S. 207)

Wie sehr Marguerite Porète von ihrem Weg zur Vollkommenheit überzeugt war, wird auch deutlich durch die Worte, die sie die "Heilige Kirche, die Kleine", sprechen läßt:

"Wir wollen zugeben, spricht die Heilige Kirche, daß solche Seelen in ihrer Lebensweise über uns stehen, denn die Liebe wohnt in ihnen, in uns aber wohnt die Vernunft. Doch spricht dies nicht gegen uns, spricht die Heilige Kirche die Kleine. Im Gegenteil, wir empfehlen und loben sie dafür in den Erklärungen zu unseren Schriften." (ebenda, S. 76 ff.)

Die Angst der Kirche, die um ihre Macht fürchtet, wird verständlich, wenn man folgende Aussage liest:

"Diese Seele, spricht die Liebe, versteht nun nicht mehr von Gott zu reden. Denn sie ist zu nichts geworden und in all ihrem äußerlichen Verlangen und in ihren innerlichen Empfindungen und in ihrer ganzen geistigen Beschaffenheit. Währenddem verrichtet diese Seele das, was sie tut, dem Brauche gemäß und nach guter Gewohnheit oder nach dem Gebot der Heiligen Kirche, ohne irgendein Verlangen. Denn der Wille ist tot, der ihr sonst das Verlangen eingegeben hatte." (ebenda, S. 24 ff.)

Die Gebote der Kirche sind "belanglos" geworden, was aber nicht bedeutet, daß diese aufgehoben sind.

Gottesgelehrtheit als Hindernis auf dem Weg zu Gott

Ihr Selbstbewußtsein drückt sich auch - ähnlich wie bei Mechthild von Magdeburg - in ihrer Kritik aus über eine Theologie, die sich als erlernbare Wissenschaft begreift.

> "... denn sie sucht die Gotteswissenschaft nicht unter den Lehrmeistern dieser Welt, sondern in wirklicher Verachtung dieser Welt und ihrer selbst." (ebenda, S. 21)

> "Es gibt keinen noch so großen Gelehrten auf der Welt, der euch davon zu sprechen wüßte." (ebenda, S. 180)

> "Leider, Vernunft, spricht die Liebe, werdet ihr immer blind bleiben, ihr selbst wie auch all jene, die in eurer Gelehrsamkeit groß geworden sind." (ebenda, S. 77)

Die Vernunft versteht nicht über die Gottheit zu reden.

> "Doch menschliche Vernunft und menschlicher Sinn verstehen nichts von innerlicher Liebe, noch innerliche Liebe etwas von Gottesgelehrtheit." (ebenda, S. 177)

Der freien Seele ist das aber möglich durch den Heiligen Geist (ebenda, S. 182).

Für Marguerite Porète wie für Mechthild von Magdeburg ist die Liebe das Erkenntnisorgan und nicht die Vernunft, die sie über alle Gottesgelehrtheit hinausgehoben hat.

> "Diese Seele, spricht die Liebe, ist eingetreten in die Fülle und in den Überfluß der göttlichen Liebe, und zwar nicht, spricht die Liebe, durch die Erlangung der Gotteswissenschaft." (ebenda, S. 87)

> "... ich kam ohne mein Wissen über das, was ich mit Gottesgelehrtheit zu tun hatte, hinaus. Dieses göttliche Wissen und diese Geruhsamheit nämlich hatten mir den Weg verbaut in mein Land. Es verdeckte mir den Stoff, aus dem ich hätte Demut gewinnen können, um so meinen eigenen Stoff zu erkennen." (ebenda, S. 211)

Gerade Gotteswissenschaft und Gottesgelehrtheit sind ein Hindernis auf dem Weg zu Gott, weil Vernunft und Wissen den Menschen davon abhalten, sich in Demut Gottes Liebe zu öffnen.

> "Ihr Theologen und sonstwie Gebildeten, ihr werdet nicht zum Verständnis gelangen, wie scharf eure Denkfähigkeit auch sei, wenn ihr nicht demütig vorgeht, und beide, Liebe und Glauben, euch nicht die Vernunft überwinden lassen: sie beide sind die Herrinnen des Hauses." (ebenda, S. 15)

Mißverstehen infolge einer niedrigen Seinsweise

Ihre vielen Hinweise darauf, wie leicht ihr Buch mißverstanden werden kann, besonders von denen, die die wahre Erkenntnis noch nicht gewonnen haben, machen deutlich, wie sehr ihr bewußt ist, in welcher Gefahr sie schwebt, sind aber auch ein Beweis für ihre positive Selbsteinschätzung in bezug auf ihre Gotteserkenntnis.

> "Aber solche Kreaturen sind so vortrefflich, daß man es nicht wagte, öffentlich darüber zu reden, besonders nicht über ihre Lebensweise, eine Lebensweise, welche diese Seelen bereit macht zu guter Einsicht. Nur wenige gibt es, die an solcher guter Einsicht Geschmack finden. Ich sagte vorhin, spricht die Liebe, daß man öffentlich nicht davon zu sprechen wage. Gewiß, man soll dies aus Rücksicht auf die beschränkten Auffassungsvermögen der anderen Kreaturen nicht tun, damit sie es nicht zu ihrem eigenen Schaden mißverstehen." (ebenda, S. 45)

An anderer Stelle sagt die Seele zur Vernunft:

> "Vernunft, spricht diese Seele, wenn es euch auch einer sagte, und ihr es euch anhörtet, ihr würdet es doch nicht verstehen." (ebenda, S. 89)

Sie hält alle zu ihrer Zeit bekannten geistlichen Gruppen für unfähig, ihre theologischen Vorstellungen richtig zu verstehen.

Interessant ist, daß sie auch die Beginen und diese an erster Stelle zu denen rechnet, die ihre Worte mißverstehen werden. Vielleicht kann die Erwähnung der Beginen als autobiografischer Hinweis angesehen werden, was bedeuten würde, daß sie als "umherschweifende" Begine oder als

"Schwester des freien Geistes" bereits entsprechende negative Erfahrungen mit Beginen gemacht hat.

"Ach Freund, was werden die Beginen sagen und die geistlichen Leute, wenn sie die Vortrefflichkeit eures göttlichen Liedes vernehmen? Die Beginen sagen, ich irre, - das selbe die Priester, Kleriker und Prediger, die Augustiner und auch die Karmeliter und die Minderen Brüder: darum weil ich vom Wesen schreibe der vollendeten Liebe. Ihre Vernunft lasse ich nicht heil davon kommen, da sie solches zu sagen ihnen eingibt! Begehren, Wille und Vernunft, gewiß, sie nehmen ihnen die Einsicht, auch den Zustrom und die Vereinigung in dem gewaltigen Licht aus der Glut der göttlichen Liebe." (ebenda, S. 184)

Nur die vernichtigte Seele versteht, was sie sagt.

Ähnlich wie Marguerite Porète zwischen der "Heiligen Kirche, der Kleinen" und der "Heiligen Kirche, der Großen" unterscheidet, spricht sie von den "Groben -" und den "Feinen im Geiste", oder der "grobschlächtigen -" oder der "feinen Liebe". Wieder ist die wahre Gotteserkenntnis durch die Liebe oder der Heilige Geist ihr Unterscheidungsmerkmal.

Wie sehr ihr bewußt ist, daß ihre theologischen Aussagen von den "Groben im Geiste" mißverstanden werden können, macht folgende Aussage deutlich:

"Ich bitte euch, liebe Tochter, meine Schwester und meine Freundin, um der Liebe willen, ihr wollet darin einwilligen, daß ihr nichts weiter von diesen Geheimnissen sagt. Denn ihr wißt, die anderen würden sich damit Schaden zufügen." (ebenda, S. 180)

Warum ihre Worte so schwer verständlich sein können, wird im folgenden Gespräch zwischen der Vernunft und der Liebe deutlich.
Die Vernunft sagt:

"Denn in dem Zusammenhang gibt es verschiedene mehrdeutige Worte, die außerhalb ihres Fassungsvermögens liegen." (ebenda, S. 37)

Die Liebe sagt darauf:

"Vernunft, spricht die Liebe, wo sind diese doppeldeutigen Worte, deretwegen ihr mich bittet, daß ich sie auseinandernehme und erkläre zum Vorteil derer, für die ihr so untertänig die Bitte an uns richtet, und auch für die Hörer dieses Buches, das wir nennen wollen: 'Spiegel der einfachen Seelen, die im Willen und im Verlangen verbleiben'." (ebenda, S. 37)

An anderer Stelle sagt die Liebe zur Vernunft:

"... ein und dasselbe Wort hat zweierlei Bedeutung." (ebenda, S. 49)

SCHWEITZER (1988) hat für mich sehr zutreffend in einem Bild beschrieben, warum es auch uns heute so schwer fällt, ihre Worte zu verstehen.

"... Wie die realen Spiegel jener Zeit glänzende Metallplatten mit vielen Schatten und Verzerrungen waren, so ist auch der 'Miroir' für den vilain - wie auch heute noch für uns - mit vielen Schatten durchsetzt. Marguerite versteht sie nicht als Unklarheiten ihrer Darstellung, sondern - sehr selbstbewußt - als Unverständnis des Lesers, der dort Widersprüche sieht, wo keine sind. Wie im 'Spiegel' sollen die Leser in ihrem Buch das allmähliche Verschwinden der eigenen inneren Schatten wahrnehmen, bis jene, für die er in erster Linie geschrieben ist, durch seine Symbole hindurch sich selbst, ihr eigenes Gesicht in vollkommener Klarheit erkennen." (SCHWEITZER 1988, S. 193)

Marguerite Porètes Rat ist:

"Sucht den tieferen Sinn dieser Worte, wenn ihr sie verstehen wollt, sonst versteht ihr sie falsch! Sie haben nämlich den Anschein von Widersprüchlichkeit, wenn man den Kern der Auslegung nicht versteht. Der Anschein ist aber noch nicht die Wahrheit." (GNÄDINGER 1987, S. 145)

"Wer dies verstehen will 'nehme sich in acht vor den Hinterlisten der Natur'. Denn ebenso unmerklich wie die Sonne das Wasser aus einem Stück Stoff zieht ... ebenso gibt die Natur Wahres für Falsches ohne ihr Wissen, ist sie (die Seele) nicht durch große Erfahrung stets auf der Hut." (ebenda, S. 211)

"Ich bitte euch um der Liebe willen, spricht die Liebe, merket auf mit großer Begierde der scharfen Verstandeskraft und mit großer Sorgfalt von innen heraus! Denn sonst werden alle, die nun zuhören - wenn sie dies nicht schon verwirklichen -, es fehldeuten." (ebenda, S. 17)

Aber trotz allen Bemühens kann nur die Liebe das Verständnis ermöglichen:

> "... denn nur der allein versteht es, den die edle Liebe unterrichtet." (ebenda, S. 89)

oder

> "Das versteht nur derjenige und kein anderer als der, der Gott das Verständnis gegeben hat." (ebenda, S. 24)

Selbsterkenntnis und Gotteserkenntnis als wechselseitiger Prozeß

Ähnlich wie bei Mechthild von Magdeburg kann ich die Frage nach ihrem Selbstbild auch beantworten, wenn ich Schlüsse ziehe aus den Aussagen über ihre Selbsterkenntnis. Aber es ist zu bedenken, daß diese Aussagen Erkenntnisse spiegeln, die sie in ihrem mystischen Prozeß gemacht hat.

Wie widersprüchlich die Aussagen über die vernichtigte, freie Seele für unsere Ohren klingen, macht die folgende Gegenüberstellung der in ihrem Werk aufzufindenden Aussagen deutlich.

Aussagen über die vernichtigte Seele, die ihre Größe, aber auch ihre Nichtigkeit zum Ausdruck bringen.

a) <u>Ohmacht</u>

Er ist, sie ist nicht. (S. 173)

Sie befindet sich unterhalb aller Kreaturen. (S. 74)

Sie ist weniger als nichts. (S. 29)

Sie ist nichts, er ist alles. (S. 60)

Ohne selbst, alles durch Gott. (S. 121)

Bedürftige Kreatur. (S. 144)

Die Schuld der Seele im Verhältnis zur Größe der Liebe Gottes ist unendlich. (S. 151)

Der eigenen Armut die Armut der Sünde hinzufügen. (S. 158)

Bevor sie nichts mehr schulden würde, besitzt sie nichts mehr. (S. 157)

Sie ist weniger als nichts, weil sie schon nichts war, bevor sie gefehlt hatte. (S. 158)

Von sich aus nichts mehr. (S. 60, 80, 82, 161)

Abgrund an Schlechtigkeit. (S. 167)

Sie ist so tief gefallen, daß sie sich nicht mehr erheben kann. (S. 175)

Die Liebe hat sie in ihrer Gewalt. (S. 178)

Die Seele ist nicht mehr, er allein ist es, der sie lenkt. (S. 185)

Die Seele erkennt von der Macht, Weisheit und göttlichen Güte nichts als nur soviel, wie sie von ihrer eigenen Schwäche, Torheit und Schlechtigkeit erkennt. (S. 197)

Keiner kann abgrundtiefer versinken. (S. 211)

Sie spricht schlecht. (S. 33)

Niemand ist schlechter als sie. (S. 126)

Keiner mag ein tiefer zunichtegemachter Mensch sein. (S. 211)

Sie hat allein gesündigt. (S. 68 und 80)

Jetzt erkenne ich, daß es weit darunter bleibt. (S. 177)

Keine Kreatur, die gesündigt hat, verdient so große Qualen, auch nicht so große Schmach ohne Ende wie sie. (S. 33)

Derjenige ist selig, der oft fällt. (S. 154)

Denn von mir aus vermag ich nichts zu tun, wenn mein Freund es nicht selbst in mir wirkt. (S. 69)

b) Machtvollkommenheit

Sie hat die Tugenden verabschiedet. (S. 23)

Ihr ist es erlaubt, alles zu tun, was ihr gefällt. (S. 39)

Sie gewährt der Natur, was sie verlangt. (S. 45)

Sie hat keinerlei Mißbehagen wegen der Sünde. (S. 74)

Ihr gehört alles, was er hat. (S. 63)

Die Liebe hat die Seele nötig. (S. 118)

Sie macht sich nichts aus Gott. (S. 125)

Eine freie Seele verantwortet sich niemand. (130)

Sie ist wie Gott. (S. 134)

Alles tun, was ihr beliebt. (S. 139)

Ihren freien Willen kann er nur mit ihrer Zustimmung zurückbekommen. (S. 139)

Die Seele entledigt sich Gottes, des Nächsten und sich selbst. (S. 140)

Ihr Sein übersteigt das von Jesus. (S. 142, 163)

Über alle Dinge erhaben sein. Alles geschieht ihr nach Wunsch und Bedarf, für sie selbst und für den Nächsten. (147)

Königliche Seele. (S. 148)

Sie braucht auf nichts mehr Rücksicht zu nehmen. (S. 149)

Keine Macht kann ihr den freien Willen nehmen, wenn sie nicht darein einwilligt. (S. 152)

Er hat ihr den freien Willen gegeben ohne Bedingung. (S. 152)

Es ist unmöglich zu sündigen, wenn sie es nicht wollte. (S. 136)

Sie tut größere Werke als Jesus. (S. 163)

Sie betrachtet das Seine als ihr Eigenes. (S. 165)

Die Seele freut sich über die Widerwärtigkeiten ihrer Nächsten. (S. 165)

Die Seele ist das Heil aller Kreaturen. (166)

Der erlöste Mensch ist ein anderer Christus. (S. 166)

Die Seele ist das Lob Gottes und das Heil der menschlichen Kreatur. (S. 167)

Die Seele wurde durch die Liebe hochgezogen und läßt daher äußere Übungen und Gehorsam hinter sich. (S. 171)

Die freie Seele steht über dem Gesetz, aber nicht gegen das Gesetz. (S. 179)

Gott ist ihr zu Willen. (S. 179)

Die Liebe beurlaubt die Seele von sich selbst, von ihrem Nächsten und der ganzen Welt, vom Geist der Anhänglichkeit und der Tugenden. (S. 181)

Er liebt sie ohne Widerruf. (S. 184)

Sie hat sich nicht mehr um Gott zu kümmern. (S. 208)

Sie betet nicht eher und nicht mehr. (S. 208)

Der Seele ist alles unterstellt, weil alles ihretwegen geschaffen wurde. (S. 209)

Sie nimmt alles als das Ihrige entgegen. (S. 209)

Gott hat niemand mehr geliebt. Höher kann keiner gelangen. (S. 211)

Sie kam ohne ihr Wissen über das, was mit Gottesgelehrtheit zu tun hat, hinaus. (S. 211)

Die befreite Seele stützt den Glauben der heiligen Kirche. (S. 46)

Weshalb sollen sich solche Seelen ein Gewissen daraus machen, das zu nehmen, was ihnen fehlt, wenn es die Natur verlangt. (S. 46)

Niemand außer der Seele weiß davon zu reden. (S. 180)

Gott hat keinen Ort mehr, wo er seine Güte unterbringen kann, wenn er sie nicht in sie legt. (S. 166)

Der Schlüssel für das Verständnis dieser widersprüchlichen Aussagen findet sich an den verschiedensten Stellen ihres Buches.

Für die Mystiker/innen aller Zeiten galt, daß wahre Selbsterkenntnis nicht möglich ist ohne Gotteserkenntnis. So hat auch Marguerite Porète im fünften Zustand, auf dem Weg der Seele zu Gott, folgende Erfahrung gemacht:

> "Der fünfte Zustand aber hat sie zurechtgesetzt, er hat dieser Seele ihr eigenes Selbst gezeigt. Sie erkennt sich nun, was sie von sich aus ist, und sie erkennt die göttliche Güte." (ebenda, S. 175)

Die Seele erkennt aber gleichzeitig: Ich habe nichts außer meinen schrecklichen Fehlern.

> "Wegen diesen Fehlern habt ihr den Tod erlitten, um mir das Leben zu schenken. Doch Herr, meine Einsicht und meine Hoffnung gehen noch weiter." (ebenda, S. 66)

Dieses komplementäre, polare Beziehungsverhältnis von Gott und der vernichtigten Seele bedingt aber keine Geringschätzung der Seele. Mit der Erkenntnis der schrecklichen Fehler ist ein für orthodoxe Ohren vermessen klingendes Vertrauen auf Gott verbunden.

> "Denn es ist die Wahrheit, daß wenn niemand gesündigt hätte außer ich ganz allein, ihr dann meine von eurer Liebe abgekommene Seele losgekauft hättet, ganz nackt am Kreuz sterbend, Gebrauch machend von der zur Zerstörung der Sünde eingesetzten Vollmacht. Also denn, Herr, alles was ihr in eurer kostbaren Menschheit gelitten habt, das habt ihr für mich gelitten, gerade so, wie wenn niemand anders sonst gesündigt hätte als ich allein." (ebenda, S. 66)

Die Erkenntnis der Schlechtigkeit entspricht der Erkenntnis der unendlichen Güte Gottes. Die größte Bedürftigkeit macht die unendliche Güte und Gerechtigkeit Gottes notwendig (ebenda, S. 167).

So gilt auch: wenn sie eine Natur begreift, wird sie beide begreifen. Je mehr sie von ihrer Schlechtigkeit begreift, desto mehr begreift sie von Gottes Güte und Größe (ebenda, S. 198).

Wie positiv sie die Erkenntnis ihrer Schlechtigkeit im Verhältnis zur unermeßlichen Güte Gottes bewertet, macht folgende Aussage deutlich:

> "Diese Güte Gottes wurde dem menschlichen Geschlecht zu erkennen gegeben durch das Mittel der Schlechtigkeit. Darum also erweist sich klar, daß ich ewig das Lob Gottes bin und das Heil der menschlichen Kreatur. Denn das Heil der ganzen Kreatur ist nichts anderes als die Erkenntnis der Güte Gottes. ... Seine Güte kann ich auch niemals mehr verlieren, denn ich kann meine Schlechtigkeit nicht verlieren, und dieser Punkt hat mich seiner reinen Güte ohne irgendwelchen Zweifel versichert. Doch einzig die Natur meiner Schlechtigkeit hat mich mit einer solchen Gabe ausgestattet und nicht etwa ein Werk der Güte, das ich je getan hätte, das auch keiner je zu tun vermocht hätte. Daraus ergäbe sich für mich weder Trost noch Hoffnung, einzig jedoch aus meiner Schlech-

> tigkeit, denn durch sie habe ich diese Zuversicht. ... Und weil ich seine ganze Güte habe, deshalb bin ich eben das, was er ist durch die Umwandlung der Liebe. Denn das Stärkere verwandelt sich das Schwächere an." (ebenda, S. 167 ff.)

Eine Erklärung für diesen "ungeheuerlichen" Vorgang findet sich in den folgenden Zeilen.

> "Sie ist das Heil aller Kreatur, weil sie die Summe aller Schlechtigkeit ist." (ebenda, S. 166)

> "Dem Allerärmsten aber soll man das Almosen reichen, sonst behält man ihm das vor, was von Rechts wegen sein ist. Gott indes kann nicht Unrecht tun, er müßte sich dann selbst verleugnen. Darum gehört seine Güte mir aufgrund meiner Bedürftigkeit und wegen der Gerechtigkeit seiner Güte. Ich also bin ganz Schlechtigkeit, und er ist ganz Güte, und darum steht es mir zu, seine ganze Güte zu bekommen, damit meine Schlechtigkeit zum Verschwinden gebracht werde. Mit weniger kann sich meine Armut nicht zufrieden geben!" (ebenda, S. 167)

Sie ist aus folgendem Grund zu dieser Erklärung gelangt:

> "Sie hat durch den Heiligen Geist längst sagen gehört, daß Gott, allein aus seiner entgegenkommenden Güte, den Niedrigsten am höchsten stellen wird." (ebenda, S. 74)

Wie vielschichtig und widersprüchlich dieser Selbst- und Gotteserkenntnisprozeß ist, der trotz seiner Polarität keine Geringschätzung, sondern eher Bevollmächtigung bedeutet, läßt sich aus folgender Aussage entnehmen.

> "Denn die Seele, welcher der Fern-Nahe sich hingibt, hat so hohe Erkenntnis von Gott, von sich selbst und von allen Dingen, daß sie sogar in Gott hineinsieht durch göttliche Erkenntnis, wobei ihr das Licht dieser Erkenntnis die Erkenntnis ihrer selbst und aller Dinge überblendet." (ebenda, S. 99)

Die freie, selbstlose Seele erkennt nur noch Gott.

Auftraggeber/in und Autor/in des "Spiegels der einfachen Seelen"

Diese scheinbare Widersprüchlichkeit von Selbstwert und Demut ist auch nachzuweisen, wenn man untersucht, wen sie als Auftraggeber/in und Autor/in ihres Buches bezeichnet, welches Anliegen dieser/diese damit verfolgt, oder für wen dieses Buch geschrieben wurde. So nennt sie sowohl die Seele (ebenda, S. 18) als auch die Liebe als Auftraggeber ihres Buches.

> "... die Liebe habe dies durch menschliche Wissenschaft schreiben lassen und durch den Willen, meine Erkenntnis, mit der ich beladen war, umzuwandeln, in der Weise, wie es aus diesem Buch hervorgeht. Die Liebe hat es geschrieben, während sie meinen Geist durch die drei Gaben, von denen wir gesprochen haben, frei machte." (ebenda, S. 177 ff.)

An anderer Stelle offenbart sie sich aber selbst als Initiatorin und beschreibt ihr Anliegen folgendermaßen:

> "Und sie nahm sich vor, Gott so zu beschreiben, wie sie ihn in den anderen Kreaturen auch aufzufinden wünschte. Und daher schrieb diese Kreatur das, was ihr nun hört. Und sie wollte, daß ihre Nächsten Gott durch Wort und Schrift in sich fänden. Das heißt und bedeutet, daß sie wünschte, ihre Nächsten würden so wie sie es ihnen darlegte - wenigstens all jene, mit denen sie darüber sprechen wollte." (ebenda, S. 144)

Eine Seite weiter nennt sie noch einen weiteren Grund für das Schreiben ihres Buches.

> "Was aber hatte sich jene dabei gedacht, die dieses Buch schrieb, die wünschte, daß man Gott in sich finde, um genau das zu erleben, was sie von Gott aussagte?" (ebenda, S. 145)

Die Liebe verfolgt dagegen das folgende Ziel:

> "... damit ihr das vollkommene Leben und den Zustand des Friedens besser schätzen lernt." (ebenda, S. 19)

Während die Liebe all die Kinder der Heiligen Kirche als Zielgruppe ansieht, scheint Marguerite Porète ihr Buch nur für die "Heilige Kirche, die Große" geschrieben zu haben.

> "Ich sage dies zu den Personen, für welche die Liebe dieses Buch schreiben ließ, nicht aber für diejenigen, für welche ich es aufschrieb. Ihr, die ihr nicht dazu gehört, noch je dazu gehört habt, noch auch je dazu gehören werdet, ihr strengt euch vergeblich an, falls ihr es verstehen wollt. Es kostet keiner davon, der nicht eines von beiden ist: entweder ohne Sein in Gott oder Gott im Sein in ihm." (ebenda, S. 129)

Wenn Marguerite Porète die Liebe für ihr Buch verantwortlich macht, und damit - wie Mechthild von Magdeburg - Gott als Auftraggeber angibt, scheint sie sich wie diese als "Sprachrohr Gottes" zu verstehen, was auf der einen Seite eine Bevollmächtigung bedeutet, nach unserem feministischen Selbstverständnis aber eher als Ausdruck ihres geringen Selbstbewußtseins gedeutet wird. Anders als bei Mechthild zeigt aber das obige Beispiel, in dem sie sich selbst als Autorin zu erkennen gibt und sehr selbstbewußt zwischen der Zielgruppe, für die sie geschrieben und für die Gott ihr Buch vorgesehen hat, unterscheidet, wie unangemessen die obige Einschätzung ist.

Noch komplizierter wird das Problem, wenn man nach Aussagen sucht, wie die Seele oder die Liebe dieses Buch beurteilen. Die Seele sagt:

> "Und darum behaupte ich, daß es sehr tiefstehend und sehr gering sei, wie groß es mir zu Beginn bei der Darstellung dieser Seinsweise auch vorgekommen sein mag." (ebenda, S. 177)

Bedeutet die Geringschätzung dieses Buches durch die Seele, daß Marguerite Porète an sich zweifelt? Eine Antwort findet sich in den folgenden Zeilen.
Die Seele, die dieses Buch aufzeichnete, sagt:

> "... ich war sehr töricht zur Zeit, da ich es tat, oder vielmehr die Liebe es tat auf mein Verlangen hin. Ich legte Wert auf Dinge, die man nicht ausführen, nicht ausdenken, nicht aussprechen konnte. Ich tat wie einer, der das Meer in sein Auge einschließen, die Weltkugel auf der Spitze eines Binsenrohres tragen oder die Sonne durch eine Stocklaterne oder eine Fackel heller machen wollte!

Ich war noch törichter, als einer, der all dies tun wollte, als ich Geltung verschaffen wollte einer Sache, die man nicht sagen kann, und ich es auf mich nahm, diese Worte aufzuschreiben. Doch damit nahm ich meinen Lauf, und leistete mir Beistand, um zum letzten Ende zu gelangen in der Seinsweise, von der wir reden, die in Vollkommenheit besteht, wenn die Seele ohne Gedanken im reinen Nichts verweilt - und nicht vorher." (ebenda, S. 145 ff.)

"Denn alles, was man von Gott sagen oder schreiben kann, noch auch zu denken vermag - was mehr ist, als man sagen kann -, gleicht eher einer Lüge denn einer wahren Aussage!" (ebenda, S. 177)

In den schon o.a. Worten

"Ich war töricht zur Zeit, da ich es tat, oder vielmehr die Liebe es tat auf mein Verlangen hin."

findet sich für die Widersprüchlichkeiten in bezug auf Autor/in und Auftraggeber/in des Buches eine Erklärung. Das Buch scheint ähnlich wie bei der unio mystica aus der Vereinigung der Seele mit Gott hervorgegangen zu sein, so wie dem Verlangen der Seele nach Gott das Verlangen Gottes nach der Seele entspricht.

Resümee

Das Begreifen und Erfahren Gottes als grenzenlose Liebe hat Marguerite Porète zwar ihre Schlechtigkeit und Niedrigkeit Gott gegenüber erkennen lassen, und doch ist das Erkennen gerade die Voraussetzung dafür, daß ihr die Liebe Gottes umso mehr zusteht, je geringer sie das Sein der Seele erfährt. So wie sie sich in der unio mystica Gott ohne Eigenwillen ganz überläßt, so abhängig ist auch Gott von der Liebe, da er ihr die Freiheit zur Entscheidung geschenkt hat und damit einkalkulieren muß, daß sie sich auch gegen ihn entscheidet. Insofern bedingt das Erkennen der Niedrigkeit und Schlechtigkeit Gott gegenüber nicht Minderbewertung, sondern Bevollmächtigung und Selbstvergewisserung. Wie die Vorstellung und das Begreifen Gottes als unermeßliche Liebe Gottes Abhängigkeit und Ohnmacht einschließt und die Machtvollkommenheit des Menschen zur

Folge hat, so gehören auch die totale Niedrigkeit des Menschen und die Machtvollkommenheit Gottes im Sein in Gott zusammen.

Welche Kraft und Selbstsicherheit ihre Gottesvorstellung zur Folge hatte, wird daran deutlich, daß weder Theologen noch Kleriker, weder Mönche noch Laien, Bischöfe noch Inquisitoren, Marguerite Porète dazu gebracht haben, an ihrem Weg der Seele zu Gott zu zweifeln oder sie daran gehindert haben, ihre Lehre zu verbreiten, obwohl ihr sehr bewußt war, was das für sie bedeuten würde.

9 Die vilemitische Gruppe

Mit den "Vilemiten" soll eine Gruppe der freigeistigen Bewegung vorgestellt werden, die sich um eine Frau (Vilemina) herum gebildet hat und die von ihren Anhängerinnen als weibliche Inkarnation Gottes angesehen wurde. Von den Historikern, wie z.B. von COHN, werden zwar einzelne bedeutenden Frauen der freigeistigen Bewegung genannt, doch wird nie von einer freigeistigen Gruppe berichtet, deren Ursprung und Leiterin eine Frau war.

Außerdem ermöglichen die differenzierten Aufzeichnungen in den Inquisitionsakten über den Prozeß der vilemitischen "Ketzerei", sich ein klareres und konkreteres Bild über das geistliche Leben und Denken sowie über den Entwicklungsprozeß einer freigeistigen Gruppe zu machen, als wenn dieses Bild nur auf den theologischen Vorstellungen beruht, wie dies z.B. für die meisten Gruppen der "Schwestern und Brüder des freien Geistes" der Fall ist.

Mayfreda, Vileminas Nachfolgerin nach ihrem Tod, bringt für mich stellvertretend den Wunsch der Frauen zum Ausdruck, sich infolge ihrer Abwertung als inferiores Geschlecht eine weibliche göttliche Symbolgestalt zu schaffen, die ihre Weiblichkeit transzendiert.

Darüberhinaus will ich aufzeigen, wie befreiend es sich für Frauen auswirkt, wenn die Geschlechterdifferenz als von Gott gewollt begriffen wird, und Frauen wie Männer zur Repräsentation Gottes für würdig gehalten werden. An Mayfreda und im besonderen an Adelina, natürlich auch an Vilemina, wird deutlich, daß ein Gottesbild, das die Ebenbildlichkeit der Frauen mit Gott bestärkt, die Frauen in ihrem Selbstverständnis, in ihrer Selbstbewußtheit und Selbstvergewisserung wachsen läßt (Selbsterkenntnis = Gotteserkenntnis).

Bei der Darstellung dieser Gruppe beziehe ich mich im wesentlichen auf die Forschungen und Interpretationen von Luisa MURARO (1987), die sie in ihrem Buch "Vilemina und Mayfreda" dargelegt hat; denn außer kurzen Hinweisen auf diese "ketzerische" Gruppe bei GRUNDMANN (1963), BYNUM (1982) und R. RUETHER (1985) gibt es keine/n deutschsprachige/n Autorin/Autor, die/der sich mit den Vilemiten/-Vilemitinnen befaßt hat.

Die vilemitische Gruppe unterschied sich von anderen häretischen Gruppen und Bewegungen im Mittelalter dadurch, daß sie ihr Vorhaben der Kirchenreform nicht auf die evangelischen Ideale der Anfänge zurückführte.

Ihre Vorstellung war die, daß die Erneuerung der Gemeinschaft der Christen/Christinnen vom weiblichen Geschlecht kommen würde und mit Vilemina bereits eingesetzt hatte. Die Vilemiten/Vilemitinnen haben in ihrer Lehre praktische Schlußfolgerungen gezogen aus der Idee, daß Vilemina und mit ihr das weibliche Geschlecht aktiv am Heilsplan und an der Geschichte des Menschengeschlechts mitgewirkt hat/mitwirkt.

Die vilemitische Häresie ist in ihrem Prinzip oder ihrer Ursache, die Vilemina darstellt, aus der Idee entstanden,

> "... daß die Fleischwerdung Gottes im Mann Jesus Christus eine Fleischwerdung in der Geschlechtsdifferenz war, eine wahrhaft menschliche Inkarnation in der geschlechtlichen Partialität, die folglich verlangt, die Inkarnation im weiblichen Geschlecht zu denken, die laut Vilemina (wahrscheinlich) in jeder Frau verwirklicht ist, ihren Anhängern zufolge in ihr persönlich. Die Ungeheuerlichkeit eines neutralen Mannes/Menschen (Jesus Christus, der die gesamte Menschheit verkörpert, obwohl er nur ein Mann ist) ist dem männlichen Gehirn entsprungen. In der vilemitischen Lehre weiß Gott um die geschlechtliche Differenz und erzeugt keine Ungeheuer; seine Fleischwerdung erfolgt in der Geschlechterdifferenz, und nur in dieser Gestalt wird die gesamte Menschheit gerettet werden. Die Vilemiten lehrten nämlich, daß die Nicht-Christen dank Vilemina gerettet würden: die nichtanerkannte Partialität der göttlichen Inkarnation in Jesus Christus war für sie der Grund, weshalb viele außerhalb der Kirche blieben." (CAVARERO 1989, S. 94)

9.1 Die vilemitische "Ketzerei" - eine feministische Häresie?

Vor Luisa MURARO haben bereits andere Forscher den Zusammenhang zwischen den vilemitischen Vorstellungen und dem modernen Feminismus betont (MURARO 1987, S. 318). Und doch ist es sicher nicht korrekt, einer mittelalterlichen Häresie ein Wort beizulegen, das erst vor einem Jahrhundert geprägt wurde.

> "Aber die historische Ursache des Feminismus ist viel älter als das Wort und geht über die Kultur hinaus, in der das Wort geprägt wurde. Ursache des Feminismus sind jene Frauen, die die Unterordnung ihres Geschlechtes unter

das männliche Geschlecht wahrnehmen, aber nicht hinnehmen, die also nicht akzeptieren, daß die Menschen weiblichen Geschlechts sozial dazu angehalten werden, ihre eigenen Interessen auf die des anderen Geschlechts abzustimmen. In der Neuzeit kam die Ablehnung der Unterordnung im Ideal der Gleichheit zum Ausdruck, ein Ideal, das der mittelalterlichen Gesellschaft bekanntlich fremd war. In dieser drückte sich die Ablehnung der Unterordnung in dem weiblichen Bedürfnis nach einem direkten Verhältnis zu Gott aus, oder besser: in dem weiblichen Bedürfnis nach einem Verhältnis, das nicht durch die Beziehung zum anderen Geschlecht vermittelt sein sollte." (ebenda, S. 12 ff.)

Wie notwendig die religiöse Befreiung für die Frau war/ist, macht die Begründung des Theologen Thomas von Aquin deutlich, mit der er den Ausschluß der Frauen vom Priesteramt legitimieren wollte.

Das weibliche Geschlecht besitze, da es sich konstitutionell in einem Zustand der Untertänigkeit gegenüber dem männlichen Geschlecht befinde, in sich selbst nicht das Vermögen, das unsichtbare Wesen des Heiligen zum Ausdruck zu bringen, worin aber gerade die Aufgabe des Priesters bestehe.

Thomas von Aquins Argumentation beweist außerdem, daß die Frage des Geschlechtsunterschieds auch im mittelalterlichen Denken präsent war. Die Untertänigkeit der Frau macht sie beim Mann deshalb unbedeutend, nichtssagend, weil das Vermögen des Menschen, etwas anderes als sich selbst zum Ausdruck zu bringen, davon abhängt, ob dieser Mensch einen Zweck und Grund in sich selbst hat (ebenda, S. 13).

9.2 Die Geschichte Vileminas

Alles, was über Vilemina bekannt ist, stammt aus dem Prozeß, den die mailändische Inquisition im Jahre 1300 gegen sie und ihre Anhänger/innen führte. Da Vilemina im Jahre 1300 bereits seit 20 Jahren tot war, konnten nur diejenigen über ihr Leben und ihre Lehre ausgefragt werden, die sie zu ihren Lebzeiten kannten. Obwohl es den Inquisitoren im Prozeß von 1300 in der Hauptsache darum ging, den Beweis zu erbringen, daß Vilemina eine Häretikerin war, ist wenig über ihr Leben und Denken zur Sprache gekommen, weshalb es schwierig zu rekonstruieren ist, was von der vilemitischen Doktrin auf Vilemina zurückgeht.

Vilemina war die Tochter der Konstanze von Ungarn und des Königs Premysl I. von Böhmen. Sie wurde wahrscheinlich um 1210 geboren und erhielt den Namen Blazena Vilemina. Im Gegensatz zu ihrer Schwester, die Nonne wurde, heiratete sie und bekam einen Sohn. Zwischen 1260 und 1270 kam sie in Begleitung ihres Sohnes nach Mailand. Die Mailänder nannten sie Guglielmina (auf lateinisch Guillelma). Von ihrer königlichen Herkunft wußten nur wenige ihrer Anhänger/innen. Diese scheint für Vilemina keine weitere Bedeutung mehr gehabt zu haben.

Nach ihrer Ankunft in Mailand nahm Vilemina Verbindung mit der Zisterzienserabtei Santa Maria di Chiaravalle auf. Wahrscheinlich wurde sie Tertiarierin[1] dieses Klosters und stand so mit Chiaravalle in engen, religiösen, aber auch materiellen Verbindungen. (Das letzte von ihr bewohnte Haus gehörte zum Beispiel dem Kloster.) In Mailand führte sie ein ganz gewöhnliches Leben, was Kleidung, Essen und Trinken anging. Sie zog sich auch nicht aus der Welt zurück: So nahm sie Quartier in der Stadt und ließ die Türen offen für ihre Freunde und Freundinnen. Bis zu ihrem Tode wohnte sie alleine. Um sie herum versammelte sich jedoch ein Kreis von Freunden/Freundinnen und Gläubigen jedes sozialen Standes - Frauen und Männer, Laien und Ordensgeistliche, Handwerker wie Adlige -, die in ihr eine Lehrerin und Heilige sahen. Wie sehr sie verehrt wurde, kommt u.a. darin zum Ausdruck, daß viele Vilemiten/Vilemitinnen ihre Kinder nach ihrem ersten Namen "Blazena" nannten, den man mit glücklich, glücklich machende Frau übersetzen kann. (Die Kinder hießen Felice - Felicino oder Felicina - abgeleitet von Felix - Felix ist die Übersetzung des böhmischen Wortes Blazena.)

Vileminas Person, ihre Taten und Worte, müssen in denen, die an sie glaubten, zwei Gedankenverbindungen wachgerufen haben, zum einen die Assoziation mit Jesus Christus und zum anderen mit dem Heiligen Geist; denn wir finden diese beiden Motive, das christologische wie das pneumatologische, sowohl in ihrer Verehrung als Heilige, die nach ihrem Tod einsetzte wie auch im geheimen Glauben an ihre Göttlichkeit, die bereits schon zu ihren Lebzeiten entstand (ebenda, S. 26).

---

[1] Tertiarier und Tertiarierinnen waren Vereinigungen von Männern und Frauen, die weiterhin im Säkulum lebten, obwohl sie sich als dritter Orden an bestimmte Männer- und Frauenorden anschlossen (seit dem 11./12. Jh.).

Vileminas gläubige Freunde/Freundinnen fühlten ihre Ähnlichkeit mit Jesus Christus aber nicht nur, sondern behaupteten auch von ihr, sie tue Wunder und trage die Stigmen. Ihre wundertätige Kraft kam für sie in ihrer Fähigkeit zu heilen und zu trösten zum Ausdruck. Vilemina schätzte es aber nicht, deswegen aufgesucht zu werden. So wies sie Anhänger/innen, die aus diesem Grunde zu ihr kamen mit den Worten ab: "Geht, ich bin nicht Gott."

Die Vorstellung der weiblichen Inkarnation Gottes[1] in Vilemina verbreitete sich noch zu ihren Lebzeiten, obwohl sie diese selbst ablehnte. Als sie danach gefragt wurde, gab sie zur Antwort, daß sie eine Frau aus Fleisch und Blut sei, daß sie von einer Frau zur Welt gebracht worden sei und selbst einen Sohn habe.

Vilemina zeichnete sich durch große geistige Freiheit aus, die sie nicht nur in den zwischenmenschlichen Beziehungen bewies, sondern auch in ihrer religiösen Suche, wo nichts im definitiven Widerspruch stand zu etwas anderem.

So war es auch möglich, daß sich um sie Menschen versammelten, die den verfeindeten Parteien der Visconti und Torriani angehörten. Zu Vileminas Freundes/Freundinnen-Kreis zählten außer den bereits Genannten auch einige Ordensschwestern aus dem Mailändischen Frauenkloster des Humiliatenordens, zu dem auch Mayfreda, ihre spätere Stellverteterin, gehörte.

Vilemina wurde bereits zu ihren Lebzeiten von der Inquisition vorgeladen. Mit Sicherheit empfing Vilemina keine Verurteilung; denn sonst hätten die Mönche von Chiaravalle Vileminas Verehrung als Heilige nach ihrem Tod nicht so offen gefördert.

Vilemina starb am 24. August 1281. Auf dem Sterbebett soll Vilemina nach Auskunft einiger Frauen, die anwesend waren, gesagt haben: "Ihr glaubt zu sehen, was ihr wegen eurer Ungläubigkeit nicht sehen werdet ..." (ebenda, S. 37). Man nahm an, daß sie sich mit diesen Worten auf die Stigmen beziehen wollte.

---

1 Diese Vorstellung ist auf Andreas Saramita, einen ihrer treuesten Anhänger, zurückzuführen. Saramita war ein Mann, der von den Prophezeihungen des Joachim von Fiore über die baldige Ankunft des Heiligen Geistes begeistert war und in Vilemina die Erfüllung seiner größten Hoffnungen sah.

In einem Testament überließ sie ihren Besitz der Abtei von Chiaravalle. Vielleicht hat sie darin auch ihren Wunsch zum Ausdruck gebracht, auf dem dortigen Friedhof begraben zu werden. Wegen eines Krieges zwischen einigen Adelsfamilien konnte sie jedoch nicht gleich nach Chiaravalle gebracht und mußte deshalb zuerst woanders bestattet werden. Die Überführung von Vileminas Leichnam fand im Oktober 1281 statt.

Der Tag der Überführung galt von nun ab als einer der vilemitischen Feiertage. Daß einige Vilemiten den vilemitischen Feiertag auf den katholischen Feiertag Allerheiligen legten, hatte zum Ziel, die Verehrung Vileminas mit der katholischen Liturgie in Einklang zu bringen (aus Gründen der Tarnung wie aus solchen der Potenzierung ihres Kultes). Der Leichnam Vileminas wurde auf dem Friedhof der Abtei in einer Zelle beigesetzt.

Nach dem Gerichtsurteil der Inquisition wurde sie 1300 als "Ketzerin" verurteilt, was zur Folge hatte, daß ihr Leichnam wieder ausgegraben, nach Mailand gebracht und dort auf einem öffentlichen Platz verbrannt wurde.

Erstaunlicherweise wurde das Fresko, das die Zelle schmückte, auch nach ihrer Verurteilung als "Ketzerin" nicht vernichtet.[1] Auf diesem Bild war dargestellt, wie der Heilige Bernhard Vilemina der Gottesmutter Maria vorstellt. Es ist der Lehre nach "orthodox"; denn der Hierarchie der katholischen Kirche entsprechend kniet Vilemina vor Maria.[2] Dies ist deshalb von Bedeutung, weil im nachfolgenden "Ketzer/innen"prozeß eine der Streitfragen war, ob Vilemina der Maria überlegen sei. Vielleicht ist das Fresko deshalb erhalten geblieben, weil die Mönche der Abtei im Innersten nicht davon überzeugt waren, daß Vilemina eine "Ketzerin" war (vgl. ebenda, S. 39).

---

1 Vor dieser Zelle hat sich noch 1976 ein Freund des Klosters begraben lassen, was vielleicht darauf hinweist, daß Vilemina noch heute im Untergrund als Heilige oder Inkarnation Gottes verehrt wird. Weiteres Indiz für diese Annahme sind die noch heute bekannten Legenden über die vilemitische "Ketzerei", die Luisa Muraro vor der Ambrosianischen Bibliothek hörte.

2 Die drei Heiligenscheine von Maria, dem Heiligen Bernhard und Vilemina sind noch heute in der Zelle zu sehen, wovon ich mich selbst überzeugt habe.

9.3 Die vilemitische Gruppe nach Vileminas Tod

Vilemina bestimmte auch nach ihrem Tod den Zusammenhalt zwischen ihren Anhängern/ Anhängerinnen und deren Vorstellungen, die sich aber stark voneinander unterschieden. Die einen sahen in ihr eine neue Heilige des christlichen Kalenders, die anderen verehrten in ihr die weibliche Inkarnation Gottes. Die beiden Kulte entwickelten sich in großer Nähe zueinander, ohne daß sie Spannungen unter den Gläubigen hervorriefen.

Das Kloster Chiaravalle bildete das Zentrum der Verehrung Vileminas als Heilige. Ihr Grab wurde zum Ziel von Wallfahrten und zu einem Versammlungsort ihrer Anhänger/innen. Wie zu ihren Lebzeiten bewirkte sie auch weiterhin Wunder. Nicht selten versammelten sich die Pilger/innen, um im Kloster gemeinsam zu essen. Die Mönche hüteten aber nicht nur Vileminas Leichnam und nahmen Pilger/innen auf, sondern begingen auch die alljährlichen Feiertage zu Ehren Vileminas, und zwar den 24. August, Vileminas Todestag und den Tag ihrer Überführung im Oktober. Anläßlich dieser Feiertage predigten sie über Vilemina. Dieser Kult wurde selbst noch im Jahr 1300 ausgeübt, als der Prozeß bereits begonnen hatte.[1]

Einen Monat nach der Beisetzung wurde Vileminas Leichnam einer feierlichen Zeremonie unterzogen, die bei Menschen, die mutmaßlich als Heilige gestorben waren, durchaus normal war. Ihr Leichnam wurde mit Wasser, dem Wein beigemischt war, gewaschen und hinterher mit einem Hemd aus bestickter Seide und einem Gewand aus weißer Wolle bekleidet. Die für die Leichenwaschung verwendete Flüssigkeit wurde nach Mailand geschickt und dort Schwester Mayfreda übergeben.

Andreas Saramita hatte sich bereits zu dieser Zeit ganz der Sache Vileminas und der Glaubensgemeinschaft verschrieben. Er lehrte nicht nur und schrieb kleine Abhandlungen über Vileminas Lehre, sondern veranstaltete auch Versammlungen, Feste und Wallfahrten.

Diese Zusammenkünfte fanden aber nicht nur in den Häusern der Anhänger/innen statt, sondern auch auch im Kloster von Chiaravalle oder im Humiliatenkloster Biassono.

---

1 Aus den Prozeßakten geht hervor, daß die Mönche von Chiaravalle bis zuletzt die Hoffnung hatten, den Rechtsfall der Inquisition aus den Händen zu nehmen.

Schon bald nach Vileminas Tod begann Saramita über ihre baldige Auferstehung zu predigen. Wie fest Saramita und andere Vilemiten an ihre Wiederkehr glaubten, wird deutlich durch die Anschaffung kostbarer Gewänder, die Vilemina bei ihrer Wiederkehr anziehen sollte. Einigen Anhängern/Anhängerinnen erschien Vilemina auch im Traum oder in Visionen. Mayfreda erschien sie sogar mehrere Male, einmal in Gestalt einer Taube, ein anderes Mal gab sie Mayfreda den Auftrag, der vilemitischen Gruppe zu sagen, daß sie, Vilemina, der Heilige Geist sei.

Das, was Chiaravalle für den Heiligenkult Vileminas war, war das Kloster Biassono in Mailand für den Geheimkult ihrer Göttlichkeit. Hier wurde Vilemina außer an ihrem Todes- und Überführungstag auch am Pfingstfest besonders gefeiert, was darauf hinweist, daß sie hier als Inkarnation des Heiligen Geistes verehrt wurde. Diese Verehrung mußte sich unter dem Deckmantel zweier Heiliger der Ostkirche verbergen, nämlich der Heiligen Margareta und der Heiligen Katharina[1]. Beide sind Repräsentantinnen einer Religiosität, die stark vom Heiligen Geist durchdrungen ist. Die Vilemiten/Vilemitinnen ließen sich Bilder von diesen Heiligen malen, um in ihnen Vilemina anbeten zu können. Außerdem komponierten Schwester Mayfreda und einige andere Anhänger/innen Litaneien und Musikstücke zu Ehren des Heiligen Geistes.

Schwester Mayfreda war das geistliche Oberhaupt der an Vileminas Göttlichkeit glaubenden Vilemiten/Vilemitinnen. Sie verstand sich als Nachfolgerin Vileminas, als die sie predigte, lehrte und Sakramente

---

[1] Die Heilige Katharina von Alexandrien ist die Schutzheilige der Philosophen/-Philosophinnen. Die Legende erzählt, daß sie eine brillante Philosophin war, die unter dem Imperator Maxentius den Tod fand. Einigen Forschern zufolge soll sich hinter der Legende Katharinas aber die Geschichte der alexandrinischen Philophin Hypatia verbergen, die wegen ihres zähen Festhaltens an heidnischen Vorstellungen von den Christen getötet wurde.
Margareta ist der Name, der im Westen der Marina von Antiochien in Pisidien gegeben wurde, einer Jungfrau und Märtyrerin aus dem 3. Jahrhundert, die im Mittelalter aufgrund einer Legende sehr populär war. Nach dieser Legende wurde sie vom Drachen - dem Teufel - verschlungen und lebendig wieder ausgespiehen, eine Allegorie der wunderbaren Errettung vor dem Tode. Sie wurde besonders von schwangeren Frauen angerufen, die kurz vor der Niederkunft standen. Diese beiden Heiligen sind auch Jeanne d'Arc erschienen. (ebenda, S. 52)

austeilte. Mayfreda predigte öffentlich in allen Räumen des Klosters, außer in der Kirche. (Vielleicht wollte sie dadurch verhindern, daß ihr Predigen als Amtsausübung erkannt wurde.) In ihren Predigten sprach sie über die Evangelien, die Apostelbriefe und die Heiligen, u.a. von Katharina und Margareta. Sie unterrichtete vor allem die Frauen.

Daß Vilemina für sie der Heilige Geist ist, sagte sie nicht öffentlich und nicht vor vielen Anhängern/Anhängerinnen. Sie sagte es einigen Frauen in ihrer Zelle im Kloster und später auch den Männern und Frauen, die bei einem Gastmahl zusammen waren, als es zu einem Streit über diese Frage kam.

Das Spenden der Sakramente wurde unter dem Deckmantel einfacher Andachtsübungen im Gedenken an Vilemina verborgen. Das Weingemisch, das zur Waschung von Vileminas Leichnam benutzt worden war, und die Hostien, die auf dem Grab in Chiaravalle aufbewahrt wurden, waren die Substanzen, die in den Sakramenten eingesetzt wurden. Das Chrisma wurde zur Gläubigen- und Krankensalbung benutzt - ähnlich wie bei der Firmung oder letzten Ölung - und die Hostien in Form der eucharistischen Kommunion.

Mayfredas Autorität bei den Vilemiten/Vilemitinnen beruhte auf dem Verständnis, daß Mayfreda den in Vilemina inkarnierten Gott repräsentierte. Die Gläubigen erkannten ihre Stellung an, indem sie ihr den Vikarstitel gaben und sie mit dem Fußkuß ehrten, ein christliches Ritual, das an die Verehrung Jesu durch die ersten Gläubigen erinnerte. In späterer Zeit wurde dieses Ritual gegenüber Bischöfen und Päpsten praktiziert und vom 11. Jh. an sogar nur noch dem Papst gegenüber als Oberhaupt der Kirche. Genau in diesem Sinne muß die Geste Mayfreda gegenüber verstanden werden.

Im Jahre 1284 erfuhr die mailändische Inquisition von der neuen "Ketzerei", die wegen der Unachtsamkeit zweier vilemitischer Frauen durchgesickert war. Daraufhin wurde gegen sechs Frauen - außer Mayfreda gehörten noch 4 andere Frauen dem Humiliatenorden an - und gegen Saramita der Prozeß eröffnet. Als die Angeklagten ihrem Irrglauben abgeschworen hatten, erhielten sie eine symbolische Strafe - leichte Stockhiebe auf die Schulter - und wurden losgesprochen.

Da Mayfreda vor dem Prozeß offen über die von Vilemina stammenden Ideen geredet hatte, wurde sie nach dem Prozeß vorsichtiger, d.h. sie hielt weniger öffentliche Versammlungen ab. Noch vorsichtiger verhielten sich danach ihre Mitschwestern, die Mayfreda wiederholt rügten, da sie Angst um ihr Leben und um das Kloster hatten. So gelang es den Vilemiten/-Vilemitinnen bis 1296 unbehelligt in Frieden zu leben, ohne auf ihre bisher praktizierten religiösen Formen zu verzichten.

Im Jahr 1296 eröffnete die mailändische Inquisition erneut die Ermittlung gegen die Vilemiten/Vilemitinnen. Luisa MURARO hält es für möglich, daß dies mit der Bulle "Sepe Sanctam Ecclesiam" von Bonifaz VIII. zusammenhängt, in der eine "ketzerische" Sekte verurteilt wurde, die folgender Dinge beschuldigt wurde:
In dieser Bulle schreibt der Papst,

> "... er habe kürzlich erfahren, daß einige Personen gleich vom Wind umhergetriebene Wolken ohne Wasser etc., darunter auch Frauen, die Theorie aufstellten, sie besäßen die Macht zu binden und zu lösen (so lautet die Formel, unter die die Macht des Apostel Petrus und seiner Nachfolger gefaßt wird). Besagte Personen hörten die Beichte, sprächen von Sünden los, maßten sich zu predigen an und übernähmen entgegen dem kirchlichen Brauch die Tonsur - d.h. die Zeremonie des Haarschnitts oder des Schnitts eines symbolischen Haarbüschels, mit der ein Laie zum Kleriker wird. Besagte Personen, fährt der Papst fort, stellten sich vor, den Heiligen Geist durch Handauflegen weiterzugeben und sich einzig Gott, sonst niemandem, unterwerfen zu müssen. Neben den Verfehlungen in Bezug auf die Spende der Sakramente führt die Bulle noch weitere Gewohnheiten und Glaubensüberzeugungen an ..." (ebenda, S. 64 ff.).

Als einziger wurde 1296 ein Geistlicher aus der Gruppe der Vilemiten/-Vilemitinnen befragt. Die Ermittlung wurde eingestellt, weil der Inquisitor nach Rom gerufen wurde. Die kurze Ermittlung setzte die Vilemiten/Vilemitinnen aber in Alarmbereitschaft. 1297 verließ Mayfreda mit anderen Ordensschwestern das Kloster und wohnte von da ab gemeinsam mit ihren Schwestern in einem angemieteten Haus, um sich selbst und das Kloster nicht zu gefährden. (Im Widerspruch dazu steht, daß sie nicht so vorsichtig agierte, wie sie es bisher getan hatte.)

In den letzten Jahren vor 1300 verstärkte sie ihre Aktivitäten, bei der ihr Saramita zur Seite stand. Ihr Unterricht wurde offener, ihre Anwesenheit bei den Gastmählern häufiger. Auch der "ketzerischen" Behauptung Saramitas, Bonifaz VIII. sei kein wahrer Papst, stimmte sie ohne zu Zögern zu. Ihr schien bewußt, daß sie einem zweiten verhängnisvollen Prozeß nicht mehr lange würde entgehen können und war bereit, die äußersten Konsequenzen auf sich zu nehmen.

So führte sie zu Ostern im Beisein einiger Vilemiten/Vilemitinnen, in priesterliche Gewänder gekleidet, das Hochamt durch, wie es in der Osterliturgie vorgesehen ist. Die Ostermesse wurde sorgfältig vorbereitet. Nicht alle Vilemiten/Vilemitinnen wußten von dem außerordentlichen Ereignis, vielleicht nur die, die daran teilnahmen. Bei der Messe assistierten ihr zwei Ordensschwestern und zwei Vilemiten als Diakone.

Mayfreda war keine reformatorische "Ketzerin", die an die Erneuerung der Kirche in einem moralisch oder geistlichen Sinne dachte. Ihr ging es mehr um die Veränderung des Status der Frauen, um eine Zulassung der Frauen zum Priesteramt (ebenda, S. 68). Daß sie gerade das Jahr 1300 wählte, ist vielleicht darauf zurückzuführen, daß Vilemina nach Saramitas Prophezeiungen zu Pfingsten im Jahre 1300 auferstehen sollte.

Wie die vilemitische Gruppe haben auch andere spirituelle Bewegungen das Herabkommen eines neuen Zeitalters, das Zeitalter des Heiligen Geistes, um die Jahrhundertwende erwartet. Schwester Mayfreda gab aber der Jahrhundertwende, ohne der Prophezeiung Saramitas zu widersprechen, eine andere Bedeutung, die der des Bonifaz VIII. mit seinem Jubeljahr näher stand: Weil Gott noch nicht auf die Erde zurückkehre, müsse seine Abwesenheit weiterhin mit Zeichen ersetzt werden. Die Sakramente besitzen deshalb weiterhin ihre Gültigkeit.

Indem sie die Messe feierte und priesterliche Funktionen ausübte, potenzierte sie die Sakramente, und zwar, indem sie das weibliche Geschlecht als neues Zeichen unter das Zeichen Gottes einführte (ebenda, S. 68 ff.).

Wenig später, am 19. April, kurz nach der Ostermesse, wurde Schwester Mayfreda in Mailand vor das Inquisitionsgericht gerufen. Trotz der Nähe der beiden Ereignisse besteht aber kein direkter Zusammenhang.

Der Prozeß von 1300 erfolgte infolge weitverbreiteter und immer noch anhaltender Gerüchte, da die Messe bis zuletzt verschwiegen wurde. Der Prozeß gegen die Vilemiten/Vilemitinnen, der am 20. Juli eröffnet wurde, richtete sich diesmal auch gegen Vilemina und sollte nicht nur ihrer Verehrung als Heiligen, sondern auch dem Glauben an ihre Göttlichkeit ein Ende bereiten. Der Prozeß dauerte ungefähr fünf Monate, bis Weihnachten 1300. Es wurden insgesamt 33 Personen, 21 Frauen und 12 Männer, vorgeladen.

Während Saramita im Gefängnis saß, wurde Schwester Mayfreda in einem Haus ihres Ordens festgehalten. So war es möglich, daß Schwester Mayfreda im Gegensatz zu Saramita mit den anderen Gläubigen in Kontakt bleiben konnte, an Informationen herankam und diese zusammen mit ihren strategischen Anweisungen für das Verhalten der Vilemiten/Vilemitinnen vor Gericht weitergeben konnte.

In der ersten Phase des Prozesses wurde wenig Druck ausgeübt. Die Verteidigungsstrategie der Angeklagten bestand darin, zuzugeben, daß sie Vilemina als Heilige verehrt hatten, daß sie aber nichts von den "ketzerischen" Glaubensüberzeugungen wußten oder sie ablehnten. Nachdem Saramita ein Geständnis abgelegt hatte (vermutlich unter Folter) - auch zu diesem Zeitpunkt versuchte er noch, Mayfreda zu schützen -, änderte Mayfreda ihre Verteidigungsstrategie. Ihre Strategie war nun, Andreas Saramita und sich selbst teilweise zu exponieren, sowie eine Zahl von Gläubigen ins Spiel zu bringen, ohne jemanden dadurch zu kompromittieren. Für Saramita bedeutete das, daß er von der Gruppe aufgegeben wurde. Nach dieser neuen Strategie hatten die Gläubigen die Aufgabe, Mayfredas Aussagen vom letzten Verhör zu bestätigen, aber nicht zu verraten, was sie verschwiegen hatte: daß sie nämlich tatsächlich das Priesteramt ausgeübt hatte. Außerdem sollten sie sich trotz ihres Eingeständnisses, von Mayfreda unterrichtet worden zu sein, nicht als überzeugte Gläubige darstellen.

In dieser Phase des Prozesses ging es dem Gericht um die Hauptpersonen. Nachdem Saramitas Schuld bereits bewiesen schien, ging es darum, Vilemina als "Ketzerin" zu überführen und zu beweisen, daß die Ordensschwestern, gegen die schon 1284 ermittelt wurde, vor allem Schwester Mayfreda, in die "Ketzerei" zurückgefallen waren.

Schwester Giacoma war schließlich die erste, die als rückfällige "Ketzerin" verurteilt und auf dem Scheiterhaufen verbrannt wurde. Ein paar Tage später, Anfang September, wurden auch Saramita und Schwester Mayfreda verbrannt, gemeinsam mit dem von Chiaravalle nach Mailand gebrachten Leichnam Vileminas. Die Protokolle verzeichnen keine weiteren Todesurteile, obwohl nicht auszuschließen ist, daß die Tochter Saramitas und eine weitere Anhängerin der vilemitischen "Ketzerei", denen schon 1284 der Prozeß gemacht wurde, wegen Rückfälligkeit ebenso zum Tode verurteilt wurden. Sie werden nämlich nicht unter denen genannt, die als Strafe die zwei Kreuze tragen mußten.

Erstaunlich ist, wie aus den Dokumenten hervorgeht, daß die vilemitische "Ketzerei" noch 20 Jahre später nicht vergessen war. Auf Bitten des Papstes Johannes XXII. berief der Erzbischof von Mailand 1322 eine Synode ein, bei der über die vilemitische "Ketzerei" und die Rolle, die die Visconti dabei gespielt hatten, verhandelt wurde. Aus dem Bericht des Erzbischofs ging hervor, daß sich Matteo Visconti vergeblich um die Freilassung Mayfredas bemüht hatte.

9.4 Die vilemitische Lehre

Für das Verständnis der vilemitischen Lehre darf nicht außer acht gelassen werden, daß sie trotz ihrer "ketzerischen" Vorstellungen auch orthodoxe Anteile enthielt. So verstanden sich die Vilemiten/Vilemitinnen vorrangig als Christen/Christinnen, die auf eine christliche Erneuerung gewartet hatten.

Sie glaubten an

- den dreifaltigen Gott, der gestorben und auferstanden ist und sich nun in einer Frau inkarniert hatte.
- den Willen Gottes, daß er das Menschengeschlecht von Angst, Ungerechtigkeit und Unwissenheit befreien und vom Tode erlösen wolle.
- an die Kirche, an die Wirksamkeit der Sakramente und die Auferstehung der Toten am Jüngsten Tag.

Den Ursprung ihres besonderen Glaubens und der Lehre der Vilemiten/Vilemitinnen bildete dagegen Vilemina. Sie weckte in ihren Anhängern/Anhängerinnen die Vorstellung von einer direkten Beziehung zwischen Gott und dem weiblichen Geschlecht und bot ihnen zu dem Glauben Anlaß, daß Gott, der den Menschen in der Dualität eines Körpers von zweierlei Geschlecht geschaffen, ihn auch durch seine Fleischwerdung in dieser Dualität vergöttlicht hatte.

Vilemina übermittelte keine Doktrin, sondern durch ihre Worte brachte sie ihre Anhänger/innen auf Ideen und gab Anregungen, das Christentum neu zu überdenken.

Die theologische Ausarbeitung der Lehre war im wesentlichen das Werk Saramitas (Lehrschriften). Mayfreda schrieb dagegen Litaneien und

Lieder. Die Ausformulierung des Konsubstantialitätsdogma geht jedoch auf Mayfreda zurück. Ausgangspunkt für diese Lehre war eine Äußerung Vileminas.
Die vilemitischen Vorstellungen gruppieren sich in vier Hauptthemen:

- Die menschliche und göttliche Natur Vileminas
- Manifestationen ihrer göttlichen Natur (nur für Augen des Glaubens erkennbar)
- Der Neue Heilsplan, bzw. Modifikationen, die durch Vilemina in die Heilsökonomie eingeführt wurden
- Selbstverständnis und Sendung Schwester Mayfredas

Die menschliche und göttliche Natur Vileminas

Über die menschliche und göttliche Natur Vileminas gab es verschiedene Vorstellungen in der vilemitischen Gruppe. Ihr unterschiedliches Verständnis über Vileminas Göttlichkeit - darüber kommt es zum einzigen Streit zwischen den Vilemiten/Vilemitinnen - drückt sich zum einen in dem Konsubstantialitätsdogma aus, so wie es Mayfreda entwickelt hatte und zum anderen in der vielleicht ältesten Fassung der vilemitischen Lehre, die auf Saramita zurückgeht.

Das Dogma der physischen Konsubstantialität von Jesus Christus und Vilemina

Jesus und Vilemina sind der eine Leib, den Gott bei seiner Menschwerdung angenommen hat. Sie sind zwei Leiber insofern, als sie durch Zeit und Raum voneinander unterschieden sind, was aber angesichts des Mysteriums ihrer Identität irrelevant ist. Der einzige relevante Unterschied ist der des Geschlechts. Der eine Leib ist der eines Mannes und der andere der einer Frau. Infolge ihrer Identität gilt das, was von Jesus gesagt wird, mit Ausnahme des Geschlechts, auch für Vilemina und umgekehrt. Vilemina ist die Frau, die zusammen mit dem Mann im fleischgewordenen Gott ist.

Erstaunlicherweise findet sich dieser Lehrsatz selten in Aussagen der Angeklagten und nie in Fragen der Inquisitoren. Er wurde von den Vilemiten/Vilemitinnen geäußert , die ihren eigenen Gedanken freien Lauf ließen.

Entstehung des Dogmas der Konsubstantialität

Das Dogma könnte

> "... aus der Verschmelzung des Pauluswortes 'Doch im Herrn ist weder Mann ohne Frau, noch Frau ohne Mann' (1. Kor. 11, 11, d. Verf.) mit Vileminas Worten über das Meßopfer, dem beizuwohnen ihr gleichgültig war, weil es ihr genügte, den eigenen Körper zu sehen" (ebenda, S. 193)

entstanden sein. Dies waren vielleicht gnostische Worte, die gegen jede Form von Mysterium gerichtet waren.

> "Mayfreda formulierte sie in ein neues Glaubensmysterium um, aus dem als erste Konsequenz hervorging, daß Vilemina Gott ist, oder besser, daß man von Vilemina auf dieselbe Weise sagen muß, daß sie Gott ist, wie man das von Jesus Christus sagt. Im Unterschied zu Saramita zog Mayfreda keine Parallelen zwischen Vilemina und Christus, sie lehrte nicht ihre baldige Auferstehung, sie suchte nicht nach Argumenten oder Zeichen für Vileminas Göttlichkeit. Der Beweis ihrer Göttlichkeit lag in der Lehre selbst. Und zwar, daß Gott mit seiner Fleischwerdung im Menschengeschlecht vom Menschengeschlecht das Mannsein und das Frausein annehmen wollte. Der Jesus Christus der offiziellen Religion war ein absoluter und abstrakter Mensch männlichen Geschlechts, als solcher war er von Männern ersonnen, die in der christlichen Gesellschaft die Macht besaßen. Nicht so der Jesus Christus, den Vilemina in der Menschlichkeit ihres weiblichen Körpers erfahren hatte. Das Dogma der Konsubstantialität ging aus einer weiblichen Meditation über das Mysterium der Menschwerdung Gottes hervor, einer Meditation, die sich eher in die Begriffe der Theologie zu übertragen suchte als im Fluß der Mystik[1] zu bewegen ... Vielleicht hatte Vilemina selbst die Vorstellung gewonnen, daß die Menschwerdung Gottes ohne Verkörperung des Geschlechtsunterschiedes nicht vollkom-

---

1 Diese Unterscheidung halte ich nicht für zutreffend, wenn ich an die spekulative Mystik der Marguerite Porète oder Meister Eckharts denke.

men ist. Oder vielleicht war sie auch Trägerin von Vorstellungen, die sie von anderen Frauen am fernen Ort ihrer Herkunft vernommen hatte. Für Mayfreda war Vilemina die, die diese neue Wahrheit des christlichen Glaubens offenbarte, diese Wahrheit selbst, Gott, der in seinem Fleisch das Leiden der Geschlechterdifferenz durchlebte." (ebenda, S. 193 ff.)

Das unterschiedliche Verständnis über Vileminas Göttlichkeit

Die unterschiedliche Beantwortung der Frage der Inquisitoren nach der Überlegenheit Vileminas gegenüber Maria ermöglicht, das unterschiedliche Verständnis der Vilemiten/Vilemitinnen (Mayfredas/Saramitas), aber auch der Inquisitoren über Vileminas Göttlichkeit deutlich zu machen. Vorauszuschicken ist, daß Maria nach der katholischen Lehre die höchste Annäherung des weiblichen Geschlechtes an Gott darstellt. Sie wird nur durch das Mysterium der Inkarnation Gottes im Manne Jesus Christus übertroffen.

Während Mayfreda daran glaubte, daß Vilemina Maria in jeder Beziehung überlegen war - wie es der Konsubstantialitätsthese entspricht -, bestätigte Saramita diese Auffassung nur in bezug auf ihr göttliches Wesen. Er negierte ihre Überlegenheit, wenn er daran dachte, daß Vilemina im Unterschied zu Maria noch nicht glorifiziert war. Saramita schien demnach der Ansicht zu sein, daß die Vorstellung von Vileminas Überlegenheit anders und im gewissen Sinne stärker war als die ihrer Göttlichkeit.

Auch die Inquisitoren gingen davon aus, daß sich die These über die Überlegenheit Vileminas von der These über ihre Göttlichkeit unterscheidet, obwohl ihre Überlegenheit doch die Konsequenz ihrer Göttlichkeit hätte sein müssen. Ihre Beschreibung der Göttlichkeit Vileminas läßt dies deutlich werden.
Ihre Frage im Verhör an Mayfreda lautete, ob

> "Vilemina die Person des Heiligen Geistes, bzw. die dritte Person der göttlichen Dreifaltigkeit und wahrer Gott und wahrer Mensch (homo) im weiblichen Geschlecht gewesen sei, so wie Christus wahrer Gott und wahrer Mensch (homo) im männlichen Geschlecht war",

und ob

"Vilemina, d.h. der Heilige Geist, als Mensch und nicht als Gott Heiliger Geist gestorben sei, wie Christus als Mensch litt, starb und begraben wurde." (ebenda, S. 144)

Auffällig ist hier die analoge Struktur. Die Inquisitoren konnten Vileminas Göttlichkeit nur in Analogie zu Jesus Christus begreifen. Vilemina ist nicht Jesus Christus, sondern ist wie Christus. Dies könnte der Grund sein, warum sie zwischen der These der Überlegenheit und der Göttlichkeit unterschieden.

Im Gegensatz dazu beschrieben einige der Vilemiten/Vilemitinnen Vileminas Göttlichkeit etwa folgendermaßen:

In Vilemina war das Wesen des Heiligen Geistes und Göttlichkeit. Sie war der Heilige Geist, der sich in der Gestalt einer Frau zeigte.

Die Vorstellung der Inquisitoren von Vileminas Göttlichkeit ist nach ihrer o.g. Definition nicht mit der, die ihr durch die Konsubstantialitätsthese zugeschrieben wurde, in Einklang zu bringen. Die Inqusitoren gehen von zwei Inkarnationen aus, eine in Christus und eine in Vilemina. Der Konsubstantialitätsthese entsprechend gibt es aber nur eine Inkarnation, die sich zu verschiedenen Zeiten, aber nach demselben Heilsplan vollzogen hat und deren Vollzug den Beginn einer neuen Epoche in der Heilsgeschichte darstellt.

Saramita vertrat dagegen noch eine andere Vorstellung. Er identifizierte Vilemina zwar mit dem Heiligen Geist, beschrieb aber Vileminas Tun - ähnlich wie die Inquisitoren - in Angleichung an Christus, aber abweichend von der Konsubstantialitätsthese. Er behauptete, Vilemina sei der Heilige Geist gewesen und habe vieles getan, was dem ähnelte, was Christus tat. Luisa MURARO hält dies für die älteste Fassung der vilemitischen Lehre und erklärt das folgendermaßen:

In Vilemina vereinigten sich zwei unterschiedliche spirituelle Strömungen. Die eine ist gekennzeichnet durch die Erwartung, die andere durch die Hinnahme. Beide sind präsent in der Kultur: in der Erwartung der Ankunft des Heiligen Geistes und andererseits in der Hinnahme des menschlichen Daseins als imitatio Christi, als Nachahmung der Nachfolge dessen, der Gott war und das menschliche Dasein - mit Ausnahme der Sünde - auf sich nahm (ebenda, S. 147).

Manifestationen ihrer göttlichen Natur

In der vilemitischen Gruppe wurden sämtliche Manifestationen der Göttlichkeit Vileminas in Ähnlichkeit oder Analogie zu Christus gedacht. Sie kamen zum Ausdruck in Wundern (Heilungen), Stigmen[1], in Vorstellungen von der Auferstehung[2] und der Himmelfahrt Vileminas wie im Glauben an ein zweites Pfingsten.

Es gibt dagegen keine Manifestationen, die Rechenschaft ablegen über die Identifikation Vileminas mit dem Heiligen Geist. Auch biographisch läßt sich die Assoziation mit dem Heiligen Geist schwer festmachen. Außer, daß sie an den Heiligen Geist glaubte, gibt es nur noch einen Hinweis: Vilemina wurde am Pfingsttag geboren, was für ihre Anhänger/-innen sicher eine besondere Bedeutung hatte. Vielleicht war das auch für Vilemina ein Zeichen, weil es zu dem wenigen gehörte, was sie aus ihrer Vergangenheit mitteilte.

Diese Verbindung zum Heiligen Geist kam im Geheimkult, in der öffentlichen Verehrung des Heiligen Geistes wie in ihrer Heiligkeit zum Ausdruck. Sie läßt sich aber auch aus Vileminas menschlichen Qualitäten ableiten, insbesonders aus ihrer Gabe, Freude zu geben und Trost zu spenden. (Der Heilige Geist wird als Tröster verstanden.)

Der neue Heilsplan, bzw. Modifikationen, die durch Vilemina in die Heilsökonomie eingeführt wurden

Es geht hierbei um die durch Vilemina in die Heilsökonomie der christlichen Lehre eingeführten Neuerungen.

---

[1] Für Adelina sind die Stigmen ein Beweis der physischen Konsubstantialität Vileminas mit Christus. Diese sind nicht Folge der Imitation Christi, sondern sie zeigen sich, weil ihr Leib und der Leib Christi eins sind.

[2] Schwester Mayfreda macht, anders als Saramita, die Bedeutung der Gegenwart nicht von der Verwirklichung künftiger Ereignisse abhängig.

1. Erlösung der Nicht-Christen/Nicht-Christinnen.
2. Überwindung der blutigen Aufopferung.
3. Die aktive Rolle des weiblichen Geschlechts.

1. Erlösung der Nichtchristen/Nichtchristinnen

Die Vorstellung, daß durch Vilemina Juden/Jüdinnen und Mohammedaner/Mohammedanerinnen zum Glauben und zur Erlösung gelangen werden, existierte schon zu ihren Lebzeiten. Da diese Lehre von ihr nicht bestritten wurde, stammte sie vielleicht auch von ihr.[1] Juden/-Jüdinnen und andere, die außerhalb der Christenheit stehen, sollten demnach durch Vilemina gerettet werden, was bedeutete, daß ihre Erlösung nun von der Funktion des weiblichen Geschlechts in der neuen Heilsordnung abhing. Ein Vilemit drückte diesen Zusammenhang folgendermaßen aus:

> "So wie Christus in Gestalt eines Mannes litt, so mußte Vilemina für die Sünden der falschen Christen und derer, die Christus kreuzigten, in Gestalt einer Frau leiden."[2] (ebenda, S. 153)

Realisieren sollte sich die endgültige Erlösung für Juden/Jüdinnen und Ungläubige, wenn sich Mayfreda in Rom niedergelassen hatte, und diese sich taufen ließen. Die Vilemiten/Vilemitinnen unternahmen vielleicht infolgedessen nie etwas in diese Richtung (Juden/Jüdinnen und Mohammedaner/innen waren für sie kein missionarisches Objekt). Für die Vilemiten/Vilemitinnen waren die Juden/Jüdinnen eher ein Beweis, daß die Aufopferung Christi nicht ausgereicht hatte, weil mit der Aufopferung ein Teil der Menschheit von der Erlösung ausgeschlossen war. Der Heilige Geist brachte durch Vilemina-Christus allen die Freiheit.

---

1 "Ketzerische" Vorstellung - der christlichen Vorstellung zufolge kommt die Erlösung allein von Gott durch Jesus Christus.

2 Anmerkung von Luisa Muraro: "Pati" meint im klassischen Sinne jede Veränderung, der sich das menschliche Subjekt aufgrund der Tatsache, ein Körper zu sein, passiv ausgesetzt sieht. Deshalb ist es auch korrekt, bei Vilemina von einer Passion zu sprechen. Der menschliche Körper ist außerdem ein geschlechtlich differenzierter Körper (ebenda, S. 340).

2. Überwindung der blutigen Aufopferung

Vileminas Lehre war gegen eine Wiederholung oder Vergegenwärtigung der Leiden Christi.[1]

> "Vilemina soll Saramita gegenüber erklärt haben, daß Gott in ihr, einer Frau, wiedererschienen sei, weil sie, wäre Gott in 'spetii homines' wiedergekehrt, wie Christus hätte sterben müssen, und dies hätte den Untergang der Welt bedeutet ... Vileminas Lehre zufolge darf die äußerste Grenze der Herabwürdigung nicht mehr erreicht werden, wenn das Menschengeschlecht nicht zugrundegehen soll ... Vilemina geriet beim Gedanken an das Leiden Christi nicht in Verzückung." (ebenda, S. 155)

Nach der Aussage eines Vilemiten

> "... legte sie keinen Wert darauf, den Leib Christi oder seine Opfer zu sehen, weil sie sich selbst sah." (ebenda, S. 155)

Diese Worte erinnern an Jesus Ausspruch an die Frauen kurz vor seiner Kreuzigung:

> "... weint nicht über mich; weint über euch und eure Kinder!"
> (Lukas 23, 28).

> "Ihr genügte es, sich selbst zu sehen, weil zusammen mit dem Leib Christi 'auch der Leib des Heiligen Geistes, der ihr eigener war', geopfert und geweiht wurde." (ebenda, S. 155)

Diese theologische Vorstellung stammte vermutlich von Vilemina und läßt vermuten, daß es sich dabei um eine neue Heilsökonomie handelte, die einer extremistischen Auffassung von Leben und Tod fernstand. Diese sah das Heil nicht im Blutvergießen, den Triumpf nicht in Demütigung und Gerechtigkeit nicht in der Aufopferung eines Unschuldigen (ebenda, S. 156).

---

[1] vgl. Marguerite Porètes Vorstellungen vom Leiden Christi in Kapitel 8.5.

3. Die aktive Rolle des weiblichen Geschlechts

Was die Vilemiten/Vilemitinnen mit Sicherheit veränderten, war das Gesetz, das Frauen vom Priesteramt ausschloß. Mayfreda war zwar die einzige Frau, die das Priesteramt ausübte, aber es läßt sich aus Aussagen der Vilemiten/Vilemitinnen erkennen, daß auch andere Frauen zum Priesteramt zugelassen werden sollten. Mayfreda lehrte, daß alle Anhänger/innen Vileminas dazu bestimmt seien, den Heiligen Geist zu empfangen und "Apostel Christi" zu werden. Saramita redete dagegen von "Aposteln und Jüngern des Heiligen Geistes". Vielleicht stand dahinter wirklich die Absicht, auch Frauen den Zugang zum katholischen Priesteramt zu ermöglichen.

Selbstverständnis und Sendung Schwester Mayfredas

Wie über Vileminas Göttlichkeit und Vileminas Überlegenheit Maria gegenüber gab es auch in bezug auf Mayfredas Selbstverständnis und Aufgabe unterschiedliche Vorstellungen in der vilemitischen Gruppe.

Saramita vertrat in seiner Lehre die Auffassung, daß Mayfreda "Papst" und "Stellvertreter" des Heiligen Geistes, bzw. Vileminas werden solle. Zu ihren besonderen Aufgaben würde es gehören, in Rom Juden/Jüdinnen und Ungläubige zu taufen und Jünger/innen und Apostel/innen um sich zu versammeln. Er akzeptierte Mayfredas Priorität in der Glaubensgemeinschaft der Vilemiten/Vilemitinnen, weil für ihn Schwester Mayfreda dazu bestimmt war, das Oberhaupt der neuen Kirche zu werden, die nach Vileminas Auferstehung, Himmelfahrt und zweiten Pfingsten an die Stelle der alten Kirche treten würde.

Schwester Mayfreda ging im Gegensatz zu Saramita davon aus, daß sich alles Wesentliche durch Jesus Christus schon ereignet hatte. Auch Vilemina habe sich durch Christus ereignet so wie Christus durch Vilemina (Dogma der Konsubstantialität).

Während für Saramita alle Hoffnungen in der Zukunft lagen, waren sie für Schwester Mayfreda schon Realität.

Die Vilemitin Adelina bestätigte Mayfredas Lehre mit den Worten:

"Mayfreda verfüge über mehr Gnade, Würde und Autorität auf Erden als der Heilige Apostel Paulus." (ebenda, S. 160)

Für sie besaß Mayfreda die geistliche Würde des Stellvertreters Christi auf Erden.

Eine Frage ist, wie dies möglich sein konnte. Luisa Muraro entwickelt eine interessante Erklärung für die Überlegenheit Mayfredas dem Apostel Paulus gegenüber.

Ausgangspunkt ihrer Überlegungen ist ein Schreiben der katholischen Kirche zum Ausschluß der Frauen vom Priesteramt. Darin wird erklärt, daß Frauen den Männern im Himmel gleich seien, sie sogar übertreffen könnten, weil im Himmelreich nicht die Geistlichen, sondern die Heiligen an erster Stelle stehen.

"Mayfredas Überlegenheit könnte eine Entsprechung zu der Überlegenheit der unsichtbaren Kirche gegenüber der sichtbaren Kirche sein ..." (ebenda, S. 160).

Schon die Kirchenlehrer, darunter auch Thomas von Aquin, vertraten die Lehre, daß in der unsichtbaren Kirche Frauen und Männer dieselbe Würde besitzen. Ein bisher nicht eingelöster Anspruch war und ist, daß die unsichtbare Kirche der gegenwärtigen als Vorbild dienen sollte/soll.

Wenn durch Vilemina dieses höhere Unsichtbare zur sichtbaren Wirklichkeit wurde, stand ihre Stellvertreterin auch höher als das Oberhaupt der römischen Kirche, da sie etwas zum Ausdruck brachte,

"... und zwar den nicht hierarchischen Unterschied der beiden Geschlechter, den die Kirche bislang nicht zu symbolisieren vermocht hatte."
(ebenda, S. 161)

Mayfreda befürwortete die von Saramita entworfenen Projekte der Machtübernahme innerhalb der Kirche nicht. Aber ohne Saramita laut zu widersprechen, handelte sie doch so, als ob sie Kraft ihrer Rolle als irdische Repräsentantin Vileminas-Christi, bereits über jene Macht verfügte (Fuß- und Handkuß). Mayfreda duldete diese Ehrerbietungen, da sie für ihre Anhänger/innen die irdische Gestalt des absoluten Mysteriums des fleischgewordenen Gottes war.

9.5 Einordnung der vilemitischen Lehre in die geistigen Strömungen der Zeit

Joachim von Fiore, geistiger Vater der vilemitischen "Ketzerei"?

In der vilemitischen Theologie läßt sich ohne große Schwierigkeiten der Einfluß Joachims von Fiores nachweisen. Nach seiner Lehre ging das Zeitalter des Sohnes zu Ende, und das dritte Zeitalter des Heiligen Geistes stand nahe bevor. Dieses sollte Veränderungen in bezug auf die Hierarchien, die Sakramente und die Heiligen Schriften mit sich bringen. Vermittler dieser Lehre war sicher Saramita. Die Frage ist nur, ob auch Vilemina mit dem Denken Joachims von Fiore vertraut war.
Man kann sicher sagen,

> "... daß von Vilemina eine spirituelle Botschaft ausging, die von einer auf die Gestalt des Heiligen Geistes ausgerichteten Religiosität war." (ebenda, S. 173)

Das Denken von Joachim von Fiore ist in Vileminas Theologie zwar erkennbar, aber mehr als Schema, um die Lehren - Erlösung der Nicht-Christen/Nicht-Christinnen und die Notwendigkeit des weiblichen Geschlechts - genau zu fassen. Vileminas Religiosität scheint dagegen noch von einer anderen geistigen Strömung bestimmt worden zu sein, von der Lehre der "Schwestern und Brüder des freien Geistes".

Die Vilemiten/Vilemitinnen als eine Gruppe der "Schwestern und Brüder des freien Geistes"

Im folgenden will ich überprüfen, welche Charakteristika für oder gegen die freigeistige Bewegung sprechen.

Die Bewegung des freien Geistes erreichte gerade in der Zeit zwischen 1250-1350 ihren Höhepunkt, als sich die vilemitische Gruppe bildete und entwickelte. Sie bestand von 1260/70 bis mindestens 1300. Das Auftreten der "Schwestern und Brüder des freien Geistes" ist zwar für die Beginen in den Niederlanden, in Frankreich, Deutschland und verschiedenen Städten Mitteleuropas belegt, wozu auch Prag und die oberitalienischen Städte gehören, nicht jedoch für Mailand. Vilemina kann ihre Vorstellungen aber auch aus Böhmen mitgebracht haben, da bereits für diese

Zeit die "Ketzerei" des freien Geistes für Böhmen nachweisbar ist (vgl. Kapitel 7.8).

Der Ursprung der Lehre des freien Geistes könnte nach Luisa Muraro ein Satz aus dem 2. Korintherbrief gewesen sein. "... wo aber der Geist des Herrn wirkt, da ist die Freiheit." (2. Kor. 3.17) Das Erfassen und Erfahren dieser theologischen Aussage könnte auch für Vilemina bestimmend gewesen sein, denn sie wurde als eine Frau von großer Freimütigkeit charakterisiert.

Die Geistbewegung hatte eine "ketzerische" und eine orthodoxe Seite, wobei die letztere im besonderen der Spiritualität der Zisterzienser sehr nahe stand. Dem entspricht, daß Vilemina Tertiarierin des Zisterzienserklosters Chiaravalle war und von den Mönchen materiell wie geistlich unterstützt wurde.

Es ist kein seltenes Phänomen, daß ein und dieselbe Idee manchmal zu unterschiedlichen Ausprägungen führt; zu einer von der Amtskirche anerkannten Religiosität, der orthodoxen Mystik, und zu einer Frömmigkeit, die gegensätzliche Schlußfolgerungen daraus zog, der freigeistigen Mystik.

Die Idee dieser Freigeister war, daß der/die von der caritas beseelte Christ/in insofern vergöttlicht ist, daß er/sie all das hinter sich gelassen hat, was im menschlichen Dasein eine Folge der Erbsünde war, eine Art

> "... Inkarnation Gottes im Menschen, nur von unten und in umgekehrter Richtung." (ebenda, S. 174)

Daraus ergab sich eine optimistischere Sicht der Natur des Menschen. So war es den "Schwestern wie Brüdern des freien Geistes" möglich, schon in ihrem irdischen Leben den Vollkommenheitszustand zu erreichen. Die geschlechtliche Vereinigung wurde als unio mystica begriffen. Obwohl über eine Neubewertung der sexuellen Beziehung zwischen Männern und Frauen in der vilemitischen Gruppe aus den Inquisitionsakten nichts bekannt ist, spricht die aktive Rolle des weiblichen Geschlechts in der neuen Heilsökonomie für eine positivere Bewertung der weiblichen Natur.

Weitere Konsequenzen aus diesem neuen Gottes- und Selbstverständnis der Freigeister waren: eine geringere Rücksichtnahme auf menschliche Hierarchien, auf Riten, Sakramente und die sie regelnden Normen, wenn nicht gar ihre völlige Mißachtung (Antinomie). Diese betraf vor allem das,

> "... was das Wesentliche dem Wirken einer Vermittlung, dem Wirken von Zeichen, von Verweisen unterordnete. Denn wenn die caritas da ist, ist das Wesentliche gegenwärtig, unmittelbar gegeben, vor unseren Augen, in uns selbst." (ebenda, S. 175)

Worte wie diese klingen ähnlich wie der Ausspruch von Vilemina:

> "Sie legte keinen Wert darauf, den Leib Christi und seine Opfer zu sehen, ihr genügte es, ihren eigenen Leib zu sehen." (ebenda, S. 175)

Die "Schwestern und Brüder des freien Geistes" verzichteten auf Wissen, das man durch Lesen erwirbt, da das wahre Wissen direkt von Gott kommt, in einer Erleuchtung durch den Geist. Auch Vilemina berief sich nicht auf Schriften, sondern auf ihre inneren Erfahrungen und Erkenntnisse.

Zu dieser Bewegung gehörten zahlreiche bedeutende Frauen. Wie Marguerite Porète waren auch Vilemina und Mayfreda Schöpferinnen neuer theologischer Vorstellungen.

Die freigeistige Bewegung besaß keine Organisation in großem Umfang und bildete nur kleine Gruppen, die sich um eine hervorragende Persönlichkeit versammelten. Diese hatte ihre besondere Stellung nicht aufgrund eines Amtes inne, sondern aufgrund ihrer Fähigkeit, anderen durch Unterweisung die Freiheit des Geistes zu eröffnen (Charisma). Diese Beschreibung trifft im besonderen auf die Gruppe um Vilemina zu.

Wenn diese Persönlichkeit eine Frau war, so erhielt sie den Namen "Göttliche Mutter". Vilemina verlieh Saramita den Titel "Eingeborener Sohn".

Die "Schwestern und Brüder des freien Geistes" fühlten sich als Teil der wahren Kirche, einer spirituellen Kirche ohne Hierarchien und ohne Rituale. Das letztere trifft nur auf die Gruppe um Vilemina zu.

Von den "Schwestern und Brüdern des freien Geistes" wurde behauptet, daß sie Sexorgien gefeiert hätten, die für sie aber den Charakter sakraler Zeremonien gehabt hätten. Ähnlich wurde auch die vilemitische Gruppe diffamiert. So wurden ihnen in den Legenden, die nach dem Inquisitionsgericht über sie verbreitet wurden, ebenfalls sexuelle Ausschweifungen nachgesagt. Die päpstliche Bulle "Sepe Sanctam Ecclesiam", die für die Erfinder der Sexlegenden über die Vilemiten/Vilemitinnen eine autorisierte Inspiration darstellte, war im besonderen gegen die freigeistige Bewegung gerichtet.

Einige Gruppen der freigeistigen Bewegung entwickelten die theologische Vorstellung, daß Juden/Jüdinnen, Heiden/Heidinnen und Nicht-Christen/Nicht-Christinnen nicht von der Erlösung ausgeschlossen waren.[1] So galt es auch als eine der wesentlichen Erneuerungen in der Heilsökonomie der Vilemiten/Vilemitinnen, daß durch Vilemina Juden/Jüdinnen und alle Nicht-Christen/Nicht-Christinnen zur Erlösung gelangen sollten.

Vilemina und ihre freigeistige Gruppe

Vilemina war zwar Ursprung und Inspiratorin der vilemitischen Lehre, aber nicht die Dogmatikerin, die die vilemitische Doktrin entwickelte (keine Dogmen). Trotzdem kommen - ähnlich wie die Inquisitoren - manche Historiker zu dem Schluß, daß die "vilemitische Häresie" auf Vilemina zurückzuführen sei, obwohl sie an Vileminas Verurteilung nicht das geringste Interesse haben konnten. Dies hängt vielleicht damit zusammen, daß es etwas in Vileminas Verhalten gab, das Verwirrung stiftete/stiftet: die Tatsache nämlich, daß ihre Göttlichkeit und ihre Erlösungsmission bereits zu ihren Lebenszeiten gelehrt wurde, und sie davon wußte. Obwohl Saramita diese Vorstellungen bei Vileminas Anhänger/innen verbreitete, war sie ihm bis zuletzt herzlich zugetan.

Luisa Muraro erklärt Vileminas relative Gelassenheit auf die Zuschreibungen von Göttlichkeit ihrer Anhänger/innen damit, daß sie begriff, daß jemand in ihr Gott sehen konnte, auch wenn sie sich dagegen verwahrte

[1] Auf diese Besonderheit hat insbesondere GRUNDMANN hingewiesen. Beim Straßburger "Ketzer/innen"prozeß hatte einer der Verhörten ausgesagt, daß beim Tod auch der Geist oder die Seele des Juden/der Jüdin und des Heiden/der Heidin zu Gott zurückkehre und auch ungetauft zur Vollkommenheit, zur Freiheit des Geistes, kommen könne. Ein Mainzer Lollade hielt sogar die irdische Kirche für häretisch, weil sie Juden/Jüdinnen, Heiden/Heidinnen und "Ketzer/innen" verdamme (vgl. GRUNDMANN 1965).

(Gott für andere Menschen sichtbar zu machen ist eine christliche Aufgabe).

Vileminas sozialer Status fand in nichts, was für ihr Geschlecht vorgesehen war, eine Entsprechung. Sie war weder Jungfrau im Dienste Gottes noch Mutter im Dienste einer Familie (Ablehnung sozialer und kirchlicher Normen). Vilemina trat im Gegensatz zu Mayfreda keinem Orden bei. Als Tertiarierin blieb sie weiterhin Laiin. Vielleicht wollte sie sich die Freiheit bewahren, frei zu sein von jeglichem von vornherein festgelegten Verhältnis zu Gott[1] (Ablehnung kirchlicher Normen und Strukturen). Vielleicht wollte sie die Bedeutung Gottes für ihr Leben selbst festlegen, indem sie selbst ein Gespräch mit Gott zu führen begann, ähnlich wie die Mystiker/innen oder die "Schwestern und Brüder des Freien Geistes" (Ablehnung der kirchlichen Hierarchie).

Sie dachte in einem tieferen Sinn über den Heiligen Geist nach und war Überbringerin einer Weisheit, welche sich in ihr auf eine Weise gezeigt haben muß, die die Christen/Christinnen ihrer Zeit erkennen und benennen konnten. Ihre Gläubigkeit und weibliche Größe waren so miteinander verbunden, daß manche meinten, in ihrer Person Gott zu begegnen und in ihr die Inkarnation Gottes sahen (Vollkommenheitszustand).

Vilemina vermittelte den Eindruck, als wäre sie viele Personen in einer (wie Jesus). So versammelten sich um sie Personen jeden sozialen Standes, Frauen und Männer, Ordensgeistliche und Laien, Handwerker und Adlige. Dies gilt auch als Charakteristikum für die anderen freigeistigen Gruppen. Die Vilemiten/Vilemitinnen unterschieden sich aber nicht nur in ihrer sozialen Stellung, in ihrem Charakter, ihren Bestrebungen und ihren Problemen, sondern sie waren auch verschieden, weil sie durch das unterschiedliche Verhältnis zu Vilemina unterschieden wurden.

Diese aufgeführten Gemeinsamkeiten machen deutlich:

Die ursprüngliche Gruppe um Vilemina scheint eine "im wahrsten Sinne" freigeistige Gemeinschaft gewesen zu sein. Vilemina war ihre göttliche Mutter, die eine Botschaft der Gleichheit und Freude vermittelte. Sie wurde deshalb auch Parakletos genannt - Trösterin -, eine Beschreibung, die für den Heiligen Geist benutzt wird und auf derselben Stufe steht wie Schöpfer für Gott-Vater und Erlöser für Jesus Christus.

---

[1] Auch die Beginen lehnten ein vom Priester vermitteltes Verhältnis zu Gott ab.

Sie lebte selbst voller Freude, ohne asketische Übungen. Sie sprach in rätselhaften Worten zu Menschen, die es gewohnt waren, in Symbolen und Dogmen zu sprechen. Sie hatte die Kraft zu heilen (wie die "Schwestern und Brüder des Freien Geistes") und wies die zurück, die Wunder erflehten. Vor dem Tode forderte Vilemina die Ihrigen auf, sich von sozialen Konventionen freizumachen und sich in Liebe und wechselseitiger Achtung zu verbinden.

Ähnlich wie sich die freigeistige Bewegung trotz ihrer großen Verbreitung der historischen Erforschung entzieht, verhält es sich auch mit Vilemina. Weder die Freigeistigen noch Vilemina sind in ihrer Seinsweise und Denkungsart deutlich zu erfassen. Vilemina dachte in Übereinstimmung mit jener Bewegung nicht daran, ihrer Gruppe bestimmte Charakteristika zu geben. Sie wollte, daß diese Gruppe das war, was sie durch sie und durch die um sie versammelten Menschen sein konnte (keine Hierarchie, keine Dogmen/Freiheit). So ist es zu erklären, daß sich jeder/jede trotz verschiedener Auffassungen in Übereinstimmung mit Vileminas Botschaft und im Einverständnis mit allen anderen fühlen durfte (Saramita - Mayfreda).

Vilemina bewies in den zwischenmenschlichen Beziehungen wie auch in ihrer religiösen Suche eine absolute Freimütigkeit, so als stünde nichts im absoluten Widerspruch zu etwas anderem. So war sie allen, die ihr nahestanden, ein Beispiel wahrer geistiger Freiheit. Vilemina besaß die Fähigkeit, jeder/jedem einen Weg zu zeigen, der der jeweiligen Persönlichkeit entsprach. Ihre Weisheitslehre hat im Denken derer, die sie empfingen, Früchte getragen, die ihre Wirkung nicht vorwegnahm. Auf diese Art und Weise ist es zu den unterschiedlichen Interpretationen ihrer Lehre gekommen.

Wie aber lassen sich Vileminas Äußerungen über die Erlösung der Ungläubigen, das Meßopfer und die Notwendigkeit des weiblichen Geschlechts mit der Ablehnung der Zuschreibung von Göttlichkeit vereinbaren? Mir scheint die von Luisa MURARO angegebene Erklärung sehr einleuchtend zu sein.

> "Vilemina, die sich dabei vielleicht der Ideen und der Sprache der freigeistigen Bewegung behalf, sprach zu den Ihrigen von dem Weg, der sie so weit geführt hatte, daß sie sich im ewigen Geist Gottes so wiederfand, wie Gott sie haben wollte: als Geist und Körper einer Frau. Und daß er ihr die Erkenntnis der

Inkarnation Gottes hatte zuteil werden lassen, nicht in Form des offenbarten Mysteriums, sondern in Form der menschlichen Erfahrung einer Frau. Daß sie in dieser Form begriffen hätte, daß die durch Christus gebrachte Erlösung die Erlösung aller Menschen gewesen sei. Der Körper weiblichen Geschlechts wäre, in anderen Worten, ein Zeichen Gottes, ein Zeichen, daß Gott gegenwärtig ist." (ebenda, S. 180 ff.)

Dies sei unter den Menschen, die Gott in Jesus Christus verehrten, als wäre Gott männlichen Geschlechts, noch nicht zur Sprache gekommen.

"Wenn man im menschgewordenen Gott Frau und Mann zu erkennen lernt, dann erkennt man auch, daß niemand der Erlösung nicht teilhaftig wird. Diese Hypothese stimmt mit Vileminas Worten über Meßopfer und Erlösung der Nichtchristen überein, impliziert aber nicht, daß sie sich selbst göttliches Wesen zuschrieb. Ihre Worte sollten offenbaren, was die Menschen aufgrund ihres Vorurteils im göttlichen Heilsplan bis dahin nicht erkennen konnten; sie sollten sagen, daß ihr Körper, der Körper einer Frau, der anders als der Körper des gekreuzigten Mannes war, auf einem anderen Weg zu Gott führte und als solcher dessen rettende Passion vervollständigte. Es waren gnostische, gegen Mysterien gewandte und philosophische Worte, die die Anhänger, die ihr am nächsten standen, vernahmen und später in die Form eines neuen Mysteriums faßten, in das Mysterium des Heiligen Geistes im weiblichen Geschlecht. ... Im wesentlichen dürfte Vilemina zu einer neuen Auffassung des Mysteriums der Inkarnation und folglich auch der Sakramentenlehre gefunden oder eine solche in Saramita und Mayfreda angeregt haben, um ein unmittelbares, ursprüngliches Verhältnis zwischen Frau und Gott zu bestärken, ein Verhältnis, demzufolge die Inkarnation Gottes im männlichen Leib die absolute Bedeutung verlöre, die sie aufgrund ihrer scheinbaren Beliebigkeit für sich beanspruchte. Indem Vilemina das 'Anderssein' der Frau bereits auf Gott zurückführte, lehrte sie, sich dem Mysterium eines pluralen Gottes zu nähern, der nicht hierarchisch, sondern differenzierend und in allem Sichtbaren gegenwärtig ist; sichtbar in ihrem Leib, dem Leib des Heiligen Geistes." (ebenda, S. 181)

Die vilemitische Gruppe um Mayfreda und Saramita

Die Persönlichkeit Mayfredas ist sicher einer der Gründe, warum sich die Gruppe um Mayfreda und Saramita veränderte, vergleicht man sie mit der ursprünglichen Gruppe um Vilemina.

Mayfreda stammte aus der berühmten Adelsfamilie der Pirovani, die mit den Visconti verwandt war. Sie war wahrscheinlich eine Cousine ersten Grades von Matteo Visconti, der z.Z. des Prozesses das Amt des Stadthauptmanns innehatte.

Aus den Beschreibungen der Vilemiten/Vilemitinnen im Prozeß ging hervor, daß man sie sich als eine Frau voller Kraft, Willensstärke und Stolz vorstellen darf. So scheint mir auch der Grund, den Luisa für Mayfredas religiöse Berufung als "Humiliatenschwester" anführt, sehr einleuchtend zu sein. Sie verweigerte die Ehe, weil sie es ablehnte, sich einem Ehemann unterordnen zu müssen.

Diese Eheverweigerung ist nicht nur als ihre individuelle Entscheidung zu bewerten, sondern als kollektiver Ausbruchsversuch, da viele Frauen, besonders Frauen aus den privilegierten Schichten, einen ähnlichen Weg gingen (vgl. Kapitel 3). Die Frauen zogen das Kloster oder eine religiöse Gemeinschaft einem Leben in Unfreiheit und Unterdrückung vor, weil sie es ablehnten, darauf reduziert zu sein, als Heiratsobjekt oder Mutter von Erben fungieren zu müssen.

Es scheint mir auch kein Zufall zu sein, daß sie sich gerade dem Humiliatenorden anschloß, einem Orden, der aus der sozial-religiösen Bewegung hervorging und wegen seiner häretischen Lehren, öffentlicher Predigt und Ausübung priesterlicher Funktionen 1184 von Lucius III. exkommuniziert worden war.

Der einzige Hinderungsgrund für Mayfreda, in der Gesellschaft die Rolle zu spielen, die ihrer eigenen Größe entsprochen hätte, lag in ihrem Geschlecht begründet. Mayfreda lehnte es ab, aufgrund ihres Geschlechts unterlegen zu sein. So scheint es verständlich, daß sie in Vilemina, die das Leiden im Frausein kannte, ohne durch es herabgesetzt zu werden, Gott fand. Wenn ein Maßstab anerkannt werden mußte, so sollte es nicht der sein, der sich aufgrund ihrer Zugehörigkeit zum weiblichen Geschlecht ergab. Indem sie Vilemina als Maßstab anerkannte, erklärte sie den offenkundigen Maßstab - weibliches Geschlecht - für nichtig. Als Stellvertreterin Vileminas nahm sie zwar nur die zweite Stelle ein, aber die zweite Stelle hinter einer Frau, die Gott war. Geringere "Herren" erkannte Mayfreda nicht an. Vilemina heilte sie von ihrer Wunde, die sie durch die soziale Herabsetzung ihres Geschlechtes empfunden hatte, weshalb Mayfreda Vilemina zu ihrem Zeichen machte. Vilemina wurde für Mayfreda zum Mittelpunkt und Sinn ihres Lebens, sowie es für eine/n Gläubige/n nur Gott sein kann (ebenda, S. 202).

Obwohl Vilemina diese heilmachende Bedeutung für Mayfreda hatte, fehlen die liebevollen Untertöne, die aus den Aussagen der anderen herauszuhören sind. Stattdessen betonte sie stets das hierarchische Verhältnis zwischen Vilemina und ihr. So sprach sie öfter davon, daß sie Vilemina gehorchen müsse. Aber gerade dieses hierarchische Verständnis sicherte ihr als Nachfolgerin Vileminas bei den Vilemiten/Vilemitinnen ihre bevorzugte Stellung. Sie wurde Stellvertreterin Vileminas mit allen Ehren und Pflichten, die jemand zukommen, der die Stelle eines abwesenden Gottes einnimmt. So ließ sie es sich gefallen, wie ein "Papst" verehrt zu werden und fand es ganz natürlich, daß man ihr gehorchte. Trotzdem blieb Mayfreda Vilemina treu, wenn auch auf ihre eigene Art und Weise. Mayfredas Glauben umfaßte nur wenige Punkte:

1. Sie forderte die Verehrung des Heiligen Geistes in der Öffentlichkeit und predigte über die christliche Lehre, wobei sie auch über die Heiligkeit von Vilemina sprach.
2. Im Geheimen lehrte sie - besonders die Frauen -, Vilemina sei der Heilige Geist, der gekommen sei, um allen außerhalb der Kirche das Heil zu bringen. Ihretwegen habe das weibliche Geschlecht an der apostolischen Sendung aktiven Anteil. Während Vileminas Anhängerschaft auf verschiedene Art an Vileminas Göttlichkeit glaubte, vom allegorischen bis wörtlichen Sinn, behauptete Mayfreda, daß Vilemina leibhaftig Gott sei. Sie setzte sich und die Vilemiten/Vilemitinnen mit dieser Behauptung bewußt einer schweren Gefahr aus. Als sie sich dafür entschied, war sie auch bereit, dafür auf den Scheiterhaufen zu gehen.

Die vilemitische Gruppe um Mayfreda und Saramita weist nicht mehr die typischen Kennzeichen einer Gruppe der freigeistigen Bewegung auf; denn bei ihr lassen sich sowohl hierarchische Beziehungen wie religiöse Zeremonien nachweisen. Auch die Sakramente behalten weiterhin ihre Gültigkeit. Insofern unterscheidet sich die Gruppe um Mayfreda und Saramita von der Gruppe, die sich um Vilemina gebildet hatte.

Hierarchische Beziehungen bestanden aber nicht nur zwischen Mayfreda und Vilemina, sondern auch zwischen Mayfreda und Saramita wie zwischen Mayfreda, Saramita und der Gruppe.

Obwohl Mayfreda in bezug auf Vilemina die zweite Position einnahm, beanspruchte sie als Nachfolgerin Vileminas den ersten Platz in der Gruppe. Ihre bevorzugte Stellung wurde von allen Vilemiten/Vilemitinnen anerkannt, von Männern wie Frauen, auch von Saramita; denn er sah in Mayfreda die erste Erbin und Repräsentantin Vileminas. Im Mittelpunkt seines Projektes, der spirituellen Erneuerung der Kirche, standen Mayfredas Amt und Würden. Obwohl er ein Mann war, hatte er sich die neue Idee, die Gemeinschaft der Christen durch die Förderung weiblicher Größe zu verändern, zu eigen gemacht.

Auch die Beziehung zwischen männlichem und weiblichem Priestertum war hierarchisch; denn Mayfreda genoß eine Vorrangstellung, die sie der Analogie entsprechend nicht hätte haben dürfen, da es zwischen Vilemina und Christus keine Hierarchie gab. Mayfredas Primat war absolut. Sie repräsentierte durch ihr Frausein den fleischgewordenen Gott, Vilemina und Jesus, und sie repräsentierte ihn in einem universalen Sinne, in seiner Vollkommenheit.

Im Gegensatz zu den hierarchischen Beziehungen zwischen Mayfreda und Saramita steht die Tatsache, daß sich ihre Lehre trotz eines grundsätzlichen Einverständnisses in einigen wesentlichen Punkten unterschied, ohne daß es darüber zu Konflikten kam. Eine Ausnahme bildete der Streit um das Konsubstantialitätsdogma (vgl. Kapitel 9.6).

Während Mayfreda an die Konsubstantialität von Vilemina und Christus glaubte und davon ausging, daß sich alles Wesentliche schon durch Vilemina ereignet hatte, erwartete Saramita die endgültige Realisierung seiner Hoffnungen erst in der Zukunft, wenn Vilemina glorifiziert und Mayfreda "Papst" in Rom war. Er suchte nach neuen Inhalten und Thesen. Erstaunlich ist, daß Mayfreda trotz ihrer Anerkennung als Repräsentantin der weiblichen Inkarnation Gottes den Gläubigen nie vermittelte, daß sie Zweifel an Saramitas Lehre hatte. Saramita fühlte sich so von Mayfreda autorisiert, so wie er sich von Vilemina inspiriert fühlte.

Diese Toleranz ist ein typisches Kennzeichen der freigeistigen Bewegung ebenso wie die gleichwertige Stellung der Frauen.

Obwohl man in bezug auf Mayfreda und Saramita von einer wechselseitigen Ergänzung der Lehre, der Organisation der Gruppe wie der Führung der Anhänger/innenschaft Vileminas sprechen kann, war die wechselseitige Ergänzung keine Gleichheit. Denn Mayfreda war Saramita in allen Bereichen übergeordnet. Saramita hatte die Ideen, die sie durch ihre Lehrtätigkeit autorisierte und selektierte.

Es scheint mir kein Zufall zu sein, daß die Gruppe um Mayfreda einige der Charakteristika einer freigeistigen Gruppe schon verloren hatte, wenn man an die hierarchischen Beziehungen, die Bevorzugung der weiblichen Priesterschaft, die Sakramente und das neue Dogma denkt. Dies scheint mir eine typische Entwicklung für eine Gruppe zu sein, die ihre Aufbruchsphase hinter sich gelassen hat. Je mehr diese eine feste Struktur entwickelt und sich institutionalisiert infolge äußeren oder inneren Drucks, desto mehr werden Postulate wie gleichberechtigte Beziehung, Verzicht auf Rituale und Festschreibungen aufgegeben. Die Frage ist, ob dies die einzige Überlebensstrategie darstellt. Vielleicht ist ihr einseitiges Exponieren von Weiblichkeit als Göttlichkeit die Erklärung dafür, daß in der Gruppe um Mayfreda und Saramita keine Gleichberechtigung bestand zwischen männlicher und weiblicher Priesterschaft, vielleicht auch nicht zwischen Männern und Frauen. Es scheint fast so, als ob sich das bisherige Geschlechterverhältnis zugunsten der Frauen umgekehrt hatte. Diese ungleichen Beziehungsverhältnisse erinnern sehr an die Konsequenzen eines ausschließlich männlichen Gottes in einer patriarchalen Gesellschaft.

9.6 Das unterschiedliche Gottesverständnis von Frauen und Männern in der vilemitischen Gruppe

Der Streit um die physische Konsubstantialität von Vilemina und Jesus Christus kann deutlich machen, wie unterschiedlich das Verständnis der Männer und Frauen über die Göttlichkeit Vileminas war, und welche Befreiung diese Vorstellung für die Frauen bedeutete.

Dieser Streit war der einzige, von dem berichtet wurde. Er hatte die Worte Vileminas als Ursache, in ihrem Körper könne sie den Leib Christi sehen, und ihr Leib sei der des Heiligen Geistes. Zu diesem Streit kam es bei einem Gastmahl, das viele Jahre nach Vileminas Tod (zwischen 1290 und 1293) stattfand, und zu dem ursprünglich nur Männer geladen waren. Mayfreda ging gemeinsam mit einigen Frauen zu diesem Gastmahl, um

Vileminas Botschaft zu überbringen, obwohl ihr die Schwierigkeit ihres Auftrags sehr bewußt war,

> "Ich wollte nicht hierher kommen und bin gegen meinen Willen gekommen, denn hier ist manch ein ungläubiger Thomas, und ihr werdet dem, was ich euch zu sagen habe, gewiß widersprechen. Nichtsdestotrotz habe ich gehandelt wie jemand, der gehorsam ist ..." (ebenda, S. 185).

Mayfreda wollte Klarheit schaffen.

> "Unsere liebe Frau ist mir erschienen und hat mich beauftragt, zu euch zu gehen und euch zu sagen, daß sie der Heilige Geist ist." (ebenda, S.185)

Im Gegensatz zu Saramita, der zu Mayfredas Ausführungen schwieg, bestätigte Adelina diese Aussage, indem sie sagte:

> "Ich glaube, daß Vilemina vom selben Fleisch ist, das von der Heiligen Jungfrau Maria geboren wurde, und daß sie in Christo gekreuzigt wurde ..." (ebenda, S. 185).

Über die Worte Adelinas war aber ihr Mann so empört, daß er sie zurechtwies. Sein Verhalten rief Protest bei den anderen Vilemiten/Vilemitinnen hervor, woraufhin er aus dem Zimmer gewiesen wurde.

Erstaunlich ist, daß die Aussage, Vilemina sei der Heilige Geist, einen Streit auslösen konnte; denn Andreas Saramita wie Mayfreda lehrten diese Lehre seit einigen Jahren. Eine Erklärung könnte sein, daß die Lehre nur deshalb allgemein akzeptiert wurde, weil sie verschiedene Deutungen offenließ.

Mayfreda war zu diesem Gastmahl gekommen, um gegen einige dieser Deutungen Einspruch zu erheben. Saramita schwieg nach Luisa MURARO dazu aus zwei Gründen:

1. weil er die Autorität Mayfredas anerkannte und
2. weil er mit ihren Aussagen nicht ganz einverstanden war (ebenda, S. 188).

Erstaunlich ist, daß die Frauen Mayfredas theologische Konzeption unterstützten, während die Männer eher Saramitas thologische Vorstellungen teilten. Der Grund dafür war, daß Mayfreda ihre Lehre im besonderen den Frauen vermittelte, während Saramita vor allem die Männer unterrichtete.

So stehen bei diesem Streit die Frauen auf der Seite Mayfredas und die Männer auf der Seite Saramitas.

Mayfreda war mit den Frauen zu diesem Gastmahl der Männer gekommen, weil sie Unklarheiten beseitigen wollte, die durch die langen Reden Saramitas entstanden waren und dadurch begünstigt wurden, daß der eigentliche Glaube sich unter Vileminas öffentlicher Verehrung als Heilige tarnen mußte. Mayfreda ging es um die wörtliche Bedeutung, daß Vilemina leibhaftig der Heilige Geist ist. Die Frauen unterbrachen also die Mahlzeit der Männer, um etwas über die Menschwerdung Gottes im Leib einer Frau zu sagen.

Die Worte Adelinas machen es noch deutlicher, was Mayfredas Lehre bedeutete. Vileminas Göttlichkeit lag nicht in ihrer Angleichung an Christus, sondern Vilemina ist Jesus Christus. Sie sind ein Leib (These der physischen Konsubstantialität). Der Geist Gottes ist in Jesus Christus und in Vilemina Fleisch geworden.

Die Männer waren so gezwungen zu sehen, wodurch sich Vilemina von Christus unterschied - nämlich durch ihr Geschlecht. Mayfredas Glaubensbekenntnis hob den analogischen und allegorischen Schleier auf, der Vileminas Geschlecht zugedeckt und die Vilemiten/Vilemitinnen zusammengehalten hatte.

Obwohl die Vorstellung, daß Vilemina die Verkörperung des Heiligen Geistes sei, eine offenkundige Häresie war, ließ Crimella, der Mann von Adelina, diese widerspruchslos durchgehen (Lehre der "Schwestern und Brüder des Freien Geistes"). Einspruch erhob er erst, als seine Frau diesen Satz genau definierte, als sie erklärte, daß im gekreuzigten Leib von Jesus auch Vileminas Leib war.

Die Erkärung, die Luisa Muraro für die Reaktion Crimellas auf die Worte seiner Frau findet, läßt erkennen, was für eine Provokation diese Lehre für die Männer der Gruppe gewesen sein muß. Adelina wagte es, Männern (zu ihnen gehörten auch Adelige und Priester) eine theologische Lehre zu erklären, was ihr als einfacher Frau nach der Meinung ihres Mannes nicht zustand und dessen feministischen Inhalt er außerdem ablehnte. Er hatte gelernt, Gott im Gekreuzigten zu sehen, der sich erniedrigt hatte, um die Menschen, die an ihn glaubten, zu erlösen. Diese Erniedrigung umfaßte aber nicht das Geschlecht des fleischgewordenen Gottes. Erniedrigung und Leiden betrafen seinen Leib, dessen Männlichkeit eine Sache für sich war, ein transzendentales Attribut, das vom Geschlecht des Körpers unberührt blieb. (Dem entspricht die Lehre der Theologen, die vom Leiden Christi als Mensch sprechen, ohne weitere Spezifizierungen, nur mit dem einen Zusatz, daß er ein Mann war.) Adelina behauptete dagegen,

> "... daß am Kreuz, an dem Jesus mit dem Tode rang, hing auch der Körper einer Frau." (ebenda, S. 196)

Was das für ihren Mann bedeutete, macht Luisa MURAROs Interpretation deutlich:

> "Für ihren Mann war das so, als änderte Gott sein Äußeres. Jenes Hinzutreten des weiblichen Geschlechts bedeutete, daß der in den Kirchen der Anbetung den Gläubigen dargebotene Gekreuzigte plötzlich seine eigenen Geschlechtsmerkmale herzeigte und damit die ganze, die echte Schande eines Mannes, den man geschlagen und schlechter als einen Hund zugerichtet hatte. Bei der Anbetung des Mannes am Kreuz dachte Crimella bisher nicht daran, daß das Kreuz etwas mit Männlichkeit zu tun haben könnte und bei der Anbetung Vileminas, daß die Möglichkeit bestand, geschlagen zu werden." (ebenda, S. 196)[1]

Was den Vilemiten Crimella durcheinander brachte, war nichts anderes als die Aussicht, herabgesetzt zu werden in dem, was er war, aufgrund des Körpers, den er hatte.

> "Seine Frau, die über Theologie sprach, und der gekreuzigte Gott, der sein Geschlecht mit dem einer Frau teilte, eröffneten ihm dies." (ebenda, S. 196)

---

[1] Bonifaz VIII., der ein Leben lang vor dem Kreuz niederkniete, starb an der Verletzung einer Ohrfeige durch seine Feinde, eine Ohrfeige, die ihm seinen Körper wiedergab. Ihm war klar, einen Körper zu haben, nicht aber einer zu sein.

Die Differenzen in der Lehre von Saramita und Mayfreda, das unterschiedliche Verhalten der Männer und Frauen in diesem Streit, machen für mich deutlich, daß für diese Unterschiedlichkeit existentielle Bedürfnisse und Erfahrungen verantwortlich sind, die sich aus der Geschlechterspezifik ergeben. Dies will ich anhand der Vorstellungen der Männer und Frauen in der vilemitischen Gruppe über Vileminas Göttlichkeit aufzeigen.

Für die Männer war Vilemina ein Zeichen und eine Verheißung. Sie war für sie Ausdruck und Inkarnation ihrer Hoffnung auf eine Erneuerung der Kirche. Daß sie eine Frau war, war für sie insofern von Bedeutung, daß sie den Heiligen Geist heraufbeschwor, der die Kraft war, die die Kirche erneuerte.

Schon seit den Anfängen der Kirche wurden den Frauen größere Gaben in bezug auf den Heiligen Geist zu gesprochen als den Männern. Dessen großzügig gewährte Gaben fallen vor allem bei denen auf, die sie, wie etwa die Frauen, nicht in entsprechenden sozialen Rollen verwenden durften (ebenda, S. 170).[1]

Daß Vilemina für die Vilemiten diese Bedeutung gewinnen konnte, hatte sicher etwas mit Vileminas außergewöhnlicher Persönlichkeit zu tun wie mit ihren Träumen vom Zeitalter des freien Geistes, das eine neue Kirche hervorbringen würde.

Die Männer verstanden Vilemina mit all ihren Attributen, auch denen ihrer Göttlichkeit, als einer Allegorie der spirituellen Kirche, zu der sie sich mehr zugehörig fühlten als zur offiziellen Kirche. Dieser allegorischen Interpretation entsprach Saramitas Vorstellung zwar nicht, aber er schien ihr auch nicht widersprochen zu haben, vielleicht, weil er einsehen mußte, daß er die Männer nur auf diese Weise gewinnen konnte. Außerdem ließ sein analogisches Vorgehen eine allegorische Auffassung zu. Auf diese Art und Weise wurde Vilemina zu einer symbolischen Figur Christi.

---

[1] Die Auseinandersetzung mit der hierarchischen Ordnung dieser Welt und der Hinweis auf die höheren Gaben der Frauen sind seit den Anfängen der Kirche ein häufig wiederkehrendes Thema in der christlichen Meditation über den Heiligen Geist.

Vielleicht kann die Schwierigkeit der Männer der vilemitischen Gruppe, Vilemina als weibliche Inkarnation Gottes anzusehen, und zwar nur nicht im allegorischen oder analogischen, sondern im wörtlichen Sinne, aufzeigen,

1. wie wichtig für Frauen die Identifikation mit einer weiblichen Vorstellung von Göttlichkeit sein kann,
2. und daß einseitige Gottesbilder, die nur ein Geschlecht symbolisieren, für das andere Geschlecht immer in irgendeiner Form Defizite bedeuten.

Für die Frauen läßt sich ihr Gottesverständnis in bezug auf Vilemina in der Konsubstantialitätsthese zusammenfassen, die besagt, daß Vilemina und Jesus der eine Leib sind, den Gott bei seiner Menschwerdung angenommen hat.

Ihnen ging es nicht wie den Männern um die spirituelle Erneuerung der Kirche, sondern um die Bestätigung ihrer Körperlichkeit, ihrer Weiblichkeit als Tempel, als Ebenbild, als Bevollmächtigte Gottes durch Vilemina und Mayfreda. Durch das Vorbild von Vilemina und Mayfreda, durch ihre Neuformulierung der Inkarnation und Erlösungslehre aus ihrem Sein als Frauen heraus, haben sie den Frauen Mut gemacht, aus ihren angestammten Rollen herauszutreten und sich als ebenbürtige Beauftragte Gottes zu verstehen.

Vilemina hatte durch ihr Leiden als Frau in ihrem Körper erfahren, daß die Inkarnation Gottes im männlichen Körper durch Jesus nicht als Bevorzugung des männlichen Geschlechtes zu verstehen war, sondern daß Gott sich in Jesus stellvertretend für Männer und Frauen inkarniert hatte.

Das für Frauen Fatale daran war/ist, daß die Theologie zwar lehrt, daß Gott in Jesus Mensch geworden ist, aber versäumt, das Geschlecht Jesu zu thematisieren. Wenn es aber um die Repräsentation des Göttlichen ging/geht, verwiesen/verweisen im besonderen katholische Theologen darauf, daß Jesus ein Mann war.

Die Gleichwertigkeit oder Würdigkeit des weiblichen Körpers als Tempel Gottes hat in den Frauen Energien freigesetzt, die sie dazu befähigten, ihre theologischen Vorstellungen zu entwickeln und gegenüber den Männern zu behaupten, obwohl einige dieser Männer große gesellschaftliche Macht besaßen. Dadurch, daß nicht nur die weibliche Seele, sondern auch der weibliche Körper als Wohnstatt Gottes begriffen wurde, wurde die Spaltung von Körper, Seele und Geist aufgehoben.

Diese Lehre bedeutete für die Männer, daß ihnen ihr Körper wiedergegeben wurde, wodurch sie sich ihrer Verletzlichkeit und Endlichkeit bewußt werden mußten.

Der Streit um die physische Konsubstantialität belegt für mich, wie schwer es Männern fällt - selbst Männern, die Frauen als Repräsentantinnen des Göttlichen und als Leiterinnen ihrer Gruppe anerkennen - ihre geschlechtliche Differenz als göttliches Zeichen zu begreifen, bzw. warum Frauen das Bedürfnis haben, die Geschlechterdifferenz zu symbolisieren.

9.7 Resümee

Die vilemitische "Ketzerei" halte ich für eine eigenständige, feministische Umsetzung freigeistiger Theorie in die Praxis. Wenn auch nur die ursprüngliche Gruppe um Vilemina als wahre freigeistige Gruppe identifiziert werden kann, so sehe ich in der Gruppe gläubiger Frauen und Männer um Mayfreda und Saramita trotzdem ein Modell für die befreiende Umsetzung freigeistiger religiöser Inhalte, obwohl das Festhalten an religiösen und gesellschaftlichen Strukturen (Hierarchieverhältnisse, Sakramente) eine andere Theorie und Praxis herausbildete.

Welche Freiheit das Erkennen Vileminas als Inkarnation Gottes in weiblicher Gestalt mit sich brachte, macht besonders der Streit deutlich. Für die Frauen ist Vilemina in Realität die weibliche Verkörperung Gottes. Diese Vorstellung bevollmächtigte sie, Theologie zu lehren und Priesterin zu sein. Für die Männer ist sie dagegen die Übermittlerin des Heiligen Geistes, mit der das dritte Zeitalter der Erneuerung der Kirche beginnt. Ähnlich glaubten die Anhänger/innen des Freien Geistes daran, daß mit ihnen das Geistzeitalter angefangen habe, das schließlich von allen Menschen Besitz ergreifen werde.

Die Äußerung Vileminas, in ihrem Körper könne sie den Leib Christi sehen, und ihr Leib sei der des Heiligen Geistes, findet sich ähnlich in "Ketzer/innen"aussagen über den Leib, wie "Wenn während der Wandlung vor dem Alter sein Leib erhoben wird, dann bin ich es, der emporgehoben wird. Wo immer sein Leib hingetragen wird, dort werde ich getragen; denn er und ich sind ein Fleisch und ein Blut, eine einzige Person, die niemand zerteilen kann." (Ein Ausspruch, den Rysbroek einem Bruder des heiligen Geistes in den Mund legte.) Schon die Amalrikaner sprachen davon, daß sich das Wunder der Fleischwerdung, das von der christlichen Theologie als einmalig betrachtet wurde, in jedem von ihnen wiederhole. Es war Amalrich, der behauptet hatte, daß der Christ zu glauben habe, daß er als Glied des Leibes Christi gemeinsam mit dem Erlöser am Kreuz gelitten habe.

Die vilemitische Lehre kann mit Recht der "Feministischen Theologie" zugeordnet werden. Christliche Glaubenssätze oder Glaubenslehren wie die Christologie werden neu interpretiert aufgrund von Erfahrungen und Erkenntnissen, die Frauen in Körper, Geist und Seele gemacht haben.

> "Die vilemitische Theologie lehrte mit ihrem Dogma der Konsubstantialität, daß Vilemina, indem sie den gekreuzigten Leib des menschgewordenen Gottes ihren weiblichen Leib zur Seite stellte, seiner Passion das gab, was ihr gefehlt hatte." (ebenda, S. 167)

Der Mangel der Theologie bestand darin, daß es keinen Grund für das Geschlecht des menschgewordenen Gottes gab und jede Spur der Geschlechterdifferenz fehlte.

> "Vilemina sprach von ihrem Körper als Ort des Leidens, das sich ohne blutige Opfer, sondern einfach aufgrund der Tatsache vollzog, daß er der Körper einer Frau war. Es handelt sich demnach um das Leiden an der Geschlechterdifferenz. Dadurch, daß Gott in einem weiblichen Körper erschien, führte er seinen Geschöpfen ein Zeichen der Endlichkeit erneut vor Augen, das Mann Frau-Sein, das sie von ihm als ursprüngliches Kennzeichen erhalten hatten ... Die Geschlechterdifferenz ist keine Folge der Erbsünde ... Sie ist ein reines Zeichen der Endlichkeit, eine Versinnbildlichung des Schöpfers in seiner Schöpfung, wie dies auch die Körperlichkeit, die Zeitlichkeit, die Räumlichkeit und der Bedarf an Mitteln zur Erreichung eines Zwecks sind. Und doch ist sie ein verleugnetes Zeichen, ein Zeichen ohne Anerkennung und Sinn, das den Körpern wie ein Schandmal aufgeprägt ist. Die Bürde dieses sichtbaren Zeichens der Geschlechterdifferenz tragen vor allem die Frauen." (ebenda, S. 165 ff.)

Weil die Geschlechterdifferenz nicht als ursprüngliches menschliches Sein begriffen wurde, war die christliche Tradition schon bald nach ihrem Entstehen von Hass und Verachtung für die Frauen durchdrungen. Dieses diskriminierende und abwertende Verhalten Frauen gegenüber wurde z.T. aus dem kulturellen Umfeld aufgenommen, z.T. aber aus ihrem Inneren herausreproduziert. Der Hass für das weibliche Geschlecht

> "wird im Christen durch sein eigenes tiefes Bestreben hervorgebracht, sich mit Gott im männlichen Jesus Christus zu identifizieren." (ebenda, S. 166)

Dem entspricht die Aussage von Pierre Roissy, einem mittelalterlichen Theologen:

> "... Durch die Frau kam das Anderssein, die Trennung des Menschen von Gott. Daher ist die Zweiheit schändlich, denn sie bedeutet das Anderssein." (ebenda, S. 166)

Frauen müssen sich deshalb dafür rechtfertigen, daß sie Frauen sind. Sie sind der eine Teil einer ausgelöschten Differenz, eine verdrängte Abgrenzung. Dieses Leiden in der Geschlechterdifferenz konnte Gott in seiner Menschwerdung in Jesus Christus nicht erfahren (Mangel der Passion).

So war es auch das besondere Problem der Inquisitoren, die Inkarnation Gottes in Beziehung zur Geschlechterdifferenz zu begreifen. Diese Tatsache erklärt, warum die Inquisitoren beim letzten Verhör Mayfredas Primat übergingen. Sie schreckten davor zurück, die "ketzerische" Einstellung Mayfredas zu diesem Punkt zu formulieren, weil sie sonst in komplizierte theologische Probleme geraten wären. Aber gerade die Beziehung zur Geschlechterdifferenz galt Vileminas spirituelle Suche.

Die nicht thematisierte Geschlechterdifferenz ist ausschlaggebend dafür, daß Frauen auch in der Kirche nicht als gleichberechtigte Partnerinnen angesehen wurden/werden.

Obwohl Frauen von den Kirchenvätern den grundlegenden Wahrheiten des Christentums entsprechend die absolute Gleichheit mit den Männern zuerkannt wurde, finden sich bei ihnen auch Argumente für die Ungleichheit der Geschlechter. Dieser Widersprüchlichkeit entspricht die Unterscheidung zwischen der Naturordnung und der Gnadenordnung. Nach der Gnadenordnung gilt, daß Männer und Frauen beide vollkommene Glieder der unsichtbaren Kirche sind und infolgedessen gleich sind.

Da keine praktischen Schlußfolgerungen daraus gezogen wurden, war es kein Problem, diese Vorstellung zu akzeptieren.

Warum in der sichtbaren irdischen Kirche Frauen und Männer nicht gleich sein dürfen (Naturordnung), wird deutlich durch eine Aussage von Guy de Baysio, eines geistlichen Autors des 14. Jhs.. Dieser behauptet:

> "Einzig der Mann ist ein perfektes Glied der Kirche. Die Frau nicht; aus diesem Grunde kann sie die priesterlichen Weihen nicht empfangen."
> (ebenda, S. 337)

Da nach dem Kirchenrecht nur die Zugehörigkeit zur sichtbaren Kirche entscheidend war, bot diese Auffassung den Theologen die Möglichkeit, die rechtliche Unfähigkeit der Frauen zu rechtfertigen.

Diese Legitimierung war notwendig, weil man die Frauen aufgrund verschiedener Einflußnahmen von den öffentlichen Ämtern ausgeschlossen hatte, obwohl Frauen in der urchristlichen Bewegung eine bedeutende Rolle gespielt hatten.

Einen Grund, warum in der Jesus- und Missionsbewegung die Frauen den Männern gleichberechtigt waren, sehe ich darin, daß es zu dieser Zeit noch keine starr festgelegten Ämter gab. Die Beziehung zu Jesus, bzw. die Erleuchtung durch den Heiligen Geist, ermächtigte die Menschen (Frauen wie Männer) zu lehren, priesterliche Funktionen auszuüben, Mission zu treiben oder Hausgemeinden zu leiten. Erst mit der Durchsetzung des Bischofsamtes wurde die Befähigung aller durch den Geist zurückgedrängt und ersetzt durch die Autorität und Würde des Amtes. Dies war der Zeitpunkt, wo die Frauen aus den priesterlichen Funktionen gedrängt wurden und ihnen lediglich die karitativen Aufgaben vorbehalten blieben.

Luisa MURARO stellt eine interessante These auf:

> "Meines Erachtens ging man von dem historischen Sachverhalt des Ausschlusses der Frau von den öffentlichen Ämtern zum Grundsatz der Unterlegenheit (und folglich zur statischen Unterscheidung zwischen sichtbarer und unsichtbarer Kirche, die selbst zur Lehre der Kirchenväter im Widerspruch stand) deswegen über, weil man es versäumte, die Geschlechterdifferenz zu thematisieren. In anderen Worten: Weil der Christ seine Endlichkeit in bezug auf Gott anerkennt, die Endlichkeit in bezug auf das andere Geschlecht jedoch verleugnet, obwohl sie von Gott selbst im Schöpfungsakt festgesetzt wurde."
> (ebenda, S. 337)

Der Gedanke ist faszinierend, daß die Thematisierung der Geschlechterdifferenz, das Begreifen der Endlichkeit nicht nur in bezug auf Gott, sondern auch auf das andere Geschlecht, die Gleichheit zwischen Frauen und Männern hätte erhalten können, zumindest im Rahmen der Kirche.

Nicht berücksichtigt wurde bei dieser These, daß die sozialen, politischen und ökonomischen Verhältnisse die Beziehungen und Machtverhältnisse zwischen den Geschlechtern ebenso bestimmen wie die theologischen, was sich ja auch in der Patriarchalisierung der Liebesethik von Jesus gezeigt hat.

Bis heute sind in der katholischen Kirche keine theologischen Konsequenzen aus der Geschlechterdifferenz - als gottgegebene Differenzierung - gezogen worden[1]. Dies beweisen die Ausführungen in der "Dichiarazione" zum Ausschluß der Frauen vom Priesteramt.

Obwohl die "Dichiarazione" alle Argumente zurückweist, die auf einer natürlichen Unterlegenheit des weiblichen Geschlechts beruhen, wird u.a. folgender Grund für den Ausschluß der Frauen angeführt:

Weil Christus ein Mann war und für die Fortführung seiner Mission nur Männer wählte, können Frauen zum Priesteramt nicht zugelassen werden.

Unter Heranziehung des ersten Schöpfungsberichts behauptet die "Dichiarazione", daß die von Gott im Schöpfungsakt selbst festgesetzte Geschlechterdifferenz unmittelbar für die Gemeinschaft der Menschen sowie für die Fortpflanzung des Menschengeschlechts von Bedeutung sei. Die Tatsache der Geschlechterdifferenz hat aber bisher, obwohl sie uranfänglicher Wille Gottes genannt wird, keine Konsequenz gehabt für das geistliche Leben.

> "Da ist der Dominikaner Humbert da Romans[2] konsequenter, der sich in der Mitte des 13. Jhs. des ersten Schöpfungsberichts bediente, um daraus das damals nicht unumstrittene Urteil abzuleiten, daß die Frauen gut daran tun, sich im geistlichen Orden zu organisieren: 'Wohlbemerkt ist es gerecht, wenn Gott, der im Anfang den Menschen schuf und ihn als Mann und als Frau schuf, beide Geschlechter zu seinen Diensten hat'." (ebenda, S. 341 ff.)

---

[1] Dies gilt in abgeschwächter Form auch für die evangelische Kirche.

[2] Humbert da Romans war einer der Theologen, der für das Konzil für Lyon ein Gutachten erstellte über die Ausschweifungen des Beginenlebens (vgl. Kapitel 3.2).

Im Gegensatz zur "heilmachenden" Wirkung der Geschlechterdifferenz, wie sie Vilemina verstand, wurde/wird diese in Kirche und Gesellschaft im Sinne unvereinbarer Prinzipien verstanden. Die Geschlechterdifferenz wurde/wird vor allem begriffen in Form von Rollenunterschieden, die jede Gesellschaft als Stereotype reproduziert. So konnte die Geschlechterdifferenz in der Praxis des christlich abendländischen Denkens zur Ausgrenzung der Frauen mißbraucht werden: als Begründung zur Unterordnung, Unterdrückung und Diffamierung von Frauen.

10 Geistbewegungen als Befreiungsbewegungen

In diesem abschließenden Kapitel sollen die theologischen Vorstellungen herausgefunden werden, die befreiende Selbst- und Gottesbilder, manchmal auch gleichberechtigte Beziehungen zwischen Frauen und Männern möglich machten. Über die ihnen gemeinsamen theologischen Vorstellungen lassen sich Verbindungen zu anderen Traditionen in der Kirchengeschichte herstellen, die Licht auf die Art ihrer befreienden Vorstellungen werfen. Außerdem soll die Relevanz dieser Erkenntnisse anhand der Geschichte der Geistchristologien für die feministisch-theologische Bewegung aufgezeigt werden. Zum Schluß soll durch eine Zusammenschau der Gottes- und Selbstbilder der von mir dargestellten Repräsentantinnen/Repräsentanten die Frage beantwortet werden, was letztlich entscheidend ist für ein befreiendes Gottesbild.

Ausgangspunkt meiner Forschungen war, daß gerade die religiösen Gruppen/ Repräsentantinnen dieser Gruppen für Frauen befreiende theologische Vorstellungen entwickelt haben, die von der orthodoxen Kirche als "ketzerisch" eingestuft wurden.

Allen von mir erforschten Gruppen/Vertreter/innen dieser Gruppen war folgendes gemeinsam:

1. Für sie besaß die Erleuchtung durch den Heiligen Geist und die Vorstellung von der alles umfassenden Liebe Gottes die entscheidende Bedeutung.
2. Sie beriefen sich auf ihre persönlichen Gotteserfahrungen und lehnten die institutionelle Vermittlung ab, wobei es unterschiedlich war, an welcher Stelle ihres Weges zu Gott sie Priester, Erleuchtete, Meister/in, Gebote und Normen der Kirche hinter sich ließen.
3. Alle sind der Mystik zuzurechnen.

Beim Vergleich ihrer theologischen Vorstellungen lassen sich Verbindungen zu Traditionen feststellen, die immer wieder in der Geschichte des Christentums aufgetaucht sind und ebenfalls oft als "ketzerisch" begriffen wurden, und zwar den Geistchristologien.

Für die Geistchristologien war entscheidend, daß der prophetische Geist über Frauen wie Männer ausgegossen ist. Dieser Glaube befähigte Frauen, nicht nur Trägerinnen und Sprecherinnen des auferstanden Christus zu sein, sondern Frauen konnten auch als Verkörperungen Christi verstanden werden.

10.1 Die Geistchristologien und ihre befreiende Wirkung

Rosemary R. RUETHER (1985) ordnet in ihrem Buch "Sexismus und die Rede von Gott" (5. Kapitel) alle von mir dargestellten religiösen Gruppen den Geistchristologien zu. Es stellt sich die Frage, auf welche theologischen Vorstellungen ihre befreiende Wirkung zurückgeführt werden kann.

Die befreiende Wirkung der Geistchristologien beruhte nach R. RUETHER (1985) auf der Vorstellung, daß die Offenbarung mit Christus noch nicht abgeschlossen ist.

> "Diese Christologie des Geistes trennt den historischen Christus der Vergangenheit nicht vom weiteren Wirken des Heiligen Geistes. Sie sieht Christus eher als eine Kraft, die sich immer - auch in der Gegenwart - in einzelnen Menschen offenbart, egal, ob sie nun Männer oder Frauen sind. Christus verkörpert sich in einer neuen Menschheit, in der sich das Potential eines erlösten Lebens in der Zukunft enthüllt. Die Wirklichkeit Christi ist nichts in der Vergangenheit Abgeschlossenes, sondern sie offenbart sich bis hin in die Gegenwart. Da die institutionalisierte Kirche diese frühe Erscheinung der eigenen Identifikation mit dem auferstandenen Christus und des Weiterwirkens der Kraft des Heiligen Geistes erfolgreich unterband, fanden Geisteschristologien ihren Ausdruck dort, wo gegen kirchliches Establisment revoltiert wurde und wo man sich auf ein 'drittes' Zeitalter der Offenbarung durch den Heiligen Geist berief. ... Das Wiedereinführen einer Hoffnung auf Erlösung in der Geschichte, die noch vor uns liegt, stellt ein Aufbegehren gegen das Einkapseln Christi in der Vergangenheit dar. Eine weitere Station von Offenbarung und Erlösung, ja, sogar eine neue Dimension göttlicher Macht und Bedeutung, soll sich noch auftun. Der Heilige Geist wird darin zum Hauptbeweggrund für ein Aufbegehren gegen eine Christologie der abgeschlossenen Vergangenheit." (ebenda, S.162 ff.)

Weil aber die ursprünglich auch für Frauen befreiende Botschaft des Christentums im Laufe der Geschichte immer wieder verlorengegangen ist, haben sich immer wieder religiöse Gruppen gebildet, die diese Botschaft wieder zum Leben erweckt haben. Die Geistchristologien sind ein Beweis, daß sich befreiende Botschaften trotz Diffamierungen und Ausgrenzungen als ketzerisches Gedankengut nicht auf Dauer unterdrücken lassen.

Wenn auch die Frauen der Missionsbewegung in urchristlicher Zeit nicht als weibliche Inkarnation Gottes verstanden wurden, wie z.B. Vilemina, so kann man nach Elisabeth SCHÜSSLER FIORENZA doch davon ausgehen, daß Frauen wie Männer, die in Christus getauft waren, sich vom Geist erfüllt, als Menschen, die den Geist empfangen haben, begriffen haben.

> "Als prophetische Bewegung der 'Söhne und Töchter Gottes' sammelt sie sich in Hauskirchen und verbreitet das Evangelium in missionarischer Partnerschaft. Als neuer Tempel sind ihre Mitglieder 'erfüllt' von Sophia und Geist; sie sind die neue Schöpfung und die neuen Geschöpfe Gottes. ... In der Taufe treten ChristInnen in das Kraftfeld 'des' Geistes ein, haben teil an ekstatischen Erfahrungen und werden 'ausgesandt', das Evangelium in der Vollmacht des Geistes zu verkündigen, beglaubigt durch Wunderzeichen und überzeugende Beredsamkeit. Sie sind 'eine geheilte Schöpfung' geworden, die geisterfüllte Gemeinde derer, die gereinigt, geheiligt und gerechtfertigt sind. Sie sind alle gleich, weil sie alle Zugang zu der Geistesmacht Gottes haben; sie heißen alle Auserwählte und Heilige, denn sie sind alle ohne Ausnahme von Gott an Kindes statt angenommen: JüdInnen und HeidInnen, Frauen und Männer, SklavInnen und Freie, Arme und Reiche, jene von hohem Status und jene, die in den Augen der Welt 'Nichtse' sind. In der sich in der Hauskirche versammelnden neuen Familie sind alle ohne Ausnahme 'Schwestern und Brüder'." (SCHÜSSLER FIORENZA 1988, S. 253 ff.)

Diese Gleichheit im Geist wird von der frühchristlichen Bewegung in der Apostelgeschichte (Apg. 2,17) mit den Worten des Propheten Joel zusammengefaßt:

> "In den letzten Tagen wird es geschehen, so spricht Gott:
> Ich werde von meinem Geist ausgießen über alles Fleisch.
> Eure Söhne und eure Töchter werden Propheten sein,
> eure jungen Männer werden Visionen haben,
> und eure Alten werden Träume haben.

Auch über meine Knechte und Mägde werde ich von meinem Geist ausgießen in jenen Tagen,
und sie werden Propheten sein." (Einheitsübersetzung)

Die Geistchristologien nahmen also ihren Anfang in der frühchristlichen Prophetie und setzten sich fort im Montanismus und im Märtyrer/intum.

Der Bevollmächtigung durch den Geist entsprach es, wenn zum Beispiel die Märtyrerin Blandina während ihres Todeskampfes in der Arena als zweiter Christus beschrieben wurde.

"Dann wurde Blandina, an einen Brandpfahl gebunden, wilden Tieren, die auf sie losgelassen wurden, zum Fraße vorgeworfen. Sie nur anzusehen, wie sie da in Kreuzesform und in tiefe Gebete versunken hing, bewirkte in denen, die mit widerstreitenden Gefühlen zusahen, große Erleichterung, denn in ihrem inneren Konflikt sah ihr äußeres Auge sie als ihre Schwester, als die Eine, die für sie gekreuzigt wurde." (R. Ruether 1985, S. 161)

Über die montanistische Prophetin Priscilla wurde berichtet, daß ihre Anhänger/innen, indem was sie sagte, Christus sprechen hörten. In einigen Visionen soll ihr Christus in Gestalt einer Frau erschienen sein.

"Christus erschien mir in Gestalt einer Frau, in ein glänzendes Gewand gekleidet, gab mir Weisheit und offenbarte, daß dieser Ort heilig ist und daß hier Jerusalem herabkommen wird." (ebenda, S. 162)

Der Montanismus bewahrte aber nicht nur die Ausgießung der prophetischen Gaben auf Frauen und Männer, sondern praktizierte auch die gleichberechtigte Beteiligung der Frauen am Priesteramt.

Die "Schwestern und Brüder des freien Geistes" waren die ersten, die ihre Geistbevollmächtigung auch im gesellschaftlichen Bereich in die Tat umzusetzen versuchten. Gerade das immer wieder Auftauchen der freigeistigen Gruppen in Westeuropa über 4 Jahrhunderte macht die Kraft der Geistchristologien deutlich, die nicht zu unterdrücken waren trotz andauernder Verfolgungen (vgl. Kapitel 7).

Eine feministische Ausprägung der Geistchristologien stellt die vilemitische Gruppe dar (vgl. Kapitel 9).

Außer der vilemitischen Gruppe gab es noch eine weitere freigeistige Gruppe, die es als Auftrag des dritten Zeitalters ansah, Frauen die Gleichberechtigung zu verschaffen.

Prous Boneta war die spirituelle Leiterin dieser Gruppe. Sie gilt zugleich auch als Gründerin der Beginen in der Provence. Ihre Anhänger/-innen sahen in Prous Boneta die Verkörperung des Heiligen Geistes. Für sie war sie "die Neue Eva, die der ganzen Menschheit zur endgültigen Erlösung verhelfen werde." (ebenda, S. 163)

Beide Gruppen, die vilemitische wie die Gruppe um Prous Boneta, können als radikaler Ausdruck ihrer "Unzufriedenheit mit dem als maskulin vereinnahmten Christus und einer klerikalisierten Kirche" verstanden werden.

> "Sie begnügen sich nicht damit, einem immer noch um das Männliche zentrierten Symbol ein 'weibliches' oder 'mütterliches' Element hinzuzufügen. Sie trauen sich, von einer neuen Offenbarung zu träumen, in der Frauen neue, noch nie gedachte Dimensionen menschlicher Möglichkeiten und göttlicher Erkenntnisse verkörpern werden." (ebenda, S. 163)

Auch in der nachreformatorischen Zeit traten einige religiöse Gruppen weiterhin mit dem Anspruch auf, durch den Heiligen Geist bevollmächtigt zu sein, z.B. die radikalen Puritaner/innen und Quäker/innen. Unter ihnen gab es ebenfalls Gruppen, die gerade deshalb darauf bestanden, daß die alte Offenbarung durch eine neue ergänzt werden müsse, weil die weibliche Seite Gottes noch keine Verkörperung erfahren hatte.

> "Die bedeutenste dieser Bewegungen war die der anglo-amerikanischen Shaker, eine Bewegung, die zuerst in England im späten 18. Jahrhundert entstand. Die Shaker stützten ihren Glauben an einen dualen, nämlich zugleich männlichen und weiblichen Christus auf ihre Lehre von der Androgynität Gottes. Gott ist zugleich Vater und Mutter, und die Menschheit in ihrer männlichen und weiblichen Ausprägung ist nach dem Bilde des androgynen Gottes geschaffen. Daher ist die Erlösung, die bisher nur die 'männliche Linie' erfaßt hat, nicht voll erfüllt. Die weibliche Seite Gottes, die Heilige Weisheit, hat bisher noch keinerlei Offenbarung erfahren. Die Shaker übernahmen Aspekte der androgynen mystischen Tradition, indem sie Gott und Menschheit als in männliche und weibliche Teile aufgespalten verstanden. Der maskuline Christus war unzureichend, denn er konnte die weibliche Seite Gottes nicht sichtbar machen. Allerdings gehen die Shaker noch über die androgyne Tradition hinaus, indem

sie die Möglichkeit verwerfen, daß dieser Offenbarung des bisher nicht sichtbar gewordenen 'Weiblichen' dadurch Genüge getan werden kann, daß dem männlichen Symbol Christi 'feminine' Qualitäten beigegeben werden. Die neue und endgültige Stufe der Erlösung muß durch ein weibliches Wesen sichtbar gemacht werden. Ein nur männlicher Christus kann die Fülle der Möglichkeiten des Menschen und die göttliche Natur des Männlichen und Weiblichen nicht sichtbar machen."(ebenda, S. 164)

Die Shaker sahen in ihrer Gründerin und Leiterin Ann Lee die Erfüllung ihrer Hoffnungen auf eine endgültige Erlösung. Für sie war "Mutter" Ann Lee der schon lange erwartete weibliche Christus.

Im 19. Jahrhundert haben aber nicht nur die Shaker den Glauben an eine neue Stufe der Erlösung in weiblicher Gestalt weitergetragen, sondern auch die französischen utopischen Sozialisten/Sozialistinnen, die St. Simonisten/Simonistinnen und Transzendalisten/Transzendalistinnen Neuenglands.

Die reformistischen Feministinnen, zum Beispiel Frances Willard, gingen zwar nicht so weit, daß sie ihre weibliche Reformbewegung als neue Offenbarung Christi verstanden, doch schlossen sie nicht aus, daß die "Emanzipation der Frau die Erfüllung der Weissagung Joels sein könnte, nach der die Ausgießung des prophetischen Geistes über die Frauen die letzte Zeit der Erlösung einleiten wird." (ebenda, S. 165)

Diese Vorstellung macht deutlich, daß auch die Menschen des 19. Jhs. an ein baldiges Weltende glaubten.

"Alles Denken wurde von der Vorstellung beherrscht, daß die Gesellschaft mit all ihrem Sinnen und Trachten dem Ende entgegengehe, daß sich am Horizont aber bereits eine neue Welt abzeichne, deren Konturen jedoch noch zu undeutlich um etwas über ihr Wesen aussagen zu können."
(R. RUETHER 1987, S. 180)

Auch heute sind die in den Geistchristologien beantworteten Probleme mit der Christologie von der orthodoxen Kirche noch nicht gelöst worden. In der feministisch-theologischen Diskussion wird sowohl die mit Christus abgeschlossene Offenbarung wie der auf das Männliche fixierte Christus kritisiert.

"Nur Männlichkeit vermag Gott und Mensch das zu geben, wessen sie bedürfen. Wenn schon Erlöser, Befreier, Retter, Heiland, König, Gesalbter, Seligmacher, dann bedarf es dazu des neuen Adam. Der Fall des alten Adam, der das Unheil für das gesamte Menschengeschlecht heraufbeschwört, kann nur durch die Gegenaktion eines neuen Adam wettgemacht werden, nämlich durch dessen Selbstopfer und Sühneopfer, das vor den Augen Gottes einen so hohen Stellenwert hat, daß es die Menschen entsühnt und erlöst. ... Nur mit einem männlichen Gott, nur mit einem Gottessohn, fangen die die Menschen vertretenden Männer die Erlösungssehnsucht der Zeit auf. So wird dieser in Mannesgestalt Erschienene zum eingeborenen Gottessohn erklärt, gezeugt und nicht geschaffen, vor aller Zeit seiend, Mitkreator der Schöpfung, fleischgewordenes Wort, wortgewordenes Fleisch." (WENK 1982, S. 14)

Rosemary R. RUETHER kommt zu dem Schluß:

"Christus als die erlösende Gestalt und Wort Gottes kann nicht 'ein für alle mal' in den historischen Christus eingekapselt werden." (R. RUETHER 1985, S. 169)

10.2 Kirche als geisterfüllte Gemeinschaft

Die Verketzerung und Verfolgung der Geistchristologien kann auch als Kampf der orthodoxen, institutionellen Kirche gegen die geisterfüllten Gemeinschaften begriffen werden. Während die Geistbevollmächtigung bei der institutionellen Kirche im wesentlichen auf die klerikalen Amtsträger beschränkt war/ist - und dies gilt trotz der Vorstellungen vom allgemeinen Priestertum auch für die evangelische Kirche -, wird diese bei den geisterfüllten Gemeinschaften auf göttliche Begnadung (Charisma) zurückgeführt. Diese war unabhängig vom geistlichen oder sozialen Status wie vom Geschlecht.

Die Problematik des Ausschlusses der Frauen vom Priesteramt wurde in der Gruppe um Mayfreda auf eine andere Weise gelöst als bei den Helfta Mystikerinnen und auch anders als in der Gruppe um Vilemina (weibliches Priestertum - Sprachrohr Christi - Bevollmächtigung durch den Heiligen Geist). Dies scheint mir interessant in Bezug auf den Zusammenhang zwischen zwei verschiedenen Entwicklungen in der urchristlichen Gemeinde:

1. dem Herausdrängen der Frauen aus den geistlichen Funktionen, die sie in der Jesusgemeinschaft und in der urchristlichen Gemeinde innehatten;
2. der Installierung der Ämter, die nur Männern vorbehalten waren - bis auf einige Aufgaben im diakonischen Bereich.

Obwohl evangelischen Frauen der Pfarrberuf offensteht, hat sich nichts Wesentliches an den männlichen Strukturen innerhalb der Kirche geändert. Diejenigen, die die Macht ausüben, sind immer noch die Männer.

Meine Vorstellung geht dahin, daß dies mit dem Verständnis des Amtes zusammenhängt. Das Abrücken von der geisterfüllten Gemeinschaft, die Aufgabe des allgemeinen Priestertums und die Herausbildung der Repräsentativ- und Stellvertreterfunktionen ist nach meiner Ansicht die Ursache für das Dilemma.

Während die geisterfüllten Gemeinschaften durch Begriffe wie charismatisch, apokalyptisch, chiliastisch, utopisch oder mystisch charakterisiert werden können, sind Beschreibungen wie episkopal, klerikal und historisch die Kriterien, die die institutionelle Kirche kennzeichnen.

Als Frage stellt sich: Sind diese Spezifika entscheidend für das Verschwinden von geisterfüllten Gemeinschaften und die zweitausendjährige Geschichte der orthodoxen Kirche?

Die Kirchengeschichte beweist, daß die geisterfüllten Gemeinschaften, trotz ihres immer wieder Auftauchens, nur von kurzer Dauer waren.

> "Die experimentellen Bewegungen, die sich am Konzept der geisterfüllten Gemeinschaft und an einer jenseits der Geschichte liegenden neuen Ordnung orientieren, sind jedoch instabil." (R. RUETHER 1988, S. 34)

Als Aufgabe stellt sich für uns Frauen heute, eine Kirche zu schaffen, die die befreienden Potentiale der geisterfüllten Gemeinschaft wieder lebendig macht.

> "Die Kirche als geisterfüllte Gemeinschaft, die im Dienst und in der Erwartung des neuen Zeitalters steht, muß eine Form finden, mit der real existierenden, unerlösten menschlichen Geschichte zurechtzukommen. Wie kann sich eine Kirche sowohl in ihrer Lehre als auch in ihrer Organisationsform historisch in einer Weise vermitteln, die der kontinuierlichen Wiedergeburt des Geistes und

der Wiederbelebung der geisterfüllten Gemeinschaft in ihrer Mitte Raum läßt?" (ebenda, S. 34)

Meine Vision von der Ganzheit für Frauen und Männer scheint mir in einer Kirche Realität werden zu können, die die Geistbevollmächtigung aller für möglich hält und Raum schafft und ermutigt, eigene Erfahrungen mit Gott zu machen.

10.3 Der Weg zu einem befreienden Gottesbild

Die in den Geistchristologien zum Ausdruck kommenden Gottesvorstellungen haben sich auf Frauen (auch auf Männer) befreiend ausgewirkt. Wichtigste Voraussetzung dafür war, daß Gruppen, die diese theologischen Vorstellungen vertreten haben, Frauen wie Männer als vom Geist Bevollmächtigte anerkannt und Gott als die alles umfassende Liebe verstanden haben. Ihre bräutlichen und mütterlichen Vorstellungen von Jesus und Gott, die Ausgießung des Heiligen Geistes auf Männer und Frauen und die Vorstellung von der Inkarnation Gottes in besonders geistbegabten Frauen, haben Frauen in ihrem weiblichen Sein bestätigt. Im Widerspruch dazu stehen die frauenfeindlichen Äußerungen der Zisterzienserautoren und ihre geringe Bereitschaft, Frauen in ihren Orden zu integrieren.

Wie die Gottesvorstellungen oder Erfahrungen mit Gott zustande gekommen sind, ist ausschlaggebend für die Befreiung der Frauen zum ganzheitlichen Sein oder für die Fixierung auf weibliches Sein in seiner patriarchalen Beschränkung.

Diese These will ich an den von mir dargestellten Repräsentantinnen/Repräsentanten deutlich machen.

Ausgehend von der Geschlechterdifferenz fand Vilemina Gott in sich und brachte **Gott** in Beziehung zu ihren Mitmenschen durch ihr Frausein zum Ausdruck. Vileminas Verkörperung von Gott als Erfahrung von Macht in Beziehung ließ die Menschen um sie herum glauben, daß sie Gott sei. Vilemina war nicht Gott, sondern machte Gott sichtbar. Die Theologie von Carter HEYWARD (1985) läßt die Gotteserfahrung der Vilemiten/Vilemitinnen auf eine neue Weise verstehen.

Das Leiden an der Geschlechterdifferenz und das Erfahren von **Macht in Beziehung** in der Gegenwart Vileminas ließen in Mayfreda die Vorstellung von der weiblichen Inkarnation Gottes entstehen. Im Dogma von der Konsubstantialität von Jesus und Vilemina kam ihr neues Gottesverständnis vom weiblichen und göttlichen Sein zum Ausdruck.

Trotz ihres unterschiedlichen Gottesverständnisses ist beiden gemeinsam, daß ihre jeweiligen Gotteserfahrungen sie in ihrem weiblichen Sein bestätigten und bevollmächtigten. Das Begreifen-Müssen ihres Nicht-Sein als Frauen in einer patriarchalen Gesellschaft hat sie theologische Vorstellungen entwickeln lassen, die das androzentrische, defizitäre Gottesverständnis in Frage stellten.

Die Zisterzienserautoren erfuhren dagegen ihr auch weibliches Sein[1] nicht in sich, sondern außerhalb ihrer Person und zwar zu dem Zeitpunkt, als neue Rollenanforderungen an sie als spirituelle Führer und Begleiter gestellt wurden. Als weibliche Fähigkeiten von ihnen verlangt wurden, entdeckten und entwickelten sie diese weder in sich im Sinne von noch nicht verwirklichten Potenzen noch verstanden sie sie als Ganzwerden ihres männlichen Seins, sondern projizierten diese auf Gott und nahmen dadurch Gott, den Frauen und sich selbst die Möglichkeit des ganzheitlichen Seins.

Denn die Integration weiblicher Anteile hätte nicht Verschmelzung sondern Identifizierung mit diesem auch weiblichen Gott gefordert. Das Ganzwerden eines männlichen Gottes durch Hinzufügung geschlechtsspezifischer weiblicher Eigenschaften kann für geistliche Männer zwar zur Legitimierung weiblicher Rollenanforderungen dienen, bedingt aber kein neues Selbstverständnis als Mann und kein neues Frauenbild. Wenn Gott von Männern als weiblich begriffen wird, nur um mit ihr (Gott) zu verschmelzen, so liegt der Verdacht nahe, daß Frauen in ihrer Eigenständigkeit nicht begriffen werden.

Die Mystikerinnen haben die Vereinigung mit Gott nicht nur als geistigen, sondern als leiblichen und sinnlichen Prozeß erfahren. Mechthild von Magdeburg hat Gott bis auf zwei Ausnahmen nur in bräutlichen Vorstellungen beschrieben. Die Sprache des Hohen Liedes scheint für sie am besten die überwältigenden Erfahrungen widerzuspiegeln, die sie mit

---

[1] Unter weiblichem Sein verstehe ich hier weibliche Kompetenzen, die Frauen üblicherweise zugeordnet werden.

diesem liebenden Gott gemacht hat. Obwohl Mechthild von Magdeburg im wesentlichen an den weiblichen und männlichen Geschlechtsstereotypen festhält - ich habe auch einige Beispiele genannt, wo sie davon abweicht - entwickelt sie neben der Vorstellung von Weiblichkeit als Niedrigkeit eine positive Vorstellung von Weiblichkeit. Weiblichkeit als **Freisein von Macht** befähigt die Frauen im besonderen Sprachrohr Christi zu sein. Mechthilds Selbstbewußtheit als Frau, ihr Leiden an der Geschlechterdifferenz, läßt sie zwar Weiblichkeit mit Niedrigkeit assoziieren, um den Zustand der Seele zu beschreiben, aber diese Niedrigkeit ist Voraussetzung für die unio mystica und die göttliche Berufung der Frauen. Deshalb sollte ihre Vorstellung von Weiblichkeit als Symbol für Niedrigkeit und Anderssein von Gott, das der Vervollständigung durch einen Bräutigam bedarf, nicht als Disqualifikation von Weiblichkeit verstanden werden. Das Ganzwerden weiblichen Seins durch Verschmelzen mit männlichem Sein ist ein Bild für die nicht in Worte zu fassenden Erfahrungen mit einem über alles liebenden Gott.

Die Helfta Nonnen haben Gott in bräutlichen und mütterlichen Vorstellungen beschrieben. Frauen wie Männern wurden Eigenschaften zugeordnet, die sonst nur für ein bestimmtes Geschlecht als typisch angesehen wurden. Ihr Selbstverständnis beruhte nicht auf der Identifizierung von Weiblichkeit mit Schwäche, sondern auf ihrer besonderen Beauftragung, die sie nicht abhängig gemacht haben von ihrem Geschlecht. Weil sie sich ihres Frauseins nicht im Sinne von Leiden an der Geschlechterdifferenz bewußt waren, konnten sie Gott und sich selbst das ganze Spektrum von weiblichen und männlichen Eigenschaften zuordnen. Dies war ihnen möglich infolge ihrer Sozialisation in einem Frauenkonvent.

Marguerite Porète hat weder weibliche Gottesvorstellungen entwickelt noch sich als weibliche Inkarnation Gottes verstanden. Und doch hat das Begreifen und Erfahren Gottes als die alles umfassende Liebe sie in den Stand versetzt, sich durch den Heiligen Geist und die Liebe Gottes als Bevollmächtigte Gottes zu fühlen, Gott zu sein.

Ihre Bevollmächtigung durch den Heiligen Geist und die Umwandlung ihrer Seele durch die Liebe Gottes in göttliches Sein haben ihr die wahre Gotteserkenntnis gegeben, die sie höher einschätzte als die Gotteswissenschaft der Gelehrten und Theologen. Sie verstand sich als Verkünderin des Weges zur Vollkommenheit, der nur bestimmten Seelen - den vernichtigten Seelen - möglich ist. Trotz ihrer hohen Selbsteinschätzung den noch nicht vernichtigten Seelen gegenüber, beschrieb sie sich auch mit erniedrigenden Metaphern. Ihr immer größer werdendes Verständnis über ihr niedriges menschliches Sein macht die ganze Liebe Gottes notwendig.

Das komplementäre, sich bedingende Mensch-Gottesverhältnis muß demnach nicht unbedingt - wie ich es im ersten Kapitel dargestellt habe - die einseitige Ohnmacht des Menschen und die absolute Machtvollkommenheit Gottes bedeuten; denn das Begreifen und Erfahren des Nicht-Sein im Verhältnis zu Gottes Alles-Sein ermöglicht die unio mystica, die Machtvollkommenheit im Sein in Gott.

Der Unterschied dieses wechselseitigen Abhängigkeitsverhältnisses zu dem einseitigen Abhängigkeitsverhältnis zwischen Gott und Mensch besteht darin, daß das Erfahren des Nicht-Sein nicht losgelöst ist von der Liebe Gottes. Dies ist aber der Fall, wenn das Beziehungsverhältnis zwischen Gott und Mensch als hierarchisch und das Macht-Ohnmachtverhältnis als einseitig begriffen wird.

Ihre je eigenen Erfahrungen haben Frauen wie Männer befähigt sich als Geliebte Gottes zu begreifen trotz ihres Nicht-Sein im Verhältnis zu Gott. Die Erkenntnis, daß sie aus der Liebesbeziehung zu Gott nicht herausfallen können, hat sie ihre **Macht in Beziehung** zu Gott spüren und ihre Mitmenschen erfahren lassen.

Nicht die weiblichen Gottesbilder sind letztlich entscheidend für die Befreiung der Frauen, sondern das Erfahren von **Macht in Beziehung** zu Gott und den Mitmenschen. Die Bilder, die diese Beziehung beschreiben, sind jedoch abhängig von individuellen, gesellschaftlichen und historischen Bedingungen.

LITERATURVERZEICHNIS

Adam, I.: Untersuchungen über die Beziehung zwischen Gottesvorstellung und dem Erleben väterlicher Autorität in der Kindheit. In: Wege zum Menschen 28 (1976), S. 190-196

Boff, Leonardo: Das mütterliche Antlitz Gottes. Ein interdisziplinärer Versuch über das Weibliche und seine religiöse Bedeutung. Düsseldorf 1985

Bosl, Karl: Europa im Aufbruch. Herrschaft - Gesellschaft - Kultur vom 10.-14. Jh.. München 1980

Bücher, Karl: Die Frauenfrage im Mittelalter. Tübingen[2] 1910

Bynum, Caroline Walker: Jesus as mother. Studies in the Spirituality of the High Middle Ages. Berkely (University of California Press) 1982

Cavarero, Adriana: Ansätze zu einer Theorie der Geschlechterdifferenz. In: Der Mensch ist zwei. Das Denken der Geschlechterdifferenz / Diotima, Philosophinnengruppe aus Verona. Wien 1989, S. 65-102

Christ, Carol: Warum die Frauen die Göttin brauchen: In: Schlangenbrut Nr. 8 (1985), S. 6-19

Cohn, Norman: Das Ringen um das Tausendjährige Reich. Revolutionärer Messianismus im Mittelalter und sein Fortleben in den modernen totalitären Bewegungen. Bern 1961

Dalarun, Jaques: Erotik und Enthaltsamkeit. Das Kloster von Robert von Arbrissel. Frankfurt 1987

Daly, Mary: Jenseits von Gottvater Sohn und Co. Aufbruch zu einer Philosophie der Frauenbefreiung. München 1980

Die Bibel: Einheitsübersetzung (Herder) Freiburg/Basel/Wien 1980

Dirks, Marianne (Hrsg.): Glauben Frauen anders? Erfahrungen. Freiburg[2] 1983

Eichenbaum, Luise und Orbach, Susie: Was wollen die Frauen? Ein psychotherapeutischer Führer durch das Labyrinth von Wünschen, Ängsten und Sehnsüchten in Liebesdingen. Hamburg 1987

Ennen, Edith: Frauen im Mittelalter. München[2] 1985

Erbstößer, Martin: Sozialreligiöse Strömungen im späten Mittelalter. Berlin 1970

Erbstößer, Martin: Ketzer im Mittelalter. Stuttgart/Berlin/Köln/Mainz 1984

Erbstößer, Martin und Werner, Ernst: Ideologische Probleme des mittelalterlichen Plebejertums. Die Freigeistige Häresie und ihre sozialen Wurzeln. Forschungen zur mittelalterlichen Geschichte, Bd. 7, Berlin 1960

Erni, M.: Das Vaterbild der Tochter. Einsiedeln/Zürich/Köln[3] 1971

Finke, Heinrich: Die Frau im Mittelalter. Kempten/München 1913

Gilligan, Carol: Die andere Stimme. Lebenskonflikte und Moral der Frau. München 1984

Glente, Karin: Mystikerinnenviten aus männlicher und weiblicher Sicht. Ein Vergleich zwischen Thomas von Cantimpré und Katharina von Unterlinden. In: Dinzelbacher, P./Bauer, R. (Hrsg.): Religiöse Frauenbewegung und mystische Frömmigkeit im Mittelalter. Köln/Wien 1988

Gnädinger, Louise (Hrsg.): Margareta Porete. Der Spiegel der einfachen Seelen. Wege der Frauenmystik. (Aus dem Altfranzösischen übertragen und mit einem Nachwort und Anmerkungen von Louise Gnädinger). Zürich/München 1987

Göttner-Abendroth, Heide: Die Göttin und ihr Heros. Die matriarchalen Religionen in Mythos, Märchen und Dichtung. München 1980

Greven, Joseph: Die Anfänge der Beginen. Ein Beitrag zur Geschichte der Volksfrömmigkeit und des Ordenswesens im Hochmittelalter. Münster i.W. 1912

Gründges, Gisela: Zum Gottesbild in der Feministischen Theologie. Wissenschaftliche Arbeit. Universität Freiburg 1986

Grundmann, Herbert: Der Typus des Ketzers in mittelalterlicher Anschauung. Erstdruck in: Kultur und Universalgeschichte Leipzig 1927, S. 91-107 und in: Grundmann, Herbert: Ausgewählte Aufsätze Teil 1 Religiöse Bewegungen, Stuttgart 1976, S. 313-327 (Schriften der Monumenta Germaniae Historica Bd. 25,1)

Grundmann, Herbert: Religiöse Bewegungen im Mittelalter. Hildesheim 1961². Fotomechanischer Nachdruck der Ausgabe "Historische Studien" 1935, Heft 267 sowie der in Rom ergänzte Forschungsbericht "Neue Beiträge zur Geschichte der religiösen Bewegungen im Mittelalter".

Grundmann, Herbert: Neue Beiträge zur Geschichte der religiösen Bewegungen. Erstdruck in: Archiv für Kulturgeschichte 37 (1955), S. 129-182, Wiederabdruck in: "Religiöse Bewegungen im Mittelalter". Hildesheim 1961², S. 487-538 und in: Grundmann, Herbert: Ausgewählte Aufsätze Teil 1 Religiöse Bewegungen. Stuttgart 1976, S. 38-92 (Schriften der Monumenta Germaniae Historica Bd. 25,1)

Grundmann, Herbert: Häretische Beginen und Begarden im 14. Jh.. In: Grundmann, Herbert: Ketzergeschichte des Mittelalters. Göttingen 1963, S. G47-G58 (Die Kirche in ihrer Geschichte, Bd. 2, Lieferung G)

Grundmann, Herbert: Die geschichtlichen Grundlagen der deutschen Mystik. In: Ruh, Kurt (Hrsg.): Altdeutsche und altniederländische Mystik. Darmstadt 1964

Grundmann, Herbert: Ketzerverhöre des Spätmittelalters als quellenkritisches Problem. Erstabdruck in: Deutsches Archiv für Erforschung des Mittelalters 21 (1965), S. 519-575 und in: Grundmann, Herbert: Ausgewählte Aufsätze Teil 1 Religiöse Bewegungen. Stuttgart 1976 (Schriften der Monumenta Germaniae Historica Bd. 25,1)

Habermas, Rebecca: Die Konzeption von Weiblichkeit in den religiösen Bewegungen des Mittelalters - am Beispiel der Beginen. Zulassungsarbeit Universität Konstanz 1984

Halkes, Catharina J.M.: Suchen, was verloren ging. Beiträge zur feministischen Theologie. Gütersloh 1985

Heid, Ulrich: Studien zur Marguerite Porète und ihrem "Miroir des simples ames". In: Dinzelbacher, P./Bauer, D.R. (Hrsg.): Religiöse Frauenbewegung und mystische Frömmigkeit im Mittelalter. Köln/Wien 1988, S. 185-214

Heyward, Carter: Und sie rührte sein Kleid an. Eine feministische Theologie der Beziehung. Gütersloh 1985

Hundtrup, Reinhild: Wandlungen des Gottesbildes - ein Weg zur Befreiung der Frauen? Zum Selbstverständnis der feministischen Theologie als Befreiungstheologie: Examensarbeit Universität Münster 1984

Irigaray, Luce: Speculum - Spiegel des anderes Geschlechts. Frankfurt 1980

Jannberg, Judith: Ich bin eine Hexe. Erfahrungen und Gedanken. Aufgeschrieben von Gisela Meussling. Bonn[3] 1984

Karrer, Otto (Hrsg.): Offenbarungen der göttlichen Liebe. Paderborn 1926

Kast, Verena: Paare. Beziehungsphantasien oder wie Götter sich in Menschen spiegeln. Stuttgart[3] 1985

Koch, Gottfried: Frauenfrage und Ketzertum im Mittelalter. Die Frauenbewegung im Rahmen des Katharismus und Waldensertums und ihre sozialen Wurzeln, 12.-14. Jh. Berlin 1962

Kräuter-Clodeck, Elisabeth: Die Beginen - Eine Emanzipationsbewegung von Frauen im Mittelalter. Zulassungsarbeit Universität Würzburg o.J.

Läpple, Alfred: Joachim von Fiore (um 1130-1202). In: Läpple, Alfred: Ketzer und Mystiker. Extremisten des Glaubens. Versuch einer Deutung. München 1988

Lessing, Ingrid: Beginn eines Emanzipationsprozesses für alleinstehende Mütter mit Kindern? Planung, Durchführung und Reflexion des Konzepts eines sozialpädagogisch orientierten Bildungsurlaubs. Diplomarbeit Universität Dortmund 1982

McLaughlin, E.: Die Frau und die mittelalterliche Häresie. Ein Problem der Geschichte der Spiritualität. In: Concilium 12. Jg. 1976, Heft 1, S. 34-4

Moeller, Bernd: Geschichte des Christentums in Grundzügen. Göttingen[3] 1983

Mollenkott, Virginia R.: Gott eine Frau? Vergessene Gottesbilder der Bibel. München 1984

Moltmann, Jürgen: Ich glaube an Gott den Vater. Patriarchalische oder nicht patriarchalische Rede von Gott. In: Zeitschrift für Evangelische Thologie 43 (1983), S. 397-415

Moltmann-Wendel, Elisabeth: Das Land wo Milch und Honig fließt. Perspektiven einer feministischen Theologie. Gütersloh 1985

Monheim-Geffert, Marga: Unterwegs zu einem neuen Gottesbild. In: Schlangenbrut Nr. 2 1983, S. 5-14

Müller-Pozzi, H.: Gott - Erbe des verlorenen Paradieses. Ursprung und Wesen der Gottesidee im Lichte der psychoanalytischen Konzeption. In: Wege zum Menschen 33 (1981), S. 191-203

Mulack, Christa: Die Weiblichkeit Gottes. Matriarchale Voraussetzungen des Gottesbildes. Stuttgart 1983

Mulack, Christa: Maria. Die geheime Göttin im Christentum. Stuttgart 1985

Muraro, Luisa: Vilemina und Mayfreda. Die Geschichte einer feministischen Häresie. Freiburg i.Br. 1987

Nigg, W.: Das Buch der Ketzer. Zürich 1949

Nübel, Otto: Mittelalterliche Beginen- und Sozialsiedlungen in den Niederlanden. Ein Beitrag zur Vorgeschichte der Fuggerei. Tübingen 1970

Opitz, Claudia: Die Anfänge der Beginenbewegung am Mittel- und Oberrhein (1250-1350). Magisterarbeit Universität Konstanz 1980

Opitz, Claudia: Hunger nach Unberührbarkeit? Jungfräulichkeitsideal und weibliche Libido im späteren Mittelalter. In: Feministische Studien 5. Jg. Nr. 1, Weinheim 1986, S. 59-75

Pagels, Elaine: Versuchung durch Erkenntnis. Die gnostischen Evangelien. Suhrkamp Taschenbuch 1987

Radford Ruther, Rosemary: Das weibliche Wesen Gottes. Ein religiöses Problem von heute. In: Concilium 17 (1981), S. 217-223

Radford Ruther, Rosemary: Sexismus und die Rede von Gott. Schritte zu einer anderen Theologie. Gütersloh 1985

Radford Ruther, Rosemary: Frauenbilder - Gottesbilder: feministische Erfahrungen in religionsgeschichtlichen Texten. Gütersloh 1987

Radford Ruther, Rosemary: Unsere Wunden heilen, unsere Befreiung feiern. Rituale in der Frauenkirche. Stuttgart 1988

Richter, L.: Mystik. In: Die Religion in Geschichte und Gegenwart. Handwörterbuch für Theologie und Religionswissenschaften. 3. völlig neu bearbeitete Auflage, ungekürzte Studienausgabe. Tübingen 1986, S. 1237-1239 (RGG Bd. 4)

Richter, L.: Christentum und Mystik, grundsätzlich. In: Die Religion in Geschichte und Gegenwart. Handwörterbuch für Theologie und Religionswissenschaften. 3. völlig neu bearbeitete Auflage, ungekürzte Studienausgabe. Tübingen 1986, S. 1259-1266 (RGG Bd. 4)

Ruh, Kurt: "Le Miroir des simples ames" der Marguerite Porète. In: Verbum et Signum. Festschrift für Friedrich Ohly. Bd. 2, München 1975, S. 365-387

Ruh, Kurt: Meister Eckhart und die Beginenspiritualität. In: Ruh, Kurt: Meister Eckhart: Theologe, Prediger, Mystiker. München 1985, S. 95-114

Schirmer, Eva: Die Beginen - eine mittelalterliche Frauenbewegung. In: Schirmer, Dietrich (Hrsg.): Kirchenkritische Bewegungen, Werkbuch für den Religionsunterricht. Bd. 1: Antike und Mittelalter, Stuttgart/Berlin/Köln/Mainz 1985, S. 99-128

Sölle, Dorothee: Gott und ihre Freunde. Zur feministischen Theologie. In: Pusch, Luise (Hrsg.): Feminismus. Inspektion der Herrenkultur. Frankfurt a.M. 1983, S. 196-209

Schmidt, Margot (Hrsg.): Mechthild von Magdeburg. Das fließende Licht der Gottheit. Eingeführt von Margot Schmidt mit einer Studie von Hans Urs von Balthasar. Einsiedeln/Zürich/Köln 1955

Schottroff, Luise: Die befreite Eva. Schuld und Macht der Mächtigen und Ohnmächtigen nach dem Neuen Testament. In: Schaumburger, Christine/Schottroff, Luise (Hrsg.): Schuld und Macht. München 1988, S. 17-151

Schüssler Fiorenza, Elisabeth: Zu ihrem Gedächtnis ... Eine feministisch-theologische Rekonstruktion der christlichen Ursprünge. München/ Mainz 1988

Schweitzer, Franz-Josef: Von Marguerite von Porète (+1310) bis Mme Guyon (+1717): Frauenmystik im Konflikt mit der Kirche. In: Dinzelbacher, Peter/Bauer, Dieter R. (Hrsg.): Frauenmystik im Mittelalter. Ostfildern b. Stuttgart 1985, S. 256-274

Schweitzer, Franz-Josef: Marguerite Porète. In: Thiele, Johannes (Hrsg.): Mein Herz schmilzt wie Eis und Feuer. Die religiöse Frauenbewegung des Mittelalters in Porträts. Stuttgart 1983, S. 191-202

Thürmer-Rohr: Christina: Feminismus und Moral. In: Thürmer-Rohr: Vagabundinnen. Feministische Essays. Berlin 1987, S. 83-92

Thum, Bernd: Aufbruch und Verweigerung. Literatur und Geschichte am Oberrhein im hohen Mittelalter. Aspekte eines geschichtlichen Kulturraums. Waldkirch i. Br. 1980

Topitsch, Ernst: Erkenntnis und Illusion. Grundstrukturen unserer Weltauffassung. Hamburg 1979

Vergote, Antoine: Religionspsychologie. Olten 1970

Voigt, Christine: Die Kraft weiblicher Symbole in der Verehrung der Göttin als Anspruch an die Entwicklung einer Feministischen Theologie. Wissenschaftliche Hausarbeit. Universität Göttingen 1980

Weiler, Gerda: Ich brauche die Göttin. Zur Kulturgeschichte eines Symbols. Basel 1980

Weinmann, Ute: Mittelalterliche Frauenbewegungen. Ihre Beziehungen zur Orthodoxie und Häresie. Pfaffenweiler 1988

Wenck, Inge: Gott ist im Mann zu kurz gekommen. Gütersloh 1982

Wiethaus, Ulrike: Gott als Mutter in mittelalterlicher Spiritualität. Methodologische Überlegungen zu Caroline Walker Bynums Buch "Jesus as mother". In: Wacker, Marie-Theres (Hrsg.): Der Gott der Männer und die Frauen. Düsseldorf 1987, S. 93-100

Zuhorn, Karl: Die Beginen in Münster. Anfänge, Frühzeit und Ausgang des münsterischen Beginentums. In: Westfälische Zeitschrift 91, 1935, S. 2-149